苏东坡新传

李一冰 著

下

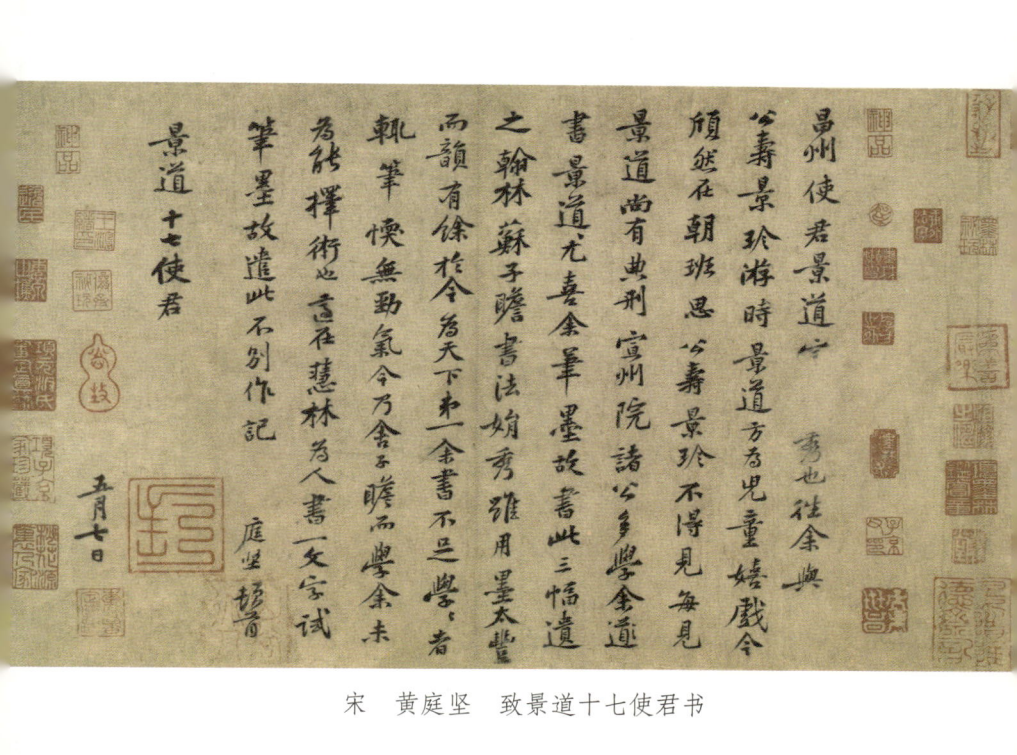

昌州使君景道亦余之秀也往来与
吟寿景珍游時景道方为兒童嬉戲今
頓然在朝班思公寿景珍不得見每見
景道尚有典刑宣州院諸公多學金道
書景道尤喜余筆墨故書此三幅遺
之翰林蘇子瞻書法娟秀雖用墨太豐
而韻有餘於今為天下第一余書不足學学者
輒筆懷無勤氣今万舍子瞻而學余未
為能擇術也适在慧林為人書一文字試
筆墨故避此不別作記
　　　　　　　庭堅頓首
景道十七使君

五月七日

宋　黄庭堅　致景道十七使君书

宋　米芾　蜀素帖

宋　文同　墨竹图

宋　苏轼　墨竹图

朝披梦泽云，笠钓清茫寻。
餐得双鲤鱼，中有三元章。篆
字若丹砂，逸势如飞翔。遂家
问天老，奥义不可量。金刀割青素，
灵文烂煌煌。咽服十三环，奄见仙
人房。莫跨紫鳞去，海气侵肌
凉。龙子善变化，作梅花难赠
我墨、珠庭、明月光。劝我窖
绛霞，整作晨间璘。抱子以携
去，谈笑问道乡。

宋　苏轼　李太白仙诗

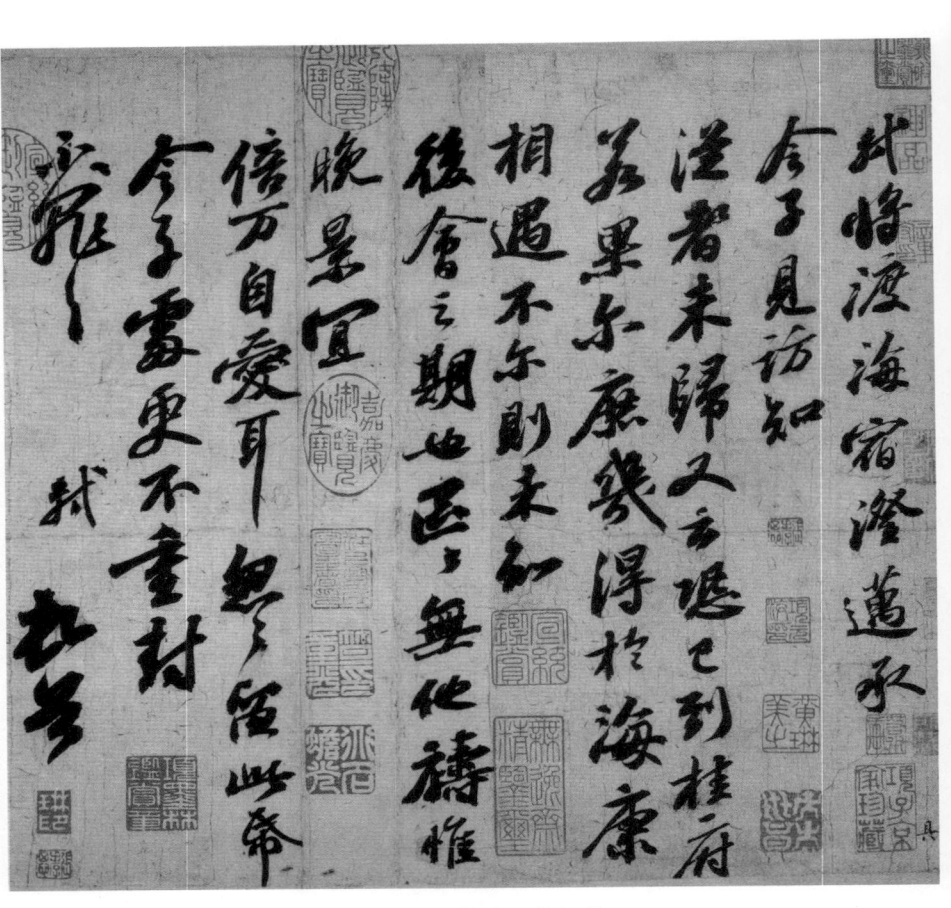

轼将渡海宿澄迈承
令子见访知
济者未归又云迨已到桂府
矣果尔庶几浮於海康
相遇不尔则未知
後会之期也区区无他祷惟
晚景宜
倍万自爱耳罂𬬻衾𠋣
今于审更不重封
轼 白

宋　苏轼　致赵梦得秘校尺牍

元祐八年八月十日将朝尚早假寐夢歸蜀行宅歷蔬圃中已而坐於南軒見庄客数人方運土塞小池土中得兩蘆巌根客喜食之予取筆作一篇文有數句云坐推南軒翳修竹五百箇鳥數千既覺惘然思之南軒先君名之曰來風者也 軾

易之说者正言之则人之知之此正所谓雕虫篆刻者其太玄法言皆是物也而独悔於赋何哉终
战乎是文之意疑若不然求物之妙如系风捕景能使是物了然於心者盖千万人而不一遇也而况能使了然於口与手者乎是之谓辞达辞至於能达则文不可胜用矣扬雄好为艰深之辞以文浅

宋　苏轼　与谢举廉书

明　朱耷　东坡朝云图

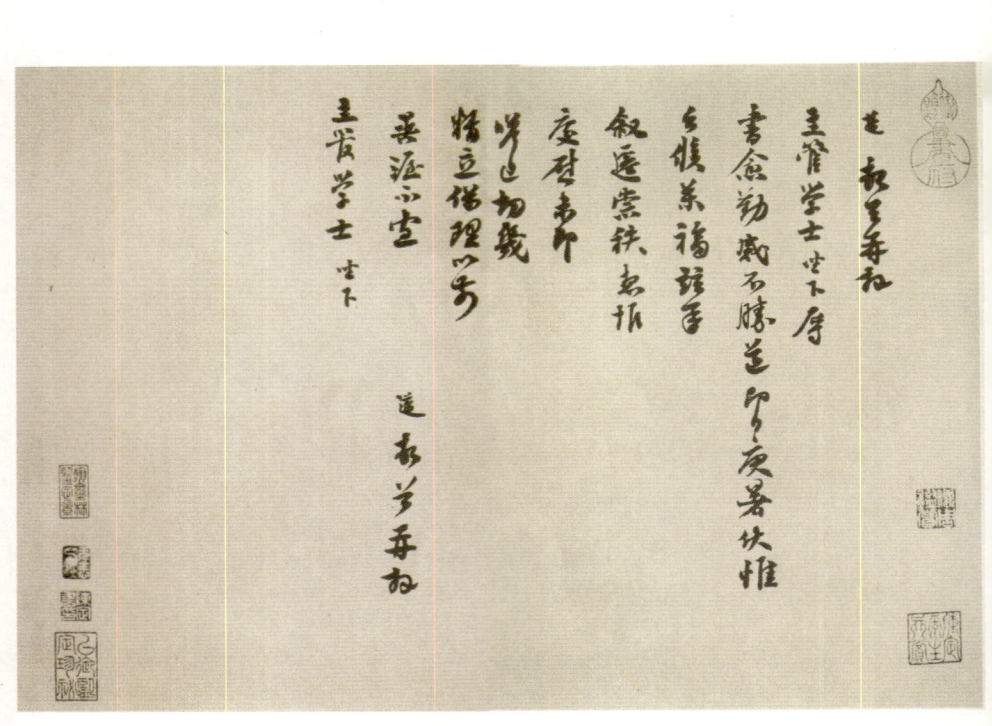

宋　苏迈　致主管学士

迈上　叔母舅舅　　　
主管学士坐下，厚
书备勤感石朕迄伊夕庚暑伏惟
台候某福謹奉
叙遞崇铁走怖
庭閨専
此道切感
恃立偶理以幸
某派小堂
主管学士坐下
迈再拜舅舅

贈

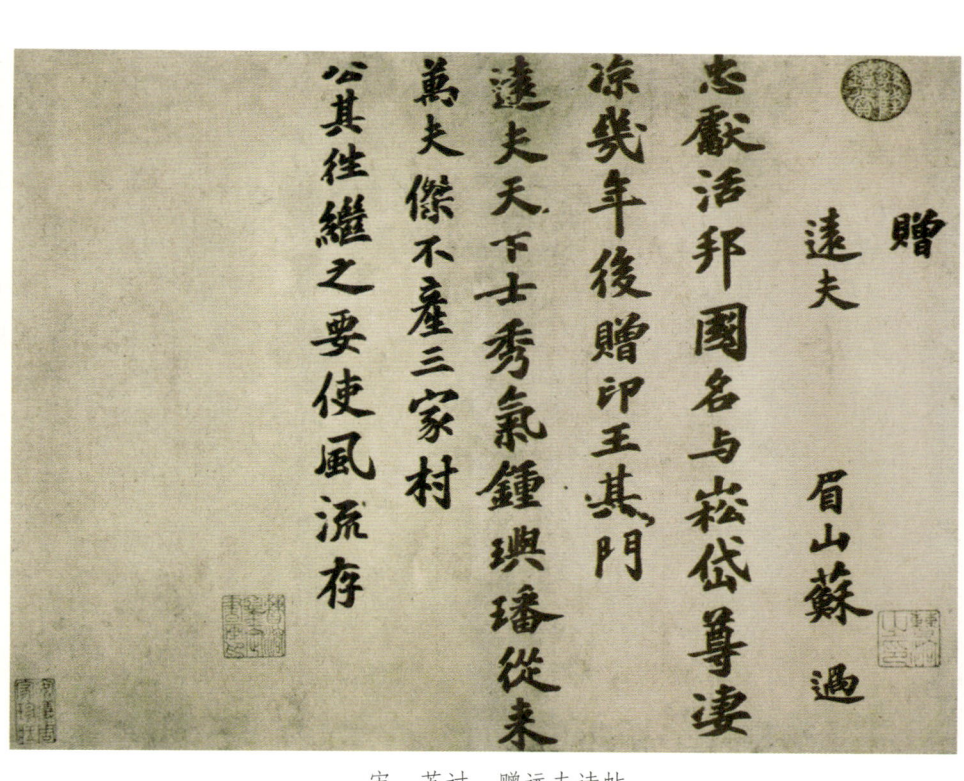

遠夫　　眉山蘇過

忠獻活邦國名与崧岱尊凄
凉幾年後贈印玉其門
遠夫天下士秀氣鍾興璠從来
萬夫傑不産三家村
公其往繼之要使風流存

宋　苏过　赠远夫诗帖

歸去來兮辭

余家貧耕植不足以自給幼稚
盈室缾無儲粟生生所資未見
其術親故多勸余為長吏脫
然有懷求之靡途會有四方之
事諸侯以惠愛為德家叔以余
貧苦遂見用為小邑于時風波
未靜心憚遠役彭澤去家百
里公田之利足以為酒故便求之
及少日眷然有歸歟之情何則
質性自然非矯勵所得飢凍
雖切違已交病常從人事皆

宋　苏轼　书陶渊明归去来兮辞

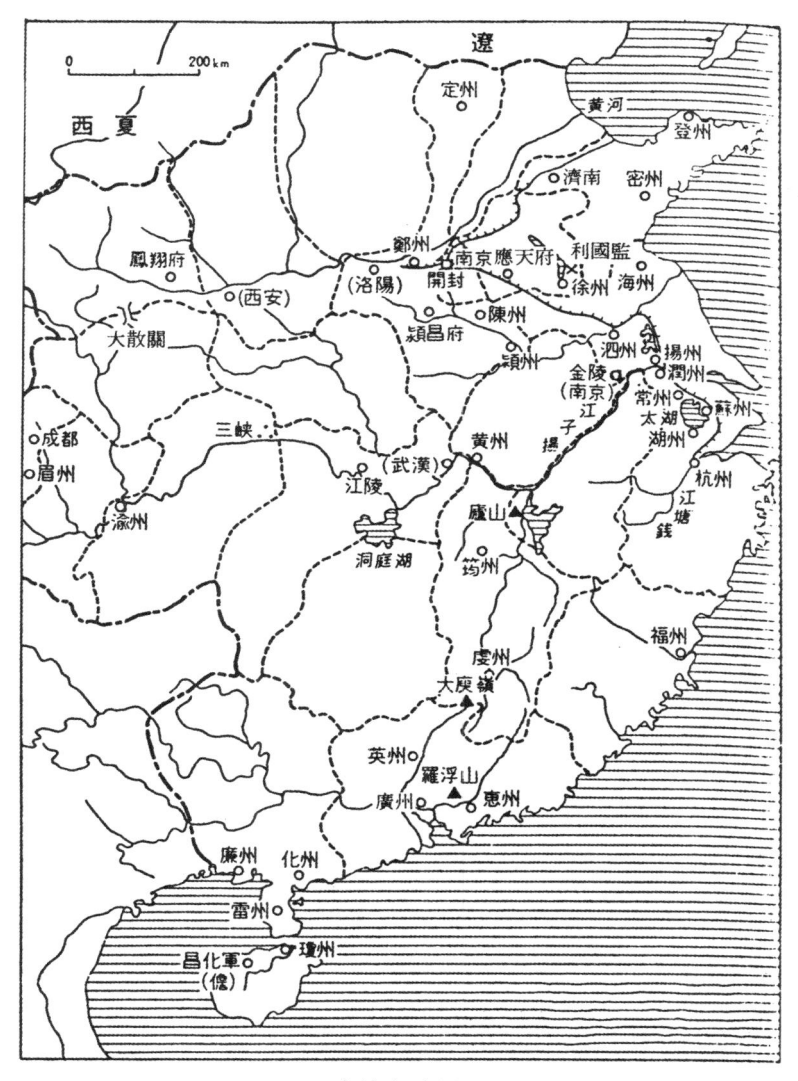

东坡行迹图

目 录

下册

第九章　书斋内外　　513

一　一家融融　　513
二　苏门六君子　　519
三　王巩　　527
四　画友　　531
五　文字生涯　　542
六　书法　　550
七　绘画　　560
八　书斋文物　　572
九　宴游和谐谑　　578
十　重结西湖缘　　588

第十章　杭州去来　　595

一　储粮防灾　　595
二　吏治　　603
三　治六井·开西湖　　609
四　僚友　　617

五　方外交　627
六　救灾和水利　636
七　奉召还朝　644
八　破琴之梦　651
九　竹寺题诗案　661
十　东府感旧　672

第十一章　颍州·扬州·定州　677

一　颍水之鱼　677
二　颍扬之治　684
三　广陵生活　692
四　初和陶诗　697
五　二次还朝　707
六　再被围攻　716
七　丧偶　724
八　太后崩逝　729
九　守边定州　738
十　再遭谪逐　747

第十二章　惠州流人　757

一　远谪南荒　757
二　过岭　768
三　初到惠州　775
四　借刀杀人之计　785

五	劳己以"为人"	794
六	服食养生	802
七	朝云之死	812
八	惠州和陶	820
九	白鹤峰新居	828
十	又贬海外	836

第十三章　海外东坡 847

一	海南风土	847
二	食芋饮水	853
三	房屋风波	859
四	读书著作	868
五	家人朋友	877
六	采药与造墨	884
七	别海南	889

第十四章　北归 899

一	秦观之丧	899
二	广州・英州	904
三	韶州	909
四	虔州	915
五	归程何处是	923
六	染疾	930
七	逝世	938

八　浩气不亡　　　　　　　　　　　944
　　九　子孙　　　　　　　　　　　　　949
　　十　身后　　　　　　　　　　　　　957

后　记　　　　　　　　　　　　　　　　963
　　一　　　　　　　　　　　　　　　　963
　　二　　　　　　　　　　　　　　　　965
　　三　　　　　　　　　　　　　　　　968
　　四　　　　　　　　　　　　　　　　972
　　五　　　　　　　　　　　　　　　　974

缥缈孤鸿影：父亲与《苏东坡新传》　　　977
附录　苏轼及宋大事年表　　　　　　　981
出版后记　　　　　　　　　　　　　　995

第九章　书斋内外

一　一家融融

苏轼元祐还朝，虽然被人强迫戴上党派的帽子，被官僚集团围剿得遍体鳞伤，身心交瘁，但是同一时期的私人生活，却是百花齐放，灿烂非常。

汴京比较高级的朝官，为了上朝方便，大都住在皇城附近。这皇城的城门，朱漆金钉，非常辉煌；城壁砖石间，甃嵌着龙凤飞云的图案，雕甍画栋，峻桷层榱；城楼上覆盖的琉璃瓦，在太阳下闪烁生光，真是一派皇家气象，帝阙风光。①

沿着皇城城墙，整整齐齐地种着高槐古柳，浓荫覆地，宁静有如山居。杨奂《汴故宫记》："登闻鼓院之西，曰右掖门。翰林知

---

① 〔宋〕孟元老：《东京梦华录》。

制诰者,多居西掖。"黄庭坚有《雨过至城西苏家》诗,颇能写出当地的如画景色:

> 飘然一雨洒青春,九陌净无车马尘。
> 渐散紫烟笼帝阙,稍回晴日丽天津。
> 花飞衣袖红香湿,柳拂鞍鞯绿色匀。
> 管领风光唯痛饮,都城谁是得闲人?

苏氏兄弟并不住在一起,但是苏轼退朝,常常先到苏辙家盘桓一番,然后回家,相距应不甚远。

二苏自分别出仕以来,已有二十余年不能同在一地居住,现在虽然还不能达到"同归林下,夜雨对床"的乐境,但比两地分居,动辄要三五年才得晤叙一次,却要好得多了。两兄弟公余之暇,日有过从,可以元祐三年十月作《出局》诗为证。那一天,苏轼局中早出,天色阴晦欲雪,而苏辙在户部因公未归,苏轼便在家里煮酒等他,作《出局》诗,亲密地写下"子由除一字同叔",并称他的乳名叫"卯君",此因他生于宝元二年己卯之故。诗云:"急景归来早,浓阴晚不开。倾杯不能饮,待得卯君来。"

二苏友爱之笃,固是脍炙人口的历史佳话,而彼此互爱子侄,也是毫无异致。如元祐二年除夕,苏辙被派在办公厅里值夜(省宿致斋),不能回家,他家孩子们过年不见父亲,当然很失望。第二天元旦,苏轼朝贺一毕,帽子上插了御赐的银幡,立刻赶往弟弟家去,陪他的侄子们玩耍。作诗三首,录一:

> 白发苍颜五十三,家人遥遣试春衫。
> 朝回两袖天香满,头上银幡笑阿咸。

轼家二十余口,除出长子苏迈尚在江西当德兴县尉外,余自王夫人以次,十七岁的苏迨、十五岁的苏过、侍妾朝云等,一家团叙，其乐融融。《次韵和王巩》诗说："子还可责同元亮，妻却差贤胜敬通。"夫人不妒忌，儿子个个好学，使他觉得比汉朝的冯衍、晋朝的陶潜幸运得多。

王夫人出身青神农家，她有农家妇女刻苦耐劳的习性，是治家能手；虽然教育程度上有点隔阂，因此不能充分了解她的丈夫，但她谨守传统的妇德，一切依从他，敬爱他，尊重他的一切爱好，包括容纳朝云在内。

朝云冰雪聪明，善解人意，是个很讨人喜欢的女孩。

例如，有一日，苏轼退朝还家，食罢，按照他的养生法，在室内扪腹徐行。旁有侍儿，他忽然指着自己的大肚皮问她们道："你们且说，此中藏有何物？"一婢说："都是文章。"一婢说："都是识见。"主人摇头不以为然。朝云说："学士一肚皮不合时宜。"

苏轼捧腹大笑——果然是个红粉知己。[①]

全家抵京半年后，苏辙上《乞兄子迈罢德兴尉状》，大约未久，长子那一房也已来京团聚。苏迈照当时大户人家早婚的风习，十九岁即已娶妇，娶的是同乡世交王宜甫的女儿。翌年，元丰元年，苏轼就已有了孙儿苏箪。此时，他家一个屋檐下，已经三代同堂，儿孙绕膝，充满了笑语和喧阗。

苏轼抵京不久，即往晋谒师门，拜见师母——欧阳太夫人，欧阳修的长子发（伯和）已经过世了，遂与欧阳棐（叔弼）、辩（季默）兄弟时常交往。欧阳家托苏轼撰《文忠公神道碑》；苏轼则入见太夫人，为他十七岁的次子苏迨求婚于欧阳棐的千金，太夫人说这是"师友之义"，一口允诺。从此与师门又成了儿女

---

① 〔宋〕费衮:《梁溪漫志》。

姻亲。

苏轼在京,公事既忙,再因朋友众多,趣味广泛,所以很少会有在家空闲的时光。不过他对于儿子的学业还是非常用心的,次子苏迨虽然长大了,但是身体还是病弱,所以不太管他,对稚子苏过则常亲自督教。叔党天生性分,最像父亲,非常努力于诗赋的学习,诗赋是当时科举的主科,又是苏门光辉的家学,苏轼手写一则《评诗人写物》给他,开导他作写物诗的诀窍:

> 诗有写物之工,桑之未落,其叶沃若,他木殆不可以当此。林逋梅花诗:"疏影横斜水清浅,暗香浮动月黄昏。"黄昏,决非桃李诗也。皮日休白莲诗云:"无情有恨何人见,月晓风清欲堕时。"决非红莲诗。此乃写物之工。若石曼卿红梅诗:"认桃无绿叶,辨杏有青枝。"此至陋,盖村学中语。

有一次,苏过念《南史》,父亲睡在床上听。读到一个段落时,苏轼便对儿子说道:"王僧虔家住建康禁中里马粪巷,子孙贤实谦和,当时人称誉马粪王家都是长厚的人。东汉赞论李固,有句话说:'视胡广、赵戒如粪土。'粪土本是秽物,但用在王僧虔家,便是佳号;用来比胡、赵,则粪土有时而不幸。"

——前者是修辞的技法,后者则是剀切明白的人格教育,两者皆不偏废。

苏轼平常生活很有秩序,讲究养生之道。他在家晨兴夜寝,各有一定的法门:

每日五更初起床,梳头数百遍,盥洗后,就和衣还卧另一干净榻上,假寐数刻,据说"美不可言";直到天色平明,吏役齐集,他即起身换朝服,冠带上马,入宫早朝。

夜眠,苏轼颇以"自得此中三昧"为豪,他的方法是:初睡即在床上安置四体,使无一处不稳;如有一处未稳,即重新安排,务令稳贴。身体上如有任何轻微倦痛的地方,则略自按摩,然后闭目,静听自己的呼吸,直到呼吸平匀,心也跟着静定,如此一顿饭时,四肢百骸,无不和通,睡意既至,即便呼呼入梦,虽寐不昏。①

苏轼的个性,乐与朋友群居,而不昵妇人,即使家中妇女,他也很少和她们说话。②宋代士大夫社会里,饮宴的风气甚盛,高等门第,家有伎乐,但以只应宾客为主。苏家虽也不能免俗,养了几个能歌善舞的侍儿,不过苏轼接待宾客,却有各别的对待:凡遇"不可与言"而又不得不招待的俗客来到,他就搬出"搽粉的虞候"来,以丝竹和歌声来逃避乏味的言语;若遇佳客临门,则屏绝声色,只备清茗佳酿,相与坐谈累夕,兴会淋漓。③

苏轼推托不掉应酬,他也乐意欣赏女性的明慧和美丽,他会用最美的辞章来赞美她们,赠诗作曲之外,甚至还为她们作画,但都是过眼云烟,从不轻付感情。

所以,苏轼能以生平不耽女色自豪,五十岁后,有诗曰:"已将镜镊投诸地,喜见苍颜白发新。历数三朝轩冕客,色声谁是独完人。"

固然,这是苏轼"不昵妇人"的性情,但与道家养生之说也有关系,黄州的"雪堂四戒"中,有一条即是"皓齿峨眉,命曰伐性之斧"。他认为四戒中"去欲"最难,以苏武为例,他身陷胡地,啮雪吞毡,死生一线,但仍不免与胡妇生子,"乃知此事不易

---

① 〔宋〕李廌:《师友谈记》。
② 〔宋〕袁文:《瓮牖闲评》。
③ 〔清〕阮葵生:《茶余客话》。

消除"。他的朋友中，如多情词人秦观、风流成性的杨绘和雅好声色的王巩，都经他再三劝告"戒之在色"。如定国（王巩）谪宾州，致书有曰："粉白黛绿者，俱是火宅中狐狸射干之流，深愿以道眼看破。"

饮茶，是苏轼生活上的一大乐趣，一大享受。但在北宋当年，茶的种植制作，还在推广时期，好茶不多，如丁谓于真宗朝所制的"龙凤团"茶饼，每年仅产四十饼，只够宫廷御用，皇族以外是不敢奢望的；至庆历朝，蔡襄努力改良品种，另创一种"小团茶"，欧阳修《归田录》记述：

> 茶之品，莫贵于龙凤，谓之团茶，凡八饼重一斤。庆历中蔡君谟为福建路转运使，始造小片龙茶以进，其品纯精，谓之小团，凡廿饼重一斤，其价值金二两。然金可有而茶不可得，每因南郊致斋，中书、枢密院各赐一饼，四人分之。官人往往镂金花于其上，盖其贵重如此。

嗣后，植茶事业不断推广，至元丰年间，神宗有旨下建州造"密云龙"，质量更是超越小龙团而上，官廷赉赏，限于王公近臣，所以苏轼珍视异常，自己偶尔品啜一瓯，绝不用以招待一般宾客。他曾作很美的一阕茶词，专门歌颂这"密云龙"，调寄《行香子》：

> 绮席才终，欢意犹浓，酒阑时高兴无穷。共夸君赐，初拆臣封。看分香饼，黄金镂，密云龙。
>
> 斗赢一水，功敌千钟，觉凉生两腋清风。暂留红袖，少却纱笼。放笙歌散，庭馆静，略从容。

能够分享这珍藏的，据说仅限于黄庭坚、秦观、晁补之、张耒所谓"苏门四学士"来时，他才吩咐家人："取密云龙。"

一天，苏轼在外厅会客，忽命取密云龙，苏宅内眷总以为当是黄、秦、晁、张中的哪一位来了，屏后偷觑，却是晚登苏门的廖明略（正一）。①

二 苏门六君子

元祐之初，由司马光和吕公著举荐起用的盈廷朝士，大部分是苏轼的同辈朋友，但当面对现实政治，利害不同时，即使多年交好，立刻就变脸色。苏轼对于人情的变化莫测，独自感叹道："人之难知也，江海不足以喻其深，山谷不足以配其险，浮云不足以比其变。"苏轼的友谊生活中，真能与他义气相投的，不过几个知爱的后辈，他如有所汲引，也只这几个惯坐冷衙门的书生而已，此外，两三个书画名家，做在朝时期的诗伴画友而已。说到晚辈朋友，立刻就会想到大家习闻的"苏门四学士"，即黄庭坚、秦观、晁补之和张耒。

黄庭坚与苏轼本为笔友，诗文往还已有多年，而从未识面。这次从监德州德安镇任上，被朝廷召为秘书省校书郎，甫于元祐元年入京，一月初八，第一次来谒苏轼，以洮河石砚为贽。

秦观登进士第未久，原在外任定海主簿、蔡州教授，苏轼以贤良方正荐于朝，除太学博士，做校正秘书省书籍的工作。

晁补之，字无咎，为从学苏门最早的一人，举进士试开封及礼部别院，都是第一。神宗亲阅其文，称："是深于经术者，可革浮薄。"原为北京国子监教授，元祐初，入京为太学正，后迁秘阁校理。

---

① 〔宋〕杨湜：《古今词话》。

张耒,字文潜,少年时在陈州游学,苏辙时任学官,深爱其才,苏轼是在老弟家中认识他的,称其文:"汪洋冲淡,有一唱三叹之致。"张耒感切知己,因从轼游。以进士官著作佐郎,原在京师。文潜虽自及第以来,一直度其苜蓿生涯,但长得躯干魁伟,大腹便便,貌似寺庙中的弥勒佛,陈后山咏文潜曰:"张侯便然腹如鼓,雷为饥声汗为雨。"刻画得非常传神。

元祐元年(1086)十一月,苏轼主试馆职。宋制,凡除馆职,必须进士及第,历任成资(符合一定的年资),经大臣保荐,学士院考试入等(合格),才能授职。

宋沿唐制,设昭文馆、史馆、集贤院,合称三馆。凡在三馆者,皆谓馆职;职居校理、检讨、校勘以上者,皆称学士。地望清切,非名流不得处。

这次学士院举行馆职试,黄庭坚以李常或孙觉荐,晁补之以李清臣荐,张耒、晁补之、张舜民等五人,并擢馆职。黄庭坚迁著作佐郎,加集贤院校理,张耒、晁补之并迁秘书省正字。秦观未与荐试,因为他的"历仕成资"还不够格。

因为他们是苏轼主试所拔擢的职官,一日之间,建立了座师与门生关系,而他们后来都做到三馆检校以上的职务,所以并称"苏门四学士"。

张耒有诗称述他们师弟几人当年的风姿,如言:

"长公(轼)波涛万顷陂,少公(辙)巉秀千寻麓,黄郎(山谷)萧萧日下鹤,陈子(师道)峭峭霜中竹,秦(观)文倩丽舒桃李,晁(补之)论峥嵘走珠玉。"[①]虽是一门之言,却颇能道出各

---

① 〔宋〕王直方:《王直方诗话》。

人不同的风格，包括做人的风度和作品所表现的内容在内。

诗中所说的陈师道，字履常，一字无己，又号后山居士，先由苏轼会同李常、孙觉合荐，以布衣为徐州教授，后用梁焘荐，除太常博士来京，从苏轼游，踪迹甚密，所以有人把他和李方叔（廌）加上，合称"苏门六君子"。不过无己自言他的师承是曾巩，有句曰："向来一瓣香，敬为曾南丰。"后来他与黄庭坚共为江西诗派的宗师。

宋代制度，京朝小官，俸禄甚薄，而以从事文教工作的先生们为最穷。苏门这几位学士，自然不能例外。

不要说元祐初期，他们都还官小禄薄，即使后来官阶高了一点，依然还是穷酸。如秦少游于绍圣年间，已官黄本校勘，住东华门之堆垛场，与时官户部尚书的钱穆父（勰）为邻。某年春日，少游实在穷得过不下去了，作诗致隔邻的穆父求助，诗曰：

  三年京国鬓如丝，又见新花发故枝。
  日典春衣非为酒，家贫食粥已多时。

穆父立刻派人送了两石米去，赒济他的困境。[1]

晁无咎也是一样，苏轼诗《书晁补之所藏与可画竹》说："晁子拙生事，举家闻食粥。……"又《戏用晁补之韵》诗曰：

  昔我尝陪醉翁醉，今君但吟诗老诗。
  清诗咀嚼那得饱，瘦竹潇洒令人饥。
  试问凤凰饥食竹，何如驽马肥苜蓿。
  知君忍饥空诵诗，口颊澜翻如布谷。

如陈师道，清寒耿介，一丝不苟，最后竟因无衣御寒而死。

---

[1]〔宋〕王直方：《王直方诗话》。

那是建中靖国初年的事,师道时任秘书省正字,被派陪祀郊丘。时值严冬,非重裘不能御寒,他只有一袭旧皮袍,他的夫人与赵挺之的夫人是嫡亲姊妹,就向赵家借了一件,师道问这是哪里来的,他夫人不敢隐瞒,从实说了,师道说:"你岂不知道,我从来不穿别人衣服的?"拒不肯穿,只着一领单裘到郊野去,竟感寒疾而死。① 得年才四十九岁。

元祐当时,苏轼位高,禄亦较厚,而且依照惯例,撰内外制都有额外的"润笔"收入,如草宰相"麻",退即有旨,赐牌子金一百两。所以经济情况比诸在三馆的门人,要好得多。

不过苏轼向不看重金钱,毫无积蓄,而且认为一般人所说的节俭,实是悭吝的别名。这时期,收入虽然丰厚,但他还是四壁萧然,室无长物,甚至不怕小偷光顾。曾自记元祐在京一事:

> 近日颇多贼,两夜皆来入吾室。吾近护魏王葬,得数千缗,略已散去,此梁上君子当是不知耳。②

苏门中以李廌为最穷,苏轼常常赒济他。苏轼出知杭州时,朝廷赐物中有马一匹,便将它送与李廌,并且顾虑到李廌得马救穷,一定要卖的,则必须写张公据给他,证明来源,才能脱手。于是他亲笔写了一张措辞委婉,又绝对不伤李廌自尊心的"马券"给他,原文是:

> 元祐元年,余初入玉堂,蒙恩赐玉鼻骍;今年出守杭州,复沾此赐。东南例乘肩舆,得一马足矣,而李方叔未有马,故以赠之。又恐方叔别获嘉马,不免卖此,故为书公据。元

---

① 〔宋〕罗大经:《鹤林玉露》。
② 〔宋〕苏轼:《东坡志林》。

祐四年四月十五日。①

这马券，后在眉州刻了石，有拓本流传。又有黄庭坚题跋一则，极饶风趣，跋曰："天厩马加以妙墨作券，此马价应十倍。方叔豆羹常不继，将不能有此马，或又责方叔受翰林公之惠，安用汲汲索钱，此又不识痒痛者从旁论砭疽尔。使有义士能捐二十万，并券与马取之，不惟解方叔之倒悬，亦足以豪矣。遇人中磊磊者，试以予书示之。"

苏轼的仁厚，不在赠马，在于那一番体贴别人的心肠。

不过，"士志于道，而耻恶衣恶食者，未足与议也"。知识分子所追求的是精神世界里的满足，物质上的匮乏，不足以压倒他们。

苏门中人，各有独特的成就，相成的关系甚浅。

苏轼是个天才型的人物，挟其天马行空的气魄，逞其健笔，昂首高歌，赵翼论之曰："坡诗不以锻炼为工，其妙处在乎心地空明，自然流出，一似全不着力，而自然沁人心脾，此其独绝也。"

黄庭坚和陈师道却截然与他相反。庭坚认为文学上的成就，终须由积学而来，与徐师川书说："诗正欲如此作，其未至者，探经术未深，读老杜、李白、韩退之诗不熟耳。"庭坚对于苏轼的天才和气魄，自知无法超越，故有意无意之间，想要另辟蹊径，出奇制胜，但是锻炼过甚，则不免走入生涩拗僻的魔阵。

陈师道是北宋第一个苦吟诗人，专心致志，逐字推敲，叶梦得《石林诗话》传述道：

> 世言陈无己每登临得意，即急归卧一榻，以被蒙头，谓

---

① 〔宋〕胡仔：《苕溪渔隐丛话》。

之吟榻。家人知之,即犬猫皆逐去,婴儿稚子,亦皆抱持至邻家。

作诗如此呕心沥血,与苏轼全凭才气的路子不同,所以后来他尽弃所学,与黄庭坚同宗老杜,开江西一派的诗运。[①]

秦观是个感情非常丰富的人,故其文字抒情婉约、写景清丽,时人讥其纤弱,秦观亦自认少时用心作赋,习惯已成,虽风调优美,总脱不掉"词人之诗"的面貌。

张耒为诗,自然清新,务为平淡,颇受白乐天的影响,而苏轼对他们两人,则曰:"秦得吾工,张得吾易。"

晁补之以文自雄,诗不如赋。

李廌文词肆放,苏赋称之"有飞沙走石之势",诗亦才气横溢,似乎有点师门气概了;然而毕生穷愁潦倒,终至豪气尽失,变入幽逸一路。

苏门师友,各有风格,而苏轼也真能尊重他人独立的成就,他自己是不受任何格律束缚的天才诗人,所以也不强人与他同调。正因有此涵量,所以他能网罗天下人才,创出自由的文风。故东坡时代的宋诗,万象纷呈,各具自家面目,别有气象;尽脱唐人窠臼,赋予宋代文学以新生命,创出宋诗的新境界,下启江西诗派二百余年的新诗运。

苏门六君子中,苏轼独于黄庭坚较敬重。一是山谷在诸生中,年纪最长,元祐元年,他已四十二岁,只比苏轼小九岁。两人相见时,黄已颇有声望,所以他们的关系始终是在亦师亦友之间。二是山谷少年早慧,很有一点恃才傲物的脾气,苏黄二人,格调

[①] 吕本中作《江西诗社宗派图》,有所谓"一祖三宗"者,一祖为杜甫,三宗为黄庭坚、陈师道、陈与义。

不同，因为太熟的关系，有时也不免互为讥诮。如苏轼论山谷诗文说：

    鲁直诗文如蝤蛑、江珧柱，格韵高绝，盘餐尽废，然不可多食，多食则发风动气。

庭坚虽因后辈，不便指名直说，但言：

    盖有文章妙一世而诗句不逮古人者。

意亦暗指轼诗。①

秦观每以庭坚对苏轼的态度不够敬重，心怀不平。山谷《避暑李氏园》诗："题诗未有惊人句，会唤谪仙苏二来。"少游便向老师抱怨："以先生为苏二，大似相薄。"② 但是苏轼并不在乎。

至苏轼下世，庭坚独尊诗坛，时人以"苏黄"并称，山谷连称"不敢"，他终生以师礼事苏轼，这种风范，尤其可贵。

苏轼在及门诸生中，对秦观的期望最深，因此，求全责备，态度也较严格。元祐初，少游晋京谒苏，一见面，苏轼便说："不意别后却学柳七作词。"

"某虽无学，亦不至于如此。"少游诚惶诚恐，不知此言何来。柳永是被他们共认为格调卑下的词家，苏轼一向瞧他不起，便说："销魂当此际，还不像柳七的口吻吗？"

苏轼又问别作何词，少游举了一阕新作，中有"小楼连苑横空，下窥绣毂雕鞍骤"这样两句。苏轼说："用了十三个字，只说得一个人骑马楼前过。"摇首不以为然——苏轼指导后辈，精密如此。

苏轼当时，名满天下，不但一般士人望之如北斗，谁不希望

---

① 《山谷外集》六十，史容注引《王立之诗话》。
② 〔宋〕陆游：《老学庵笔记》。

一登龙门，而身价十倍。欧阳文忠开创出宋代文学的革新运动，得苏轼接替继续领导当代文运，发扬光大。虽已奠定非常深厚的基础，然而时光飞逝，苏轼现在也已进入中年，行将老矣，他必须要将欧阳交付给他的这根棒子，寻到一个有资格接棒的人。今如欲为交付，不能不把这份深重的责任，期望于这几个门人身上。一次，他公开这份心事于其门人曰（据李廌《师友谈记》）："国家的文运，必须要有名世之士、相与主盟，则此道统才不至于坠失。方今太平盛世，文士辈出，必定要使这一代的文运有个宗主。从前，欧阳文忠公把这个责任交给了我，我不敢不努力以赴；但将来这文章盟主的责任，都该由诸君负责接手，正如文忠与我之间的传承一样。"

苏轼在知杭州时，作《太息一首送秦少章》，表示他所属意的，是"秦得吾工，张得吾易"的秦张二生，言曰：

> 张文潜、秦少游，此两人者，士之超逸绝尘者也。非独吾云耳，二三子亦自以为莫及也。

但在以后岁月里，他却并未放弃继续发掘人才的努力，直到身被窜逐蛮荒，他才断了念头，与李廌（方叔）书曰：

> 顷年于稠人中，骤得张（耒）、秦（观）、黄（庭坚）、晁（补之）及方叔、履常，意谓天不爱宝，其获益未艾也。比来经涉世故，间关四方，更欲求其似，邈不可得。以此知人决不徒出，不有立于先，必有觉于后也。①

但至绍述祸作，苏轼及其门下，身且不保，遑论其他。

秦观与他同遭贬谪，死于道途，先老师而亡；苏轼逝世这一

---

① 〔宋〕李廌：《师友谈记》。

年，陈师道也死了；三年后，黄庭坚卒于宜州贬所。苏轼寄望接棒的另一人——张耒，虽然年寿最长，后苏轼十三年谢世，但他就因在荐福寺祭奠师丧，成了罪状，被谪房州别驾，步武老师被政府"安置黄州"；文潜好酒，晚年因酒精中毒，患麻痹以致语言都有障碍，即山谷诗所谓"张子耽酒语蹇吃"，更自潦倒不堪。

出身苏门的人，幸得不死，也必颠沛流离，救死不遑，还有什么机会讲学，还有什么地位领导文运？文化帝国的太平盛世已经过去了，大局扰攘，根本没有文坛存在，又遑论宗主。

——这是苏轼不复自见的一重悲哀。

三　王巩

乌台诗狱案内，因收受有讥讽文字，不申缴而牵连受罚的二十九人中，太原王巩（定国）是第一名，处分居然重过主犯，谪官监宾州酒盐税。宾州（今广西宾阳）为广南滨海烟瘴之地，比黄州、筠州都更远、更荒僻。苏轼获罪之初，不暇自哀，耿耿于怀者，是那些被连累的朋友，尤其对远谪的王巩更加担心。怕他会心怀怨恨，又不敢写信去问询，成为心理上一个极其难堪的重压。

幸而定国于启程前先已来了信，使苏轼有机会倾吐自己的歉疚。复书曰：

某启：罪大责轻，得此甚幸，未尝戚戚。但知识数十人，缘我得罪，而定国为某所累尤深，流落荒服，亲爱隔阔，每念至此，觉心肺间便有汤火芒刺。

今得来教，既不见弃绝，而能以道自遣，无丝发蒂介，然后知定国为可人，而不肖他日，犹得以衰颜白发，厕宾客之末也，幸甚，幸甚。

苏轼认为王巩是两代宰相家的贵族子弟，一向娇生惯养，怕他吃不了远谪南荒的辛苦，谁知定国却很坚忍刻励，和苏辙在筠州一样，晨起到税局去做盐税酒税的杂事，下班后，穷经著书或则诗酒自娱，生活得还很安宁。

在黄州的第三年，王巩自宾州寄诗来，苏轼有《次韵和王巩六首》之作，清清楚楚写出他的歉疚，要为他祈祷的沉重的心理：

况子三年囚，苦雾变饮食。

吉人终不死，仰荷天地德。

…………

此行我累君，乃反得安宅。

苏轼在黄州，最常挂念的，也是远谪广南的王巩。那年重九，登栖霞楼，凄然歌《南乡子》词，所念即是定国：

霜降水痕收，浅碧鳞鳞露远洲。酒力渐消风力软，飕飕，破帽多情却恋头。

佳节若为酬，但把清樽断送秋。万事到头都是梦，休休，明日黄花蝶也愁。

此词末句，特为引用从前在徐州逍遥堂中，夜与定国和诗的旧句，缱绻的旧情与无凭的人事，交织成寥落无归的沉哀，自有一种震撼感情的力量，使当日同座诸人，不论认不认识王巩的，都为之想望这位漂泊岭外的朋友。

所幸元丰六年，王巩先自宾州放归，苏轼欣慰非常，作《次韵王巩南迁初归二首》，对于定国"归来貌如故，妙语仍破镝。那能废诗酒,亦未妨禅寂",平安度过一场因他牵累而起的灾难,庆幸之情,溢于言表。

其实,在这三年中,定国的遭遇很坏。"以余故得罪,贬海上三年,一子死贬所,一子死于家,定国亦病几死。"(《王定国诗集·序》)但是王巩从来不怨苏轼,还时时和他谈论昔日徐州从游之乐的旧事,苏轼一面欣然见他"十年冰蘖战膏粱,万里烟波濯纨绮"的新境界,一面则怅然对他说道:"却思庾岭今何在?更说彭城真梦耳。"新近度岭的痛苦经验都已悄然过去了,那里还有徐州游乐的梦痕。经历忧患的苏轼,深深体认了人生的虚幻。

写上述诗时,苏轼也已离开黄州,在江淮一带求田问舍,预定明春去南都谒见王巩的岳父,乐全老人张方平。后来王巩去了汴京,所以苏轼到扬州、到南都,似乎都未曾与他相见。

定国有一歌姬,姓宇文,名柔奴,眉目娟丽,颇善应对。其家世住京师,从定国南迁,苏轼后有一次问她:

"广南风土应是不好?"

"此心安处,便是吾乡。"柔奴回答。

这似是一句非常平凡的话,但在一个体验过忧患的人听来,却如针刺要穴,凛然感到语中充满着哲理和智慧,特地为她填了一阕《定风波》词:

> 常羡人间琢玉郎,天应乞与点酥娘。自作清歌传皓齿,风起,雪飞炎海变清凉。
>
> 万里归来年愈少,微笑,笑时犹带岭梅香。试问岭南应不好,却道:此心安处是吾乡。

元丰八年(1085),宣仁太皇太后听政,下诏求直言,一时上封事者五千件,司马光看详,以孔宗翰居第一,定国第二,因此得早两年"磨勘",司马光荐为宗正寺丞。元祐元年八月,本来已有颍州通判的新命,尚未赴任,苏轼荐举他充"节操方正可备献纳科"的制科试,不料为台谏们斥为奸邪,斥为谄事苏轼。这句话非常刺激苏轼,不得不大声驳斥道:"臣与王巩,自幼相知,从我为学,何名谄事?台谏要攻击的是我,王巩受我连累而已,这样无理诬陷,能不令人悚惧?"一阵扰攘之后,王巩终被出为西京通判,他又是苏门中第一个代罪的羔羊。

因此,苏轼和王巩元祐初同在京师的时间,还不到一年。王巩在西京通判任上不过七八个月,二年秋间又转任扬州通判。其时,京师的党争已很激烈,苏轼自己正在进退两难的煎熬中,所以并不希望他回到这红尘滚滚的京朝里来,因作《次韵王定国倅扬州》诗,劝他不要再落红尘,在扬州好好写书:

> 此身江海寄天游,一落红尘不易收。
> 未许相如还蜀道,空教何逊在扬州。
> 又惊白酒催黄菊,尚喜朱颜映黑头。
> 火急著书千古事,虞卿应未厌穷愁。

然而,定国在扬州不到一年,又被人打下来了,三年秋后,回到汴京。

朝中大老韩绛的母亲,是王巩的姑母,他们两人是姑表兄弟。这几年间,定国命运乖舛,三年瘴疠,万里生还,适逢元祐政局初变,他鼓勇上书,极欲有点作为,自见于世。韩绛不是没有汲引定国的能力,但他非常自私,不仅借口亲嫌,不予推荐,眼看他被台谏们斥为奸邪,排挤出京,甚至连个通判的位置都坐不安稳,转徙靡常,无异江湖流落,韩绛也毫不顾问,苏轼很是为他不平。《次韵王定国谢韩子华过饮》诗,通篇都是为定国痛惜，讽刺韩绛的话，流露他对宦途中人的冷酷无情，投出无限的鄙薄。

定国从扬州回来后，十二月初七，是哲宗皇帝的诞辰，提早退衙，天降微雪，苏轼兄弟退朝后，"出门自笑无所诣，呼酒持劝惟君家"，就乘马踏雪往访清虚堂，去看定国的近作。苏轼认为巩作五言，好得出奇。苏辙则追忆十年前，与孙洙（巨源）同访定国，饮酒笑谈通宵，就醉卧他家的旧事，现在巨源且已作古，往事皆非，为之无限感慨。小苏诗说："兰亭俯仰迹已陈，黄公酒垆愁煞人。"但是大苏对人生已有其突破的观感，却用平静乐观的口吻说道："九衢灯火杂梦寐，十年聚散空咨嗟。明朝握手殿门外，共看银阙暾朝霞。"

明年（元祐四年，1089）三月，王巩升了官，出知海州。苏轼非常高兴，要以世故的经验来劝定国："好词工书，都是病癖；做官应该稍微曲徇一点流俗才好。"作《呈定国》诗：

旧病应逢医口药，新妆渐画入时眉。
信知诗是穷人物，近觉王郎不作诗。

四　画友

贵族画家王晋卿（诜），与苏轼原是老友，在御史台狱案内，与王巩一样，同是遭受惩处最重的人，因为他与苏的关系，还不止"收受有讥讽文字不申缴入司"一端，且有私人间的财物往来、僧牒请求和其他馈赠之类，一时都成了罪状。结果，王诜自绛州团练使，坐追两秩，宣告停废。

这还幸亏王诜的夫人是英宗的女儿贤惠公主，今上神宗皇帝的胞妹，才得免于远谪。不料公主还是经不起这样的打击，积郁成疾，神宗在她病中，赶忙又将王诜起复原官，可惜为时已晚，不久，贤惠公主终于撒手尘寰了。她的生母——宣仁太皇太后崩驾前，还曾泣语宰辅道："一男一女，病且死，皆不得见。"引为终身憾事。

公主既薨，王诜失了靠山，遂被外放均州。元丰七年春，徙颍州。至哲宗即位，才许自登州刺史还居京师，复文州团练使、驸马都尉。苏轼被召入京，与诜于宫殿门外，两人同经这场劫难，不相闻问者，已经七年，执手唏嘘，直是说不出一句话来。

晋卿原是武官，工于绘画，也好吟诗，值此际会，觉得不写诗不足以宣泄满腔的感情，自写一章五古，求轼和作，苏轼《和王晋卿》诗叙言："……作诗相属，词虽不甚工，然托物悲慨，陋穷而不怨，泰而不骄，怜其贵公子有志如此，故和其韵，欲使诜姓名附见余诗集中，然亦不以示诜也。"王诜诗不甚工，有事为证。他一日忽得耳疾，痛楚不堪，向苏轼求药方治耳，苏轼答复他道：

君是将种（诜是宋朝开国功臣王全斌的后裔），断头穴胸，当无所惜。两耳堪作底用，割舍不得。限三日病去；不去，割取我耳。

晋卿得书顿然开悟，果然三天后耳痛已愈，作诗谢苏曰："老婆心急频相劝，令严只得三日限。我耳已聪君不割，且喜两家皆平善。"词果鄙俚，但是他画《挑耳图》，却是出色当行之作，后被王巩收藏。①

　　王诜本是山水名家，受当时艺术风气的影响，继李成（营丘）、郭熙而后，画云林清旷、荒寒苍茫的《寒林图》而负盛名，早年画《烟江叠嶂图》，使苏轼读后顿怀武昌樊口的景色；王定国藏他所画着色山，苏轼题曰：

　　　　君归岭北初逢雪，我亦江南五见春。
　　　　寄语风流王武子，三人俱是识山人。

　　定国谪宾州，苏轼谪黄州，而晋卿稍后亦谪均州，所以说"三人俱是识山人"，题作同难的纪念。

　　晋卿对于苏轼的书法，爱好成癖，他们虽是知交，但也不能予取予求，需要有点技巧。当时大家知道，要向苏轼求书，最好赠送笔墨纸砚中的佳品，几乎无不立时应命。晋卿懂得这个诀窍，他曾一次赠送苏轼佳墨二十六丸，凡十余品。苏轼用来混合研磨，作数十字，试验色泽的深浅。他说：假使合研的成绩很好，他将捣合使成一墨，仿"雪堂义樽"之例，可以称为"雪堂义墨"。②据说这批古墨的成分非常名贵，内含金屑和丹砂，所以色泽光亮照人。不用说，晋卿必然借此获得不少苏书。

　　苏轼在黄州，醉后作《黄泥坂词》，原稿久已藏失。一天晚上，与王直方、张耒、晁补之等夜谈，说起此稿，他们三人便翻几倒案，搬箧索筒，居然寻了出来，不过稿字甚草，半已不能辨认。苏轼寻绎当时的意思，补成全文。张耒从旁手录一份清稿，呈与老师，乘便乞去原稿真迹。第二天，王诜得闻此事，写了信来抗议。书言：

---

① 〔宋〕赵令畤：《侯鲭录》。
② 〔宋〕苏轼：《东坡志林》。

吾日夕购子书不厌,近又以三缣博两纸。子有近书,当稍以遗我,毋多费我绢也。

于是苏轼用澄心堂纸、李承晏墨,写了《黄泥坂词》一通赠与晋卿。

元祐在京,苏轼交往的画友,都是一流高手,旧友王诜外,还有曾来黄州作客雪堂的米芾(元章),京师初交的李公麟(伯时),余如山谷的字,无咎的画,也都是一代作手。

米芾,字元章,本是吴人,世居太原,后迁襄阳,所以又自称"襄阳漫士"。他的母亲曾侍宣仁太后于藩邸,因此得补涵光尉,做过长沙县掾,现在京师当太学博士。生得眉目轩昂,人物英迈,独步翰墨场中,自视甚高,不肯随人俯仰。又因有这天生的傲骨,虽有那么好的宫廷欢迎,仕途上却极不得已,然而他并不在乎,自称:"功名皆一戏,未觉负平生。"绝不改变他的"洁癖"。①

元章的书法,最为沉着飞扬,自出新意,不宗一派,与苏轼相同,故被誉为超逸绝尘、不践陈迹的大家。自言:"人谓吾书为集古字,盖取诸长处总而成之。既老,始自成家。人见之,不知以何为祖也。"②

米字于端庄中寓阿娜流丽之美,除二王外,于古人书法,概无好评,骂柳公权是丑怪恶札之祖,骂张旭草书只配挂到酒肆去。他是个放荡不羁的艺术家,字如其人,他的行草,放逸天真,无拘无束,笔墨秀劲圆润,有云烟舒卷的自然姿态。苏轼对他评价甚高:"海岳平生篆真行草书,风樯阵马,沉着痛快,当与钟王并

---

① [宋]曾敏行:《独醒杂志》。
② [宋]米芾:《海岳名言》。

行,非但不愧而已。"元章本不作画,至李公麟右手得病后,他才画山水。伯时的画艺始得之于吴道子,元章则取顾恺之的高古,"不使一笔入吴生"。他说,山水画古今师法相承,还没有人能够跳出此一尘俗的风格。所以他画山水树木,信笔挥洒,不求工细,烟云掩映,意似便好,与他儿子友仁都擅"泼墨",意亦在于突破古画的技法,意趣天成,独成一格,人称"米家山水"。

元章学书甚勤,苏轼说他"日费千纸",而其收藏之丰,尤其叫人眼红,据说"收晋、六朝、唐、五代画至多,所藏晋唐古帖多至千幅"。所以名其室为"宝晋斋"。

苏轼常偕同好的朋友到宝晋斋去借看他的收藏,但却发生一种怀疑,以为像米芾这样一个大家,决不至于没有鉴识,何以他的收藏中却又真伪参半,不尽可靠呢?元祐四年(1089)六月十二日,苏轼偕门生章致平同访宝晋斋。致平看元章取画,必亲自开锁,取出画件后,站离观者丈余之外,两手捉纸供观,不令接近;如走近去看,他便收了起来。显然示人者皆是赝品,这个秘密被章致平揭穿了,元章大笑,然后才把二王、长史、怀素辈十几件精品拿了出来。①

米芾酷嗜书画,常常向人借阅,一取回家,他即用心临摹,然后把真假两本,一起送给原主,听其自择,而原主则又常常真赝莫辨。如此巧偷豪夺,聚藏书画日富。苏轼对他这种行径,不免有点轻视,所以《次韵米芾二王书跋尾》诗一则曰:"秋蚊春蚓久相杂,野鹜家鸡定谁美。……巧偷豪夺古来有,一笑谁似痴虎头。"又曰:"锦囊玉轴来无趾,粲然夺真疑圣智。"对于米芾的作

---

① 〔宋〕周煇:《清波杂志》。

伪功夫，也不禁叹赏起来。

元章伪作出了名，真还有书画迷求他伪作，王诜即是其一，《书史》载其事：

> 王诜每余到都下，邀过其第，即大出书帖，索余临学。因柜中翻索书画，见余所临王子敬《鹅群帖》，染古色，麻纸满目皱纹，锦囊玉轴，装剪他书上跋，连于其后。又以《临虞帖》装染，使公卿跋。余适见大笑，王就手夺去，谅其他尚多，未出示。

然而仿造古书画，必须具有非常高超的技能、乱真的本领，在艺术上虽然没有正面的价值，但如果对传统的书法书技没有过人的造诣，对前人的笔墨没有精深的摹写功夫，谁又能够达到莫辨真赝的境界呢？

元章恃才傲物，行动不羁，故意装疯作傻，一种是强烈的表现欲望，一种是对凡庸世界无言的抗议。他常穿着奇装异服，自谓是唐人规制，好戴高檐帽，因为帽子太高，轿顶矮，坐不进去，他也不愿脱帽，叫把轿顶拆了，他就坐在没顶的轿子里，招摇过市。一天，出保康门，路遇晁以道，以道看了大笑。

米芾下轿，拱手问道："晁西，你道是甚底？"

"我道你似鬼章。"[①]

然而，放开这些不讲，就凭元章的才气和绝顶聪明，都为苏轼所敬爱，成为他非常亲密的画友。

另一鼎鼎大名的龙眠居士李公麟，是苏轼元祐时期的初交。李之仪最初介绍公麟所画地藏像给苏轼看，复书说：

[①] 语见《何氏语林》，其时想在西师生擒番将青宜结鬼章槛送京师时，故有此语。

某本无此学，安能知其所得于古者为谁何，但知其为轶妙而造神，能于道子之外，探顾（恺之）陆（探微）古意耳。公与伯时想皆期我于度数之表，故特相示耶？……

公麟，字伯时，舒城人，南唐先主李昪的裔孙，举进士，元祐初在京为承议郎。

公麟的父亲酷好书画，收藏甚丰，所以他自幼见多识广，渐能解悟古人使笔用墨的法门，作画气韵高远，意造天成；又能做诗，更识奇字；尤好三代鼎彝古器，博学精鉴。他以传统的佛画、人物画打好根基，特别擅长画马。这也是唐人遗留下来的风气，绘画雕塑等艺术杰作，大都与马有关，所以公麟作画，也以人物与马画为多。

元祐二年（1087），苏轼知贡举，公麟以承议郎为小试官，也曾在试院画马，苏黄以次，并有题咏。元祐初，西域贡马，首高八尺，振鬣长鸣，万马皆喑，为一罕见的神骏；明年西羌温溪心赠文潞公马，亦为名驹；蒋之奇为西河帅，乞受西番贡马称"汗血"者。苏轼心爱这三匹名马，特请公麟各为写真，还请青宜结鬼章详加审定。他不能自有这样贵重的异国名驹，就只好一直珍藏这幅马画。至被谪惠州，还随身带着，作《三马图赞》，可见他的宝爱。

后来公麟遇名僧法秀劝他道："你日夜画马，殚精竭虑在马身上，一日眼花落地，必入马胎无疑。"伯时大为惊慌，从此不再画马，改画大士像，兼写人物和画"真"。[①]

中国的人物画，一向由六朝的顾恺之、唐朝的吴道子轮为主

---

① 〔宋〕释惠洪：《冷斋夜话》。

宰，后人不论如何变法，画风不脱这两家的范围，非吴即顾。北宋前期，吴道子被大家奉为画圣，所以，那一时期的壁画，大抵都是笔力雄放的吴派。老苏生前，也酷好吴道子画的佛像，苏轼初仕凤翔，曾化钱十万，买过四版幸逃兵燹的道子画菩萨和天王像，归献老父，成为苏洵一生收藏中的弁冕。

苏轼少时，对于吴道子那种"吴带当风"的笔势气魄，深为倾倒。后来见到王维的真迹后，开始获得诗画一体的启示，单纯的画技已经不能使他满足。至与米芾、李公麟相交，在人物画的鉴赏方面，他更欣赏顾虎头以有限的画面，朴素的笔墨，写出形神相融的人物来，认为气韵高于道子远矣。

苏轼盛倡诗画一体，首称王维："味摩诘之诗，诗中有画；观摩诘之画，画中有诗。"转而赞誉公麟为："李侯有句不肯吐，淡墨写出无声诗。"龙眠的画更印证了苏轼诗画一体的理论。

在这几个人互为影响之下，顾恺之的画风，重被复兴起来，最有力者，就是李公麟。公麟所作《孝经图》，就带有非常浓厚的六朝风味，受恺之《女史箴》和《烈女图》影响的痕迹是非常明显的，现在美国华盛顿弗里尔美术馆（Freer Gallery of Art, Washington D.C.）所藏顾恺之《洛神图》二幅之一，即是李公麟用白描笔法摹绘的。（《石渠宝笈续编》著录）

此时，苏轼受龙眠的影响，已很服膺顾恺之，《赠李道士》诗有曰：

> 世人只数曹将军（霸），谁知虎头（顾恺之）非痴人。
> 腰间大羽何足道，颊上三毛自有神。
> 平生狎侮诸公子，戏著幼舆岩石里。
> …………

这诗里，包括顾恺之写真的两个故事：一为裴楷画像，画成，再三默自观察，后在颊上添画三根毫毛，便觉神明活现；二是为谢鲲（幼舆）作"真"，将他画入岩石丛中，说："此君宜置丘壑。"

人的品格不同，神情即异，画家不能把握其人品格精神的特征，便不得"神"。

人的体貌上，精神所聚之处，顾恺之认为："四体妍媸，本无关于妙处，传神写照，正在阿堵中。"

所以他画就一帧人像，搁置数年，不点目睛，因为尚未观察到、把握到如何表现这神聚之处的缘故。

眼睛固然最能表现个人的性格与精神，而苏轼则以为颧颊亦很重要，他作《传神记》说："传神之难在目颧。"这话并非空口议论，他还做过实验。《传神记》说：

> 传神在于颧颊，吾尝于灯下顾见颊影，使人就壁摹之，不作眉目。见者皆失笑，知其为吾也。

他认为画家要把握对象的"神"，必须潜观默察，留心他于自然流露时，迅速捕获到画面上去（前揭书）：

> 传神与相一道，欲得其人之天，法当于众中阴察之。今乃使人具衣冠坐，注视一物。彼方敛容自持，岂复见其天乎？……

伯时画真，当然不同凡响。

陆放翁听他父亲说，李伯时画王荆公像于金陵定林庵的昭文斋壁上，著帽束带，神采如生。斋屋平日严加锁闭，贵宾来谒，寺僧才肯开门。客忽见像，无不为之惊耸，盖因感觉此像竟有一股生气逼人,写照之妙如此①——放翁后去金陵,庵已遭火,像不复存。

现在尚存人间的伯时所作轼"真",乌帽道服,坐在磐石上,左手执一藤杖,横置膝前;两颧高耸,大耳长目,右颊黑痣数点,清晰可数。黄山谷说:"极似子瞻醉时意态。"

他们这一伙朋友最大的娱乐,不是诗酒之会,即作书画雅集。元祐二年(1087)五月,在王诜家的西园里,即曾举行一次盛会。西园幅员广袤,小桥流水,林石清森,实是一个非常优美的园林。我们上距当时,几已千年,还能看到这次雅集中,风景之美,人物之盛,姬侍之艳,真还不得不感谢龙眠居士所画的《西园雅集图》和米元章所写的图记。

参加这次雅集的,图上共有十六个人。一石案的左前端坐着,头戴黑色高筒帽,身穿黄色道袍的,便是苏轼,他正端坐捉笔写字,有一童子对案俯身为他持纸;沧州李之仪(端叔)捉椅立视,只见一个侧面;幅巾青衣、据案凝伫者为丹阳蔡肇(天启);蔡与苏间,站着两个盛妆的侍姬,服饰神态还是唐代美人丰容盛鬋的风仪;案之右上角,戴仙桃巾,着紫裘,斜坐静观者为主人王诜(晋卿):这一组人都在凝神注视苏轼如何挥毫落纸。案后假山一角,小桥流水,景色明媚。

另一石桌,上方坐着龙眠居士李公麟(伯时),幅巾野褐,案上平铺素纸,他正据横卷,持毫画陶渊明《归去来兮辞》。旁立黄庭坚(鲁直),团巾茧衣,持扇当胸,凝眸熟观。案之两端,分坐苏辙(子由)和张耒(文潜):子由道帽紫衣,右手倚石,左手执

---

① 〔宋〕陆游:《入蜀记》。

卷而观；文潜捉石观伯时画。一童子磨墨，一童子侍立苏辙身后。晁补之（无咎）披巾青服，抚肩而立。郑靖老（嘉会）道巾素衣，按膝而俯视伯时作画。

远处林翳间，秦观（少游）幅巾青衣，跌坐在一棵古桧的盘根上，袖手静聆戴琴尾冠、穿紫道服的琴师陈碧虚凝神摘阮[①]。

爱石有癖的米芾，唐巾深衣，站在一方高大石壁前，昂首持毫，意欲题壁，前有蓬头童子捧砚而侍。在他身旁的则为秘书少监宋城王钦臣（仲至），袖手仰观。后有锦石桥，竹径缭绕；于清溪深处，翠阴密茂中，一僧——圆通大师坐蒲团上说《无生论》，刘泾（巨济）幅巾褐衣，坐怪石上，侧耳静听。

米芾所作图记，结末说："后之览者，不独图书之可观，亦足彷佛其人耳。"确为至言。北宋士大夫家朋友雅集，例设歌筵，驸马邸第的酿酒美人，益发鼓舞宾客的画意和诗兴。晋卿有一后房宠姬，名啭春莺，见过的人都说，确是罕见的国色，苏轼曾被她的美艳所颠倒，即席为制《满庭芳》一阕，老实招供道：她是你家家伎，朝夕相见，不会觉得怎样；但是有个狂客，则已被她艳光所照，意乱情迷，如何是好？原词是：

> 香暖雕盘，寒生冰箸，画堂别是风光。主人情重，开宴出红妆。腻玉圆搓素颈，藕丝嫩、新织仙裳。双歌罢，虚檐转月，余韵尚悠扬。

> 人间何处有？司空见惯，应谓寻常。坐中有狂客，恼乱愁肠。报道金钗坠也，十指露、春笋纤长。亲曾见，全胜宋玉，想像赋高唐。

[①] 阮者，乐器名。《旧唐书·元行冲传》："有人破古冢，得铜器似琵琶，身正圆。行冲曰：'此阮咸所作器也。'令易以木而弦之，其声清亮，乐家遂谓之阮咸。"

但这啭春莺，王家亦不能久据。绍圣初，政局大变，晋卿再度贬谪，她便流落为客县马氏所得。待晋卿重返京师，虽知她的下落，但是已经飞去的堂前紫燕，再也不能重返旧巢，空缱绻而已。①

苏轼与米芾、公麟的交谊，结局则有不同。他自海外北归，与元章书云：

> 岭海八年，亲友旷绝，亦未尝关念。独念吾元章迈往凌云之气，清雄绝世之文，超妙入神之字，何时见之，以洗我积岁瘴毒耶？今真见之矣，余无足云者。

苏轼谢世前，还和他频频函札往来，诉述病苦。

至于李公麟，元祐时期，与苏家极为密熟，甚至为苏家遍画家庙的神像。但至苏轼得罪南迁，公麟即不相闻问，途遇苏氏两院子弟，他也以扇障面，装作不曾看见。一个艺术家而如此势利，晁以道非常气愤，将平日所藏李公麟画，全部送了别人，他不愿再看了。②

五　文字生涯

苏子由说："东坡黄州以后文章，辙虽驰骤从之，而常出其后。"苏轼自言写文章是他生平一大乐事：

> 某平生无快意事，惟作文章，意之所到，则笔力曲折，无不尽意，自谓世间乐事，无逾此矣。③

---

① 〔宋〕许顗：《彦周诗话》。
② 〔宋〕邵博：《闻见后录》。
③ 〔宋〕何薳：《春渚纪闻》。

自述创作过程中"文思潮涌，触处生春"的乐趣，尤其动人：

> 吾文如万斛泉源，不择地皆可出。在平地滔滔汩汩，虽一日千里无难，及其与山石曲折，随物赋形，而不可知也。所可知者，常行于所当行，常止于不可不止，如是而已矣。其他虽吾亦不可知也。

他这枝天生健笔，虽然能够给他带来痛快淋漓的快感，但也给他惹上无穷的灾祸，然而这是思想家的武器，艺术家的工具。"衣带渐宽终不悔，为伊消得人憔悴。"原是生命相与的事业，无可言说。而且，文字的创作，即是个人性情的表露，丝毫勉强不得，即如二苏自幼为学，本出同一源头——"公之于文，得之于天，少与辙皆师先君"[1]。但因兄弟赋性不同，表现在文字上的风格和品评文字的态度，也就完全相异。苏辙是个朴实厚重的人，所以他所仰赞的欧阳文章，着眼于"公之于文，天材有余，丰约中度，雍容俯仰，不大声色，而义理自胜"。苏轼不然，他看评文章，首重气势，所欢喜的是笔锋精锐、议论英爽之作，看到一篇好文章，即拍案称快，如欧阳文忠初见他的文字一样，连呼快哉、快哉！又如他欣赏李廌的文字，即在于它有飞沙走石之势，所以，夏均父诗说："栾城去声色，老坡但称快。呜呼二法门，近古绝伦辈。"[2]

苏轼作文虽求快意，笔墨淋漓，看似平易，但也有工细的一面，非如后世那些斗方名士，兴到为之，随手挥洒，自称才子。他也一样有句斟字酌的过程，细针密缕的功夫，和欧阳文忠一样。

欧阳修作完一文，便将稿子贴在墙壁上，坐卧之间，随时复

---

[1]〔宋〕苏辙：《东坡先生墓志铭》。
[2]〔宋〕王应麟：《困学纪闻》。

看，随时修改，必至自认完美无疵，方肯脱手示人。苏轼虽然才思敏捷，落笔之前，先有腹稿，旁人只见他文不加点的才气，但他自己腹内经营，并非完全不需推敲，只是灵感来得快，他又敏于捕捉，不着痕迹而已。

前人于苏轼诸孙处，得见数幅诗稿真迹。有一幅和欧阳叔弼（棐）诗，"渊明为小邑"句，初去"为"字改作"求"字，又连涂"小邑"二字，改作"县令"，凡三改才成现在这个句子。至"胡椒铢两多，安用八百斛"，初作"胡椒亦安用，乃贮八百斛"。若如初句，确有语病，仍须涂抹再三，改而又改。①

蜀中石刻东坡文稿，改窜之迹累累，费衮《梁溪漫志》里，具注两篇，颇堪玩味。

不过他读书多，记忆力强，一笔在手，左驱右转，无不如意，确也是罕见的才能。

苏门中人，常有旁观苏轼当众写作的机会。一日，苏轼与黄庭坚、秦观、张耒、晁补之等人会于私第，忽然有旨，令撰《沿路赐奉安神宗御容礼仪使吕大防银合茶药诏》，他便磨墨伸纸，落笔写下开端"于赫神考，如日在天"八个字，适遇外间有事，苏轼搁笔暂出，诸人拟续下句，都猜不出他的意思。

过了一会儿，苏轼回来，马上援笔续写道："虽光明无所不临，而躔次必有所舍。……"

诸生大为叹服。②

这段时间里，苏轼有《鹤叹》（一作《病鹤》）这一首名作，

---

① 〔宋〕杨万里：《诚斋诗话》。
② 〔宋〕王明清：《挥麈余话》。又杨万里《诚斋诗话》。

虽欲以鹤自况,但结果则又不免感叹"愧不如鹤",而以"难进易退我不如"来自嘲,写尽身不由己的悲哀。

园中有鹤驯可呼,我欲呼之立坐隅。
鹤有难色侧睨予,岂欲臆对如鹏乎?
我生如寄良畸孤,三尺长胫阁瘦躯。
俯啄少许便有余,何至以身为子娱。
驱之上堂立斯须,投以饼饵视若无。
戛然长鸣乃下趋,难进易退我不如。①

另一他身后的传说,尤为有趣。

洪景庐(迈)在翰林院日,公闲,到庭院中去散步,见一老叟在花丛前晒太阳,随便问他是哪个地方的人。老叟说:"京师人,几代都在翰林院里当院吏。现在八十多岁了,年轻时还见过元祐朝的各位学士;目前子孙仍在本院作吏,所以养老于此。"接着又说,"听说今日文书甚多,学士才思敏绝。真不多见"。

景庐面有得色,便说:"苏学士想亦不过如此速耳!"

那老人点点头,然后叹道:"苏学士敏捷亦不过如此,但他不曾检阅书册。"

景庐大为惭赧。②

这景庐即是著《容斋随笔》《夷坚志》的洪迈,是一位学问渊博、究极群书的学者,官至敷文阁待制、端明殿学士,终亦不如苏轼记忆力的特强。《容斋随笔》里指责苏轼诗中用事错误的地方

---

① 唐庚《唐子西语录》:"东坡居士作《病鹤》诗,自写'三尺长胫瘦躯',缺其一字,使任德翁(伯雨)辈下之,凡数字,东坡徐出其稿,盖'阁'(搁)字也。此字既出,俨然如见病鹤矣。"
② 〔宋〕陆游:《老学庵笔记》。

很多，也许是老吏一言的刺激使然，其实，些许小节，亦不足为大诗人病。如太后以金莲烛送他归院那一晚，苏轼连撰吕公著平章事，吕大防、范纯仁左右仆射三制，必须于顷刻之间写成，才能于当夜呈核，翌晨宣麻。而读者以为："三制成于顷刻之间，撷史粹经，悉出吐属，可见其奋疾如风。"到底不完全是苦学所能达到的天才境界。

苏轼元祐在京师，先后不过三四年间，除奏议外，所作《内制》集有十卷，附《乐语》一卷，《外制》集有三卷，文繁体备，内容有朝廷典制、宫禁仪文、宰执恩例、馆阁掌故、寺观致祷、原庙告虔、外藩部落与边臣使客间的朝聘燕飨、抚绥存问，另有修省哀慕、节序令辰的应景文字，包罗万象，竟有八百余篇之多，可见他工作之重，下笔之快。

而且在此期间，他还有若干皇皇巨制的大文章，如二制官公祭司马光文，范镇取以志墓者；《司马温公行状》；敕撰《富郑公（弼）神道碑》《赵清献公（瞻）神道碑》《范蜀公（镇）墓志铭》：凡此皆是一代伟人，言行要作天下的模范，事功要作国史之根据的，岂是等闲文字。又如《张方平文集叙》《欧阳文忠公文集叙》，为范纯仁作其父《文正公（仲淹）文集叙》，也都关乎一代政事、文运流变发展的历史，只有苏轼才有资格撰写文章；而且在私人关系上，张方平、欧阳修、富弼、司马光对他的提掖，范镇对他的关爱，知遇之感，奖掖之恩，使他不能不竭尽心力，记述他们的事功行谊，以不朽的文章才配记述不朽的人物。

只有作诗，他自己也说："兼画得寒林墨竹，已入神矣；行草尤工，只是诗笔殊退也，不知何故？"（《与王定国书》）这虽是黄州后期的话，但很明显，他的兴趣集中到书画上去后，诗情便偏枯了；同一理由，苏轼元祐在京，政务忙碌，稍有公退余闲，则朋友往来多，宴饮聚会多，谈玄说艺，把所剩的精力时间都用尽了，这段时间里，诗词方面，几近曳白。

赵翼《瓯北诗话》说得不错："东坡自黄州起用后，扬历中外，公私事冗，其诗多即席即事随手应付之作；且才捷而性不耐烦，故遣词或有率略，押韵亦有生硬。心闲则易触发，而妙绪纷来；时暇则易琢磨，而微疵尽去，此其诗之易工也。"

所以苏轼元祐前期的诗作，不但数量很少，而且竟无一篇可与黄州名作相提并论的。

至于苏轼作词，历来最受批评，大抵指他以诗为词，不协音律，不可歌唱而已。南渡女词人李清照作《词论》，目空前古，持论甚严，她说：

……至晏元献（殊）、欧阳永叔（修）、苏子瞻（轼），学际天人，作为小歌词，直如酌蠡水于大海，然皆句读不葺之诗尔。

不但易安居士如此说，如苏门陈师道亦言：

退之以文为诗，子瞻以诗为词，如教坊雷大使之舞，虽极天下之工，要非本色。……

晚唐五代之际，词之初起，它的生命是音乐，原不过供人歌唱的艳曲，写景则不出闺阁园亭，写情则不外伤春怨别，所以填词必须协律，意境限于温柔婉约一路。

以后经过多少词家的努力，词的意境才扩大到可以抒写自我的情意，成为有鲜明个性的文学创作中之一体；但各家表现的风格，总还拘束在浓丽的色泽和纤细柔婉的意致中，跳不出这个狭隘的范围。而胡寅（致堂）《酒边词叙》说：

柳耆卿后出，掩众制而尽其妙，好之者以为不可复加。及眉山苏氏，一洗绮罗香泽之态，摆脱绸缪宛转之度，使人登高望远，举首高歌，而逸怀浩气，超乎尘垢之外，于是花间为皂隶，而耆卿为舆台矣。

这自是最高的称誉，王灼《碧鸡漫志》亦说："东坡先生非醉于音律者，偶尔作歌，指出向上一路，新天下耳目，弄笔者始知自振。"这便是说，苏词虽然不谐旧格律，却能创出新道路。自唐、五代以来，苏轼首先跳出向来低吟浅唱的调门，以轶尘绝俗的豪气，高唱他胸中激荡的感情。高亢处出神入天，率性而行，音韵格律再也不能约束，甚至连词调句法的限制，他也不管，如《水龙吟·次韵章质夫杨花词》，照词调应为五、四、四断句，但他写的却是"细看来，不是杨花，点点是离人泪"。依凡理，这是一阕破坏格律的坏词，但是王国维说这阕和韵词的才情境界，反而凌驾章楶原唱之上，"才之不可强也如此"。

东坡词只有三卷，共三百余首，是全部著作中分量最少的一种，然而他是扩大词的境界，变婉约为豪放的第一人。王鹏运《半塘遗稿》说："其性情、其学问、其襟抱，举非恒流所能梦见。词家'苏辛'并称，其实，辛犹人境也；苏，其殆仙乎！"

苏轼自憾平生三不如人，即是着棋、吃酒与唱曲。他因自己不解唱，怀疑所作的词付诸檀板，到底唱不唱得好。一日，在翰林院，问一善歌的幕僚道：

"我词何如耆卿（柳永）？"

"郎中哪比得学士！公词须关西大汉，铜琵琶，铁绰板，唱'大江东去'；郎中词只好十七八女子，执红牙板，歌'杨柳岸晓风残月'。"

苏轼为之抚掌大笑。[1]

所以晁无咎说,"居士词横放杰出,自是曲子缚不住者",比陈师道的见识高明得多。而且苏轼并非真不能歌,晁以道说:

> 绍圣初,与东坡别于汴上。东坡酒酣,自歌《古阳关》,则公非不能歌,但豪放不喜剪裁以就声律耳。[2]

当此时也,大局鱼烂,苏轼被远谪岭外,心情十分沉重,非引吭高歌无法尽吐胸中的块垒,只是一个特例而已。

再说,《东坡乐府》中,也有清丽舒徐之作,如《蝶恋花·春景》:

> 花褪残红青杏小。燕子飞时,绿水人家绕。枝上柳绵吹又少,天涯何处无芳草。
>
> 墙里秋千墙外道。墙外行人,墙里佳人笑。笑渐不闻声渐悄,多情却被无情恼。

苏轼偶作小记,偶书小简,以些许文字写出无限清思,美不可言。杨升庵(慎)颂曰:"东坡尺牍狎书,姿态横生。萧散容与,霏霏如零春之雨;森疏掩敛,熠熠如从月之星;行徐婉转,纤纤如抽茧之丝。恐学者所未到也。"

兹举数例:

一、小记

《记承天寺夜游》:

> 元丰六年十月十二日夜,解衣欲睡,月色入户,欣然起行。念无与为乐者,遂至承天寺寻张怀民。怀民亦未寝,相与步于中庭。庭下如积水空明,水中藻荇交横,盖竹柏影也。

---

[1] 〔宋〕俞文豹:《吹剑录》。
[2] 〔宋〕陆游:《老学庵笔记》。

何夜无月？何处无竹柏？但少闲人如吾两人者耳。

二、小简

《书赠何圣可（黄州）》[①]：

岁行尽矣，风雨凄然，纸窗竹屋，灯火青荧。时于此间，得少佳趣。无由持献，独享为愧，想当一笑也。

《冬至节日与孔平仲》：

日至阳长，仁者履之，百顺萃止。病废掩关，负暄独坐，醺然自得，恨不同此佳味也。呵呵！诲谕过重，乏人修写，乃以手简为谢，悚息。

《儋耳致秀才姜唐佐》：

今者霁色尤可喜，食已，当取天庆观乳泉泼建茶之精者，念非君莫与共之；然早来市无肉，当相与啖菜饭尔。不嫌，可只今相过。

以上偶录小简三则：一写寒夜灯温的佳趣，二写醺然曝日的自得，三写吃菜饭后饮茶一盅的怡逸。风神飘逸，如见诗人萧然自得的音容笑貌；但是由此可见，苏轼这人总不是个十丈红尘中的冠盖人物。

六　书法

子由述苏轼书学渊源说："幼而好书，老而不倦，自言不及晋人，至唐褚（遂良）、薛（稷）、颜（真卿）、柳（公权），仿佛近

[①] 编者注：考《苏轼集》，应为《与毛维瞻》。

之。"可见苏轼从小就喜欢书法。少时开手学写,所经过的一段临摹功夫,苏过作《书先公字后》:

> 公少年喜二王书,晚乃喜颜平原,故时有二家风气,俗子初不知,妄谓学徐浩,陋矣。

其实徐浩书法,也是出于二王,苏轼学过兰亭,就会有几分徐浩的面目;苏轼自言写字稍得意处,则似杨风子,风子上承唐颜,其传承如徐浩之与兰亭一样。所以论苏书渊源,以黄庭坚的说法,最中肯綮:

> 东坡道人少日学兰亭,故其书姿媚似徐季海(浩)。至酒酣放浪,意忘工拙,字特瘦劲,似柳诚悬。中岁喜学颜鲁公、杨风子(凝式)书,其合处不减李北海。本朝善书,自当推为第一。[1]

书法自来分两派,一派是王羲之,一派是颜真卿。王字劲逸,颜字雄浑。苏轼兼通其意,如其自言:"端庄杂流丽,刚健含婀娜。"形成苏书独有的特点。

前人论中国书法,有"晋人尚韵,唐人尚法,宋人尚意"之说,意言晋人重自然,襟怀雅达,所以顾盼风流;唐人拘泥古法,刻画临摹,虽然典型宛在,而生气遂失;宋人书风,大都以意为之,莫顾陈式,率由胸襟,所以能够充分见出自我,表现出极为自由的特色。

颜书陶铸万象,隐括众长,苏轼倾倒万分,他说:"颜鲁公书雄秀独出,一变古法,如杜子美诗,格力天纵,奄有汉魏晋宋以来风流,后之行者,殆难复措乎。"(《书唐氏六家书后》)学颜者

---

[1] 〔宋〕黄庭坚:《山谷集》。

出沈传师、柳诚悬的瘦硬通神，苏轼中年以前的作品，时有此意；五代杨凝式（景度）虽亦师法鲁公，但他自有精神气魄，表现一流天真的风神，而且笔笔敛锋入纸，兼有兰亭的笔法。

杨氏的书法，是由唐入宋的一大枢纽，而苏轼字学的基础，完全与他相同，所以庭坚每赞轼书，就常常提及杨氏，苏轼自己也说过："仆书作意为之，颇似蔡君谟（襄），稍得意则似杨风子，更放则似言法华。"师承和气质交互影响，相辅而成一家之法，像什么人，其实并不重要。

"宋人尚意"，亦须至北宋中叶以后，始成风气，前于此的蔡襄，还是"笔有师法"，不能完全自由创意。欧阳修与蔡襄论书："书之盛，莫盛于唐；书之废，莫废于今。今文儒之盛，其书屈指可数者无三四人，非皆不能，盖忽不为尔。"其实并非"忽不为尔"，还是因为当时的人墨守《淳化阁帖》迹和古贤遗法，无法跳出唐人的传统窠臼之故。

苏轼经过初步的学书阶段后，他首先扬弃的，就是束手缚脚的石刻碑帖。他不取石刻，不临碑帖，认为书经镂刻，神气总不完全，他不要那些遗神袭貌的东西，独重古人真迹，每有所得，将它悬诸壁间，行起坐卧，随时注目，心摹手追，但求得其大意，领悟笔墨间的精神，再不措意于点画的形似。他是从学书旧法中获得解放的第一人，所以有一首《与子由论书》诗曰：

  吾虽不善书，晓书莫如我。
  苟能通其意，常谓不学可。

又说："我书意造本无法，点画信手烦推求。"所以他绝不规规矩矩临摹点画，也不以一家一体为满足，而所见墨迹日益丰富，解悟也就随时增进，从此肆其雄健的笔力，千变万化，写出他自己胸中的学问文章之气。

他一面说:"诗不求工字不奇,天真烂漫是吾师。"但语舒尧文有言:"作字之法识浅、见狭、学不足三者,终不能尽妙。"任何学问都要有根柢,要能"通",书法也不例外。

他对专工临摹者,非常轻视。章惇元祐间被逐居颍,闲来无事,日临兰亭一本。苏轼听人传说,笑道:"工摹临者非自得,从门入者非宝,章七终不高耳。"

书须出自己意,意则包括见识学问,除此之外,还需有极其熟练的技法。苏轼少年习字,则与常人不同,他以抄经史练字,一举两得。

北宋中叶,雕版印书虽已相当发达,但像他这样一个生长眉州偏鄙之地的寒士,得书不易,还是需要手自抄写的,而这抄书的习惯,他复终生不懈,即使在黄州行年五十了,仍以抄书为日课。晁补之说:"苏公少时抄书,每一书成,辄变一体,卒之学成而后已,乃知笔下变化,皆自端楷中来。"

由此可知,苏轼抄书,不单为了便于记诵,同时亦即习字,而且习以己意为书,随时变化,因此,他的书法,时时不同,李之仪跋苏书曰:

> 余从东坡游旧矣,其所作字,每别后所得,即与相从时小异,盖其气愈老,力愈劲也。

又曰:

> 东坡从少至老所作字,聚而观之,几不出于一人之手。

(《姑溪集》)

苏轼自跋诗卷,也说:"观此真迹,如觉伪者,甚可笑也。"则如时日久远,连他自己也真赝莫辨起来。

书法学者常将苏轼书法分为三个时期。自少至贬谪黄州以前为第一期，以学王羲之的《兰亭序》和《黄庭经》为主，多写小楷和小行书，笔致华丽而刻意求工过甚；后期学颜真卿，元丰元年书《表忠观碑》，就有东方先生画赞的气象。第二期从黄州开始，历元祐一朝为止，这时期身遭挫折，以笔墨发泄感情，如《寒食帖》写得笔飞墨舞，既遒劲，又飘逸，纵横变化，痛快淋漓，黄山谷说："此书兼有颜鲁公、杨少师、李西台笔意，试使东坡复为之，未必及此。"元祐八年书《李太白仙诗》则酒酣放浪，神游八表，纯以神行于笔势墨气之间，已经到了化境。第三期则是海外东坡的晚年时期，笔力雄健无匹，纵笔所至，无不惬意，到了精纯圆熟的巅峰。

苏轼执笔近下，且取斜势，像操刀治印的姿态一样，固然有顿挫深入、笔笔有力的好处，但非正轨的执法。有人说他写字腕著笔卧，所以左低右高，左秀右枯，作戈（斜钩）多成病笔。山谷替他辩护道："此则管中窥豹，不识大体。殊不知西施捧心而颦，虽其病处，乃自成妍。"

苏轼写字，爱用浓墨，墨浓必须有极大指力，才能笔不凝滞。苏轼之所以要以侧笔多用中锋，盖求力透纸背；要运侧笔，使浓墨，则又非紧握笔管的下方不可，都是互相关联的。李之仪跋《孙莘老寄墨四首》诗说：

> 东坡捉笔近下，特善运笔；而尤喜墨，遇作字，必浓研几如糊，然后濡染。

我见台北故宫博物院所藏苏书真迹，幅幅都是墨色如漆，虽历千年，而光彩照人。有人评议苏书太肥，本来字肥易俗，杜甫就认为瘦字好看，苏轼不服，作《墨妙亭诗》说："少陵评书贵瘦硬,此论未公吾不凭。短长肥瘦各有度,玉环飞燕谁敢憎。"又云:"余书如绵里铁。"但如肥得有力,有何不可?

明董其昌评苏书《赤壁赋》:

> 坡公书多偃笔,亦是一病。此赤壁赋庶几所谓欲透纸背者。乃全用正锋,是坡公之兰亭也。真迹在王履善家,每波画尽处,隐隐有聚墨痕,如黍米珠琲,非石刻所能传耳。嗟乎!世人且不知有笔法,况墨法乎?(《画禅室随笔》)

说到运笔的方法,历来书家,多重悬腕,谓悬笔始能力聚毫端,笔笔中锋;而陈师道《后山谈丛》说:

> 苏黄两公皆喜书,不能悬手。逸少非好鹅,效其腕颈耳,正谓悬手转腕;而苏公论书,以手抵案,使腕不动为法,此其异也。

其实,苏轼这种运笔方法,却得之于欧阳修的传授,《东坡题跋》云("记欧公论把笔"):

> 把笔无定法,要使虚而宽。欧阳文忠公谓余:"当使指运而腕不知。"此语最妙。方其运也,左右前后却不免欹侧;及其定也,上下如引绳,此之谓笔正,柳诚悬之语良是。

使指运而腕不知,正是以手抵案、腕著笔卧的写法,书多偃笔,当是不能悬腕之故,不能悬腕,当然更不能悬肘,运笔的幅度小,放不开,所以苏轼自认他写不好径尺以上的大字,即是此故。

苏轼认为学书须以端楷为基础,他说:"真(楷)生行,行生草;真如立,行如行,草如走,未有未能行立而能走者也。"[①]

[①] 本集:《书唐(坰)氏六家书后》。

关于各种书体的写法，苏轼按他自己的经验说："大字难结密，小字常局促。真书患不放，草书患无法。……"

苏轼因以抄书习字，所以擅于写小字和行书，而自认"轼本不善作大字，强作终不佳"（《与谢民师推官书》）。但是山谷说："东坡尝自评作大字不如小字，以余观之，信然。然大字多得颜鲁公东方先生画赞笔意，虽时有遣意不工处，要是无秋毫流俗。"

一般人的见解，认为草书的功用在于简便快速，苏轼非常反对这个说法，他喜欢草书，在于草书的体势得以自由流走变化，易于发挥作者的个性，抒写作者的感情，使书法更为接近艺术的境域。所以，《再和潜师》诗："东坡习气除未尽，时复长篇书小草。"另有《书赠徐大正》一段颇含禅意的话：

   或问东坡草书，坡云："不会。"进云："学人不会？"坡云："则我也不会。"[1]

其实，他是很喜欢草书的，本意在求书写时的自由流走之乐，不在写得好与不好。有一则草书题跋说："吾书虽不甚佳，然自出新意，不践古人，是一快也。"他作草书，是假借笔势的挥洒，自求创作的快乐，所以说："遇天色明暖，笔砚和畅，便宜作草书数纸，非独以适吾意，亦使百年之后与我同病者有以发之也。"[2]

苏轼所谓"不践古人"者，已通古人之法而不践一家之谓，否则任性乱涂，还成什么书法，所以他说："草书患无法。"有个黄庭坚学草的故事，可以参看：

元祐间，山谷与东坡、穆父（钱勰）同游京师宝梵寺。饭罢，山谷作草书数纸，东坡甚为称赏，旁观的穆父说："鲁直之字近

---

[1]〔宋〕苏轼：《东坡志林》。
[2]〔宋〕朱弁：《曲洧旧闻》。

于俗。"

"何故?"山谷问。

"没有别的,只因没有见过怀素的真迹。"穆父说。

当时,庭坚心里很疑惑,不过从此也就不敢再替人写草书。到绍圣年间,庭坚谪居涪陵,才得见到怀素《自叙帖》真迹于石扬休家,借了回来,专心临摹,至于废寝忘食的地步,由此悟出草法。所以,草书要有法,也非易事。①

气势是苏轼作书的动力,因此,他有个特殊的习癖,无论写字作画,都非于酒后不可,尤其是写大字或草书,更须醉后才作。苏轼自言酒后作书的快感:"吾醉后乘兴作数十字,觉酒气拂拂从十指间出也。"②

自题草书云:"吾醉后能作大草,醒后自以为不及。然醉中亦能作小楷,此乃为奇耳。"无择法师求他写大字,复书说:"吾师要写大字,特为饮酒数杯。……"若不喝酒,他即不能写字,与李廌(方叔)书说:"暑中既不饮酒,无缘作字。"

黄庭坚是目睹他此一特癖的人,记曰:

> 东坡居士性喜酒,然不能四五仑,已烂醉,不辞谢而就卧,鼻鼾如雷。少焉苏醒,落笔如风雨,虽谑弄皆有意味,真神仙中人,此岂与今世翰墨之士争衡者。

艺术家而有这种习癖者,不止苏轼一人。吴道子"好酒使气,每欲挥毫,必须酣饮"③。张长史的草书,苏轼称其"颓然天放,恣态自足,号称神逸"者,他也是必须酒喝够,才能写,苏轼讥评

---

① 〔宋〕曾敏行:《独醒杂志》。赵令畤《侯鲭录》略同。
② 〔宋〕赵令畤:《侯鲭录》。
③ 〔唐〕张彦远:《历代名画记》。

他:"醒即天真不全,此乃长史未妙,犹有醒醉之辨。若逸少(王羲之)何尝寄于酒乎?"他不自觉察,这话也说着了自己的毛病。

苏轼鉴评他人书法,也很严格,不轻许可,论前人者,如欧阳率更,体貌寒寝,便说他"劲险刻厉,正称其貌"。于褚河南,则曰:"苟非其人,虽工不贵。"同时代人中,他最佩服的是蔡襄(君谟),于欧阳修则字以人重,兹不具论。

评米元章、王定国曰:"自君谟殁后,笔法衰绝。近日米芾行书、王巩小草,亦颇有高韵,虽不逮古人,亦必有传于世也。"

黄庭坚类于苏轼的书法,再三再四地赞叹,苏轼也很欣赏山谷书的功力,但以为与其为人不类,题山谷草书《尔雅》后曰:"鲁直以真实心出游戏法,以平等观作敧侧字,以磊落人录细碎书,亦三反也。"实则他们两人的书道,完全不同:苏宗晋唐,黄追汉魏;苏才浩瀚,黄思邃密;苏书势横,黄书势纵。因为有这么许多异处,即使字形,一个横出,一个纵长,所以留传一段轶话:

苏轼论山谷书曰:"鲁直近字虽清劲,而笔势有时太瘦,几如树梢挂蛇。"山谷反唇相讥道:"公之字固不敢轻议,然间觉褊浅,亦甚似石压蛤蟆。"[1]

这当然是互相调笑的话,不是正评。但你如有兴趣将苏、黄二帖,放在桌上,对照来看,相信你也定会莞尔一笑的。

苏轼成名后,所至之处,向他求书乞画的人,从无休歇,他亦不甚矜惜,纵笔挥染,随纸付人。但乞者亦必须有术,如纸墨不佳,或指定尺寸大小,或托书的文字不雅,则他亦一定拒绝,

---

[1] 〔宋〕曾敏行:《独醒杂志》。

这是书画家的通例，不足为奇。宋画习用细绢，有以绫绢求书者，苏轼便说：

"币帛不为服章，而以书字，上帝所禁。"这是他惜物的本性。

黄庭坚曾将求苏书的诀窍教与王立之，致柬云："来日恐子瞻来，可备少纸，于清凉处设几案陈之，如张武笔，其所好也。"

纸笔精良，墨佳汁稠，他必乐于挥洒。不过，更不能忘记准备好酒佳肴。

苏轼在翰林院日，有个朋友韩宗儒，常常托故写封信来换取他手写一纸复帖。苏帖到手，便拿到殿帅姚麟那儿去，换十几斤羊肉来饱餐一顿。黄庭坚听到了这个秘密，便对苏轼说笑道："从前王右军写的是换鹅书，如今二丈书，可名为换羊书了。"苏轼大笑。

一日，苏轼在院，圣节撰制甚忙，宗儒连来数简，派来的人立庭下催索复信，苏轼便到庭前对来人说："传语本官，今日断屠。"①

苏轼不耐空闲，得闲而又兴致来时，不待求他亦会一口气写好多张，分与身旁的人。某日在翰林院，清闲无事，忽令左右取纸笔，写渊明诗"平畴交远风，良苗亦怀新"两句，大字小楷，行书草书，各体皆有，连写七八张，掷笔叹口气道："好，好！"恰似热渴者饱饮了凉水一样痛快。既已发泄，便将这些字幅，分赠左右给事的幸运者，毫不矜惜。②

但如苏辙那样，将他写赠的书件，随便送人，他却大不满意，

---

① 〔宋〕赵令畤：《侯鲭录》。
② 佚名：《道山清话》。

跋所书《清虚堂记》云：

> 世多藏余书者，而子由独无有。以求之者众，而子由亦以余书为可以必取，每以与人而不惜。昔人求书法，至拊心呕血而不获，裸雪没腰，仅乃得之。今子由既轻以余书与人，何也……

黄山谷说："蜀人极不能书，而东坡独以翰墨妙天下，盖其天资所发耳。……"又曰："古来以文章名重天下者，例不工书，而东坡则例外，故为世所重。"[1]

大文豪的蜀人苏轼，岂仅工书，而是融会二王和颜鲁公的字艺，建立宋人自由创意的书风之一大家。

轼书名重一代，但在元祐党祸时期，摧碑断石，被人珍藏的墨迹，也尽归隐没，灭失甚多。至徽宗好苏书，群又贡书作为进取官爵之用，一时成为风气，谁藏苏书多，谁就可以夸耀于人，因此便产生了许多赝品。苏过说，从此"朱紫相乱，十七八矣"[2]。

七　绘画

苏轼爱好绘画，一半由于天性，一半由于家庭熏陶。老苏是个"燕居如斋，言笑有时"，态度严肃的人，于物一无所好，独喜收藏绘画。他的门人弟子为讨他欢喜，争相赠送他所嗜好的画件，希望能看到他解颜一笑。所以苏洵虽然是个布衣，但藏画之富并

---

[1]〔宋〕赵令畤：《侯鲭录》。
[2]〔宋〕苏过：《斜川集·书先公字后》。

不输与公卿人家。①苏轼自幼耳濡目染，养成他在这方面深厚的兴趣与鉴识的能力。

但在同一家庭里生长的苏辙，却完全没有这个兴趣。苏轼说："子由之达，自幼而然。当先君与某笃好书画，每有所获，真以为乐，唯子由视之漠然，不甚经意。"②苏辙非但没有这个嗜好，而且根本否定绘画，充分表现他的天分中毫无艺术细胞。苏轼在《石氏画苑记》里，曾记其言。

> 子由尝言：所贵于画者，为其似也，似犹可贵，况其真者。吾行都邑田野，所见人物，皆吾画笥也；所不见者独鬼神耳，当赖画而识，然人亦何用见鬼。

年长一辈的苏洵，心理上不免向往盛唐时代富强灿烂的文化，所以也就特别喜爱代表这一时代精神的吴道子的画风，年轻时期表现欲望非常强烈的苏轼，对于笔力雄放、气势蓬勃的吴道子，盛赞曰："道子实雄放，浩然海波翻。当其下笔风雨快，笔所未到气已吞。"这几句话如移来称扬苏轼自己的诗文字艺，正也非常恰当，可以说是异代人之间性情与气谊的十分投合。

苏轼曾于凤翔东塔夜观王维壁画，残灯影下，恍惚觉得画上僧人踽踽欲动，徘徊观摩，久久不能离去。古来画人，皆是职业画家，都不读书，与诗人气息不通，而王维则"摩诘本诗老，佩芷袭芳荪"。他是个出生早于杜甫的唐代大诗人，兼工绘画，曾颇自豪地说："夙世谬词客，前身应画师。"苏轼《书摩诘蓝田烟雨图》即曰："味摩诘之诗，诗中有画；观摩诘之画，画中有诗。"对于这位融诗画于一身的大师，寻到了自己美感的归宿，不禁顶礼

---

① 本集：《四菩萨阁记》。
② 〔宋〕苏轼：《东坡志林》。

膜拜："吴生（道子）虽妙绝，犹以画工论。摩诘得之于象外，有如仙翮谢笼樊。吾观二子皆神俊，又于维也敛衽无间言。"

苏轼是诗人爱画，摩诘的画使他觉得气血相通，如相知心；但他对于吴道子大气磅礴的画艺，依然非常向往。元丰八年《书吴道子画后》将吴画比颜字、韩文和杜诗，备极倾倒，如言：

> 画至于吴道子而古今之变、天下之能事毕矣。道子画人物，如以灯取影，逆来顺往，旁见侧出，横斜平直，各相乘除，得自然之数，不差毫末。出新意于法度之中，寄妙理于豪放之外。所谓游刃余地，运斤成风，盖古今一人而已。

苏轼激赏吴道子者，是他绘事的气魄；倾倒于王摩诘者，是他画中的诗情；非但毫无低昂二人之意，并且承认他们各有千秋的地位。苏轼自许："平生好诗仍好画。"（《郭祥正家醉画竹石》诗）认为吴道子的笔力气势，王摩诘那种诗不能尽，溢而为画的艺术精神，则是他于绘画的最高理想。

在西洋，虽然公元前的罗马批评家贺拉斯（Horace）在其《诗艺》中已经揭出"诗即是画"的理论。后来须到十九世纪，英国的文艺复兴史专家佩特（W. H. Pater, 1839—1894）才指出"诗是有声之画，画是无声之诗"。文艺复兴时代，此论在欧洲方才大为盛行；而在中国，唐朝的王维创之于先，苏轼发扬于后，他明白说出诗与画是不分的，画是无声的诗，诗是无形的画，如读杜甫诗和观韩幹画马，本是两件不同的事情，然而他说：

> 少陵翰墨无形画，韩幹丹青不语诗。
> 此画此诗真已矣，人间驽骥漫争驰。（《韩幹马》诗）

他在精神上，已将诗画融合一体，认为诗与画的表达功能是可以合一的，其目的同为追求一种脱离尘俗的意境，为人们在混沌的世俗生活中带来清新的感受。因此诗、书、画是一个思想整体之几种不同的表现形式，不论哪一种表现，都存在着有机的联系，互相呼应出作者的憧憬和追求，作者的思想抱负及其为人之基本态度。诗画之理一律，所以在情绪反应上，诗画之趣也当一致。

苏轼自幼好画，全集中题画诗统计约有六十一题，一百零九首之多。他观画作诗，多数出于一种品赏的态度，只从画中景物下手，直接抒写画面所给予他的感受，因此深得画中之趣。读这类诗，常会忘记他是在题别人的画，误以为这正是他自己用文字（诗）来描写同一题材，将诗与画的表达方法揉而为一，也可以说是"画不能尽，溢而为诗"者。

如《惠崇春江晚景》二首之一：

　　竹外桃花三两枝，春江水暖鸭先知。
　　蒌蒿满地芦芽短，正是河豚欲上时。

又如《书李世南所画秋景》二首之一：

　　野水参差落涨痕，疏林欹倒出霜根。
　　扁舟一棹归何处？家在江南黄叶村。

如前者，陈善《扪虱新话》便谓："此便是东坡所作的一幅梅竹图。"

苏轼深爱杭州西湖，作诗曰：

　　水光潋滟晴方好，山色空蒙雨亦奇。
　　欲把西湖比西子，淡妆浓抹总相宜。

这是千年来写西湖景色最好的一首诗。诗中所写的西湖，同时有阴晴浓淡两种景色，则又不是一幅画面的空间所能容纳的了。

苏轼似乎有意要证明"画即是诗"，如题《王伯扬所藏赵昌花四首》之一（黄葵）诗，简直要使在夏日下的那一丛折枝黄葵，色彩鲜明、风姿绰约地活现在读者的眼中：

> 弱质困夏永，奇姿苏晓凉。
> 低昂黄金杯，照耀初日光。
> 檀心自成晕，翠叶森有芒。
> 古来写生人，妙绝谁似昌？
> 晨妆与午醉，真态含阴阳。
> 君看此花枝，中有风露香。

苏轼读画，不但深得画趣，而且常借画中形象，抒述自己的怀抱：如《韩幹画马赞》，说画中这四匹"丰臆细毛"的厩马，虽于山林间悠游自得，萧然如贤士大夫之临水濯缨，但终不如野马之无拘无束、得遂自由的天性；如《李潭六马图赞》，强调"络以金玉，非为所便"之可悲；如《戏书李伯时画御马好头赤》诗，则以为御厩之马，养尊处优，毫无贡献，不如山西战马，吃苦耐劳，勇于赴险，更为可贵。

以上虽论画马，实是苏轼自述其志。

苏轼诗作中，有一绝大特色，即最爱用颜色字，在他集中，不胜枚举。不但用颜色渲染境界，而且更常使用颜色增加读者视觉上的享受，加强事物的观照，与画家使用颜料涂抹画面，毫无二致。现在摘录数则，以证苏轼"诗亦是画"的理论。

> 白足赤髭迎我笑，拒霜黄菊为谁开？（《九日寻臻阇黎》）
> 日上红波浮翠巘，潮来白浪卷青沙。（《次韵陈海州乘槎亭》）
> 白水满时双鹭下，绿槐高处一蝉鸣。（《溪阴堂》）
> 紫李黄瓜村路香，乌纱白葛道衣凉。（《病中游祖塔院》）

碧玉碗盛红马脑,井花水养石菖蒲。(《赠常州报恩寺长老》)

雨过潮平江海碧,电光时掣紫金蛇。(《望湖楼醉书》)

上述几个例句,岂不每联都是色彩缤纷的图画?再举一首全诗,其笔下的强烈色调,竟像是凡·高(Van Gogh)的画作,通幅燃烧着生命热情,强烈奔放。那时他在惠州,和朋友野外散步,望见有一人家,篱间杂花盛开,他便叩门求观。出来的主人林姓老媪,白发青裙,独居已经三十年了。苏轼便用他的诗笔来作画道:

缥蒂缃枝出绛房,绿阴青子送春忙。
涓涓泣露紫含笑,焰焰烧空红佛桑。
落日孤烟知客恨,短篱破屋为谁香。
主人白发青裙袂,子美诗中黄四娘。

苏轼用文字画的是浅绿浅黄色的缥蒂花苞从大红的花萼里绽露出来,绿树丛中结着青色的果子,紫色的含笑花,如火如荼的红棉杂生在篱落间,落日红霞里有缕袅袅青色的炊烟,短篱破屋衬出高洁的白发青裙。最妙的是他能利用杜诗"黄四娘家花满蹊"来做结语,以"黄四娘"对"青裙袂",真是神来之笔。①

诗不如画者是画面上的线条和色彩,画不如诗者是形象上的轻重疾徐,感官上的冷暖,性分中的理趣。所以画是静态的,诗可以写动态。德国的莱辛(G. E. Lessing)指出视觉术中,绘画的范围是空间,诗歌的范围是时间。②而苏轼作画,尝欲突破这两大

---

① 杜甫《江畔独步寻花》七绝句之一:"黄四娘家花满蹊,千朵万朵压枝低。流连戏蝶时时舞,自在娇莺恰恰啼。"
② 〔德〕莱辛:《拉奥孔》(*Laoccon*),论绘画与诗的界限。

缺憾。苏诗多用颜色字，是要用此来掠取图画之美，又如画风竹即欲加强诗中的动态。守湖州日，游山，途遇大风雨，他便到朋友贾耘老（收）筑于苕溪上的澄晖亭去避雨，画兴忽至，令官伎执烛，画风雨竹一枝于亭壁上。我们今日固已无缘亲见此画，但读他所题诗：

> 更将掀舞势，把烛画风筱。
> 美人为破颜，正似腰支袅。

从经验意识上想象一个笑得弯腰婀娜的女郎，那种摇曳生姿的动态，岂不就是竹在风雨中掀舞摇晃的姿势。《说文解字》："笑字，竹得风，其体夭屈如人之笑。"故苏轼以女郎的娇笑来比喻画中的风竹。诗耶？画耶？归于圆融一体了。

黄山谷题苏轼画《竹石图》："东坡老人翰林公，醉时吐出胸中墨。"又为苏轼与李公麟合作的《枯木道士图》撰赋，说他们的画是"取诸造物之炉锤，尽用文章之斧斤"。莫不说他的画即是他的诗篇，即是他的文章，以文学的修养，直接移入画面的创造。这创造，就是中国美术史上文人画派的成熟。

照西洋美学家的说法，美感的经验，当为形相之直觉，所以美感应该诉诸人的感觉，而非诉诸人的知识。轼诗：

> 论画以形似，见与儿童邻。
> 赋诗必此诗，定非知诗人。

"形似"只能传达知识概念，画虎不可类狗，画马不可似骡，单是形似，不能发生美的感觉，亦即不是艺术。我们在生活的各种形相中，吸收若干知识概念，要将这种概念用艺术方法表达出来，以经过美化创造的形相来触发他人的感情，而不直接诉诸人的知识。这种表达的工具，在绘画即是形色，在音乐则是声音，在诗歌则为文字。

形色不是图画，文字非即诗歌，苏轼所以说："论画以形似，见与儿童邻。"

事物有一定的形相，固不可失，而事物形相有其一定的常理，尤不可违。《净因院画记》言：

> 余尝论画，以为人禽、宫室、器用，皆有常形，至于水石、竹林、水波烟云，虽无常形而有常理。常形之失，人皆知之；常理之不当，虽晓画者亦有不知。……

苏轼读画，观察敏锐，他评同时代最有名的花鸟画家黄筌画雀，说他所画飞鸟，颈足皆展，是违背常理的，因为飞鸟缩颈则展足，缩足则展颈，鸟飞时绝不两展颈足。《东坡志林》里他又记载一个故事：以画牛独步晚唐的戴嵩，有幅斗牛图，被一牧童见到，大笑道："牛斗，力在角，尾当搐入两股间。这幅画上的牛，掉尾而斗，错了。"

伟大的画家李龙眠也犯过同样的错误。

某一暇日，黄、秦诸君在馆中观画，庭坚取出一幅龙眠画的《贤己图》来看。图中聚博者六七人，围据一局；骰子在盆内旋转，已定者五枚，都是六点，一枚还在转；其中一人俯首盆边，张口大叫，余人注视，神情画得惟妙惟肖。苏轼从外来，在众人同声赞叹中，看了图，便说："龙眠天下士，怎么学起闽语来了？"

众皆不解所谓，轼曰："四方语音，说'六'都是闭口音，只有闽语才张口的。现在盆内都是六点，只有一子未定，法当呼六，而呼者张口在叫，却是为何？"

皖人李公麟本来不解闽语，听了这个批评，只能笑服其言。①

苏轼既承王维诗画的影响，纯粹的画技已经不能使他满足，要更进一层追求形理以上的自我精神的发挥，达成形神两全的艺术创造。

唐代张彦远在《历代名画记》里，称顾恺之"格调逸易，风趋电疾；意存笔先，画尽意在"。意者，是画人把自己内心世界的生命感情（即神或气）表现出来。立意是画之始，是全画的灵魂，建立意境是绘画的基本原则。

创作必先通过"实对"的阶段，实对即现代所说的写实功夫，其中包括形和理。经过画家形象思维的过程，将自己的思想感情与被画的客观事物做有机的联想，通过外部的形相，传达出内部蕴涵的精神，古人称为"迁想妙得"。

苏轼论书法："苟能通其意，尝谓不学可。"他对绘画也持同一意见，作《次韵水官诗》：

> 高人岂学画，用笔乃其天。
> 譬如善游者，一一能操船。

这是说写字作画，要有学问的根柢，精神的修养；若无精神学问的修养，一味讲求技术，刻画求工，最多只能画出形象的皮相；或者因袭古人的成法，不成其为创作，画中没有画人自己的思想感情和修养，只剩形相的空壳，即是画工的俗笔。书"宋汉杰画"说：

> 观士人画如阅天下马，取其意气所到；乃若画工，往往只取鞭策皮毛，槽枥刍秣，无一点俊发气，看数尺许便倦。

---

① 〔宋〕岳珂：《桯史》。

意即精神，气则为势、为力。作画必须自有创意，在题材的形象之间，悟出可以寄托精神的所在，以形写神，即是借外部的形相，抒写自己内在的思想感情，才能表露画的生动性和真实感；以纯熟的笔墨，纵横挥洒，使机无阻滞，才能将画者的生命感情注入这幅画件。意气所到，则此画便气韵生动，神完意足，成为一幅"真士人画也"的艺术品了。

被画的对象，常是块然无情的外物，必须使无情的山水、竹石、花鸟等等题材，化成我的生命感情所寄托的有情天地，于是画者与读者才能获得感情的沟通，从而得到情绪的解放与满足，此即苏轼称文同画竹所说的："其身与竹化，无穷出清新。"欣赏一幅好画的趣意与欣赏一首诗的美感就自然趋于一致，诗情画意融化浑成为一时，即已达到中国文人画的最高境界。

文人品画，脱离不掉文学欣赏的习惯，以鉴赏文学的观念来评量一幅画作的价值。诗画既成一体，则当代文学的风尚，便领导了美术思想和绘画发展的方向。

宋诗的理想，一反唐代富丽的词藻和激烈的感情，梅尧臣说："作诗无古今，唯造平淡难。"当代文宗欧阳修对于诗的主张是：

  必能状难写之景，如在目前；含不尽之意，见于言外。[①]

如将上面的这个"言"字改成"画"字，亦即当时画学的主流。

中国的文学传统，在于追寻自然。敏感的知识分子要逃避痛苦的现实，只想把这无限烦恼的人生，安放在大自然中去，期求心志的宁静，精神的解放，使人与自然在精神上得到美的合一。

---

① 〔宋〕魏庆之：《诗人玉屑》。

因此田园诗和山水画成为诗与画之主要的内容。

从王维开始,才有完全排除人物或故事的,纯粹以山水为内容的水墨画出现;后与宋代疏易平淡的诗风互为呼应。李成创枯木寒林图法,王诜是继承营丘的高手之一;苏轼虽以画竹为主,但在黄州,也画寒林,而且颇自得意,与王定国书说:"兼画得寒林墨竹,已入神矣。"这种气象萧疏、烟林清旷的《寒林图》,正如萧散淡泊的诗境,同为宋代文人所特别爱好的境界。

苏轼本是文同后一人的画竹名家,受了《寒林图》的影响,便加变化,用淡墨扫老木古櫱,配以修竹奇石,形成了古木竹石一派。苏轼自负此一画格,是他的"创造"。在黄州时,他作枯木一帧,又竹石一帧,寄章粢(质夫):

> 某近者百事废懒,唯作墨木颇精。奉寄一张,思我者,当一展观也。

后又书云:

> 本只作墨木,余兴未已,更作竹石一纸,前者未有此体也。

在苏之前,未有此体,而苏轼为此创格,也是非常自然的;因为他本画竹,不过把所画的领域略作扩大而已。重要的是苏轼所作,性与画会,能把内部生命中满溢的感情、高洁的品格和迈往的豪气,完全贯注到简单平易的画面中去。山谷说:"东坡居士作枯槎、寿木、丛筱、断山,笔力跌宕于风烟无人之境。"此即是他所鼓吹的"意气所到"的成就。

苏轼性好尝试,许是受了李公麟的影响,也曾戏作人物画,画乐工一幅,作乐语以汉隶题曰:"桃园未必无杏,银矿终须有铅。

荇带岂能拦浪，藕花却解流连。"① 又画过应身弥勒像，相传是南迁途中寄与秦观者，原录是"东坡居士游戏之作"，实在太不了解流人心理上的痛苦和祈求解脱的迫切。②

最有趣的是苏轼南迁后，画一背面人像，举扇障面，上书"元祐罪人写影，示迈"八字，人在无可奈何的痛苦中，只有自嘲能够轻减心理负担，这也是苏轼所惯用的。③

据著录说，兰陵胡世将收藏过一张苏轼画的螃蟹。蟹是那么细琐的小动物，应非惯于大笔挥洒的苏轼的题材。胡托夏大韶持请晁补之鉴定，补之还特地做了一篇文章大论苏轼奇文高论，大处固然豪放不羁，但也有细针密缕的功夫。④

据说，苏轼曾试以蔗渣画石，松煤作枯木。⑤ 主张画与书法相通的赵孟頫曾说："石如飞白木如籀。"按汉之飞白书，今已不得见，似为渴笔健锋之作。苏轼用这新工具画石，当是利用它易作渴笔，易着腕力；以松煤作枯木，效果或许像今之石炭画，不知何以后不继作，亦无记述。总之，苏轼无处不用他的聪明而勇于尝试。

苏轼写字用墨，浓研如糊，作画亦然。方薰《山静居画论》记所见："老坡竹石，石根大小两竿，仰枝垂叶，笔势雄健，墨气深厚，如其书法，所谓沉着痛快也。"吴修说："东坡墨竹，写叶皆肥厚，用墨最精。"裴景福《壮陶阁书画录》说："东坡墨竹，干粗如儿臂，墨色浓润沉郁。"——这些都是后代书画家所见真迹之共

---

① 〔宋〕何薳：《春渚纪闻》。
② 释德洪《石门文字禅》：题东坡画应身弥勒。
③ 吴师道《吴礼部集》："自画背面画。"
④ 〔宋〕晁补之：《鸡肋集》。
⑤ 〔元〕王沂：《竹亭集》。

同认识。我以为苏轼书画用墨浓厚，与作诗喜用颜色字，完全由于他性喜沉着痛快和一种强势发挥的表现欲望所造成的。

另一特色是无论书字作画，都以醉笔为胜。酒能解放精神上的束缚，助长笔墨的气势，可以将他郁积在内部生命里的感情，痛痛快快地宣泄出来，画中的精神意气，即是其人肝肺所生的牙角。

即使一向对苏轼存有成见的朱熹，也不得不说：

> 东坡老人英俊后凋之操，坚确不移之姿，竹君石友，庶几似之。其傲风霆、阅古今之气，百世之下，尚可想见也。①

八　书斋文物

书画家没有不讲究笔墨和纸张的，其中尤以佳墨为最重要。盖因古画，本重设色，宋以前的图绘，几乎无一不是色彩秾丽之作，故称"丹青"；至文人画兴，彩绘逐渐衰微，代之而起的水墨画，使用材料只有水和墨两样，所以不能不重佳墨。

墨，原是单纯的一种黑色，完全靠溶合的水分多寡和画家运用的技巧，产生浓淡、干湿、深浅等不同的色调，产生多种色泽层次的效果，所谓"墨分五色"，正是中国画人运用墨色之最高的技法。

苏轼书画，墨色深厚，是其特色，几乎所有著录，皆作此说，但如刘体仁《七颂堂识小录》说：

---

① 〔元〕王沂：《竹亭集》。

东坡竹横幅，在北海先生家，酣满俊逸，足移人情，墨分七层。余转疑东坡先生未能工妙至此。

墨分七层，也许有点夸张；但苏轼画竹，浓面淡背，对于画面光暗的处理，使于浓淡之间穷其物理，互相映照，各有天趣，却是他卓荦的才能。然而此非佳墨不办。

墨色于层次之外，必须彻底清澄，不见一丝污浊渣滓。倘若墨色沉滞，怎么能使画面有光色照人的神采——苏轼以浓墨画竹，叶皆肥厚，假使用墨不佳，岂不满纸尽是"墨猪"。所以，他爱墨成癖，并非无故；他认为佳墨的条件，必须黑而有光。《书张梦得所赠墨》即言："世人论墨，多贵其黑，而不取其光。光而不黑，固为废物；黑而不光，索然无神采，亦复无用。要使其光清而不浮，湛湛如小儿目睛，乃为佳也。"

他替宋汉杰写了画跋，汉杰以李承晏墨为赠，他以少女头发的光亮乌黑来比喻李墨，诗曰：

老松烧尽结轻花，妙法来从北李家。
翠色冷光何所似，墙东鬓发堕寒鸦。

所谓"北李家"者，是指中国制墨工艺第一个名家——唐朝的李超、李廷珪父子，他们是易水人，流亡到安徽歙州，因为其地多松树，就留居下来，以松制墨，据说"其坚如玉，其纹如犀"。父子俩以为江南李国主造墨而成名。后二十年有李承晏，承晏后二十年有张遇。苏轼同时代人中，以潘谷造墨最负盛名。

苏轼从黄州回来，飘泊江淮间时，唐坰（林夫）送他端砚一枚，张遇墨半螺（丸）。以唐家数代收藏之富，有张遇墨也只半丸，珍贵可想。

后来黄州的庞医安常，替人治愈了一场垂死的重病，他治病例不收钱,那个人家无以为谢,将祖传一锭李廷珪墨送了给他,安常即托人持至汴京赠与苏轼,有"红粉赠与佳人,宝剑赠与烈士"之意。其时苏轼收藏中号称廷珪墨者,已有数丸,形色虽然异众,但是年代久了,愈是名品,赝物也就愈多,无法肯定哪块是真,哪块是假,只有庞安常所赠这一锭,苏轼说:"决然无疑。"[1]

孙觉送他的潘谷所造墨。苏轼心仪其人久矣,恨不相识,知道这位墨客的人品,绝非寻常市井儿可比;制墨精妙,但不二价,如遇士人真个没钱但却很想要他所制的墨时,他也不计多少,都卖给他。苏轼心里欢喜这样的人,身上虽然垢污,胸中却无尘滓,所以作《赠潘谷》诗云:

潘郎晓踏河阳春,明珠白璧惊市人。
那知望拜马蹄下,胸中一斛泥与尘。
何似墨潘穿破褐,琅琅翠饼敲玄笏。
布衫漆黑手如龟,未害冰壶贮秋月。
世人重耳轻目前,区区张李争媸妍。
一朝入海寻李白,空看人间画墨仙。

苏轼所推重的是潘谷的人品,对他所造的墨,认为杂用高丽煤,并不最纯。谷墨卖价,当时每笏不过百钱,用胶一次限于五十两以下,所以遇水从不软败。

黄庭坚与潘谷很熟。有一天,庭坚存心试试潘谷的本领,将他家收藏的墨混杂在一个古锦囊里,要他伸手入囊揣摸,说出是什么墨。潘谷先摸一块,说:

"此是李承晏软剂,今不易得。"

---

[1] 本集:《书庞安常见遗廷珪墨》。

出视果然。再摸一笏,他说:

"此是谷二十年前造者,今已无此精力。"

取出来看,果是潘谷旧制。①

元祐初,潘谷在京师卖墨。一日,忽将人欠墨钱的债券悉数烧掉,独自饮酒三日,发狂浪走。家人各处追寻无着,最后发现他跌坐在一口枯井中,已经死去,手中还握着几颗墨丸,而尸体并不僵硬,有人便说他是"解化"。苏诗:"一朝入海寻李白,空看人间画墨仙。"原意不过推许他为"墨隐",不料成为语谶。②

北宋士大夫,大都精于翰墨,所以墨的嗜好非常普遍,如苏轼的前辈欧阳修、司马光都很爱墨。

欧阳修《与蔡忠惠公书》,谢他赠墨,很坦率地说决不嫌多。全集书简卷五:

> 辱惠撄宁翁墨,多荷、多荷!佳物诚为难得,然比他人,尚少其二。幽斋隙寂时,点弄笔砚,殊赖于斯,虽多,无厌也。烦聒,计不为嫌矣。

司马光好茶又好墨,忽然想到这两项书斋生活中的密友,其性质恰巧完全相反,觉得非常有趣。公退与苏轼闲聊时,便说:"茶与墨正相反:茶欲白,墨欲黑;茶欲重,墨欲轻;茶欲新,墨欲陈。"

好辩的苏轼答道:"二物之质,诚如公言。然而亦有同者。"

"谓何?"温公问。

"奇茶妙墨皆香,是其德同也;皆坚,是其性同也。譬如贤士君子,妍丑黔皙虽有不同,但其德操韫藏,实无异致。"

---

① 〔元〕陆友:《墨史》。
② 〔宋〕苏轼撰,施元之注:《施注苏诗》。

司马温公笑以为然。①

一样以书法名世的黄庭坚，大家以精纸妙墨求他的法书。他习惯把藏墨放在一个古锦囊中，随身携带，可与朋友共同欣赏。一日，他去苏宅也带着这个锦囊，苏轼知这囊中尽是好墨，伸手摸到李承晏墨半锭，硬要据为己有，庭坚想：你自己家藏已很丰富，何必再夺我的，嘴里便连连反抗道：

"群儿贱家鸡而嗜野鹜！"②

但是没有办法不给他。所以《墨史》作者讥嘲苏轼道：

"苏子瞻有佳墨七十丸，而犹求觅不已。"

一向超然不为物好所囿的苏轼，而且深慨"非人磨墨，墨磨人"的他，不能抗拒癖好，尚且如此。

苏轼爱用诸葛笔，始于黄州，仍是唐坰寄赠的。自记："唐林夫以诸葛笔两束见寄，每束十色（式），奇妙之极，非林夫善书，莫能得此笔。"

时在元丰六年，苏轼非常热衷于写字作画的时期，此后他即习用这种安徽宣城诸葛丰所制的毛笔，山谷曾说："东坡以宣城诸葛齐锋作字，疏疏密密，随意缓急，而字间妍媚百出。"那是元祐在京的时候。郭畀读苏轼遗墨，也说："东坡先生中年爱用宣城诸葛丰鸡毛笔，故字画稍加肥壮。"

但至出知杭州，他发现杭州笔工程奕所制，十分称手。他说："近世笔工，不经师匠，妄生新意，择毫虽精，但是形制诡异，不与人手相谋。"意谓不能得心应手，只有钱塘（杭州）程奕所制鼠

---

① 〔宋〕赵令畤:《侯鲭录》。
② 本集:《记夺鲁直墨》。

须笔,却仍保持着三十年前的意味,"使人作字,不知有笔"。这是他最大的痛快。到他离杭北上时,还买了一批带去使用。[①]

此外还有一种"张武笔",亦为苏轼所好,但不知产地。

后来,苏轼还是用诸葛笔的时候多,他在颍州对赵德麟称誉此笔道:"诸葛氏笔,譬如内库法酒,北苑茶。他处纵有嘉者,殆难得其仿佛。"

德麟模仿他的口气,接着说道:

"上阁衙香,仪鸾司椽烛,京师妇人梳妆与脚,天下所不及。"

主僚相与大笑。[②]

北宋用纸,普通都以竹浆制造,剡溪藤纸,算是很好的了。但是大书画家所最珍视的,则是南唐烈祖李昇(937—943年在位)时候的澄心堂纸,据《文房四谱》说:"黟、歙多良纸,有凝霜、澄心之号。"则是产于黟、歙,南唐时进贡御用,故称"澄心堂纸"。这种纸坚滑如玉,细薄光润,北宋时已是稀有的珍品,如欧阳修曾以两幅赠与诗人梅圣俞,梅诗曰:"江南李氏有国日,百金不许市一枚。"名贵可知。

刘攽诗说:"当时百金售一幅,澄心堂中千万轴。后人闻此那复得,就使得之当不识。"元祐间,向苏轼求文字、书画者都以名贵纸墨相赠,他所得的大概也不少,宋懋宗就送过澄心纸,集有《次韵宋肇惠澄心纸二首》。

纸墨笔砚号称"文房四宝",恰巧全部产于安徽,如龙尾砚、李廷珪墨都在歙州(今安徽歙县),诸葛笔和宣纸都是宣城的名

---

① 〔宋〕苏轼:《东坡志林》。
② 〔宋〕赵令畤:《侯鲭录》。

产。虽然砚以广东端州（肇庆）羚羊峡斧柯山的水岩为最佳，有青花、蕉叶、冰纹等各种名目，采取甚难，须俟退潮时，一面将洞坑里的水汲出，一面开凿。端砚石质，津润嫩滑，抚摸起来，细如婴儿皮肤，呵气可以研墨，苏轼所藏似已不少。歙砚石质较粗，但比端砚锋利，适于磨大墨，写大字，有龙尾、金星、眉子等品名，苏轼书斋中，兼收并蓄，不厌其多。

九　宴游和谐谑

宋代孟元老《东京梦华录·序》说：

> 辇毂之下，太平日久，人物繁阜。垂髫之类，但习歌舞；斑白之老，不识干戈。时节相次，各有观赏。

又曰：

> 举目则青楼画阁，绣户珠帘；雕车竞驻于天街，宝马争驰于御路；金翠耀目，罗绮飘香。……八荒争凑，万国咸通。集四海之珍奇，皆归市易；会寰区之异味，悉在庖厨。花光满路，何限春游；箫鼓喧空，几家夜宴。

苏轼寄身于这样繁华的社会之中，生活在这样奢靡的风尚之下，且自元祐还朝以后，他已是位高望重的名流，不复当年清寒学人的身份，交游遍朝野，士夫争迎迓。于是，饮宴在他日常生活中，也就占了非常重要的地位。

苏轼着意饮食，讲究口味，酒量虽然不大，却是喜饮，尤其欢喜于微醺中击拍听歌，欣赏筵边莺燕的旖旎风光。席间若是熟人，则又可以大大发挥他诙谐的个性，谑浪调笑，非意识地用来发泄他过人的聪明和机智，早已把一句谑言得罪了洛学大师，惹来满身是非一节，忘记得干干净净了。

韩康公（绛）于元祐二年（1087）以司空、检校太尉致仕。秋冬间，从颍州进京来陛辞，皇帝留他在京过年，观赏上元灯景。韩绛曾经接替王安石为相，与吕惠卿二人同守安石成谟，继续推行新政，人称"传法沙门"者是。在元祐更化政变中，他是下场最好的一人。苏轼是韩康公省试的门生，依礼往谒，康公殷勤置酒留饮，但是苏轼作《次韵韩康公置酒见留》诗，只是称誉韩家的富贵气派，反面看出这勉强侧身贵族之家的诗人，落落寡合之无可奈何：

　　庭下黄花一醉同，重来雪巘已穹窿。
　　不应屡费讥安石，但使无多酌次公。
　　钟乳金钗人似玉，鹍弦铁拨坐生风。
　　少卿尚有车茵在，颇觉宽容胜弱翁。

至元宵节后一日（十六日），韩康公于私第邀宴从官九人。这些被邀的门生故吏，当时都已是政治社会上的名流了，如傅尧俞、胡宗愈、钱勰、苏轼、刘攽等人皆是。

钱穆父（勰）时为开封府尹，地方官事务繁忙，所以到得较晚，韩康公不大高兴了，苏轼便说："今日本殿烧香人多，故被留住。"

座客都知道这句话中的故事，阖堂大笑。盖因穆父风姿甚美，生有九个儿子；恰巧都中有一"九子母祠"，祠之西庑，供一巾纥丈夫，俗以为是九子母的丈夫，所以大家戏称穆父为"九子母夫"。本殿烧香人多,正是情实皆当的解颐妙语。①

二月间,时已春暖,韩家更有一次宴会,席设花园中的水阁里。主人出家伎十余人歌舞娱客,檀板金樽,衣香鬓影,好不热闹。酒至半酣,家伎中有一康公的新宠名鲁生者,忽为游蜂所蜇螫,主人疼她,颇觉扫兴,叫她进去敷药,过了好半晌,她才出来,手持白团扇,向苏轼乞诗。苏轼写道:

窗摇细浪鱼吹日(鲁),舞罢花枝蜂绕衣。

不觉南风吹酒醒,空教明月照人归。

首句记姓,次句写蜂事,苏轼即事成诗,使康公转忧为喜。他还解释道:"惟恐他姬厮赖,所以如此。"众客大笑。

其实这种嵌字诗,只是博人一笑的文字游戏,苏轼用来凑趣而已。本集《韩康公坐上侍儿求书扇》诗,共有二首,倒是另一绝句,写女人身上的衣香,带给他感官上的享受,却真清新可诵:

一一窗扉面水开,更于何处觅蓬莱?

天香满袂人知否?曾到旃檀小殿来。

官场酬酢不免,朋友小叙有兴,如经筵官会食,乃例定的聚餐,地点在官中资善堂。苏轼席上盛称河豚鱼之美味,吕光明问到底怎样美法,苏说:"值那一死!"又一次,苏轼又称猪肉之美,范淳甫(祖禹)说:"奈发风乎?"苏轼笑道:"淳甫诬告猪肉。"②

苏轼生活中,朋友相聚谈天说地,是他的一大嗜好。而生性好动,不大坐得住,公事完了,若是没有客人到家里来,他便跨马各处访友,谈到兴高采烈或灵机触发时,喜欢卖弄聪明,和刘贡父(攽)有同好,两人相遇,常常针锋相对,互相作难。

---

① 〔宋〕赵令畤:《侯鲭录》。
② 〔宋〕邵博:《闻见后录》。

一日，贡父宴客，苏轼有事要先走一步，刘向他挑战道："幸早里，且从容。"这六个字，谐音，包括三果一药（杏、枣、李，苁蓉），苏轼脱口对曰："奈这事，须当归。"（柰、枳、柿、当归）

对酒令，他最出色当行。一次，他与姜至之同在宴席，姜先出令说，坐中各要一物，药名。就指苏轼说："你就是药名。"问其故，曰："子（紫）苏子。"苏轼应声道："你亦是药名，若非半夏，定是厚朴。"姜诘其故，苏轼说："非半夏、厚朴，何以曰姜制之？"

这样子的说笑，原是文人的通习，如不及人事，亦不足为病。有一次张文潜和他老师抬杠，他问：

"公诗有'独看红蘽倾白堕'，不知白堕是何物？"

"刘白堕善酿酒，出《洛阳伽蓝记》。"轼答。

"白堕既是一个人，莫难倾否？"

苏轼笑道：

"魏武《短歌行》云：'何以解忧，惟有杜康。'杜康亦是酿酒人名。"

"毕竟用得不当。"

张耒这话并不错，苏轼不耐烦了，便道："君且先去与曹家那汉理会，却来此间厮磨。"曹家那汉，看似指的曹操，实则，其时文潜家有曹姓仆人偷了酒器，正送往官府究治，尚未招承，所以借此喻彼。

苏轼天真坦率，有时会将惯常的戏谑流入文字，而他的文字是会流传众口的，因此使人难堪，得罪了人。

如顾子敦（临）与他是进士同年，三十年的交好。元祐初顾在京为给事中；二年，朝廷开回河，要派他出去做河北都转运使，苏轼上疏称他慷慨中立，有古人风，宜置左右。疏上不报，顾临只得走了。苏轼也很怅然地说:"上书苦留君,言拙辄报已。"

顾子敦是个大胖子,很爱睡觉,熟悉的朋友常常取笑他体貌酷肖卖肉的屠夫,公然叫他"顾屠"。这次苏轼作诗《送顾子敦奉使河朔》,不该在诗中也开他玩笑,道:"我友顾子敦,躯胆两俊伟。便便十围腹,不但贮书史。……磨刀向猪羊,酾酒会邻里。归来如一梦,丰颊愈茂美。……"苏诗是会传播天下的,"磨刀向猪羊"这样的文字,顾临怎么受得了,当时非常生气。到朋友们公钱那一天,苏轼自知闯了祸,称病不敢参加,只好次前韵作诗道歉说:"……后会知何日,一欢如覆水。善保千金躯,前言戏之耳。"

轼与刘贡父(攽)更是惯常彼此嘲谑的熟朋友,有一天,贡父说个故事:有一老父送一败子出外游学,临行告诫曰:"切有一事不可不记,或有交友与汝唱和,须仔细看,莫更和却贼诗,狼狈而归。"这是嘲笑苏轼诗狱案中连累了很多朋友。

贡父晚年身患风疾,须眉皆落,鼻梁断塌,所以苏轼立刻还他一个故事,说颜渊、子路同出市中闲逛,遥见孔老夫子来了,惶恐匿藏在路边一座塔后。孔子既去,颜子问:"这叫什么塔?"子路曰:"这叫避孔子塔。"[1]("鼻孔子塌"谐音)

朋友说笑,如有一方认真起来,便会不睦。有一天,几个朋友聚在一起小酌,各引古人语相戏。苏轼又嘲弄贡父道:"大风起兮眉飞扬,安得壮士兮守鼻梁。"一座大笑,他这样恶谑,贡父感到很难堪,非常生气。[2]

---

[1] 〔宋〕何薳:《春渚纪闻》。
[2] 〔宋〕王辟之:《渑水燕谈录》。

苏轼不但在朋友间喜欢说笑话,兴致来时,对后辈也一样要开玩笑。秦观是个于思满面的汉子,这是读他倩丽婉约的词曲者所料想不到的。一天在苏家聚会,座中一人就调笑少游胡子太多。少游解嘲道:"君子多乎哉。"苏轼立刻接口道:"小人樊须(繁须)也。"恰如一副现成的对子。①

苏轼是个非常豪阔的人,以为男子汉、大丈夫而怕夫人,是很可笑的。他在黄州时,有个同乡——嘉州犍为人王天常,向来乔寓武昌,是他来对苏轼说起陈慥惧内的故事。

据他说,季常的夫人柳氏,非常凶悍善妒,每逢季常请客,如招歌伎侑酒,柳氏就操起木杖,从内室击打厅堂的照壁,蓬蓬作响,还夹着大呼小叫,吓得宾客纷纷离座逃走。

这话是否可靠,很成问题,因为季常本是一个放意自恣的豪士,怎能臣服在夫人的石榴裙下?然而后因苏轼有一首《寄吴德仁兼简陈季常》的诗:"龙丘居士亦可怜,谈空说有夜不眠。忽闻河东狮子吼,柱杖落手心茫然。"河东为柳氏郡名,狮子吼则见于《涅槃经》,以无边的法力,喻夫人的威风,则季常怕夫人,似乎也是不假的了。所以一千年来陈季常是惧内的名人,中国人一提起怕夫人,马上就说有"季常癖"。

虽然轼作《方山子传》,有"环堵萧然,而妻子奴婢有自得之意"。柳氏夫人不像是个凶悍的妇人,不过黄庭坚也知道她很善妒,与陈季常二简(洪迈《容斋三笔》),一曰:

> 公暮年来,想渐求清净之乐,姬媵无新进矣。柳夫人比何所念以致疾耶?

---

① 〔宋〕邵博:《闻见后录》。

又一帖：

> 示喻老境情味，法当如是。河东夫人亦能哀怜老大，一放任不解事耶？

则柳氏妒名，固已昭著于外，因苏诗而传千古是矣。后来同在京师的朋友中，有个孙公素（贲），原是风流倜傥的人物，说话非常俏皮。有一次，在京师大病，赵德麟与他比较接近，时往探问，因此苏轼问德麟道："孙公素病，如何？"

"大病方安。"德麟答。

苏轼忽发雅兴，随口微吟道："这汉病中，瘦则瘦，俨然风雅。"

德麟把这话，传给公素听，公素便续道："那娘意下，恨则恨，无奈思量。"

孙公素是怕夫人出名的，单凭他口齿如此佻侻，就已具备应该"惧内"的条件。苏轼很注意他这续联的俏皮。不久，公素来求苏轼替他写把扇子，机会到了，他就写一绝句，《戏孙公素》，每句各引一个惧内的历史名人：

> 披扇当年笑温峤，握刀岁晚战刘郎。
> 不须戚戚如冯衍，但与时时说李阳。①

温峤，以玉镜台聘姑母的女儿为媳，洞房之夕，被他那年轻的表妹新娘手披纱扇，笑指"我固疑是老奴"！这样毫无顾忌的夫人，不怕何待？

第二个指的就是甘露寺招亲的刘备。新房内外，露刀环立的侍婢百余人，怎不教他望着孙尚香觳觫不前？第三句举的是不堪

---

① 〔宋〕赵令畤：《侯鲭录》。

妻子虐待,忍痛离异的汉朝的冯敬通。第四句所说李阳,原为京东大侠。时任幽州刺史、惧内的王夷甫,只要在夫人面前一提到他的朋友李阳,她就不敢胡闹了,李阳是惧内者的救星。

苏轼这样逢人便说笑话,见公卿各给诨名的脾气,如遇范祖禹在一起,祖禹定会非常认真地劝诫他:"戏谑不可过分。"苏轼甚感其意,所以每次与人说过戏言,便一定要求他"勿令范十三知"。祖禹排行第十三,苏轼所怕者是他的真诚和善意。①

苏轼喜欢取笑别人,但也会被别人取笑。他出了一个"人不易物赋"的题目叫门人辈作,其中一人,继承师法,戏作一联曰:"伏其几而袭其裳,岂真孔子;学其书而戴其帽,未是苏公。"此因苏轼曾自设计了一种筒高檐短的帽子,常常戴它,京师士大夫群起仿效,谓之"子瞻样"。

李方叔把这一联妙文说给苏轼听时,苏轼笑道:前些日子,扈从皇上宴于醴泉观,观赏流行宋代的杂剧。那是一种歌舞、竞技和游戏的综合演出,常以优伶的机智与幽默来取娱观众。这一天滑稽短剧中,两个优伶相与自夸文章,一个叫丁仙现②的伶人,头上戴有高筒檐所谓"子瞻样"的帽子,说道:"吾之文章,汝辈不及。"别人不信,他说:"汝不见吾头上子瞻乎?"皇上也为之破颜一笑,顾视苏轼甚久。③

苏轼热爱生活,好谐谑外,更好奇,乐于一切神秘感觉的新奇经验,所以他也迷信神仙道术。当时与他朝夕作伴的朋友中,

---

① 〔清〕潘永因:《宋稗类钞》。
② 范公偁《过庭录》:"丁石与刘挚同里发贡。后失途流落教坊,艺名丁仙现(又曰线见),亦才子也。"叶梦得《避暑录话》云:"仙现非为优戏,则貌俨然士大夫。"
③ 〔宋〕李廌:《师友谈记》。

如黄庭坚好读道书,自称"山谷道人";李龙眠是怕轮回堕入畜道,所以不再画马,致全力于绘制大士像和菩萨像的画家;米元章更喜神怪,他做地方官,如欲祷雨求晴,则设宴席于城隍庙,自己东向坐于神像之侧,举酒相酬,状如主宾,据说还往往得获应验。① 苏轼有这么许多同道,所以大家一起"探奇搜怪",也常在他们多彩多姿的文酒生涯里,加上一层神秘的色彩。

如苏轼自言:元祐三年二月廿一日夜,他与黄鲁直、莫寿朋、蔡天启会于李公麟斋舍,录鬼仙所作或梦中所作的诗词。前者大概就是流传到现在仍未完全消歇的乩坛扶乩,可以问休咎,也可以请降坛的神鬼作书画或唱和诗词,都由乩笔在沙盘上作的为多。民国初年,还有不少遗老乐此"人神交通"的游戏。苏轼尝言鬼诗亦有佳者,他立刻可以背诵一篇出来:"流水涓涓芹吐芽,织乌西飞客还家。深村无人作寒食,殡宫空对棠梨花。"②

蜀人多迷信,苏轼的生活中、人生理解中,更随时闪烁着神秘知觉的光芒。他知道唐末五代,有个靖长官和贺水部都曾得道长生。靖长官得道,是根据前为秘书监,元丰年间致仕的刘几所言:曾于嵩山幽绝处,见有一人,眼光如猫,疑是长生不死的靖仙。后者是听张方平说的:章圣皇帝东封出巡时,有个人谒于道左,谒板上书"晋水部员外郎贺亢",再拜而去。上本不知为谁,待看到谒板后,方才大吃一惊,所遇竟是神仙,多方寻觅不得。仁宗天圣初年,贺仙派他的弟子喻澄诣阙,进呈佛道像,值数千万。其时张方平亲与喻澄往来,曾为苏轼讲过这件故事。

---

① 〔宋〕郭彖:《睽车志》。
② 〔宋〕赵令畤:《侯鲭录》。

元祐二年冬，京师来一东人乔仝，年已八十，体貌行动，健如壮夫，自称二十岁时，本是一个非常俊美的青年，不料患上大风恶疾，须眉尽落，丑怪不堪，于是弃世入山，从贺亢学道。现在则已须长垂胸，上山越岭，步履如飞。不知何人介绍，苏氏兄弟，都很信他。他对苏轼说，有一年随师东游，在密州道上曾经见过这位当时的知州，贺师似曾有意相与闻问。

这话含有很大的诱惑性，天真的苏轼听了，大为兴奋，要留乔仝多住一些日子。乔仝说："贺师与我约于明年上元节会于蒙山，现在已是十二月中旬，不能不赶快离京前往了。"苏轼看他很穷，送了二十缣绢给他，作了《送乔仝》诗一首，相约明年秋天，希望他能回到京师来。所谓："秋风西来下双凫，得枣如瓜分我无？"另作《寄贺君》诗五首，托乔仝转致，其中曾说他的愿望："闻道东蒙有居处，愿供薪水看烧丹。"苏辙也信有其事，一同作诗寄贺。

不料乔仝去后，杳如黄鹤，原来遇着的是个骗子。这也因为他那套说辞，刚好凑上诗人头脑中原有的幻想，不仅"君子可欺之以方"而已。[①]

元祐朝，苏轼在政治迫害中，痛苦得无以自解时，甚至想逃回黄州去，时常怀念在那儿手自垦辟的东坡和在黄州的众多朋友。元祐二年岁暮时，作书与潘丙（彦明）：

> 东坡甚烦葺治，乳媪坟亦蒙留意，感戴不可言。令子各计安，宝儿想见顾然矣。郭兴宗（遘）旧疾必全平愈，酒坊果如意否？韩氏园亭曾兴葺乎？若果有亭榭佳者，可以小图示及，当为作名写牌。何亲必安，竹园复增葺否？

---

① 〔宋〕叶梦得：《避暑录话》。

> 仆暂出苟禄耳，终不久客尘间，东坡不可令荒废，终当作主，与诸君游如昔也。愿遍致此意。

京朝不如穷邑，衣冠不如市井。苏轼内心的感觉，真是冠盖如云，而一身孤寂。

想到黄州，更不能不恋念岐亭陈慥的风义。本集《与陈季常书》云：

> 某局事虽清简，而京辇之下，岂有闲人？不觉劫劫过日，劳而无补；颜发苍然，见必笑也。闻公有意入京，不知几时可来？如得一会，何幸如之？

元祐三年（1088）五月，季常遄程到汴京来看望他的老朋友，因为身是林下之人，不愿居住京城，寄榻于城外兴国浴室，苏轼、范百禄、黄庭坚等多次往访。苏轼并为他的父亲陈公弼所藏的《柏石图》题了诗。

这兴国浴室院，有蜀僧令宗画的达摩西来六祖画壁，还是苏轼发现的。此寺井泉甘寒，而寺中住持和尚汶师又是碾造建溪茶的好手，陈慥来住于此，当是苏轼的安排。黄庭坚作《太平兴国寺浴室院题名》，二苏早年读书于此，苏轼写"书后"，回首前尘，深有人事无常的感慨："后五百岁，浴室丘墟，六祖变灭，苏、范、黄、陈，尽为鬼录，而此书独存，当有来者，会予此心，拊掌一笑。"

十　重结西湖缘

苏轼获知太皇太后允准给予一郡，而且给的是他"魂牵梦萦"的旧游之地，不禁有鸟出樊笼之喜。因为他是称病请郡的，所以

作《病后醉中》诗,得意之情,溢于言表:

> 病为兀兀安身物,酒作蓬蓬入脑声。
> 堪笑钱塘十万户,官家付与老书生。

在此元祐前期的四年中,虽然别人忌妒他飞黄腾达,在他自己则"如鱼饮水,冷暖自知"。他已体验尽了政治社会的冷酷无情,看透了攘夺政权者不择手段的丑恶面貌,蜚言满路,谤书盈箧,他终于明白,事情不能完全归咎于"多言",只要仍踞高位,即使目盲口喑,也一样要遭忌,要挨骂。所遗憾的是身受朝廷如此深厚的知遇,他却不能一尽才识报国的心愿。

但从个人生活言,这四年是他一生中的黄金时代,天伦乐聚,家庭生活非常完美,更得那么多杰出的青年朋友从游门下,辇毂之下,人才济济,他更不愁没有朋友,谈诗论画,日子过得非常热闹。

苏轼离京后,首赴南都晋谒张方平,问候这个寂寞多病的老人。另一前辈范镇(景仁)于上年十二月,以耆年溘逝。讣告至京,苏轼感念平生,不禁大恸,除设位祭奠外,他有责任要了一件心愿,这心愿,他就在南都张家住时完成了。

范镇为老苏的同乡好友,非常欣赏苏轼这个晚辈。熙宁年间,诏举谏官,首即推荐苏轼可当此选,再举孔文仲为贤良。两遭压抑,范镇上疏力争,不报,他即上言:"臣言不行,无颜复立于朝。"坚请致仕,多年来一直家居许昌,不再闻问政事。

元祐初,天下人皆以为司马光和范镇一定会同时出山的,朝廷也竭尽礼遇地征召这位国家的元老。但是范镇说:"我六十三岁致仕,是因老退休(宋称引年),而七十九岁再来,岂合于礼。"

坚决辞谢。①

从前，苏轼得罪下御史台狱时，主持者正在多方搜索苏轼与人往来的文书，作为罗织的资料，人人怕得不敢说话，范镇却不顾一切，上书神宗，竭力保救。谣传苏轼在黄州死了，他便掩袂大恸，要立刻派人恤慰他的家属。……苏轼本以为这次可以同在京师相聚了，不料他初则坚卧不起，现在则又忽尔薨逝。追念两世深交和深切的知遇之感，苏轼决心要为蜀公志墓，以践宿诺，无如在京时，乌烟瘴气里，静不下心来写这篇大文章，心里总是不安。

李廌来说：范蜀公将薨前数日，"须发皆变苍黑，眉目郁然如画"。苏轼说："蜀公平生虚心养气，数尽神往，而血气不衰，所以发于外者，才能如此。"②

苏轼不肯如韩愈一样，随便为人写"谀墓文字"的。元祐中，朝廷敕令苏轼撰《赵清献公（抃）神道碑》，他复奏道："臣平生本不为人撰行状、埋铭、墓碑，士大夫所共知。只因近日撰司马光行状，盖因光曾为臣亡母程氏撰埋铭；又为范镇撰墓志，盖为镇与先臣某平生交契至深，不可不撰。……"此是苏轼自负的地方，尝言："轼于天下未尝铭墓，独铭五人，皆盛德。"那是富弼、司马光、赵瞻、范镇和张方平，其中赵清献公一碑还是辞谢不了，勉强写的。

现在，他在南都静住了快一个月，一面陪伴衰病的乐全老人聊聊天，一面专心撰述范蜀公的墓志铭，这两老都是最早识拔苏氏兄弟的前辈。

---
① 〔宋〕邵博：《邵氏闻见录》。
② 〔宋〕朱弁：《曲洧旧闻》。

在此期间，受他荐举以布衣而为徐州教授的陈师道（履常，一字无己）邀同王子安要到南都来看他，先向当时的徐州太守孙觉请假，莘老不许，陈便托疾私行。这是违背官常禁例的行为，但是师道不顾这些。

两人晤叙甚欢，苏轼行时，他又一直陪他坐船到宿州，本来打算送到灵壁，因为部役沂上，不便再送，遂在宿州分手。船上，这位后来开江西诗派的大诗人作诗呈轼曰：

> 一代不数人，百年能几见。
> 昔为马首衔，今为禁门键。
> 一雨五月凉，中宵大江满。
> 风帆目力短，江空岁年晚。[1]

后来师道已除太学博士，便遭言官弹劾，指责他违法越境访苏，再出为颍州教授，依然做他那坐冷板凳的广文先生。

苏轼泛江而下，渡淮河，过山阳，至浙西境，出乎他意料之外的，是润州太守黄履远来迎迓。黄履于元丰年间为御史中丞，是审理诗狱案的群凶之一。那个时候，他是高坐堂上的问官，苏轼是瓽棘堂下的罪囚，深文周纳，必欲置之死地的人，现在却毫不在乎地堆满一脸笑容，鹄立江边。苏轼心里明白，这是因为浙西路管辖六州，以钱塘、扬子二江为界，润州在杭州所部中，既是他的顶头上司，怎能不恪恭伺候？小人趋炎附势，无耻竟至如此。

至润州，更料想不到当年第一个举发苏轼诗中意存谤讪的沈括（存中），目前闲废在润，他亦往来迎谒甚恭。苏轼觉得这真何苦，心里更加厌薄其人。

---

[1]〔宋〕吕本中：《江西诗社宗派图录》。

既至润州，立即往访金山寺的了元禅师。这和尚，前年（元祐二年）已得朝廷敕封"佛印"的师号。

当他悄悄来到金山寺，佛印正高坐堂上，为大众僧侣说经，苏轼直趋座前，佛印见到，戏言道："学士何来？此间无你坐处。"

"暂借和尚四大，用作禅床。"

"山僧有一转语，言下即答，当从所请；如稍涉拟议，则所系玉带，请留以镇山门。"苏轼便将玉带解下，置于几上。于是，佛印朗吟道：

"山僧四大本空，五蕴非有，欲于何处坐？"

苏轼不及应答，佛印便急呼侍者："收此玉带，永镇山门。"

两人相对大笑，佛印并以衲裙一条回赠。以苏轼的捷才，还是输给了禅门的机锋，所以次韵诗有这样的话：

> 病骨难堪玉带围，钝根仍落箭机锋。
> 欲教乞食歌姬院，故与云山旧衲衣。

《五灯会元》载此事："东坡居士作偈曰：'百千灯作一灯光，尽是恒沙妙法王。是故东坡不敢惜，借君四大作禅床。'"或为事后所作，无补于胜败，聊记于此。

了元之得赐号"佛印"，因为元祐二年间，高丽和尚法名"义天"者，航海至明州，疏请遍谒中国丛林，问法受道。据传，义天本是高丽国的王爷，诏令朝奉郎杨杰为馆伴。所至吴中各寺，都以王臣之礼来接待。到金山寺求见了元，了元却坐在禅床上直受义天的大拜，馆伴杨杰大惊，问故于了元，和尚说："义天既已出家，他的身份只是一个异邦的和尚，丛林规矩如此，不能为他改变。"朝廷认为了元颇识大体，赐号"佛印"。[1]

---

[1]〔清〕王文诰:《苏文忠公诗编注集成》。

据《金山志》：了元佛印禅师，字觉老，饶州浮梁林氏子，出家，遍参禅宗名僧庐山圆通寺的居讷禅师等；先住江州承天寺，继迁淮上斗方寺，庐山的开先和归宗寺；与苏轼结交是苏在黄州，他住持归宗的时候，苏曾赠他怪石供；后即住持金山、焦山；出家四十年，缙绅多与之游，名动朝野，曾蒙神宗赐予高丽磨衲金钵。他是一个极有地位的禅师，据释惠洪《冷斋夜话》所记，亲见元公出山时驺从之盛，说："重荷者百夫，拥舆者十许夫，巷陌聚观，喧吠鸡犬。"岂是传说中的酒食和尚？宋朝的僧侣，仰赖社会供养，自成一个特殊阶级，虽然不是贵族，却是贵族的高级附庸。

明人把佛印、东坡和杭伎琴操扯在一起，造作许多故事。其实苏轼第一次在杭州，尚未认识佛印；第二次在杭州的两年间，佛印在金山，亦从无来游西湖的文献可征。说故事的人把一僧一俗一名伎凑成一组，人物本身就已非常富有传奇性了，何况以一个和尚或一个伎女的才情，就能打倒天下的大文豪，给人一种痛快的发泄，如此而已。

旅程中，路过湖州，"伤心旧地，罪官重来"。苏轼心里，不免有无限的感慨。但他这些年来，饱经风霜，祸福兴衰，只把它当作过眼云烟，再也不愿重提那些旧事。

只是吴兴有几个后辈，开筵欢宴这位前辈先生。他们是故黄州太守徐君猷的妻舅福建路运使张仲谋、福建转运判官曹辅（子方）、以左藏副使为两浙兵马都监的刘季孙（景文），临濮县主簿、监在杭商税的苏坚（伯固）和杭人张粥（秉道）等，主客共是六人，相与欢谈剧饮，非常高兴。

席间，苏轼说起十五年前（即熙宁七年），他自杭州通判移守高密，与杨绘（元素）同舟，张先（子野）、陈舜俞（令举）也要一同去访时知湖州的李常（公择），他们一共五人，后来又有刘述（孝叔）参加进来，同游松江。夜半日出，置酒垂虹亭上，当时，除出词人张子野已经八五高龄外，其余的人都在壮年，闹酒的兴致很好，有人喝得烂醉如泥。子野即席作了一阕《定风波》小令，末章有"见说贤人聚吴分，试问：也应旁有老人星"那样的话。

这次会后，六人重聚不易，苏轼时常怀想。元丰四年在黄州听人传说松江桥亭已被海水冲坍，他还感慨："追思曩时，真一梦耳。"不料再过八年的今日，六客中的五人都已死亡，只剩苏轼一人尚在人间，寿命无常，人生如寄，那时候年纪最轻的他，现在代替了张子野的位置，做了座中的老人星了，心里禁不住一阵悲凉。

张仲谋请作《后六客词》，苏轼便写了如下这阕《定风波》：

月满苕溪照夜堂，五星一老斗光芒。十五年间真梦里，何事？长庚配月独凄凉。

绿发苍颜同一醉，还是，六人吟啸水云乡。宾主谈锋谁得似，看取，曹刘今对两苏张。[1]

其时，消息传来，范纯仁为了反对将蔡确流放岭外，被言官围剿，指为蔡确之党，力求罢相，出知颍昌府。苏轼听到此讯，不寒而栗，恍然有幸已逋逃之感。所幸杭州已经很近，只望西湖的山光水色，能够冲淡他"风雨京华"四年中一切痛苦的回忆。

---

[1] 末句设想甚巧，正面是为"谈锋之健"设例，当指曹操与刘备（论天下英雄，唯使君与操）；苏张则指秦秦、张仪。实则为与后六客的姓氏相合，喻曹辅、刘景文、苏坚、苏轼、张仲谋、张弼。

第十章 杭州去来

一 储粮防灾

苏轼以两浙西路兵马钤辖龙图阁学士知杭州,于元祐四年七月三日到任,进谢上表中,有曰:"仰荷至仁,曲从微愿。江山故国,所至如归,父老遗民,与臣相问。"皆为实言。苏轼回忆当年被陷御史台狱,死生莫卜,其时距他离开杭州,且已六七年了,而当地士民,还在追念这位离职久已的好官,为他设置解厄道场,祈求上苍保佑他消灾免祸。[1]主管这件案狱的当局,移文杭州索取境内所留苏轼的诗作,杭人坦然提供数百首,心里则颇鄙薄此种为文字兴狱的作风,诮为"诗帐"[2]。他们对被迫害者的同情,不言而喻。

---
[1]〔宋〕张端义:《贵耳集》。
[2] 诗自注:"仆顷以诗得罪,有司移杭取境内所留诗,杭州供数百首,谓之诗帐。"

不仅此也，苏轼后来谪放黄州，杭州的故人还相约凑出钱来，一年两次，派人遄程到黄州去问候他，还带来许多杭州土产的食物——荔枝、螺酱、茶叶。见于苏轼黄州所作《杭州故人信至齐安》诗：

> 昨夜风月清，梦到西湖上。
> 朝来闻好语，扣户得吴饷。
> 轻圆白晒荔，脆酽红螺酱。
> 更将西庵茶，劝我洗江瘴。
> 故人情义重，说我必西向。
> 一年两仆夫，千里问无恙。
> 相期结书社，未怕供诗帐。
> 还将梦魂去，一夜到江涨（杭州桥名）。

回溯熙宁七年（1074）十月交卸通判职务离杭，到这次元祐四年（1089）七月重来，别已一十五年，苏轼所满心喜悦的，并不完全为了西湖的湖光山色，而是杭州人对他这份深厚的情义，使这天涯游子，如有归乡之乐。

北宋当年，杭州还是一个美丽而宁静的小城，不能与京城开封相比，要到南宋建都于此，改名临安，它才繁荣热闹起来。祖居钱塘的周煇，在南宋时听故老传说从前的杭州："昔岁风物，与今不同。四隅皆空回，人迹不到。宝莲山、吴山、万松岭，林木茂密，何尝有人居。城中僧寺甚多，楼殿相望。出涌金门，望九里松极巨，更无障碍。……"[①] 所以苏轼作《去杭十五年复游西湖》诗，也说："葑合平湖久芜漫，人经丰岁尚凋疏。"可见虽号地上天

---

① 〔宋〕周煇：《清波杂志》。

堂的地方，人口并不甚盛，但这对于一个刚从汴京十丈红尘中逃避出来的苏轼，毋宁是个非常理想的住处。

做知州的有官邸称"州宅"者可居，但在州宅之东，消暑堂之后，另有一座为屋五间的建筑，系熙宁年间赵清献公抃知杭州时所造，以钱塘旧城的城闉为基地，所以房屋虽然并不高大，但因建地高，特别超出在州宅及园圃之上，可以俯瞰虚白堂，历来为州者多居之，称为"高斋"。苏轼用以招待他的宾客居住，和黄州的雪堂一样。

苏轼自己住定后，首先注意到的是杭州的廨宇官屋，都已非常破败。这些建筑，本来都是吴越国主时代所造，虽然建材都是珍材异木，然而历时皆在百年以上，大部分颓败倾斜，随时有倒屋伤人的危险。苏轼到任前一个月，使院屋倒，压伤两个书手；八月鼓角楼坍了，压死鼓角匠一家四口。因此，遇大风雨时，职官们都不敢在正堂里值宿。苏轼派人检查，计有官舍、城门、楼橹、仓库等二十七处，大段隳坏，亟须抢修。他于九月间，上《乞赐度牒修本州廨宇状》，状请给赐度牒二百道，并请依照旧数支公使钱五百贯，用来应付修缮的经费。

状中，他还插述一段感慨。说他的前任，虽也有"果于营造"者，如孙沔造中和堂，梅挚造有美堂，蔡襄造消暑堂等，然而"皆务创新，不肯修旧"，听任实际需用的廨宇在风雨中东倒西歪，因循支撑，苟延岁月，只是不修——当官的爱做门面事，自古已然，而今为烈。

初到任时，苏轼还曾感叹过杭州的"人经丰岁尚凋疏"，不料丰岁无常，就这时候，他所辖属的浙西七州——杭、湖、秀、睦、苏、常、润，已经雨旸失调，正在酝酿凶年的灾荒了。因为这些地方，有一部分从上年（元祐三年）冬季开始，到今年春天，一直霪雨为患，田中积水不退，无法施种早稻；至五、六月水退后，才再补种晚稻的秧苗；不料插秧后，又遇上干旱之灾。两次稻作，全遭损害，所以市上米价先已腾贵，每斗要卖到九十足钱。江南水乡，麦产甚少，照这情形，可以预见明年春夏之交，必有饥馑盗贼之忧。

苏轼下车伊始，正是干旱严重的大热天，立刻有两个迫在眉睫的问题，待他解决。一是如何平抑米价，筹措粮源，准备赈济明年的缺粮；二是如何疏通运河，恢复水运交通，并使城中的居民有足够的水用。

关于第一个问题，苏轼把有关当地的粮食需要，调查清楚，就目前的收成预测来年缺乏的数量，然后于十一月间，上《乞赈济浙西七州状》，向朝廷提出请求：一是减收本路上供钱斛一半或三分之二，俟年成丰熟时，分年起偿；二是请即诏令停止公家在本路各州收购常平、省仓、军粮、上供米、封桩钱等各项名目的钱米；三是乞将上供钱散在诸州税户，令买金银绸绢，以免钱荒。

这个状子奏报去京后，久久未得诏答。他知道地方监司有报喜不报忧的官僚习气，不肯实事实说；而更多的人，非到灾荒临头，饿莩载道，不见得会有未雨绸缪的远见。他心里非常不安，分头给太师文彦博、宰相吕大防以及门下仆射诸公，写信呼吁，促请他们注意和支持。

苏轼非常了解杭州风俗的浮薄，上吕仆射（大防）论浙西灾伤书中，特别申述了这一点。因为大防是北人，不甚了解南方人的生活习俗，与朴实的北人不同，抵御灾荒的能力也就非常薄弱，所以必须由政府预为筹谋，准备赈济。否则，饥荒一经发生，社会就难免动乱不安。

苏轼书中说：

>……三吴风俗，自古浮薄，而钱塘为甚。虽室宇华好，被服粲然，而家无宿春之储者，盖十室而九。自经熙宁饥疫之灾与新法聚敛之害，平时富民，残破略尽。家家有市易之欠，人人有盐酒之债。田宅在官，房廊倾倒；商贾不行，市井萧然。譬如衰羸久病之人，平时仅自支持；更遭风寒暑湿之变，便自委顿。仁人君子，当与意外将护，未可以壮夫常理期也。……

经过这样多方呼吁，终获朝旨许可，准予保留上供米三分之一，办理平粜。

来年正月，粮食供应果已青黄不接，苏轼便下令减价出粜常平米，把骎骎欲上的粮价压了下去。

宋朝的救荒政策，法有政府办理贷款的规定，地方官可以不必入告朝廷，专权自办。但是苏轼不愿意放贷官款，顾虑贷放容易，将来与租税同时催收时，民不堪命了，此与从前反对青苗的原则一样。他决心专用平粜法，不使遭灾的百姓贻留后患。

随后苏轼又想到九月间为了修缮廨宇，乞赐度牒那个案子，认为如得朝廷给赐，即可征召苏湖常秀各州富户，照市价纳米购买这批度牒，然后可以将这批米以低价卖与缺米县份。这一进一出，虽然政府在米价上要吃一点亏，但可疏解米荒，平抑粮价。而出粜所得价款，即使短少一点，依然可以挑紧要之处修葺官屋。照此做去，政府给赐一份度牒，就可以派上两种用场，"先济饿殍，后完破产"。

他把这个构想，也奏报了朝廷，对于先前乞赐度牒一案，抱着极大的期望。

度牒,是出家人的身份证明。宋朝,度牒由中央政府专卖,一个人要出家做和尚,须先买好度牒,才由寺院剃度。政府出卖度牒,在财政收入上占有重要地位,有时竟超过朝廷岁收的十分之一。

一道度牒的价格,因时因地不同。神宗时的官价,每道卖钱一百三十千;但在夔州路则卖到三百千,广西路卖到六百五十千(《宋会要辑稿》)。如依米价每斗九十文计算,一纸官价度牒折合白米一百石以上。

老百姓要买度牒,因为和尚道士可以逃避兵役、劳役,不出身丁钱和其他苛捐杂税;法律规定,属于寺院的田产免付租赋,所以部分地主也要买张度牒,用来逃避租赋的负担。

苏轼七月到任,正是铄石流金的炎夏时节,干旱之灾已成。他最先注意到的是当时主要的交通命脉——运河干浅所造成的交通瘫痪,因而货运阻塞,使谷米薪刍全面涨价。

解决水的问题,是拯救干旱的根本,也是疏通货运、平抑物价的唯一办法。苏轼前任杭州通判时,曾与当时的知州陈襄共同擘划过杭州的水源,在这方面他有相当的了解,因此很快接受临濮县主簿、监杭州商税苏坚(伯固)的建议,第一步浚治杭州的两条运河:一是南抵龙山浙江闸口,北出天宗门的茆山河;一是南至州前碧波亭下,东合茆山河而北出余杭门的盐桥河。

他先调集捍江兵士及诸色厢军千余人,浚治这两段河道,各有十余里。以茆山一河,专受钱塘江的江水;以盐桥一河,专受西湖淡水。因为若不把这两道运河的水源分别隔开,则每天江潮来时,随着潮水带进大量泥沙到运河里来,不出三五年,河道依然要被淤塞，前功尽弃。所以这次工程不但河分两道，又在钤辖司前创建一座水闸，每天江潮上时，关闭闸门，使龙山江潮只能从茆山河出天宗门而去；等过了一两个时辰，潮平水清，才开闸门，则江潮中挟带的泥沙，就不会流入穿越市内的盐桥河，大部分流经城市的运河也就不会淤塞了。茆山河流，全在市区外的乡野之地，浚治淤积，便无碍城中的商市和居民。

此一工程自元祐四年十月开工，不到半年，即已完成。两河河床受水的深度，都在八尺以上，于是客货船运，顺利通行。杭州的父老们都一致赞颂，说三十年来，开河未有如这次那么深、那么快的。

治水救旱，浚河通航是解决问题的一半，而另一半的任务则为充裕人民日用的水源。根据苏坚的建议，原来西湖淡水贯城进入清湖河者，大小共有五支水道，但却都从清湖河直下，径出余杭门，不复与城中运河相灌输，未加利用，最为可惜。因此他们在涌金门内小河中，造一座小堰，使暗门和涌金门二道所引湖水，注入法慧寺东沟中，沿此添凿四五道新沟，引入市内猫儿桥河口，由猫儿桥河口流入新水门而至盐桥河——这就是盐桥河专受湖水（亦即淡水）的导流工程。

盐桥河的下流，容纳江潮的清水，上流有西湖活水流性，有此两大水源，则城中居民便永无缺水之忧了。这湖水所过曲折之处，分别设置石柜贮水，老百姓可以汲用洗濯，并可为救火消防之备。苏轼与苏坚商定了这个计划，再叫仁和知县黄僎去实地相度，又亲率僚吏躬自验视，认为确凿无疑，就用以工代赈的办法，将这小堰和凿沟的工程于元祐五年四月二十日开工做了。

苏轼原来请求留上供米一半或三分之二，用以赈灾，而朝廷所许只有三分之一。照他的估计，还差三万石，他只引领期待朝廷能够如数给赐二百道度牒，可以让他先用来调节粮米，再修官屋。

其时淮南路也报灾伤，朝廷将它并成一案办理，准了两浙、淮南路，各赐空名度牒三百道，付各路转运使，命与提刑、两路钤辖司洽商分配。

这宗公事的主管是转运使叶温叟，他在出巡各州勘灾途中，奉到圣旨，却不会商有关官署，擅自作主，把它分配了，杭州只配得度牒三十道。

这使苏轼大为不平，立刻上奏《论叶温叟分擘度牒不公状》。状言：度牒的分配，应该依州郡大小、户口众寡、灾伤程度的深浅来定配额，现在叶温叟不经会商，擅自分配，已经违背了诏令，而他独出私意，只分与杭州三十道，更不公平。如润州人户，仅为杭州的十分之三，而且并未报灾，他却分与度牒一百道；其余或多或少，任意支配，漫无准则，致使"杭州百姓，例皆咨怨，将谓圣恩偏厚润州，不及杭州"。①

苏轼在状中再度详申杭州缺米的严重，乞赐指挥于三百道度牒内支一百五十道与杭州。

叶温叟与苏轼是进士同年，两人议事每不相合；不过，公事虽然要争，但不妨碍私谊。此事之后的元祐六年（1091）正月，叶温叟以主客郎中被召还京，行前还与苏轼一同视察新河。将行，轼作《浣溪沙》小词为他送行，还希望将来再在杭州相逢：

---

① 叶梦得《避暑录话》亦详记此事，盖梦得为叶温叟之侄孙，得闻于其叔祖，所述殊不正确，如诋苏轼为"自私其州"。其实润州亦浙西路所辖属，何私之有。

阳羡姑苏已买田,相逢谁信是前缘。莫教便唱水如天。
　　我作洞霄君作守,白头相对故依然。西湖知有几同年。

　这段度牒公案,卒于五年五月获得解决,由朝廷加赐两浙、淮南度牒六百道,其中杭、扬二州,各得百道。

　于是,杭州且有钱余,可作开湖的部分经费了。①

二　吏治

　苏轼生性刚直,善善恶恶,毫不假借。他固然有出尽全力,争取粮米备赈的仁心,但也有不顾常度、法外惩暴的勇气。

　浙西诸郡,产丝织绢,全国第一。每年年初,政府拨出库钱贷放民户,约定于蚕熟后,以织成的绢抵还贷款,实即政府预购,一千输一缣,称"和买绢"。这批收购绢例须纲运上京,供中枢配给军公人员之用。

　近些年来,民间故意织造一种"轻疏糊药"的劣绢,拖到期限迫近,蒙混缴纳,煽合众人拒绝官方挑剔,习以为风。但是送到京里以后,受配的官吏军人,都说两浙衣赐不好,年有估剥,使原纳专典的职官,被枷锁鞭挞,典卖竭产,还不够赔偿。

　苏轼认为此乃姑息之弊。他命令受纳官吏,必须认真挑选,不受威胁。七月二十七日,受纳场前,就发生纳绢的民户二百余人齐声叫嚣的骚动事件,同时拥入州衙,向知州喧诉。苏轼一面依理晓谕,一面责令仁和县丞调查,此中必有凶奸为首的人在幕

---

① 本集:《元祐五年五月奏户部拘收度牒状》。

后煽惑群众，要挟官府。

果然查出是颜巽的两个儿子——颜章和颜益，他们纳和买绢五疋，全是轻疏糊药、丈尺短少的劣品，受纳官拒不接受；这颜姓兄弟立刻就号召到数百人，在受纳场上包围监收的官吏，大声叫喊示威，秩序大乱。苏轼即时下令，差人将这颜章、颜益逮捕到案，枷送右司理院（法院）勘查。

逮捕了首恶二人的第二天，人户缴送的都是好绢了，而且更无一人再敢喧闹生事。

苏轼继续追查这颜家父子的素行，原来他们是犯罪世家，地方恶霸，故意打击官府的威信，达到横行闾里的目的。颜巽原是土豪，他曾在衙门里当过书手，熟识胥吏，因犯赃私和逃税，两次刺配本州和滁州的牢城，而两次都托病保释出来，即在地方上为非作恶，父子凶奸，使老百姓望之如虎，不敢不听从他的号令。

这次事故，就案件的本质而论，不过触犯税法而已，所以右司理院的判决，只能予以行政处分，对这种凶狡的人，毫无用处。苏轼认为："以匹夫之微，令行于众；欲以众多之势，胁制官吏。"这个样子的社会恶霸，实在不能姑息；右司理院只可依法判处，但显然不足收惩儆之效，除恶即是保良，苏轼别于法外加判曰：

颜章、颜益，家传凶狡，气盖乡间，故能奋臂一呼，从者数百，欲以动摇长吏，胁制监管，蠹害之深，难从常法。

径将颜章、颜益二人，"法外刺配"（脸上刺了花，充军到远恶州郡去）。苏轼一面上奏朝廷，乞状下本路转运使遍行约束晓示外，而自于法外作此处分，实已超越了知州的权限，同时引咎自请朝廷重典。

章上，朝中御史论苏轼为违法，贾易尤累章攻讦不已。朝廷无奈，一面诏许苏轼"放（免）罪"，一面将颜章也放了。苏轼心里很是不平，觉得州郡官的责任与权力，不成比例，很难做事，上《杭州谢放罪表》，有言：

> 伏以法吏网密，盖出于近年；守臣权轻，无甚于今日。观祖宗信任之意，以州郡责成于人，岂有不择师帅之良，但知绳墨之驭。若平居仅能守法，则缓急何以使民。……

这段话骂尽乡愿式的官僚政治，对于朝廷的处置不能坚持原则，也深表遗憾。该表还有一段自述个性的话，非常坦白而且沉痛。如言：

> 早缘刚拙，屡致忧虞。用之朝廷，则逆耳之奏形于言；施之郡县，则疾恶之心见于政。虽知难，每以为戒，而临事不能自回。……

"临事不能自回"这句话，活画出一个严别是非、疾恶如仇的勇者的面相。

然而事情并未了结，朝廷虽已放罪，御史们还是不赦。后来总攻击时，这也是罪状之一。

北宋当时，最大的敌人是北方的辽国；而东北滨海之地的高丽，是臣属契丹的一个毗邻小国。契丹人阴蓄跃马中原之志，有政治预见力的人，都有"心所谓危"的警惕。他们利用高丽人来中国做间谍工作，"使者所至，图画山川，购买书籍。议者以为所得赐予，大半归之契丹"（《论高丽进奉状》）。所以这些年来，有很多高丽人用各式各样的名义到中国来，朝贡的、通商的、拜佛的，络绎不绝。

他们通常都利用商船上的人来做内线，一则求财利，一则要情报，互相勾结，已是存在很久的事实。前几年有个王子和尚义天来华访谒各大丛林,即是一端。

明州,即今浙江宁波府,唐宋时代最大的贸易港。高丽人来华,大都是从明州入境,他们如欲到中原各地去游历,则杭州是旅程中第一个大站。

因此,苏轼到任才三四个月,就碰上一件棘手的高丽僧人请求进贡的案子。

这事情起源于已死的杭州惠因院僧静源。这静源不是一个佛门清净的出家人,从前曾在滨海地方的寺庙里住过,惯与出海的舶客交通牟利,那些舶客们在高丽替他做宣传。因此,元丰末年,高丽王子和尚义天来华时,也曾往拜静源。

今年,静源死了,他的门徒和一个叫徐戬的便想出花样来。那徐戬曾为高丽雕造夹注《华严经》板两千九百余片,公然运往,得到白银三千两的报酬。他食髓知味,乘此机会便鼓动静源的门徒,带了他师父的画像,搭了商船去高丽往告义天。义天就派他的门徒寿介、继常、颖流和院子金保、斐善五人到杭州来祭奠亡僧静源。苏轼令本州将他们送往承天寺安置,选职员二人,兵十名,妥善照管,不许随意出入。

祭毕,寿介才呈状称:临发日,高丽国母交他两尊金塔,命他进奉宫廷,祝皇帝和太皇太后的万寿。苏轼一面令主管部门退还他的书状,答复道:朝廷清严,守臣不敢专擅奏闻。一面奏报朝廷道:"高丽久不入贡,失赐予厚利。意欲来朝,以未测朝廷所以待之薄厚,故以祭亡僧而行祝寿之礼。礼意渺薄,盖可见矣。若受而不答,则远夷或以怨怒;因而厚赐,正堕其计。臣谓朝廷宜勿与知而使州郡以理却之。……"

苏轼虽然已将这批高丽使者管在承天寺住,但是仍不放心,特别甄选了西湖下天竺的净慧禅师思义,来当高丽僧人的馆伴,赋予监察的任务。这净慧学行很高,通达世故,每日与他们讲论佛法,词辩之外,又复步步跟踪,弄得那些高丽僧人毫无办法。思义从谈话中,把寿介此行的动机和经过问出许多破绽,报告苏轼。①

旧例,外国使至,吴越七州政府所费的招待费,要花二万四千余缗,民间所费还不计算在内。苏轼认为不值得如此靡费,命令所属州郡酌量裁减。

高丽僧经他奏准,从福建泉州遣送归国。苏轼认为刁商招诱外夷,为国生事,必须严惩;同时奏奉朝廷准许,将徐戬发配到千里外的州军编管。

苏轼对这方面的警觉性很高,元祐五年八月泉州纲首检举商客王应年等冒请高丽公凭,发船入大辽买卖。他便上《乞禁商旅过外国状》,此是当时情势下必须做的"保密防谍"措施,而执政大臣们,由于和平日久,十分颟顸,对之漠然。

苏轼治大恶,务严峻,绝不姑息;但是对于轻微罪过而事足同情者,他的宽厚,却又常常出人意表。

有件债务案子,某人欠绫绢钱二万不偿,被债主告到官里。苏轼把被告传来讯问,供曰:"我家以制扇为业,父亲刚死,又遇今年入春以来,连雨天寒,所制的扇子卖不出去,并非故意不还。"苏轼看了他老半天,然后说:"姑且把你所制的扇子拿来,我来替你发个利市。"

一会儿扇子取到,苏轼就中选取白色夹绢团扇二十柄,就拿起判笔来各写行书、草字,画枯木竹石,顷刻而尽。给他道:"拿

---

① 〔宋〕苏轼:《东坡志林》。

去，赶快变钱还债。"那个人抱扇泣谢而出。一出府门，就被好事者争以千钱取一扇，立刻卖光了，到后一步的还懊恨不置。这故事传说出去，阖郡称嗟。①

苏轼对于偶犯罪失的士人，爱护尤甚，因为他经历过一个寒士的困难，非常同情他们。

一次，所属都商税务查获了一个逃税的南剑州乡贡进士吴味道，带了两大包私货，包面上写作"杭州知府苏某封至京师苏侍郎宅"。不但逃税，而且冒名。苏轼问他内中所装何物？此人实说道："味道今秋忝冒乡荐，乡人集资为赴京盘缠。我以一百千钱买得建阳小纱二百端，如沿路抽税，到京就不剩一半。以为当今负天下重名者莫逾先生，所以假冒台衔。不料先生已临镇于此。罪实难逃，乞求宽恕。"

苏轼叫笔吏另加包封，上写自己名衔送"京师竹竿巷苏学士收"交给吴味道，且说："先辈这回将上天去也无妨，来年高过，当却惠顾也。"味道悚谢再三而去。②

苏辙于本年六月除吏部侍郎，三日后改翰林学士兼吏部尚书。味道不知，所以称苏侍郎；而苏轼改写包封，称苏学士。

苏轼治郡，对于鱼肉人民的豪强，虽然绝不放过，但是那个时代，国家承平日久，社会安定，所以真正的巨奸大憝，并不常有，犯行大多是些偷鸡摸狗，迫于饥寒而起的细事。在苏轼人道主义的观念上，求生是人的基本权利，因求生而致犯罪，实在可

---

① 〔宋〕何薳：《春渚纪闻》。
② 〔宋〕何薳：《春渚纪闻》。又周煇《清波别志》所记，事同而略简，其结语曰："倘遇俗吏苛刻，必断治伪冒，没入其物，还有此气象乎！"人治国家，重教化而轻刑罚，宋朝更是一个特别尊重士人的时代。苏轼此举，不能用现代的眼光来批评他。

以同情,甚至想到自己在这里做官,恋恋于这份俸禄,也不过是为了生活。二十年前①,他初来杭州做签判,那年除夕,在都厅当值,例须点查囚系的人犯,看到黑越越的一大堆人挤满了监狱,点到天黑还不能回家,心里非常难过,当时曾在厅壁上题过一首"除日当早归,官事乃见留"的诗。

二十年后,苏轼重来,苛酷的新法已经革除了,现在情况,已与从前不同。元祐五年除夕,检点狱讼,竟是"庭事萧然,三圄皆空"。

苏轼听到这个报告,欢喜满足之余,认为此"盖同僚之力,非拙朽所致"。和前篇韵作诗呈公济、子侔两通判:

> 山川不改旧,岁月逝不留。
> 百年一俯仰,五胜更王囚。
> 同僚比岑范,德业前人羞。
> 坐令老钝守,啸诺获少休。
> 却思二十年,出处非人谋。
> 齿发付天公,缺坏不可修。

三 治六井·开西湖

古代社会缺乏公共卫生设施,任何地方水旱灾荒之后,一定会发生瘟疫,瘟疫蔓延,也必有大批大批的人死亡。

果然,杭州于干旱之后,翌(五)年三月间,气候转暖,疫

---

① 苏轼于熙宁四年辛亥(1071)六月签判杭州,至元祐五年庚午(1090),恰为二十周年。

病随即大作,照苏轼说:"杭州是水陆交通之区,因疫病死者,比他处常多。"

苏轼立即实行两项救济措施:一是设置病坊,一是施药。

他拨出结余官钱两千贯,自捐私款黄金五十两,在城中众安桥设置病坊一所,取名"安乐",遴选僧人主持施医的工作。规定每年从钱粮(即田赋)中留出病坊的常年经费,三年内医逾千人者,对主持僧人,呈由朝廷赐与紫衣。①

既设病坊,他又自费修合药剂——圣散子,施送贫病。这圣散子的功效,苏轼自记:

> 昔尝览千金方三建散云:风冷痰饮,症癖痎疟,无所不治。而孙思邈特为著论,以谓此方用药节度,不近人情,至于救急,其验特异。乃知神物效灵,不拘常制,至理开惑,智不能知。今仆所蓄圣散子,殆此类耶?

据他说,此药表里虚实,一切不问,凡阴阳二毒状至危急者,连续饮服数剂,立即汗出气通。如遇时疫流行,于天明时用大釜煎煮,不问老少良贱,各服一大盏,就能使疫气不入其门;如是平常疾病,空腹一服,也能饮食倍常,百病不生,真是"济世之具,卫家之宝"。

这圣散子药效如此神奇,简直就是万应灵丹;而且所用都是中下品的药科,每服成本只要一钱。所以苏轼劝人施药,必曰"千钱可救千命"。四年春间杭州这场时疫中,苏轼自费修合此药,广事施舍,据说,"得此药全活者,不可胜数"。

这个秘方,苏轼得来不易:

---

① 〔宋〕周煇:《清波别志》。

其方不知所从出，得之于眉山人巢君谷。谷多学，好方秘，惜此方不传其子，余苦求得之。谪居黄州，比年时疫，合此药散之，所活不可胜数。巢初与余约不传人，指江水为盟。余窃隘之，乃以传蕲水人庞君安时。安时以善医闻于世，又善著书，欲以传后，故以授之，亦使巢君之名与此方同不朽也。

一千多年前的苏轼，就反对家传秘方，认为应将验方公开，博施济众。

苏轼初从巢谷手上得到这个秘方的时候，他在黄州贬所，经济情况很不宽裕，然而还是合这个药，施舍别人。[①]

疫病期间，失时旷业，饥民必然骤增，苏轼又命人设厂煮粥，普施贫病。

苏轼去任后，所设病坊，改名"安济"，从城中众安桥迁至西湖上，办了没有几年，就停废了。南宋周煇言：四十年前见到祥符寺一老僧，称其先师曾隶安济坊，现在杭州虽为陪都，却不见官府再办这种拯民疾苦的社会事业。

饮水，与人们的健康和防止疾病传布，关系非常密切。苏轼为解救杭州旱灾，费了半年功夫，浚治了茆河、盐桥两道运河，疏通了航运，供给了居民洗濯用的水，但还不能解决人民日常饮水的问题。

杭州，本在水底，由沧海变成桑田，故虽渐为城市，而水泉咸苦，居民还甚稀少。唐李泌始造六井，汲引西湖群山所出的淡水，供应民饮；白居易继复治湖浚井，筑石函隔绝江水，饮水问

---

① 本集:《圣散子前后叙》。

题才获充分解决。

至熙宁五年(1072),钱塘六井年久失修,居民又苦水不够饮。时陈襄来知杭州,苏轼为通判,命僧人仲文、子珪、如正、思坦等负责修整,自擘划以至工程的点验,苏轼亦均参与其事。钱塘六井对于杭州居民饮水的关系,苏轼有极深的了解,当时并应陈襄之请,为撰《钱塘六井记》一文,石刻于相国井之亭上。[①]

十六年后,沈公井又告淤塞了,时又灾旱,军民皆苦无水。苏轼想起前事,就各处寻觅熙宁年间负责修井的这几个和尚。四人中只剩下子珪一僧尚在人间,虽然已七十,但幸精力未衰。苏轼问他:"沈公井何以又坏了?"他说:"熙宁中虽已修好,但当时系用毛竹来做水管,所以容易腐坏。"于是改用瓦筒作管,又将瓦筒盛在石槽中,两边以砖石培瓷固护,底盖力求坚厚,锢捍周密,费时不过一二月,即已完工。井既修复,则西湖淡水,几乎遍于全城,家家都有可饮之水了。

子珪僧从前已获朝廷赐予紫衣,这次苏轼又上状为他请得"惠迁"师号,用以酬谢他两次修井的营干劳苦。[②]

然而问题是一个接着一个发生的,钱塘六井虽然修好了,但是六井的水源则在西湖;若是西湖的水源不足,不但六井归于无用,即辛苦浚治的运河,不得不取给于江水,江满必挟泥沙以俱来,仍将三年一浚,劳民伤财事小,为患闾里之害更大。

西湖湖水不但供给居民饮用而已,白乐天治湖,做石函泄水,湖水灌溉附近的田亩,达千顷之巨。吴越王时代,特置撩湖兵士

---

① 本集:《钱塘六井记》。
② 本集:《乞子珪师号状》。

千人，日夜开浚。自入宋朝以后，西湖被定为皇家放生池，就疏忽了浚湖的工作，每年干旱时节，水草丛生，横长蔓出，在湖面上出现了一块一块的葑田，葑田占据了湖面，湖水无所容纳，便越来越少了。苏轼说，他做本州通判时，湖上葑田还只占十之二三，到现在相距不过十五六年，湖面已经堙塞了将近一半。

开浚西湖工程，先由杭州父老农民一百一十五人到帅府来请愿，他们说："西湖之利，上自运河，下及民田，亿万生聚饮食所资，非止为游观之美。而近年以来，水面日减，茭葑日滋，更二十年无西湖矣。"苏轼奋然道："使杭州而无西湖，如人去其眉目，岂复为人乎！"

钱塘县尉许敦仁也建议"西湖可开"，他说："议者欲开西湖久矣，自太守郑公戬以来，苟有志于民者，莫不以此为急，然皆用工灭裂，又无以善其后。……"

所以始终无人办好。但看西湖形势，三面环山，一角通江，虽以风景名胜腾誉天下，其实却是杭州城的一大蓄水潭，群山所受的雨水，流注西湖，干旱时期的农田灌溉和全城居民的饮水，莫不取给于此。西湖堙塞了，山水无所容蓄，稍遇干旱，即成灾害。所以开湖是民生乐利的水利工程，并非只为"游观之美"。

苏轼和各方面商议决定，既是为民兴利的事，必须克服任何困难，说到做到。苏轼遂于元祐五年四月二十九日，上《乞开杭州西湖状》，请再赐度牒五十道，配合本州赈饥余款，就可将湖面葑草二十五万丈清除干净，使西湖复唐之旧。照宋朝立法，本州节余款项，知州有权动用。苏轼就利用手头现有一万贯钱、一万石米的节余，足够支应十万人工。以每工开葑一丈计算，就可添得十万丈的水面，全湖积葑二十五万丈，已可消除十分之四。所以拜发奏状前一日——元祐五年四月二十八日，他已差派捍江船务等兵士五百名，先已动手铲除葑草，搬载湖泥；一面再分派民工参加作业，这些民工都是仰赖救济的灾民，以工代赈，减少政府的负担。

自开工之日起，苏轼闲日一至湖上，亲自督察工事的进行，奔走于砾石泥淖之中，甚至忘记回家吃饭，好在他生活习惯简率，就便与堤工同吃。施德操《北窗炙輠录》说："筑新堤，坡日往视之。一日，饥令具食，食未至，遂于堤上取筑堤人饭器，满贮其陈仓米一器，尽之。"

他借钱塘门外大佛头山，即石佛院的十三间楼，作他的临时办公处。这石佛头山旧称始皇缆船石，僧人思净刻山为佛，筑院，与寿星院为邻，都在万松岭山麓。开工后七日即是端午假日，游人都出钱塘门到十三间楼来玩，苏轼也在那里督工，看到湖上游人如织，那样热闹，心里好不高兴。作《南歌子》词，题为"杭州端午"：

　　山与歌眉敛，波同醉眼流。游人都上十三楼，不羡竹西歌吹古扬州。

　　菰黍连昌歜，琼彝倒玉舟。谁家水调唱歌头，声绕碧山飞去晚云留。

辅佐苏轼主持开湖工程最力的，一是驻杭州的两浙兵马都监刘季孙，所用的兵工，完全靠他调度和督率，他每日由万松岭以至新堤，往来奔走，不辞劳怨；第二个是监杭州商税的苏坚，他娴习水道工程，故能担当这个非常重要的角色；第三个是钱塘县尉许敦仁，他首先建议西湖可开，且又是他所辖属地区的分内公事。所以此一工程中，这三个人的贡献都很大。

治湖所需最重要的条件：一是人力，二是船只。

人力方面，工兵自有常业，调拨有一定的限度，加上以工代赈的夫役，还是不够，船只缺乏的情形更严重，等到奉准全面开湖之日，这两项短缺，就成了非常困扰的问题。苏轼亲自写信给秀州的章致平求救，要他集合秀州人船前来助役，语气迫切，可见当时工程紧张的情况：

> 公见劝开西湖，已动手成伦理矣，想不惜见助。赃罚船子，告为尽数划刷，多多益佳。……仍告差人驾来，本州诸般，全然阙兵也。至恳！至恳！

湖中划下来的葑草，挖出来的湿泥，往哪里放呢？苏轼周视良久，口中喃喃："今欲去葑田，葑田如云，将安所置之？"后来他从西湖原有自西至东的长堤和白乐天筑堤得到灵感。那两道湖堤是这样的：

西湖原来有道自西至东的长堤，历史非常久远，长庆年间白居易浚治西湖以前，便已存在。堤岸西边，密植垂柳，自钱塘门至西泠桥止。《临安旧志》说此堤"不知所从来"，又曰堤"径三里余，唐称白沙堤，宋称孤山路"。因为原有白沙堤名，所以后人往往误会这道湖堤为白乐天所筑，其实白诗"谁开湖寺西南路，草绿裙腰一带斜"，连他自己也不知道此堤谁所开筑，则非乐天之功可知。

不过白居易确也筑过一堤，起自钱塘门水闸，过昭庆寺，沿宝石山麓北行，至松木场止，是《西湖志》所说"白公堤在钱塘门外，由石函桥迤北至余杭门"，即今武林门止的那一条，现已久废。

湖上葑田面积有二十五万丈之多，一旦划草剜土，这划剜出来的大量葑草湖土，除了取之于湖，用之于湖，没有比此更为经济的办法。湖上东西有堤，但是环湖一周，达三十里，南北往来，必须绕湖步行，非常不便，苏轼因此定计，废物利用，增筑一条自南徂北的长堤，则行人便而葑草湖泥都有用了。

历时四个月，占据一半湖面的葑田大部分被划除了，南北相通的长堤也将筑成，苏轼续与章致平书云：

> 葑蔏初无用，近以湖心叠出一路，长八百八十丈，阔五丈，颇消散此物。相次开路西葑田，想有余可为田者，当如教，揭榜示之。

这条堤，起自南屏，止于曲院。苏轼并未赋予堤名，到他离杭州任，林希来接事后，才榜之曰"苏公堤"。堤上跨筑六座桥梁，本亦无名，旧称第一桥、第二桥……这六桥各通沿岸港埠，目的是疏导诸港之水。后人自南山第一条起，名映波桥者通赤山港（埠），名锁澜桥者通麦岭港，名望山桥者通花家山港，名压堤桥者通茅家埠港，名东浦桥者通曲院港，名跨虹桥者通耿家步港。[1]

堤工完毕后，两岸遍植芙蓉和杨柳，而不是后来的桃花，利用树根的生长盘曲，巩固堤岸，又建九个凉亭，便于行人歇脚。南宋时代吴自牧的《梦粱录》记曰："自西迤北，横绝湖面，绵亘数里。夹道杂植花柳，置六桥，建九亭，以为游人玩赏驻足之地。"但这都是苏轼离任后的景色，苏轼和赵德麟诗，他的喜悦，只在湖葑空去，南北路通：

> 六桥横接天汉上，北山始与南屏通。

> 忽惊二十五万丈，老葑席卷苍烟空。

前揭致章致平书中，有这样一句话："相次开路西葑田，想有

---

[1]〔宋〕周密：《武林旧事》。

余可为田者。"后来钱塘县尉许敦仁建议将葑地作田，不如变为菱荡。他看到吴人种菱，每年春天，一定要将水中荇藻杂草芟除涝漉到寸草不遗，然后下种。现在如将路西部分开葑以后的湖面，辟为菱荡，以一定租额放给民户租领种菱，则葑草就无从生长了。

苏轼接受这个建议，但划定界限，沿界立小石塔做标记，种菱不许侵入界外的湖面，并命钱塘尉司管勾这一公事。苏轼前作《南歌子》词里的理想，完全实现了：

　　古岸开青葑，新渠走碧流。会看光满万家楼，记取他年扶病入西州。

　　佳节连梅雨，余生寄叶舟。只将菱角与鸡头，更有月明千顷一时留。

开湖大功告成，苏轼于寄林希诗中说："卷却西湖千顷葑，笑看鱼尾更莘莘。"只以湖中游鱼之乐，来比拟他胸中充溢着的欢欣和安慰。

明朝的大名士杨升庵（慎）说：

　　宋修六塔河、二股河，费百十万钱谷，溺死数十万丁夫，迄无成功；如东坡杭湖、颍湖之役，不数月间而成不世之功，其政事之才，岂止什伯时流乎？

苏公堤这名字，是苏轼去后，接他后任的林希题的。杭人在堤上也为苏轼立过生祠。后十年，吕惠卿来守杭州，被他奏毁。

四　僚友

苏轼出知杭州时，与陈传道书曾言：

某以衰病,难于供职,故坚乞一闲郡,不谓更得烦剧;然已得请,不敢更有所择,但有废旷不治之忧耳。

然他料想不到,岂仅平常的烦剧,竟遭逢雨旱疾疫等一连串的灾荒。虽然比在京师,少受精神上的煎熬,但救灾如救火,身为地方首长,为一方人命所仰赖,其间操虑之苦,工程之繁,日不暇给,该是可以想象的情况。

所幸者,他有好些友善的同僚,得力的部属,帮他达成工作,相处非常愉快。

按照宋朝的政制,州郡通判皆由京朝直接委派,所有文书,非经通判副署,不得签发,并且握有对部属的监察权,目的在于削减州郡长官权力,但也造成州郡长官与通判不相合作、往往失和的流弊。

苏轼这次任内,先后调过三个通判,却都相处得很好。初为世交梅子明(灏)学士,苏州人。他是为了便于事亲,才自馆阁调来通守杭州。苏轼曾将得自文登海上的小白石,赠与其父作枕,寄诗有"爱子幸僚友,久要疑弟昆"的话。可惜在任未久,调职他去。

次为袁毂,字公济,一字容直,四明人,则是开封举人试的同年。

当时,袁毂考第一,当解元;苏轼考的是第二。但至省试,他却后于苏轼四年,才成进士,以后在宦途上又一直不得志。公济是个秉性淡泊、与世无争的人,苏轼与他过去曾在南新县一度相逢,看他景况似乎非常潦倒,现在却得共事于杭州,苏轼和诗说:"……却思少年日,声价争场屋。文如翻水成,赋作叉手速。"又说:"今年复为僚,旧好许重续。升沉何足道,等是蛮与触。共为湖山主,出入穷涧谷。……"这位长得清瘦如鹤的袁公济,与他是"青鬓共举,白首同僚"的老朋友。

后来袁毂调知处州,第三个来做杭州通判的是杨蟠,亦字公济,章安人,他是个有名的诗人,而且非常喜欢梅花,题《金山》诗"天末楼台横北固,夜深灯火见扬州"脍炙人口。欧阳文忠在世时,读杨蟠的《章安集》,题诗曰:"苏梅久作黄泉客,我亦今为白发翁。卧读杨蟠一千首,乞渠秋月与春风。"称许异常。他以奉议郎出为杭州通判,大约已是元祐五年之冬,其时距苏轼去任,为日无多,他曾两次各作梅花诗十首求和,苏轼也每次步韵和作十首,四十首咏梅诗,要无一句意思重复,要无一字落入俗套,实为不易,成为诗坛佳话。

帮助苏轼在杭州治水的苏坚,字伯固,博学能诗,他的本职是临濮县主簿,派监杭州在城商税。苏轼自京来任时,他专程到吴兴迎候,所以是"后六客"中的一人。苏轼疏浚盐桥、茆山二河,就是采用他的建议,所谓"参酌古今,而用中策"者是也。开西湖工程中,监工督役,得其助力亦多。

由于这份友谊,他们认了本家。伯固曾带他的儿子苏庠来谒,苏轼一见,大为欣赏,送他一方端砚,亲为制铭。苏轼慧眼识人,这少年即为后来南宋时期气节高尚的一大名士——后湖居士苏养直。

苏轼特别欣赏一个开封祥符籍的将军诗人刘季孙(景文)。莅任之初,在有美堂宴会同官,景文以西京左藏库副使为两浙兵马都监,驻杭州,参与宴集,席上作诗曰:

云间猎猎立旌旗,公在胥山把酒时。

笑语几番皆湛辈,风流千载与吴儿。

　　　　湖山日落丹青焕，楼阁风收雨露滋。
　　　　谁使管箫江上住，胸中事业九门知。

　　苏轼大为称赏，以后同游又共同工作，益发敬重他的人品，称之为英伟冠世的慷慨奇士，将他比作孔文举一流的人物。景文是刘壮闵公平的少子，有兄六人，皆已亡去，而景文时亦五十八岁，垂垂老矣。苏轼名诗：

　　　　荷尽已无擎雨盖，菊残犹有傲霜枝。
　　　　一年好景君须记，最是橙黄橘绿时。

　　这并非闲吟花草，而是书赠景文之作。盖"荷尽"者谓其诸兄皆已物故，而景文独如冬菊孤寒的枝干，借物喻人，赞其品格和节操。湖工完毕后，苏轼复上《乞用刘季孙状》，荐他可膺边疆重寄，但后来还是换用文官资历，出守隰州。

　　季孙和苏辙一样，个子长得很高，苏轼在离杭别宴上，步韵和诗，把他们二人比作西湖上的南北二高峰，几已视为昆弟。集存杭州与友人唱和诗篇，以与景文唱和者为最多，交好之深可想。

　　法曹毛滂，字泽民，他的父亲毛国镇，就是苏辙谪江西时的筠州太守。泽民曾至黄州谒轼问学，住过东坡雪堂，亲见当时苏轼穷困的境况；现在做了他的部属，又眼见他坐拥节旄的气概。所以苏轼在《次韵毛滂法曹感雨》诗中，特别重提旧况："我顷在东坡，秋菊为夕餐。永愧坡间人，布褐为我完。雪堂初覆瓦，上簟下无筦。时时亦设客，每醉筍辄殚。……"这番描写，有其深意，泽民年轻，似乎有点少年得志的轻狂，所以诗尾用李泌和懒残和尚煨芋的故事："悲吟古寺中，穿帷雪漫漫。他年记此味，芋火对懒残。"出于一个父执辈诚挚的期勉和爱心。①

签书杭州节度判官郑遵彦,字之邵。他是熊本奉命知杭州时带来的帮手,谁知到任数日,熊又改知江宁,由苏轼来接手了。遵彦被留在杭州幕府两年,精勤吏事,帮助很大,苏轼为此很感谢熊本,诗言:"贤哉江东守,收此幕中奇。无华岂易识,既得不自随。"遵彦是事母有过人之处的大孝子,苏轼更是敬重,得到最好的新茶,先送遵彦的母亲。

马瑊,字中玉,茌平人,来得较迟,元祐五年八月始自淮南西路改两浙路提刑。他是黄庭坚的朋友,很能填词,唱和甚乐。苏轼筹议救济两浙灾伤事,得助很多。

事务工作虽有得力僚佐帮助,但自接事之日起,那一番预筹赈济、疏导运河等计划工作,一切皆须自己作主,颇费心力。这年冬天,苏轼忽患寒疾,告假在家,其时妻弟王箴(元直)和同乡仲天贶远从眉山来,秦观的弟弟秦觏(少章)自京师来杭州,一起住在高斋。苏轼因病得闲,即在家与元直等作伴,记夜饮云:

> 元祐四年十月十八日夜,与王元直饮酒,掇荠菜食之,甚美,颇忆蜀中巢菜,怅然久之。

十一月二十八日,苏轼在假,记夜坐事云:

> 既雨微雪,予以寒疾在告,危坐至夜。与王元直饮姜蜜酒一杯,醺然径醉;亲执枪匕,作荠青虾羹,食之甚美。他日归乡,勿忘此味也。

王箴送他一副拍板,轼家却无歌姬。记云:

---

① 沙门慧皎《高僧传》:"唐李泌读书衡岳寺,察懒残所为非凡人,聆其中夜梵唱,响彻山林,先凄怆而后喜悦,必谪堕之人,时将去矣。中夜潜往谒焉,懒残命坐,发火取芋以啖之,曰:'慎勿多言,领取十年宰相。'后拜而退。"

王十六见惠拍板两联,意谓仆有歌人,不知初无有也。然亦有用,当陪傅大士唱《金刚经颂》耳。

苏轼今已入为近从,出为方面,而他家生活依然淡泊如在黄州;照当时社会习尚,如他这样门第,竟不蓄养歌姬,是出人意外的事。

苏轼的寒疾,缠绵了一个多月,至元祐五年(1090)正月,才销假视事,作《临江仙·疾愈登望湖楼赠项长官》词,则身体恢复健康了,湖上春色撩人,不免有点绮思:

多病休文都瘦损,不堪金带垂腰。望湖楼上暗香飘,和风春弄袖,明月夜闻箫。

酒醒梦回清漏永,隐床无限更潮。佳人不见董娇娆,徘徊花上月,空度可怜宵。

同年初夏,他的眼病又发,杨杰送他径山龙井水,据说洗眼有效①,袁毂送他芎䓖和椒。前者药性行上,治头脑之疾;后者味辛香,气下达,可以去湿,发脚汗。不过他只眼昏旧疾而已,一般的健康情况还是很好,诗言:"幻色将空眼先暗,胜游无碍脚殊轻。"

随在苏轼左右问学的青年人,除秦觏(少章)外,还有一个钱勰的儿子钱蒙仲——穆父时任越州太守,与杭为邻。

苏轼自幼养成读书的习惯,尤其欢喜夜读。但是秦少章说:"某于钱塘从公学二年,未尝见公特观一书也。"如遇撰著或赋咏中须用典故时,则虽眼前烂熟事,必命少章或幼子叔党诸人检视

---

① 集有《次韵杨次公惠径山龙井水》(自注:龙井水洗病眼有效)及《次韵袁公济谢芎椒诗》。

原书后，才敢使用。①

人之为学，本有两个不同的阶段：在第一个阶段里，须广泛吸收前人积累的知识和思想，应自勤读中求取；到得成熟阶段，必须把自己从别人的知见中解放出来，用自己的头脑，作独立的思考，然后才能建立自有的创意，发挥自有的感情。这第二个"不观一书"的阶段，正是运用想象力的创造时代，秦少章此一忠实记录，非常重要。

地方政务繁杂，苏轼有个很好的治事方法，他把每天要做的事条列在历纸上，做完的，当晚勾销，事无停滞，则心里就很舒坦，毫无牵挂地一觉睡到天明。所以他虽政事丛脞，但是还有余闲可从诗酒之适。②

费衮在南宋绍兴末年，听一个九十多岁的老和尚对他说：苏公游西湖，常命旌旗随从，出北山路的钱塘门，他自己则带一两个老兵，从南山路的涌金门泛舟绝湖而来，在普安院吃午饭，再到灵隐、天竺随便走走，吏人抱牍相从，到了冷泉亭，他就据案判事，详研双方纷争辩讼，然后落笔如风，判定了积案。公事既毕，便与僚吏痛饮。薄暮，骑马回城，老百姓夹道来看太守。当时，这老和尚还在寺里做苍头，亲眼所见如此。③

苏轼平常的生活非常简单朴素，他在湖上督工时，常到祥符寺琴僧惟贤房间去休息。到了，马上脱巾褫衣，露两股于榻上，

---

① 〔宋〕何薳：《春渚纪闻》。
② 周煇《清波杂志》："番江寓客赵叔简编修，宣和故家，家藏东坡亲书历数纸。盖坡为郡日，当直司日生公事，必著于历，当晚勾销。惟其事无停滞，故居多暇日，可从诗酒之适。"
③ 〔宋〕费衮：《梁溪漫志》。

叫虞候（侍仆）替他抓痒。他头上岸巾，只用一根麻绳压发。①

但他也有约客挟伎，纵游湖上的豪举。王明清《挥麈后录》说：

> 姚舜明庭辉知杭州，有老姥自言故娼也，及事东坡先生。云公春时，每遇休假，必约客湖上早食于山水佳处。饭毕，每客一舟，令队长一人，各领数伎，任其所适。晡后，鸣锣以集之，复会望湖楼或竹阁之类，极欢而罢。至一二鼓，夜市犹未散，列烛以归，城内士女云集，夹道以观千骑之还，实一时盛事也。②

苏轼兴会所至时，常会任性任情，做出非常天真可笑的事来。如晁以道为宿州教授，特意到杭州来看他，那晚，一脚踏进他的书室，只见壁上挂满了古画，苏轼独自坐在那里一一欣赏。谈到其中一轴钟隐的《雪雁》，他忽发雅兴，要在这画上题几个字，但这幅画轴挂得很高，他用两张桌子叠起来，亲自爬上去取画（大约他已忘掉可以叫仆人做的），失脚坠地，摔了一跤，幸而没有受伤，他还哈哈大笑。③

传说中有个诗伎琴操，是个冰雪聪明的女孩子，颇有捷才。某一杭州通判，自唱秦观名作《满庭芳》，误举一韵，唱作"画角声断斜阳"时，琴操在旁，便纠正他道："是画角声断谯门，不是斜阳。"——"门"和"阳"是两个完全不同的韵，错一字则全篇

---

① 〔宋〕施德操：《北窗炙輠录》。
② 王明清《挥麈后录》："望湖楼一名看经楼，乾德五年忠懿王钱氏建，去钱塘门一里许。"《临安志》："竹阁在孤山。"吴自牧《梦粱录》记杭州夜市，亦言："杭城大街买卖，昼夜不绝。夜交三四鼓，游人始稀；五鼓钟鸣，早起者又开店矣。"所言与记相符。
③ 〔清〕潘永因：《宋稗类钞》。

韵脚都乱了。

那人便作难她道:"你可依阳字韵改作一遍吗?"

琴操毫不为难地接了下来,改得天衣无缝,不输原作。

据传,琴操曾侍苏轼游湖。舟中,轼戏与琴操说:"我作长老,尔试参禅。"随即问曰:"何谓湖中景?"

"落霞与孤鹜齐飞,秋水共长天一色。"琴操答。

"何谓景中人?"

"裙拖六幅潇湘水,髻挽巫山一段云。"

"何谓人中意?"

"随他杨学士,鳖杀鲍参军。"

"如此意究竟如何?"

琴操不及作答,苏轼猛拍小桌,脱口道:

"门前冷落鞍马稀,老大嫁作商人妇。"

如此对口问答,不知不觉说到这个女孩黯淡的前途,苏轼是一片同情,而聪明的琴操则顿时感悟,便求落籍。一说她落籍后,就削发为尼了。①

据清人谈迁的《枣林杂俎》说:明万历十七年于杭州邻邑临安县玲珑山,发现琴操墓残碣,为东坡所书,真伪莫辨。现代文人郁达夫曾往游访,墓在玲珑山寺之东;他在墓前翻阅新旧《临安县志》,都不见载有琴操事迹,作诗曰:

山既玲珑水亦清,东坡曾此访云英。

如何八卷临安志,不记琴操一段情。

诗意似言东坡曾赴临安访问琴操,不知所据,记此聊存一说

---

① 〔宋〕方勺:《泊宅编》。又瞿佑《归田诗话》。

而已。

杭州是东南交通要会之地，往来的朋友很多，如福建路转运判官曹辅（子方），先后提点两浙刑狱的杨杰（次公）、王瑜（忠玉），知越州的钱勰等，以及很多老友如文勋（安国）、杜介（几先）、徐大正（得之）、张天骥和贾收（耘老）也都跟他到杭州来了，共享湖山，留连诗酒，好客的苏轼，应有"座上客常满，樽中酒不空"的快乐。

苏轼再度来杭，前后相距十五六年，人事情况已有显著的不同。第一，同僚间觥筹交错的机会，不如第一次来作通判时热闹。现在做通判的袁毂，便有过这样的抱怨：

> 东坡倅杭，不胜杯酌。部使者知公才望，朝夕聚首，疲于应接，乃号杭倅为"酒食地狱"。后袁毂倅杭，适郡将不协，诸司亦相疏，袁曰："酒食地狱，正值狱空。"传以为笑。①

一个人的生命中，十五六年，已是一段甚长的时间。苏轼再度来杭，不免有"湖山依旧，人事全非"的感触。当年过从的旧侣，忽然都已不见，现在相与的，大多是些年轻后辈，使这半老的诗人太守，有忽惊年华老去的悲哀。

苏轼莅杭之初，重游湖上，题名作记云：

> 元祐四年十月十七日与曹晦之、晁子庄、徐得之（大正）、王元直（箴）、秦少章（觏）同来，时主僧皆出，庭户寂然，徙倚久之。

> 余十五年前，杖藜芒履往来南北山，此间鱼鸟皆相识，况诸道人乎？再至惘然，皆晚生相对，但有怆恨。

---

① 〔宋〕朱彧：《萍洲可谈》。

人到中年以后，朋旧逐渐凋零，讣音倏至，谁也禁不住要既悲逝者，行自念也。

元祐五年（1090）二月，他的老友李常、孙觉都先后逝世，使他发出"早知身寄一沤中，晚节尤惊落木风"的悲叹。十月原在真定河东治边的老友滕元发（达道）忽又薨逝，苏轼感念金山的旧游，恍如昨日，而今却已幽明异路了，不禁老泪纵横，用张方平的名义，替他写了墓志。

元祐五年春，仲天贶、王箴都要回眉山去了，秦觏也要回家探亲，作《太息》一篇送少章；作六言绝句五首送天贶、元直，兹录其二：

三人一旦同行，留下高斋月明。
遥想扁舟京口，尚余孤枕潮声。（《送别三人》）

更欲留君久住，念君去国弥年。
空使犀颅玉颊，长怀舅凄然。（《送王箴》）

五　方外交

西湖僧寺之多，殿宇相望，苏轼自言："吴越名僧与余善者十九。"亦是事实。但看他在杭州两年，相与往来的方外之交，确是不少；而且往还之多，也许甚于士大夫间的交游。这似乎不是偶然的现象。

十八年前，他第一次到杭州任通判，人地两疏，欧阳文忠公特地为他介绍西湖诗僧惠勤。到官三日，苏轼就冒着腊月严寒，往孤山访晤,抵掌深谈,交契非常。①

此番重来杭州,惠勤虽然已死多年,苏轼下车之初,仍然首访孤山,为要往拜文忠遗像。惠勤的弟子二仲告诉他说:

"这僧舍里本无泉水,在您来之前数月,忽在讲堂后面,孤山脚下,流出一注甘洁的清泉来。我们即在这地方凿岩架石为室,只待您老为它题个名字。"

"欧公晚年自号六一居士,我们为纪念他,就叫六一泉好了。"苏轼说。

唐宋时代的孤山,林木深蔽,其中楼阁参差,有如仙境;山后则花圃罗列,幽美居全湖之最,而六一泉即在此山之麓,地当现在的西泠桥堍。苏轼为作《六一泉铭》,并于泉后凿石作室,名曰"东坡庵"。

孤山建一智果精舍,苏轼邀约参寥从於潜天目山来住持该院。参寥上人虽然籍属於潜,但他自认杭人,时有乡思,所以苏轼招之以诗说:

> 涨水返旧壑,飞云思故岑。
> 念君忘家客,亦有怀归心。
>
> ············

智果精舍只是三间新造的僧寮,起建于元祐五年,屋宇虽小,而景物幽寂,似是苏轼特意为诗僧参寥所造。

到苏轼快要交卸时,智果院里忽然也发现有一泉,出自山岩缝石间,甘冷宜茶。元祐六年二月寒食后一日,苏轼带了他的朋友王瑜(忠玉)、张璪(全翁)从孤山坐船来向参寥告别,参寥汲

---

① 〔明〕田汝成:《西湖游览志余》。

泉钻火,烹黄蘗茶飨客,并且告诉大家,这是院内新发现的一注泉水。苏轼忽然想起七年前,在黄州,梦与参寥吟诗,有"寒食清明都过了,石泉槐火一时新"之句,当时不能解说泉如何新法,不料这个梦兆,却都应验于今日。座中人听他讲说这节故事,都怅然有事皆前定,各怀知命无求之感。苏轼名之为"参寥泉",作《参寥泉铭》。

苏轼为杭州通判时,祥符寺可久、垂云、清顺三僧,都是他的诗友,现在似已只剩清顺一人,住持葛岭寿星院。

清顺所居曰藏春坞,门前有两株巨大的古松,松树上盘络得满满的凌霄花。这和尚年纪老了,常在树下打瞌睡。有一日,苏轼摒去骑从,独自去藏春坞看他,一路上松风骚然,落花满地,至,则清顺正在树下昼寝,手指落花,乞苏轼作一韵语,为赋《减字木兰花》:

  双龙对起,白甲苍髯烟雨里。疏影微香,下有幽人昼梦长。

  湖风清软,双鹊飞来争噪晚。翠飐红轻,时上凌霄百尺英。

这年春天,寿星院垂云亭所种的新茶可采了,清顺知他爱茶,特来相赠。春暖花开了,清顺又以诗代简,邀他去赏花,可惜苏轼因病,错过了花期。

西湖北山多竹,孤山、葛岭又都在比较静僻的北山路上,所以苏轼偕友游湖,最常去的是寿星院和智果精舍,访的是清顺和参寥,诗曰:"……云深人在坞,风静响应谷。与君皆无心,信步行看竹。竹间逢诗鸣,眼色夺湖渌。百篇成俯仰,二老相追逐(指同游的王瑜与张璪)。故应千顷池,养此一双鹄(指清顺与参寥)。"

五年夏日游寿星院,有咏寒碧轩诗,为后人评价甚高的一首名作,说它"初若豪迈天成,其实关键甚密",句句扣着"寒碧"二字[1]:

> 清风肃肃摇窗扉,窗前修竹一尺围。
> 纷纷苍雪落夏簟,冉冉绿雾沾人衣。
> 日高山蝉抱叶响,人静翠羽穿林飞。
> 道人绝粒对寒碧,为问鹤骨何缘肥。

苏轼爱竹又好茶,而植茶在宋代为寺院经营事业之一。西湖群山如宝云山产者为宝云茶,下天竺香林洞产者名香林茶,上天竺白云山产者名白云茶,轼诗所谓"白云山下雨旗新"者是也。寿星院垂云亭茶,产量甚少,更负盛名,清顺每以新茶相赠。苏轼方外之交多,茶的供应不绝,诗谓"妙供来香积",即是指此。

和尚中不乏精研茶道者,更特别"设茶"招待。

苏轼重来杭州之初,那年岁暮,往游落星寺。南屏寺僧谦师,远从南山赶来,为他"设茶"。谦师是湖上茶道名手,据他说:"此事得之于心,应之于手,非可以言传学到者。"苏轼深感其意,作诗相赠。

寿星院也有个梵英和尚,葺治堂宇,精洁无比,烹茶供客,芳冽异常,饮后齿颊生香,与一般的茶味不同。

苏轼问他:"这是新茶吗?"

"烹茶,必须新茶旧茶配合了用,香味才透得出来。"

这使苏轼连带想起,有个懂琴艺的人曾经对他说过,琴之制

---

[1] 〔宋〕周必大:《二老堂诗话》。

作，不满百年，桐木的生意尚未绝灭，故其缓急清浊，还会与气候的晴雨寒暑相感应，所以琴以古者为贵。此理与梵英所言，茶须新旧相交，香味始见，其理正同。①

苏轼另有一个特别嗜好，就是蜂蜜。他在黄州时曾经用蜜酿酒，颇自得意，其实是失败的酿造。这次到杭州来，遇到了同好的和尚——仲殊。

这个和尚，是个传奇人物。

仲殊俗姓张，名挥，安州进士，但他风流成性，游荡不羁，他的夫人恨透了他，在食物中投了毒药要害他，几乎中毒而死，食蜜得解。医生警告他，若再食肉，毒发不可救，他从此看破红尘，出家做了和尚。②

仲殊为承天寺僧时，苏轼与之相识。苏轼说他做诗，落笔很快，而又工妙绝时，如所作过润州绝句，实甚清丽：

　　北固楼前一笛风，断云飞出建昌宫。
　　江南二月多芳草，春在蒙蒙细雨中。

仲殊虽已为僧，却余习不改，欢喜作艳词，有《宝月集》，今已不传。所以苏轼作《次韵仲殊雪中游西湖》二首中，还调笑他道：

　　禅老复何为，笑指孤烟生。
　　我独念粲者，谁与余目成。

此时仲殊在杭州，已经辟谷，但吃蜂蜜，所以苏轼叫他"蜜殊"，说他的诗是从百花酿成的蜂蜜中化出来的。

据陆游的伯父说，仲殊所吃食物，不论豆腐、面筋之类，一

---

① 〔宋〕赵令畤：《侯鲭录》。
② 本集：《安州老人食蜜歌》诗注。

律要在蜜中渍过，他人都不能下箸，只有苏轼可与之共餐，而且吃得津津有味。[①]轼作《安州老人食蜜歌》，说：

> 东坡先生取人廉，几人相欢几人嫌。
> 恰似饮茶甘苦杂，不如食蜜中边甜。

苏轼引用佛典："佛言：譬如食蜜，中边皆甜。"这是他经验人生的感喟。世俗朋友还有是非爱憎，利害关涉，不如方外之交，完全超脱于凡尘浊障之外，纯情可喜。

吴越诸僧中，苏轼最敬重二老：一是现在明州阿育王山广利寺的方丈大觉禅师怀琏；二是本在天竺，现已退居龙井的辩才，他是禅门临济宗的一代宗师。

皇祐年间，怀琏为庐山大德，诏往京师住持十方净因禅院。仁宗召对化成殿，问佛法大意，奏对称旨，赐号"大觉禅师"，并赐龙瑙钵盂一个给他。怀琏当着皇帝使者的面前，将这钵盂烧了，对使者说："我们崇奉佛法的人，穿坏色衣，用瓦铁器盛食物，此钵不是我们佛门弟子用的。"使者归奏，仁宗大为嘉叹，亲笔写颂诗十七篇赐他。怀琏后在广利寺起造宸奎阁，即为奉藏仁宗御书之所。苏轼为写《宸奎阁碑》，还再三写信叮咛，要如何制作碑石，方如古制，十分郑重。[②]

苏轼一到杭州，即以张方平所遗鼎甗献寄赠怀琏，作《大觉鼎铭》，借致敬意。后来听说大觉为小人所谗，几乎不能安居于阿育王山，大为惊忧。四明太守本是王汾（彦祖），为苏轼的同年，不巧甫于四年十一月调职离去，接任者王文渊似不相熟，所以只得写信托赵令畤转达，函曰：

[①]〔宋〕陆游:《老学庵笔记》。
[②] 本集·书简。

育王大觉禅师，仁庙旧所礼遇。尝见御笔赐偈颂，其略云："伏睹大望禅师"，其敬之如此。今闻其困于小人之言，几不安其居，可叹，可叹！太守聪明老成，必能安全之。……

其时大觉禅师已经八二高龄，宸奎阁落成未久，元祐六年正月，他就圆寂四明了。

辩才法师与苏轼兄弟，有二十年以上的交谊。轼之次子苏迨且是皈依在辩才座下的弟子。沈遘知杭州时，命他住持上天竺法善寺，经他竭力经营，弘开法宇，增屋几至万间，重楼杰阁，冠于浙西。

苏轼重来杭州，辩才早自上天竺，过风篁岭，退居龙井之寿圣寺，不再出山了。

龙井，本名龙泓，又名龙湫，有一山泉出自石罅，甃为方池，中生赤蜥蜴，寺僧以为小龙。据秦少游所作《龙井记》："地当西湖之西，浙（钱塘）江之北，风篁岭之上。深山乱石中之泉，蟠幽而踞阻。岭之左右，大率多泉，龙井，其尤者也。"[①] 山上一路苍松翠竹，并以产茶闻名四海，风物幽静无比。

这时候，辩才法师已是八十高龄的人了，但是神闲气静，精力犹甚矍铄。苏轼常常屏去随从，入山与老师坐谈终日，有忽尔跳出尘网的舒坦。

苏轼往访龙井，辩才亲自送出山门，两人话兴正浓，不知不觉间翻过了龙井后山的风篁岭。此岭高越西湖群山，路径最为深峻，漫山皆竹，故俗称筤筜岭。

辩才自从退居龙井后，十余年间，从来不曾出过此一山区，

---

① 引自（咸淳）《临安志》。

这次,不知不觉间过了风篁岭,左右惊曰:"远公复过虎溪矣!"辩才顾谓苏轼道:"杜子美不是曾经说过'与子成二老,来往亦风流'吗?"①

后来,乡人就在此岭上建了一亭留念,名曰"过溪",亦曰"二老",都是用的庐山慧远法师与陶渊明虎溪三笑的故事。

自此一别后,翌年(元祐六年,1091)九月,辩才法师无疾而逝。其时苏轼已在京师,命参寥代为致祭,要作《龙井辩才师塔铭》,自知谈佛不如其弟,特地叫苏辙执笔,此文今见《栾城集》中。

宋朝制度,知州对于辖属寺庙,有绝大的监管权力,也负有处理寺庙重大事务的责任,苏轼对于甄选僧官,颇具魄力。

径山寺的住持僧死了,照该寺祖师成约,后世甲乙轮值,从无例外。苏轼认为继任人应于山门内选用有德者,祖师成约,毫无意义。他便径以知州权力,派僧维琳嗣事。寺庙隐藏多方面的势力,这种破坏传统的举措,很多人不敢做的。起初,部分僧侣心甚不服,啧有烦言,经过一段时间后,心悦维琳的人日益加多,苏轼高兴得叹口气道:"今则大定矣。"(《东坡志林》)

若干年后,苏轼易箦时,临终及送的朋友,只有维琳长老和晚辈钱世雄二人。

九曜分支的南屏山,慧日一峰,巍然独耸,山麓有净慈寺,为五大丛林之一,西湖十景中的"南屏晚钟"即是净慈寺山门外钟楼的钟声。

净慈方丈圆照禅师请丛林中有名的高僧善本法师来为本寺上

---

① 〔宋〕阮阅:《诗话总龟》。

座，设堂讲经。杭州僧俗，奉事甚谨，他也戒律森严，信众非斋戒沐浴，不敢随便登他的禅堂。苏轼认为他既属禅宗，就不该如此装模作样，注重形式，决定开他一个玩笑。一天，苏轼故意带了伎女闯进他的讲堂。善本见了，自然不免愠形于色，只因他是太守，不便发作。苏轼作《南歌子》一阕，命伎在禅堂上大师面前唱将起来：

师唱谁家曲，宗风嗣阿谁[①]？借君拍板与门槌，我也逢场作戏莫相疑。

溪女方偷眼，山僧莫皱眉。却愁弥勒下生迟，不见老婆三五少年时。

佛教中的禅宗，讲究的是明心见性，要在自由解放的精神里，求取心灵的顿悟，不像律宗那样注重戒律的形式。净慈是禅寺，善本是禅师，所以此歌首问袭卢陂长老问延沼禅师语，问他"师唱谁家曲？传承哪家的宗风？"实在有点挖苦的意思。

善本对此，无可奈何，只得为之破颜一笑。于是，苏轼高兴得大嚷道："今日参破老禅了。"

元祐五年（1090）八月，旨召善本赴京住持皇族家庙的法云寺，杭州的信众认为善本一去，净慈僧俗一定会跟着星散。苏轼认为未必，他就邀约越州的楚明长老来接掌净慈寺。后来事实证明，法众非但未散，反而增多至五千余人。

一个地方长官，每天有堆积如山的案牍待他判行，每天有多少无聊的人事要他应付，苏轼之所以"欲将公事湖中了"，无非要借清净的环境，做冷静的判断。

---

① 〔宋〕释道原：《景德传灯录》。风穴延沼禅师有卢陂长老问曰："师唱谁家曲，宗风嗣阿谁？"延沼禅师曰："超然迥出威音外，翘足徒劳赞底沙。"

苏轼暇日，宁愿到西湖群山寺院里，和世俗利害无关的僧侣谈禅说诗，亦不过求取心情轻松，洗涤尘俗而已。

我们不得不承认，他是一个艺术家气质特重的智者，必须在有限范围内，与凡俗隔离，置身于利害得失之外，但却又抱持着一腔入世的热情，与无怨无悔为民服务的真诚。

六　救灾和水利

元祐五年（1090）六月初，苏轼读邸报，知朝廷因各路旱灾，内出手诏两道，广征言事。他便于同月初九日，怀着悲悯的心情，就地方所见病民的弊政，奋笔疾书《应诏论事状》。

他首先说：陛下即位改元，于今五年，已经三出此言。虽圣人不惜罪己，而臣子实不忍闻。因是出守外服，不能尽知朝政，所以只能就亲眼目睹的人民疾苦，州县官吏日夜在做那些伤残人民肌体，离散人民父子，破坏老百姓的生业，为国家敛怨而又毫无裨益国家财用的四事：

一、人民现欠市易被籍纳的产业，朝廷准许给还或收赎，而有司另创籍纳折纳法，使十之八九，不能还赎。

二、积欠盐钱，朝廷已许照产场本价归偿，余俱除放，但提举盐事司官执文害意，谓非贫乏，不在此数。

三、登极大赦前人户以产当酒的欠款，应该只纳官本。

四、元丰四年拣选剔除的上供和买绢，抑勒配卖与民，不住地鞭答催缴，请依今年四月九日圣旨除放。

状末言："以上所有四事，伏乞出敕施行，若有一件不如所言，臣甘服罔上误朝之罪。"

不料进呈此状后,经过一百零八天,杳无音讯。苏轼于九月二十七日上状查问,直至六年一月才接到尚书省札子,方知三省并未进呈,甚且说:"不曾承受前状。"事情揭穿后,三省同奉圣旨,令别具呈奏。苏轼于同月九日即上《缴进元祐五年六月应诏所论四事状》,为时已经拖过半年多了。而且,即使这是奉旨补呈之件,仍如石沉大海,渺无下文。

元祐后期的政事,已经颟顸到了这种程度,官僚只会争夺权位,粉饰太平,对于生民的疾苦,不但漠不关心,甚至是他们的忌讳。太后诏求直言的结果,竟然如此,史言"元祐之治",亦不过尔尔。

旱荒的善后救济工作,刚刚放下,而元祐五年之初,浙西数郡,忽又大雨成灾,太湖泛滥,淹没两岸的农田,灾害的情势,甚于去年的干旱。太湖区域是两浙主要的产米地区,太湖一闹灾荒,两浙的粮食全都失了调剂,来年的饥荒,是可以明显预见的。

苏轼早于七月十五日就首上《浙西七州灾伤状》。他说,今年春夏之交,雨水调匀,浙人举债播种,力事农作,原来希望今岁能够丰收,弥补去年的灾荒。不料一场淫雨风涛,全部冲光。他叫将官刘季孙往苏州沿路勘访,不单是豪雨成灾,又多大风,鼓动潮浪,冲坏堤堰,水势泛滥的范围一扩大,就更不可收拾了。湖州水入城中,民家浸水尺余,受灾更重。转运判官张璹自常、润回来,亲见吴江、平望、八尺间,合家田苗没在深水底里,父子聚哭的惨象。

继说:"救灾恤患,尤当在早,救之于未饥时,用物约而所及广。"何况,"去年之灾,如人初病;今岁之灾,如病再发。病状虽同，气力衰耗，恐难再持"。所以他请求朝廷行下户部及本路转运提刑、两路钤辖司及早相度准备，于秋冬间不惜高价，多籴常平米，以便明年平粜救荒。

十日后，即七月二十五日，续上第二状。

盖因拜发第一状后不过六天，忽又风雨大作，一连数日，昼夜不停。苏轼于风雨声中，绕室彷徨，恍如眼见州民男妇老幼在一片汪洋中，被狂风豪雨所摧残，老百姓的产业和作物，被大水所吞没，一阵阵战栗呼号的声音似从耳边响起，他推窗望雨，忧心如焚，不管前状之发，不过数日，忍不住于七月二十五日，又挑灯夜起，手写第二状，如言：

> 前乞下户部及本路提转钤辖司相度，未蒙施行。本月廿一至廿三日，昼夜大风雨；二十四日雨稍止，至夜复大雨。料苏、湖等州风涛所损，必加于前，若不早作擘划，必有流殍之忧。

如这类事，在后来台谏官的弹章中，指他虚报灾情，都是罪状。

苏轼一面奏报朝廷，一面再以私人名义，分函有关地方监司守令，劝他们广籴备灾，合议救灾方策，等等。如《寄新任秀州太守胡深父书》云：

> 浙西数郡，例被霪雨飓风之患，而秀之官吏，独以为无灾，以故纷纷至此。公下车，倍加绥抚，不惜高价广籴，以为嗣岁之备。宪司行文，欲收籴米，此最良策，而权户专斗所不乐，故妄造言语，聪明所照，必不摇也。

救灾恤伤，提刑司是主管单位。当时两浙提刑马瑊（中玉）初自淮南路调来，苏轼迫不及待，要和他觌面商讨。函招不至，他只好写信给他的老朋友越州太守钱勰，代他促驾。书言：

> 浙西诸郡，水潦既甚，而七月二十一、二、三三日，大雨暴风，几至扫尽。灾伤既不减去岁，而常平之备已空，此忧在仆与中玉。事有当面议，不可以尺书尽者，屡以此意招之，绝不蒙留意云。冬初方过浙西，虽子功旦夕到，然此大事，得聚议乃济，数舍之劳，譬如来一看潮，亦自佳事。试告公以此意劝之，勿云仆言也。

事隔一个月后，灾势已成，缺粮的情形已很严重，价亦高涨，九月初七始奉旨将此案交由都省关牒本路转运提刑司相度施行。

苏轼焦急不堪，认为现在再从调查开始，时已不及，而且事情交到这班本位主义的官僚手里，调查也不会确实，上状力争说：

> ……深恐转运司官吏，职在供馈，所有宽减额斛，难于自言，伏乞圣明以一方生灵为心，决自圣意，指挥三省更不下有司往复勘当施行。

苏轼先在本州价购粮米，历时一月，无人赴仓卖米；原想提高收购价格，却怕刺激粮价上涨，而且进价太高，官本遂重，明年出籴为难。所以唯一希望，只能请求朝廷，准向年成丰熟的近便州军购粮五十万石，储为明年平籴救济之用。此项购粮的经费，则可以从本路常平钱项下拨偿。

——这第二状（相度准备赈济第二状），是九月十七日拜发的。

四天后的二十一日，续上第三状，控告提刑司吝惜两三钱，不肯遍行公文，禁止抑价收购。抑价收购，必然买不到米，他举例说：指挥杭州依旧作斗米七十文收籴，亦不过籴得三万余石，其余辖属诸郡，也不敢有违，闻得苏、秀出米地方，现今不过籴得二三万石。照此情形，本区收购存粮，现在已经不易，务请诏下于收成好的近便州军籴买五十万石，储备救济来年饥荒之用。

到元祐五年（1090）的十一月间，苏轼七月间所上浙西七州灾伤状才蒙圣旨行下，令发运司兑拨钱一百万贯，趁时籴买斛斗封桩，准备移用，余依所奏施行。然而，发运司官吏奏称：淮南江东，米价高昂，不肯收籴。苏轼痛心疾首地叫喊道："使圣主已行之命顿成空言，饥民待哺之心，中途失望。"（《再乞发运司应副浙西米状》）但是官僚政治的本位主义牢不可破，再怎样力竭声嘶地呼吁，也是徒然。

十一月下旬，苏、湖、杭、秀等州的米价开始上涨，官价籴购计划显然已经行不通了。苏轼清查杭州义仓存米四万余石，遇上灾荒年份是准许俵散的。苏轼上相度赈济七州第四状，就在报告他的计划："开春米价增涨，即将义仓常平米贱价出粜，则一郡之民，人人受赐。所收钱并用填还常平所亏官本。仍下浙西诸郡，依此体例施行。"——这是他职权范围之内可以做的事，虽区区四万石，还不足原定赈济所需的十分之一。

苏轼与水有缘，他在杭州，十足只有一年半的时间，疏运河，筑堰闸，治六井，开西湖，最后还遇上一场遍及所辖七州的大水灾；他的最大政事，几乎无一不是与水有关。及至六年二月，已经有内召为吏部尚书的消息时，他还在孜孜兀兀地和同官商讨、勘察、计划于钱塘江上流的石门，开一运河，以避浮山之险。

钱塘江为天下之险，而浮山是险中之最。浙东温、台、明、越诸州往来者，虽从西兴直渡杭州，可以不涉浮山，但自浙东的衢、睦、处、婺，皖之宣、歙，赣之饶、信及福建路八州往来者，都须从龙山进出，因为江滩水浅，必须候潮水来时，方能乘潮而行。

浙江潮自海门东来，势如雷霆，浮山峙立江中，与鱼浦诸山犬牙交错，挡住了奔腾的潮水，乱了流势，洄漩怒射，状如鬼神。往往在深水中忽然涌出十数里的陵阜，旦夕之间，又忽然消失了。纵使是熟练的船老大、潜水夫，也不能预测航道的深浅，冒险乘潮行驶的船只，就无法逃避翻覆的命运，每年溺没人货，不计其数，公私坐视，无可如何。

衢、睦等州，地旷人稀，粮食生产不足，仰赖苏州、秀州运米到桐庐，散销各地；而杭州一带居民所需燃料（薪炭），都取给从上江运来：两者都因浮山之险，覆溺阻碍之故，数州的柴价米价都较别处为贵。

其时有个前任知信州军州事的侯临（敦夫），为葬生母于杭州的南荡，往来江滨，注意到这个问题，乘便实地考察地形，访问当地的父老和船家，反复研究，写成一本《开石门河利害事状》，送请苏轼参考。

苏轼根据侯临的建议，邀集前任转运使叶温叟、两浙转运判官张璹、创议人侯临以及张弼等同往江上，实地踏勘，再经共同商讨，拟定开石门河的计划：

从浙江上游，地名石门的地方开始，沿山向东，利用斥卤弃地，开凿一条运河，引入钱江及鸡谷诸水，凡二十二里，通至大江。

再沿江筑岸，面对潮水来向用石块砌筑；潮水不及之处，用竹子筑成泥岸，约八里长，到达龙山的大慈浦。

从大慈浦北折，抵小岭下，凿岭六十五丈，通达岭东之古河；将古河稍加浚治，东南行四里许，即至龙山闸，与运河相衔接。

此河开凿完成，即可永远回避浮山之险了。

计划既定,即派观察推官董华估计所需工料,预算全部费用为钱十五万贯,用捍江兵及诸郡厢军三千人,两年可以完工。

苏轼遂上《乞相度开石门河状》,附呈侯临所撰《开石门河利害事状》一本,董华《预计合用钱物料状》一本,地图一幅,请求朝廷命令本路监司派官共往勘验,如所言不妄,请由朝廷支赐钱物,即派侯临督办这一工程。石门河开,不但可以救活无穷的性命,完惜不赀的财物,更利于数州柴米运销的流通,使田野市井,同歌圣泽。

此次"相视新河"一行中,张弼有诗,苏轼次韵[①]说:

…………

我凿西湖还旧观,一眼已尽西南碧。
又将回夺浮山险,千艘夜下无南北。
坐陈三策本人谋,惟留一诺待我画。

…………

苏轼在杭,兴作水利工程三项,都由博采众议而成,认为自己不过"画行"而已。即使在上报朝廷的奏疏中,他也一一陈明计划创议者是谁,监工督役者的现职和姓名,不论官职如何卑微都不抹杀他们的劳绩。长官不攘功,足以使人人乐于效命,使一切人才皆得出头。看似一个起码的条件,但是古往今来官僚社会中具有这种气度的人,似乎也不多见。

―――――――

[①] 本集《奏开石门河状》:"臣与前转运使叶温叟、转运判官张璹躬往按视。……"而诗题则为"与叶淳老、侯敦夫、张秉道同相视新河,秉道有诗,次韵二首"。秉道为杭人张弼字,张弼亦即诗中所说的"髯张乃我结袜生,诗酒淋漓出狂怪"者。璹,字全翁,二张绝非一人。也许两张都是同行的人,张璹原为两浙转运判官,此事与他前任职务有关,所以可在官文书的奏状中列名;张弼只是临行的诗友,官守不及,所以不见状文。然而何以诗题又遗漏张全翁呢?殊不可解。

前状是二月上旬拜发的，但至同月二十八日，京师诏下苏轼以翰林学士承旨召还了。苏轼当将此事，寄望于他的后任林希会来实施，不料朝廷倒是准了他的奏请，而林希却听信小人谰言："今凿龙山姥岭，正犯太守身。"竟将此一关系人民生命财物安全的航运工程计划，束诸高阁了。①

苏轼应召还京，特意绕道苏州、湖州、常州一带水灾严重的地区，亲自考察太湖、松江一带，但见水波浩淼，无异成了大海。

江南地区的水患，由来已久，仁宗朝的名臣范仲淹，最先提出治水的方略，但未触及泛滥之根本原因；熙宁年间，王安石用郏亶的治田说，为大地主们猛烈反对而罢；苏轼做杭州通判时，曾往湖州督察松江堤防的改修工程，对这问题，有过研究；今次再度考见泛滥的实况，认为这样浩大的水势，绝对不是数月霪雨所能造成，主要的原因还是在于出口淤塞，若能海口通畅，吴中即无水患。

松江海口之所以淤塞，是由于庆历以来，江上行船，改用陆挽，陆挽必须先筑挽路，建长桥，植千柱于水中，公私漕运虽然称便一时，但是挽路侵占江面，桥柱阻留泥沙，于是松江渐次淤积，海口终于扼塞，大水不能入海，一定会在沿江两岸泛滥成灾。

习用的长桥和挽路，固然不能废去，现在，只有一个办法，即开凿旧桥外的挽路，另筑千桥，桥拱各加大为两丈，使松江的水流能够加速通过；然后公私协力浚渫海口，如此则江水有力，泥沙不再沉积，而水患也就少了。

---

① 何薳《春渚纪闻》载工程计划内有二案，除龙山一案（即奏状所陈之计划）外，尚有一条自富阳新桥港经余杭至郡北关江涨桥一节。因无确切根据，于正文中删去。

苏轼听说常州宜兴县进士单锷[1]，颇精水利之学，特别向他请教。单锷面陈所撰《吴中水利书》一卷，苏轼细读后，认为确有精辟独到的见地，所以到京后，上《论三吴水利状》，即将单氏原书随状进呈。

苏轼说，三吴水利的重要，在于两浙之富，为国家财政所依恃，每年漕运京城米一百五十万石，其他赋税供馈，不可胜计，如果听任它十年九涝，必致公私凋弊。乞朝廷将此状和单著一并发交本路监司，躬加按察；或差懂水利的干练官吏，认真研考这个计划，详陈利害，商讨进行。

苏轼水学，是综合范仲淹的治水说与郏亶的治田说，两者加以折衷而成论，后世专家们的批评，认为并无太大的创见。其实，苏轼的研究只为实用，此来眼见太湖沿岸，田庄尽成泽国的凄惨景象，即使他已身返廊庙，重归玉堂了（奏状于元祐六年七月二日），依然寝食难安，亟望朝廷能够饬令地方，做好这件解决百年来江南水患的疏导工程。不料此状奏上后，仍为群小所弹，宰执所格，当时并不果用。直至数百年后，明人治三吴水利，却从苏集中检得这份资料，认为有用，付诸实施。苏轼为政论学的实用精神，不是高谈阔论的后人所能菲薄的。

七　奉召还朝

宋自开国以来，厉行中央集权制，所以士大夫社会的观念中，

---

[1] 单锷：常州宜兴人（1031—1110）。嘉祐进士。不乐仕进，独留心于吴中水利，尝乘船往来苏、常、湖州，勘查水利，积三十年而著《吴中水利书》。

一向重京卿而薄外官；京卿得罪者常外放州郡，视为责降，几成通例。苏轼初至杭州，不知底细的陈传道，写信来安慰他的"不遇"，苏轼大为不安，复书言：

> 来书乃有遇不遇之说，甚非所以安全不肖也。某凡百无取，入为侍从，出为方面，此而不遇，复以何者为遇乎？

尽管苏轼自己，有此不同流俗的胸襟，可是宣仁太皇太后却也并不同此想法，她是在极不得已的情况下，才准了苏轼乞放外郡的请求，心里抱着满腔遗憾，无时不在考虑弥补。

苏轼一离京城，元祐四年六月即除苏辙为吏部侍郎；三天后，改翰林学士；不久，又命权兼吏部尚书。纵然说苏辙自有进用的条件，但是晋升的速度那么快，时间又排得那么凑巧，令人不得不信，这未始不是太后的弥补手腕。

元祐五年（1090）正月，距苏轼莅杭不过半年，范祖禹即疏请召轼还朝，以为在中枢政治的重要献替上，不能没有像他这样一个耿直敢言的大臣。疏言：

> 臣伏见苏轼文章，为时所宗，名重海内。忠义许国，遇事敢言，一心不回，无所顾望。然其立朝多得谤毁，盖以刚正嫉恶，力排奸邪，为王安石、吕惠卿之党所憎，腾口于台谏之门，未必非此辈也……伏望圣慈早赐召还，今尚书阙官，陛下如欲用轼，何所不可？

然而其时杭州正在灾荒之中，苏轼勠力从事于救灾工作，不便中途换人，只得暂时搁置一下。五月间，遂有再除苏辙为御史中丞的诏命。

这次诏命，系由宫中直接以中旨颁发，出于太皇太后的宸衷独断，事先未与宰执商议，因此引起自宰相以次，满朝的不悦。

不但宣仁太皇太后如此惓惓于苏氏兄弟,而年方十五,尚未亲政的哲宗皇帝,也很惦念这位曾任侍读的老臣。据王巩说,苏轼自杭召归途中,曾亲口告诉他说:在杭时,一日,官里派中使下来,交代公事既毕,地方监司官集合在望湖楼上公宴饯行。席终,他迟不动身,问苏轼道:

"某未行,监司莫可先归。"

诸官告退,他密语苏轼道:

"某出京师时,往辞官家,官家说:辞了娘娘再来。某往辞太后殿,复到官家处,引某至一柜子旁,出此一角,密谕曰:赐与苏轼,不得令人知。"

取出来的赐物,是茶一斤,封题皆是御笔亲书,苏轼赶忙写了札子称谢,托他代为进呈。

说完这个故事,苏轼慨然言道:

"且教子由伏事娘娘,我小使头出来,自家门打一解。"[1]

元祐五年底,太皇太后两次面谕执政,要召苏轼还朝。翌年正月,就有召轼为吏部尚书的消息。

苏轼闻讯,大为惶惑,因为范祖禹上年曾经论荐,所以复函淳父说:

奉书不数,愧仰可知。辱手教,且审起居佳胜为慰。某凡百粗遣,闻天官之除,老病有加,那复堪此。即当力辞乞闲郡尔。侧聆大用,以快群望。未间,千万以时自重。不宣。

同年二月,朝廷以刘挚为尚书右仆射兼中书侍郎、以苏辙为中大夫守尚书右丞。

---

[1]〔宋〕王巩:《随手杂录》。

太皇太后这次径擢苏辙居辅政之地的诏命,便没有以前几次那样顺利了,命下中书,右司谏杨康国拒不书读,奏曰:

> 辙之兄弟,谓其无文学则非也,蹈道则未也。其学乃学为仪秦者也,其文率务驰骋,好作为纵横捭阖,无安静理。陛下若悦苏辙文学,而用之不疑,是又用一王安石也。辙以文学自负,而刚狠好胜,则与安石无异。

其言与反对派向来所说的无异,指三苏是苏秦、张仪的策士之学,毫无新鲜内容。章上,不报。改诏范祖禹书读行下。

太皇太后的旨意,虽然贯彻了,但苏氏弟兄之为朝臣侧目的情势,也益发深重了。

正月间,原拟召苏轼为吏部尚书,即前函所说的"天官之除",后来既任命了苏辙为尚书右丞,兄弟同朝执政,总有不便。所以,二月二十八日诏下杭州,就改为以翰林学士承旨召还了。

苏辙对于尚书右丞这一新命,内则不敢超迁于老哥的前面,外则凛惧于同僚的忌嫉,连上四状,辞不接受。状言:

> 伏念臣幼无他师,学于先臣洵,而臣兄轼与臣皆学,艺业先成,每相训诱。其后不幸早孤,友爱备至,逮此成立,尝兄之力也。

> 顷者,兄弟同立侍从,臣已自愧于心。今兹超迁,丞辖中台,与闻政事,而臣兄轼适自外召还,为吏部尚书,顾出臣下,复以臣故,移翰林承旨,臣之私意,实不遑安。况轼之为人,文学政事,过臣远甚,此自陛下所悉,臣不敢远慕古人,内举亲戚,无所回避。只乞寝臣新命,若得与兄轼同备从官,竭力图报,亦未必无补也。

苏辙求与老哥一同退守侍从,使与现实政治权势,保持一个相当的距离,确实是个比较安全的处置。无奈太皇太后之重用苏辙、召还苏轼,用意本在牵制执政,所以仍然诏示不许。

苏轼在杭州奉诏,也立即奏请辞免翰林学士承旨,拜发了第一状。他的立场,亦是亲嫌理应回避,如言:

> ……窃睹邸报,臣弟辙已除尚书右丞。兄居禁林,弟为执政,在公朝既合回避,于私门实惧满盈……伏望除臣一郡,以息多言。

将来接替知杭州事的,是苏轼的老友,与他同应开封举人试,在仕历上亦步亦趋的林希(子中)。他以天章阁待制知润州,调知杭州。苏轼很高兴林子中来接他的手,有许多地方未完的心愿,希望子中能来完成。

苏轼奉诏还朝,杭州是无法留恋的了。一向乐观的他,以为既有苏辙在朝辅政,而他的处境,太皇太后也很明白,只要表示坚定的心,请求再行外放,应该是没有问题的,所以他心里还很轻松。

不过,杭州的朋友,西湖的山水,即使是堤边的一草一木,行路的男女老幼,处处都似连系着感情的脉动,一时真不容易放开。所以,自有内召消息以来,苏轼湖上漫游的行脚,更加勤快了。

二月,杭州的天气,还是春寒料峭的时候,福建路转运判官曹辅来了,陪他雪中游湖。过些日子,龙山真觉院的瑞香花开了,他们又一同去赏花。

这瑞香花,有黄紫两种,有紫瓣而金边者,初产于庐山,后来广植于各处。据(咸淳)《临安志》:"东西马塍,瑞香最多,大者名锦熏笼,色香清远。"然而,这已是南宋时事,苏轼为守时,却以真觉院的瑞香花为最胜。轼诗篇首言:"幽香结浅紫,来自孤云岑。"可知这是紫色而传自庐山的那一种。

曹辅和其他坐客都说这不是瑞香,是紫丁香。苏轼笑子方不识:"公子眼花乱发,老夫鼻观先通。"连作三阕《西江月》,其第三阕专为瑞香辩证:

> 怪此花枝怨泣,托君诗句名通。凭将草木记吴风,继取相如云梦。
>
> 点笔袖沾醉墨,谤花面有惭红。知君却是为情秾,怕见此花撩动。

作为一个中国旧诗人,必须通识草木虫鱼之名,原非易事。现在插入这段闲话,实欲见出苏轼的性格,认真而又好胜,即使是这种细碎的花名之争,他既不肯含糊混同,而又那么恣肆地调侃他的朋友。

越州太守钱勰(穆夫),几于同时被召,从班再知开封,苏轼作《临江仙》送他先行。对于仕宦生涯的奔走四方,他深有感慨。如言:

> 一别都门三改火,天涯踏尽红尘。依然一笑作春温,无波真古井,有节是秋筠。
>
> 惆怅孤帆连夜发,送行淡月微云。尊前不用翠眉颦,人生如逆旅,我亦是行人。

即将离去杭州的苏轼,只有尽量抽出时间来,山南山北地跑,身在春日二、三月的西湖风光里,山寺闻钟,湖边策马,消解无可奈何的离情。苏轼胸中久已蕴积一个极大的愿望,追寻白乐天所能得到的悠游林下的那个旧梦,忽又在心廊回荡起来。

当元祐元年(1086)九月,苏辙得除起居郎,兄弟同侍皇帝迩英阁读书时，苏轼就曾有过这个想望，留着"子由服侍娘娘"，自认"定似香山老居士，世缘终浅道根深"。希望就可抽身退出这个现实政治的圈子，其时，距他起复还朝，还不满一年，而且正在扶摇直上青云的时期，他已抱有怀退之想，"世缘终浅"，苏轼自知他终究不合是一个富贵场中的人物。

苏轼在杭州，曾遇善于看相的程杰，作诗为赠，也说：

书中苦觅元非诀，醉里微言却近真。

我似乐天君记取，华颠赏遍洛阳春。

白乐天做过杭州和苏州两地刺史，后以秘书监召迁刑部侍郎，其后遂以刑部尚书致仕。宦游三十年，退居洛阳，疏沼种树，构石筑楼于香山，凿八节滩，自号"醉吟先生"，与和尚结香火社，文酒自娱者二十年，以七十五高龄逝世。

苏轼非常羡慕白乐天这"水畔竹篱边"的闲居生活。现在他从杭州太守召还，行年五十六岁，倘能及此告退，如与乐天一样能活到七十五岁，则也一样可有二十年的闲居之福。在这美丽的幻想里，苏轼自言不如乐天者，他还有个樊素，名花伴老，然而，苏轼岂不自有一个深爱的朝云？

离杭三日前，往别西湖南北山诸道人，下天竺的惠净和尚赠他一方丑石，作三绝句，诗题也说："余去杭十六年而复来，留二年而去，平日自觉出处老少，粗似乐天，虽才名相远，而安分寡求，亦庶几焉。"诗之一曰：

出处依稀似乐天，敢将衰朽较前贤。

便从洛社休官去，犹有闲居二十年。

善相的程杰似乎也没能看出他以后还有那么大的风波，还有那么一段九死一生的艰危。即以目前而论，好不容易逃出九陌红尘的火坑,到西湖边来透了一口闷气,如今又得硬着头皮回去,能不能够再逃出来,实在也很难说,虽然他自己似乎还很乐观。

杭州的同僚,在西湖上设宴饯行,刘季孙有诗,马瑊有词——赋《木兰花令》送别,苏轼各有和作。兹举中玉词,以见僚友对他的感情:

> 来时吴会犹残暑,去日武林春已暮。
> 欲知遗爱感人深,洒泪多于江上雨。
> 欢情未举眉先聚,别酒多斟君莫诉。
> 从今宁忍看西湖,抬眼尽成肠断处。

苏轼自别西湖,不论何时何地,惓惓难忘。不幸的是此别以后,果然再也无缘重到杭州。

苏轼决心不愿留京供职,所以单身一人上京,一面上章力辞,只望途中就能得到朝廷别给一郡的恩诏,他就可避过汴京城中无谓的麻烦。

元祐六年(1091)三月初九,苏轼自杭州西郊下塘乘船离杭,因为这次水灾以苏州和湖州的情况最严重,所以他要从水路绕道灾区,亲自勘察一个明白。于是决定先赴湖州,溯吴淞江,再至苏州。

八　破琴之梦

舟行途中,苏轼整日蜷曲在船舱里,耳边只是单调的橹声,夹着船夫的吆喝,怀着满腔心事,如波涛起伏,动荡不宁。

三月十八日夜,船泊吴淞江。五更时,苏轼梦见仲殊长老,在弹一张十三弦的破琴,弦音非常怪异。苏轼甚为诧异,便问仲殊:"琴,何为十三弦?"

仲殊口诵一诗代答:

度数形名岂偶然,破琴今有十三弦。
此生若遇邢和璞,方信秦筝是响泉。

梦中,对此诗意,好像还能了解似的。醒后,这四句诗也记得很清楚,不过意思转为模糊。饭后午睡,不料竟又重复这一梦境,心里觉得奇怪,就取过纸笔将它记录下来,预备到苏州与仲殊见面时给他看。不料尚未写毕,殊老已经扣舷求见。其时,距离苏州,还有五里路程。

这个"破琴之梦",实非无自而至。

苏轼在船中,长日无事,不免回想往事,觉得刘挚这个人,最最不可思议。王安石当国时期,他原是个不向权势低头的硬汉;而今,一旦执政,忽然就要援引小人,党同伐异,无所不为,竟然完全变为另一个人了。

司马光逝世后,刘挚乘时崛起,招徕羽翼,排除异己,成了官僚集团朔派的领袖。任何政治制度,只要一有派系存在,为了维护集团利益,政治上一切夺权现象,都是免不了的,尚非国家之患;但是大处不该违背立国的原则,小处不该违背个人立身的本末。

刘挚所领导的夺权运动,是非常成功的。朝廷里面,现在已经尽是朔派的天下,不但占尽要津,而且把持了言路;戆直的吕大防,已经孤立,不足顾忌;只是与元祐政治对立的,那批旧被司马光罢废在外的政客们,各处散布谣言,窥伺机会,阴谋东山再起,最为可虑。他们大多是老手的职业官僚,极善运用政治技术；即使官廷内部，也有照顾的人事，为达目的，什么手段都敢使，什么谣言都敢造，挑拨离间，动摇在位的大臣。

宋朝的制度，君权至上，即使是宰辅之臣，进退均在君主一念之间。所以，刘挚为了贪恋既得权位，对于那些在野政敌，就不得不畏惧，不得不联络。

刘挚和他们之间发生联络，都由邢恕牵线，最先与蔡确通声气，然后不惜叫自己的儿子刘斯立与章惇的儿子致平相交结，内外勾通起来。到了上年协调成熟，刘挚便蒙着老实人吕大防，共同提出了"调停论"，公然主张对于前被排斥的新法用事诸臣，不妨"稍加引用，以平宿怨"。

果然如此，则司马光那一番努力，罢废新法，分别邪正，辛苦建造的这个贤人政治的架构，岂不完全搞垮？元祐更化的人治原则，岂不完全破灭？太皇太后对于刘挚此论，迟疑不决。苏辙时为御史中丞，站出来说话了，两上《分别邪正札子》[1]，有言：

> 盖自熙宁以来，小人执柄，二十年矣。建立党与，布满中外；一旦失势，睥睨者多。是以创造语言，动摇贵近，胁之以祸，诱之以利，何所不至。

又说：

> 顷者一二大臣，专务含养小人，为自便之计，既小人内有所主，故蔡确、邢恕之流，敢出妄言，以欺愚惑众。……故臣愿陛下谨守元祐之初政，久而弥坚；慎用左右之近臣，毋杂邪正。

此所谓"一二大臣"，意指刘挚，并明言蔡确、邢恕，与之有

---

[1] 〔宋〕苏辙：《栾城集》。

关联，幢幢鬼影，皆已呼之欲出。

对于吕大防、刘挚的调停论，苏辙斩钉截铁言道："独未闻以小人在外，忧其不悦，而引之于内，以自遗患者也。"

宣仁太皇太后命宰执将苏辙这两道札子，于帝前公开诵读。听完，她乃降口谕说：

"苏辙疑吾君臣兼用邪正，其言极中理。"

所幸刘挚道行尚浅，不能一手遮天，朝臣中还有多人反对此议，"调停论"始被攻破。

苏辙所说的邢恕本来就是不折不扣的诡诈小人。恕，字和叔，郑州原武人，洛学程颐的门生。元祐初，由程颐荐于吕公著，得为起居舍人。他教唆太后的内侄高公绘，上书请求尊礼太妃，为高氏异日之福。太后大为气愤，叫他侄子来问："谁为汝作此书？"公绘不敢隐瞒，对曰："起居舍人邢恕。"

太后以神宗顾托之深，天下责望之重，自临御之初，即先限制对于自己母家的恩荫，所以示天下以至公。而邢恕竟敢挑拨她母家子侄，作此逾分的请求，必欲严惩。因此命他出知随州。

邢恕本来就是小人，且不说他；而苏轼最早记忆中的刘挚，却完全不是现在这副嘴脸。当权前后的刘挚，判然不同了。

苏轼回想熙宁年间，初任监察御史的刘挚，他那正气凛然的声音风貌，竟是如在梦里。犹忆他到任之初，入见神宗时，帝问："卿从学王安石耶？安石极称卿器识。"

刘挚对曰："臣东北人，少孤独学，不识安石。"

从此极论新法弊害，中丞杨绘原亦与他同声抨击。安石使曾布作《十难》反诘，声势汹汹。杨绘怕了，当廷谢罪，而刘挚独能奋然作色道：

"为人臣岂可压于权势,使天子不知利害之实。若谓向背,则臣所向者义,所背者利;所向者君父,所背者权臣。"

如此直搏当朝的宰相,这是何等激昂的烈士声口,不料到他自己要做权臣时,竟然变得如此丑恶。私欲使人堕落,权力使人腐败,现在的刘挚,已是隔世的另外一个人了!苏轼在船舱中思前想后,感慨沉吟,心里充满了迷惘,充满了悲悯。

这份迷茫、悲悯的情绪,化作了三月十八之夜,舟泊吴淞江上的破琴之梦。

苏轼心想:小人真有本事,善于利用别人的弱点;而原来的铮铮铁汉,只因邢恕一番播弄,便要援引群小,认是同调的了。

旧时传说唐朝的房琯,于开元年间,作宰卢氏。一日,与道士邢和璞出游,过夏口村,入一破寺,坐古松下暂息。邢道士使人凿地,掘得一瓮,瓮中藏有娄师德与智永禅师书一幅。和璞笑谓房琯道:

"还记得这件事吗?"

邢和璞从地下捡出一张破纸,使房琯从此相信他前生是智永禅师。

现在的刘挚,经邢恕一番勾串,即使他相信被司马光打出去的一批"秦筝",个个都是"佳琴",但他自己高踞在政治舞台上,已从正派的须生,变成一个大白脸了。

苏轼抵京,寄住在兴国浴室,亲戚柳仲远来见。他想起柳家旧藏有宋迪(复古)临唐人本(邢和璞、房琯前世事)的一幅画,便向仲远求取。既得,遂将吴江琴梦事记于其上,又题《破琴》诗于后曰:

破琴虽未修,中有琴意足。

谁云十三弦,音节如佩玉。
新琴空高张,丝声不附木。
宛然七弦筝,动与世好逐。
陋矣房次律,因循堕流俗。
悬知董庭兰,不识无弦曲。

琴,本来只有五弦,周文王、武王各增一弦,所以正规的是七根弦;筝,渊源于瑟,有十七弦。而现在则如人事一样颠倒,琴有十三弦,而筝却是七根弦了。然而,十三弦的破琴,形象虽然怪异,而音节总还是响铮铮的佩玉之声,一如旧日的刘挚,不失大丈夫立身的本末;现在虽然变成拱张高处的新琴,但却声不附木,宛然是具随波逐流、追求时好的筝了,实在可惜;至于那些依草附木之辈,只是替房太师招揽纳贿的董庭兰,微不足道了。

柳仲远将宋迪摹本那幅画送了苏轼,自己托王诜临出一本,题为"邢房悟前生图",苏轼再题《书破琴诗后》:

此身何物不堪为,逆旅浮云自不知。
偶见一张闲故纸,便疑身是永禅师。

苏轼奇怪人如贪恋权位,便迷失了本性,竟不想人生如逆旅,富贵皆浮云?又何苦这个样子做人呢?

吴淞江上的破琴之梦,只是苏轼难言的感慨,心头的鄙薄。

像邢和璞与房琯这类道家故事,平凡得俯拾即是;而苏轼托诸梦境,一再题咏,长跋记事,即使是那条诗题,也故意将许多不相关联的人与事扯在一起;一则赞柳瑾善草书,一则称宋复古的画艺,梦里梦外的仲殊长老,梦中所见的破琴!邢和璞的"邢"姓(影射邢恕),唐朝的"宰相"房琯(影射刘挚)……构成光怪陆离的一重烟幕,跳掷起落,令人目迷,显然是诗外有事,只因

"时忌",不能不这样故作神秘。

苏轼自吴淞而至苏州,目睹大水所造成的毁败和破坏,灾区人民的饥荒惨状,深恨去年奏请朝廷,拨放钱一百万贯、买米平籴这个案子,虽然已获圣上旨许,却被发运使诿称淮南江东米价昂贵,不肯收籴,以致造成目前饿殍载道而无可救援的惨局。官僚的误国殃民,实在可怕。

于是,苏轼满怀悲愤地上《再乞发运司应副浙西米状》,报告他实地勘察的灾情如次:

> 目睹积水未退,下田固已没于深水,今岁必恐无望;而中上田亦自渺漫。妇女老弱,日夜车水,而淫雨不止,退寸进尺。现今春晚,并未下种,乡村缺食者众,至以糟糠杂芹荁食之;又为积水占压,薪刍难得,食糟饮冷,多至胀死……流殍疾疫必起。……今亲见数州水灾如此,饥殍之势,极可忧畏……岂敢为已去官,遗患后人,更不任责。

苏轼不能像个官僚,无视于泡在深水中的民命,虽然他现在实际上已无这个职守。一路遍与接任的林希、淮南转运毛渐(正仲)、两浙转运使和提刑马瑊等讨论救灾的方策。两年前,他初到杭州时,米价每斗九十文,现在京口米已涨到每斗百二十文,贵上三分之一,人心已是惶惶,而且四月天气,阴冷得像正月一样,蚕麦收成,皆已无望,他要林希继续与上述诸人合力,早做储备,迟即无益。

苏轼一路勘灾留滞,到润州已是四月。他的后任林希还在润州,马上举行盛大欢宴,但苏轼此时,心头眼底,尽是一片荒寒的水潦灾象,决然食不甘味。

再至扬州,答诏已至,其中有"兄弟同升,朝廷盛事"的话,

不允所请。苏轼再上辞免第二状,很有预见地说:

……而况清要之地,众所奔趋,兄弟迭居,势难安处。

正使缘力辞而获谴,犹贤于忝冒而致灾。

他为表示坚定的决心,暂缓赴京,转往南都去等候朝旨。

到达南都乐全堂张家,已经是五月了。张方平致仕家居十五年间,苏轼这回是第六次到南都来谒候。从这次相与晤聚二十余日之后,一别便成永诀,再也没有那样的机会了。

在南都,奉到尚书省札子:三省同奉旨,对于他前上辞免第二状,太皇太后降诏依然不允所请。苏轼再上第三状,举一前朝成例为必须回避的理由,请求在扬、越、陈、蔡各州中,随便给予一郡。其例为:

窃见仁宗朝王洙为学士,以其从子尧臣参知政事,故罢。

臣今来欲乞依王洙故事回避。

中古时代政治上,援引前朝典故是不成文法中最具强势的理由,十足表示辞意的坚决。然后他静静地住在张家,陪伴衰病的乐全老人,撰写《滕元发墓志铭》。

然而第三状仍然不能"遽回天意",奉诏不许。苏轼徘徊斗室,自己从头检点,从治平二年(1065)自凤翔签判任上得替还朝,至今二十七年来经历的仕迹,一片心血,遭遇无穷的侮辱与不停的迫害,真如遍体陈伤,一一隐痛,可以覆按,他本来不愿再提这些往事,但是事到如今,若不从头细说,尽露本心,又绝不能够获得太皇太后谅解,也不会准他辞免;倘若贸然到京供职,则现在由刘挚独揽政柄的朝局下,原本在朝的苏辙且已栗栗危惧,不可终日,在他赴京途中,听说因荐王巩除知宿州事,已遭台谏安鼎攻击,在家待罪了。小苏尚且如此,何况大苏是众所忌嫉的目标,他若要来,那些刘相御用的台谏们,怎会放得过他,早已磨刀霍霍,等他送上去听凭宰割了。

再三考虑,只有向太皇太后从头诉说过往一切,归结为此行必然要被毁败的结果,恳求曲赐保全。

状中叙述英宗和神宗两朝,因蒙"二帝非常之知,不忍欺天负心",所以上疏六千余言,极论新法不便,因此激怒王安石,招来谢景温的弹奏和冤诬,牵连发生乌台诗狱和黄州贬谪的经过。

哲宗立,起复还朝,因论差役雇役利害,得罪了司马丞相,又为程颐党人侧目,致被朔洛两派交相攻击;在经筵因论黄河不可回夺,开罪了执政,只好力求外放。而现在遭逢众怒的情形,并未消解,留朝,不过徒作牺牲,无裨国家。

苏轼原状最后一段话,说得非常沉痛:

> 臣之刚褊,众所共知。党人嫌忌,甚于弟辙。岂敢以衰病之余,复犯其锋。虽自知无罪可言,而今之言者,岂问是非曲直。所以不避烦渎,自陈入仕以来进退本末,欲陛下知臣危言危行,独立不回,以犯众怒者,所从来远矣。
>
> 臣若贪得患失,随世俯仰,改其常度,则陛下亦安所用;臣若守其初心,始终不变,则群小侧目,必无安理。虽蒙二圣深知,亦恐终不胜众,所以反复计虑,莫若求去。

苏轼甚至说:"若朝廷犹欲驱使,或除一重难边郡,臣不敢辞避,报国之心,死而后已。"

宣仁太皇太后虽然宽和仁厚,但却是个大事精明的女主。眼看范纯仁被刘安世劾罢以后,吕大防质朴无能,容易受人操纵利用,朝局将被朔党头子刘挚所独占,尤其内外奔竞爵禄的政客,如万流归壑,有一起归附刘相门下之势,所以太皇太后不次擢升苏辙，目的是用他来辅助吕大防，原欲建起一道权力制衡的堤防，防止刘挚独揽政柄。

刘安世久在谏垣，又收揽了一批丧家之犬的洛学门人，朱光庭、杨畏、贾易等人做他的羽翼，把持了言路。那个时代的政治结构中，台谏本是帝王的耳目，假使台谏官都成了宰相的附庸，为执政所用，则太皇太后岂不孤立于上，耳目尽蔽了吗？因此，她必须有个公忠体国、忠诚可信如苏轼者，依以防止权力下移，抵制刘挚辈的野心。

所以苏轼请辞，愈是说得呕心剜肺，太皇太后愈是紧紧抓住不放。

苏轼逗留南部，总不能永远趑趄不前，落个抗旨的罪责，遂于五月二十四日别了张方平，继续晋京。

苏轼为了表示决心请辞，所以单身赴京；到京之后，仍然保持外官的身份，也不住到苏辙的官邸——东府去。汴京有东府西府八座官邸的建筑，是神宗创置给政府执政所居之所。①

所以他便寄寓于开封城内第三条甜水巷里兴国寺的浴室院中，院僧慧汶招待他在东堂住下。

苏轼于五月二十六日上殿报到，二十九日赴阁门受诰命，但仍继续上疏，恳请于贺坤成节（七月十六日宣仁太皇太后诞辰）上寿后，仍乞外放。

六月一日供奉官梁迪奉旨宣召再入学士院，四日又奉诏兼侍

---

① 枢密院与中书省对峙文武二柄，号为"二府"：东府掌文事，参政佐之；西府掌武事，副使佐之。胡仔《苕溪渔隐丛话》："京师职事官旧皆无公廨，虽宰相执政亦僦屋而居。元丰初始置东西二府于右掖门之前，每府相对为四位，俗谓之八位。东府与西阙门相近，西府正值右掖门。"

读，至六月中旬才搬到西阙角附近的东府，去与苏辙同住。

苏轼住在兴国寺时，求退不能，心情沉重，无聊中翻阅寺中名人留题的诗卷，也看了自己当年的旧题，引起许多回想，顾念平生，无穷感慨。想到自己第一次到兴国寺来住时，还是个年轻的应举士子；经历三十余年的艰危困苦，一事无成，而今仍然还住东堂；当年的住持老僧德香早已死了，而自己也已是一个急欲归休的老翁，不禁对这空虚的人生，发出满含悲悯的一笑，作诗三绝：

半熟黄粱日未斜，玉堂阴合手栽花。
却思三十年前味，未饭钟时已饭茶。①

梦觉还惊屦响廊，故人来炷影前香。②
鬓须白尽成何事？一帖空存老遂良。

尺一东来唤我归，衰年已迫故山期。
文章曹植今堪笑，却卷波澜入小诗。

九　竹寺题诗案

短别两年，京朝的局面，已经完全不同。

---

① 唐代王播，少贫，客扬州木兰院，随僧斋饭。僧厌之，饭后始击钟，播至，斋堂已空矣。后二十年，播出领是邦，见曩所题字，已碧纱笼护矣，乃题二绝，一云："上堂已了各西东，惭愧阇黎饭后钟。二十年来尘扑面，如今始得碧纱笼。"东坡颇厌薄其人，此即反其事为言，对当年兴国寺主持僧德香，志其感激之情。
② 礼该院故主持僧德香遗像。

虽说是吕大防与刘挚分任左右二相,而大防这个老实人,却听由刘挚翻云覆雨,一手摆布。刘安世领袖谏垣,声威赫赫;王岩叟签书枢密院,主掌军事;梁焘为礼部尚书,管领文教。朔派大将,个个位居要津。更可怪的,原是洛学弟子的朱光庭、杨畏、贾易诸人,既失靠山,一起归附了刘相门墙,刘便利用他们做政治打手。

所以,苏轼一至官门报到,贾易立即擢升,当上了侍御史。这是谁都明白的安排,是个鹰出鞲、犬突围的阵势。可怜的苏轼,已经成为目标中的猎物,是无可置疑的情势。

苏轼也很警觉,索性揭穿这个阴谋,细数从前他与贾易之间的嫌怨,留京定要遭殃,据此坚乞外放州郡,避免发生纠葛。七月初六所上札子,是这样说的:

> ……贾易,(程)颐之死党,专欲与颐报怨。因颐教诱孔文仲,令以其私意论事,为文仲所奏,颐既得罪,易亦坐去。乃于谢表中诬臣弟辙漏泄密命,缘此再贬知广德军,故怨臣兄弟最深。臣多难早衰,无心进取,岂复有意记忆小怨?而易志在必报,未尝一日忘臣。
>
> 其后召为台官,又论臣不合刺配杭州凶人颜章等。今既擢贰风宪,付以雄权,升沉进退,在其口吻……不久必须言臣并及弟辙。辙既备位执政,进退之间,事关国体,则易必须扇结党与,再三论奏,烦渎圣听。

苏轼的结论是:

> 朝廷以安静为福,人臣以和睦为忠。若喜怒爱憎,互相攻击,则其初为朋党之患,而其末乃治乱之机,甚可惧也。

因此,苏轼"血恳"太皇太后赐予一郡,以免发生缪辕。"贴黄"[1]说:"与其将来徇众多党与的谤议而被出,不如现在用回避亲嫌的理由,便与一郡的好。"这已不啻是自求保全的哀辞。然而,宋朝的传统,君权至上,太皇太后不信她不能庇护一个苏轼,依然坚执不放。

自杭州闻命之日就上疏恳辞起,到此苏轼已经七上封章,两进札子,请求外放,仍是难回太皇太后心意。

苏轼来时,特意实地勘察灾情,到京之后,就上札子,报告浙西灾伤,他说:"浙西诸郡,接连两年发生天灾;而今年的大水,比熙宁年间的水灾还要严重。……"就他这两年在浙中实施救灾的经验,只用籴售常平米这一个办法,就可以使米价不涨,使人民免为流殍;所以请求朝廷令两浙运使,估计浙西诸郡到明年七月应籴粮米斛数,在其辖下诸路封桩及年计上供钱斛内擘划应付,接续籴卖就可,不需其他济助。

札上,太皇太后诏准赐米百万石、钱二十万缗。

侍御史贾易即与杨畏、安鼎联衔疏论:"苏轼所报浙西灾伤不实,乞行考验。"

贾易只说"乞行考验",朝廷不能驳他"毋须再查"。幸而诏旨的词头降下中书省时,给事中范祖禹以其职权"封还",录黄奏曰:

> 国家根本,仰给东南。今一方赤子,呼天赴诉,开口仰哺,以脱朝夕之急。奏灾虽小过实,正当略而不问;若因此惩责,则自今官司必以为戒,将坐视百姓之死而不救矣。……

此一波折,使苏轼大为忧急,因为他深知官场的弊风,事情

---

[1] 贴黄:宋奏状,札子用白纸,意有未尽,用黄纸,书写贴于上之谓。

一经行文地方考验，地方官为推卸责任，为观望执政当局的风旨，一定掩饰灾情，不敢实奏。果然如此，苏轼枉坐"奏报不实"事小，而浙西亿万生民，流离沟壑，不得救援，如何得了。

台谏与给事中意见不一，苏轼急切之间，想起有个朋友可以相助，那是现为御史中丞的赵君锡，以他中丞的地位，有资格讲一句话而挽救灾区百万生民。所以立刻派王遹去见君锡，求其一言以助。苏轼万万没有想到这一个交谊朋友，现在已经变了，他要出卖苏轼，别求进阶，使苏轼几乎陷入"离间风宪"的大罪。

七月廿八日，苏轼再上札子，请求回避贾易，札尾预言："若不早去，不过数日，必为易等所倾。"

果然不出所料，四日后的八月初二，太皇太后已有贾易、赵君锡联衔的弹章，秘密封交吕、刘二相，要他们两人先行研商，同时还特别叮咛："不得遍示三省官。"

贾、赵这份弹章，兼攻二苏，大部分的内容，尽是多人说过的那套陈腔滥调，重施舒亶、李定故技，新作料只有所举竹寺题诗一节，诬陷苏轼闻先帝之丧而心喜，实犯悖逆大罪。

指劾苏辙者，说他为中书舍人日，泄密命于吕陶；荐王巩为不当；张耒不俟朝参，先许供职。所责虽皆细事，但给他戴上一顶大帽子，曰："苏辙厚貌深情，险于山川，诐言殄行，甚于蛇豕。"

劾苏轼的主要罪状，则为书于扬州上方竹西寺的那首小诗。被检举的原诗是：

　　此生已觉都无事，今岁仍逢大有年。
　　山寺归来闻好语，野花啼鸟亦欣然。

贾状说，先帝崩逝，人臣泣血号慕，苏轼却作诗自庆。原题

"山寺"两句在前,"此生"两句在后,已经播于四方;后来迹不自安,才另增别诗两首,颠倒先后两句,题以元丰八年五月一日,调换诗板,欲自掩饰,其为悖逆,"可谓痛心疾首而莫之堪忍者"。

又指轼撰吕大防左仆射麻制,用了一句"民亦劳止,庶几康靖之期"。认为是将熙宁、元丰间的治道,比作周厉王时代的民劳板荡,"闻者股栗"。

另又拉扯一大堆废话做陪衬,说他差免役问题上的反复变乱,在杭州决配颜章兄弟为横暴立威;说他浮报灾情,虚言水利;说他西湖筑堤,科借居民什器,虐使捍江厢卒,只为自己游观之乐。

八月初三日,辅臣奏事延和殿,依次论及台谏交章,论及苏轼题诗竹寺一案时,苏辙即先代奏:

> 臣兄乙丑年(元丰八年)三月六日在南京闻裕陵遗制,成服后,蒙恩许居常州,既南去至扬州。五月一日在竹西寺门外道傍,见十数父老说话,内一人合掌加额曰:"闻道好个少年官家。"臣兄见有此言,心中实喜,又无可语者,遂作二韵诗,记之于寺壁,如此而已。今君锡等加诬,以为大恶;兼日月相远,其遗制岂是山寺归来所闻之语?伏望圣慈体察。今日进呈君锡等文字,臣不敢与。

苏辙奏罢,表示不敢参与讨论,遂先下殿。

竹寺题诗,倒是一个新鲜材料,而且这罪名若是成立,是可以杀头的"大逆不道"。不过小人作伪技术非常拙劣,既谓轼诗已经播在四方,又说题尾日月是后所抽换,如朝廷根究,要见佐证,其言立败。事后,叶梦得游山光寺,还亲见该诗的"当时志刻",叶梦得《避暑录话》有一条说:

> 子瞻山光寺诗……余尝至其寺,亲见当时诗刻,后书作

诗日月，今犹有其本，盖自南京（都）回阳羡时也。始过扬州则未闻讳，既归自扬州，则奉讳在南京（都），事不相及，尚何疑乎！

此案未了，贾易接连又上一章，根据御史中丞赵君锡言，苏轼曾派秦观、王遹往说君锡，诬指苏轼"交通言语，离间风宪"。

这件事，确是苏轼的冒昧行动，贻人口实。

贾易弹章，引赵君锡的话说："昨日（七月二十七日）傍晚，从（御史）台回家，秦观来见，谢我荐他为秘书省正字。又说：'贾御史的章奏（即言不可以秦观污辱文馆）中说"邪人在位，引其党类"，此意是在倾陷中丞，中丞应该赶快补进一状，其事可解。'"君锡认为苏轼仗势颐指御史中丞与侍御史自相攻击，阴险已极。

君锡说，他之举荐秦观，是因为秦的文学好，现才知道此人品行浮薄，所以要撤回前荐。

赵君锡又说，同一天的晚上，苏轼又派他的亲戚王遹来见，说两件事：

一、秦观为公所荐，今反如此，要加注意。

二、两浙灾伤如此，贾易、杨畏却说传言过当，要朝廷察其虚实。朝廷已从其奏，而给事、两谏官以为当听其赈恤，不能先下核实之旨来阻碍赈济。台谏的议论不同如此，中丞岂可不为一言？

于是，贾易述赵的结论为："君锡乃以为（秦）观与（王）遹挟轼之势，逼臣言事，欲离间风宪，臣僚皆云奸恶。"

秦观和王遹分别往见赵君锡，传苏轼的话，确有其事，苏辙曾奏：

"昨见赵君锡章,言臣兄轼交通言语事,晚间臣兄云:实有此,然非有所干求,已居家待罪。"

宋朝的制度,政务官不得与台谏往来,苏轼谓所传言,是这样的:一是希望荐主维护秦观;二是赈济浙西灾伤案,台谏与给事中持论不一,希望御史中丞赵君锡说一句话,以救两浙的灾民,绝无离间风宪之意。

秦观得除秘书省正字官,系王巩托由赵君锡认荐;而贾易反对说"不可令秦观污辱文馆"。秦观为了此事,要赴诉恩门,求救于举主,原是常理,苏轼不过顺便带了一句话:"秦观已被贾易言了,宜为朝廷珍惜人才。"

令王逋传语君锡,所说是"台谏、给事中互论灾伤,公为中丞,坐视一方生灵陷于沟壑,欲其一言以救两浙亿万生齿"。此言与七月二十八日所上乞回避贾易札子中所说的完全一样,但是忽于行迹,就被赵君锡冠上"交通语言,离间风宪"的罪名,卖与贾易。

人情诡诈,宦海尤甚。天真的苏轼万万没有想到赵君锡会是出卖他的反复小人。其实,官场中只有利害,本无友谊。当苏轼外放杭州的时候,赵君锡时任给事中,眼见太皇太后对苏轼恩礼特别厚重,猜测不久将有还京大拜的可能,所以上章请求太皇太后留轼在朝,他那时是这样两面讨好的人:

> 苏轼之文章,追攀六经,蹈籍班马,知无不言,壬人畏惮,为之消缩;公论倚重,隐如长城。请留之在朝,用其善言,则天下蒙福;听其谠论,则圣心开益;行其诏令,则四方风动,而利博矣。

其计果然得售,同年九月,苏辙出使辽国,君锡就当上了副使。从此不到两年的时间里，官位升到吏部侍郎、御史中丞，但他并未餍足。

苏轼自杭还朝，二人相遇于殿前，苏轼述当时的情形道：

> 臣与君锡，初无疑间。近日臣召赴阙，见君锡崇政殿门，即与臣言："老缪非才，当此言责，切望朋友教诲。"臣既见君锡，从来倾心，以忠义相许，故敢以士君子朋友之义，尽言无隐。

其实所谓"从来倾心"者，二苏都上了"阿谀"的当。现在时移势易，赵君锡觉得大苏已无利用价值，而小苏不去，适成自己前程的障碍，所以他要勾结贾易，以为投靠刘相门墙铺路。

赵君锡接替苏辙的遗缺，从吏部侍郎升上御史中丞。御史中丞例是执政大臣的后补者，赵君锡得陇望蜀，他现在所觊觎的是苏辙现职尚书右丞这个地位。

苏轼应召还京，口口声声要避亲嫌求去，他是不会当政的了，用不着再趋奉他。苏辙被刘挚所憎恶，贾易正以全力攻两苏，他便供给秦观、王适两访的资料，合力围剿。第一目标，虽是大苏，而弹章的字里行间，却暗示身居执政的苏辙，有泄露朝廷机密之罪。去掉苏辙，则御史中丞之进为尚书右丞，水到渠成，稳稳到手的了。

小人唯利是图，利之所在，六亲可以不认，何况朋友。

赵君锡一石二鸟，果如定计。苏辙有奏自咎：

> 臣兄所以知朝廷文字，实缘臣退朝多与兄因语次遂及朝政，臣非久当亦引咎请外。

君锡的期望，就是这样。

八月初四，苏辙已递辩状，部分执政们在延和殿太皇太后帘前进言：

"详细研究贾易的疏状，前后矛盾。贾易为王安礼所赏识，荐应十科之选。现在那些失职在外的人，都在江淮一带，无不与今日执政为仇。今日这个疏状，不但动摇朝政，暗中则在发泄失职大众的怨愤，伏望圣慈详察。"

执政奏事毕，太皇太后愤然降谕曰：

"贾易排击人太深刻，须与责降。"

当时，吕、刘二相的"调停"主张，虽因迫于众论，暂被压制，但在野政客们兴风作浪的压力，并未减轻。大防认为如留苏轼在京，更加不得平靖，所以，他接着奏道："不如并苏轼两罢为便。"

太皇太后不得不准此奏，遂愤然谕曰："贾易责降不能太优。"老太后的愤怒，如闻其声，如见其色。

右相刘挚接口道："两罢甚为公平，且可以息事，容后进入文字。"奏罢，遂退。

以上帝前面对，只有吕、刘二相独留，他人不得闻见。但赵君锡当日便知道了两罢的消息，即日连上两章：一是救贾易，曰："易有何罪？"二则曰："蔡确无礼于太后，与苏轼无礼于先帝，其罪一也。"——小人为恶务澈，非要陷苏轼于恶逆重谪之罪，不肯罢手。

翌日（八月初五）诏定：

翰林学士承旨侍读苏轼为龙图阁学士知颍州。

侍御史贾易以本官知庐州，后改宣州。

宰执原拟以南部留台安置苏轼，然而这时候，王巩自被攻罢宿州，仍任管勾太平观，住在南都，苏轼认为有所不便，叫苏辙去向吕大防说：

"诸公欲以南都处之，固甚幸，然定国在彼，恐与之友善，必与公家难为。"

因此，改知颍州。

政治迫害的力量，使原是一个豪迈不羁的性情中人，变得胆小如鼷。

关于赵君锡，太皇太后降谕：

"君锡莫须罢中丞？所言轼事，怎生行得？此与蔡确事全别，蔡确自以奸邪为恶，昨恐官家奈何此人不得，久远为朝廷大患，故贬之。作诗亦是小事。"

刘挚对曰："君锡旧为吏部侍郎，欲令还旧官。"

太皇太后谕曰："还他旧官甚好。"赵君锡欲升反降，弄巧成拙。

"轼诗亦须取一文状。"吕大防说。这是老官僚的手段，有一件认可的解释文字，省得以后再起波澜。

太皇太后说："莫不消？"

刘挚对曰："此事不可便已，今可令苏轼分析因依。"

太皇太后同意了。

于是，苏轼于初八日上《辩题诗札子》，指明三月初六在南都闻遗诏，至五月初，始在扬州竹西寺题诗，时间相距两个月。因为"臣初得请归耕常州，盖将老焉"。而淮浙间所在丰熟，故诗曰："此生已觉都无事，今岁仍逢大有年。"臣实喜闻百姓讴歌吾君之子，出于至诚，故诗曰："山寺归来闻好语，野花啼鸟亦欣然。"

解释完了，苏轼始愤然结曰："君锡等辄敢挟词诬罔，加以恶逆之罪，乞正国法。"

这场风波，以两罢来作解决，正是元祐朝一贯的作风。司马光逝世后，职业官僚当位，一切以巩固利禄为先，以和光同尘为手段，再也没有政治原则。官僚不敢得罪任何人，除非你站的地位，挡了他的前途，才和你拼。垂帘听政的宣仁太皇太后，像天下所有上了年纪的老夫人一样，凡事但求平静，碰上争执，不问是非，一味平抚，她只要保全祖宗的基业，太平无事，只等皇帝长大，便可以还政。因为如此，所以元祐之世，贤奸杂进，一切都不是司马当年的理想了。

不过，太皇太后对于苏轼，维护周至，仍以求避亲嫌的理由，除授为龙图阁学士知颍州军州事，诰词中且有"不为朕留"的话，所以苏轼作进上谢表："……虽所向之奇穷，独受知于仁圣。力求便郡，盖常怀老退之心；伏读训辞，有不为朕留之语，殊施难报，危涕自零。"主恩深厚，在"不为朕留"四字中，表露无遗。

苏辙继以"缘臣忝冒，致之外徙，私意有所未顺"，上状请求与兄同出。不许，留任尚书右丞。

当兹扰攘初定，苏轼写信给王巩说：

> 自公去后，事尤可骇，平生亲友言语往还之间，动成坑阱，极纷纭也，不敢复形于纸笔，不过旬日，自闻之矣。得颍藏拙，余年之幸也。自是刳心钳口矣。

续又一书云：

> 上状知已达。风俗恶甚，朋旧反眼，不可复测。某所被谤，仁圣在上，不明而明，但怜彼二子者，遂与舒亶、李定同传尔。

此是苏轼对于这场风波的感慨，所遗憾者，只是他所尊重的朋友之道，如今已经荡灭无存。至如贾易之流，本来只是政治打手，除了怜悯之外，没有什么好说的。

十　东府感旧

苏轼出知颍州，太皇太后恩礼不衰，诏赐对衣一袭，金腰带一条，银鞍辔马一匹。临到要作谢表，使他想起儿时的一段故事——上了年纪的人，喜欢回忆旧事，苏轼也不例外。

当他还只十几岁时，父亲在念欧阳修的《谢宣召赴学士院仍谢对衣并马表》，他在一旁听得非常出神，老苏就叫他效作一篇，其中有两句是："匪伊垂之带有余，非敢后也马不进。"老苏很高兴地称赞道："你这孩子，留这两句将来可以自用。"现在他已五十六岁，以龙图阁学士出知颍州军州事，谢表上正好用得上去，只要略加头尾。如言：

臣衰不待年，宠常过分。枯羸之质，匪伊垂之而带有余；敛退之心，非敢后也而马不进。徒坚晚节，难报深恩。

苏轼这次再度还朝，在京时间，虽然不满三个月，却使他看清楚了现在的朝局和刘挚这班政客的面目。这汴京，已被这帮有办法的时世儿大力霸占了，正如这条驰道，车走雷鸣，风驰毂击，一片噪音，都是他们驰骋，再也容不得外来的人了。即使你本来无意逗留于此，即使你钳口结舌，没有说过一句话，也逃不过无端的风雨。

苏轼之所以有这个譬喻，是因为寄寓苏辙的东府，确在西阙角相近的驰道之旁，夜中屡被车声骚扰，不能安睡，就又迷迷糊糊地想起了怀远驿的旧梦来了。时光过得真快，一晃三十年，当时兄弟同下誓言，做几年官，稍为积点衣食之资，便该及早求退，回乡去重寻风雨对床之乐。苏轼认为自己现在还有希望就从颖州溯江回乡，重尝家乡名产的石蜜与柿霜；但是苏辙地位不同，执政官不能轻言求去，不知何时可了。想到这里，这一生忧患劳瘁，五十六岁的老人，不禁有无边寂寞之感。作感旧诗（并叙）：

> 嘉祐中，予与子由同举制策，寓居怀远驿，时年二十六，而子由二十三耳。一日，秋风起，雨作，中夜翛然，始有感慨离合之意。自尔宦游四方，不相见者，十尝七八。每夏秋之交，风雨作，木落草衰，辄凄然有此感，盖三十年矣。元丰中，谪居黄冈，而子由亦贬筠州，尝作诗以纪其事。元祐六年，予自杭州召还，寓居子由东府。数月，复出领汝阴，时予年五十六矣，乃作诗留别子由而去。

> 床头枕驰道，双阙夜未央。
> 车毂鸣枕中，客梦安得长。
> 新秋入梧叶，风雨惊洞房。
> 独行残月影，怅焉感初凉。
> 筮仕记怀远，谪居念黄冈。
> 一往三十年，此怀未始忘。
> 扣门呼阿同（辙，一字同叔），安寝已太康。
> 青山映华发，归计三月粮。
> 我欲自汝阴，径上潼江章。
> 想见冰盘中，石蜜与柿霜。
> 怜子遇明主，忧患已再尝。
> 报国何时毕，我心久已降。

虽然明知苏辙位居执政,不能随便抽身与他同归,但自个儿心里,总还痴望,明年此日,可以相将还乡,像两只鸥鸟没入烟波浩淼的大海里一样,不再被人记忆。题《子由书王晋卿画山水》诗,写出他这一份期待的心理:

　　此境眼前聊妄想,几人林下是真休。
　　我今心似一潭月,君已身如万斛舟。
　　看画题诗双鹤鬓,归田送老一羊裘。
　　明年兼与士龙去,万顷沧波没两鸥。

苏轼既出,同时,他的长子苏迈得授河间令,也要走了,现在只剩苏辙一人在京,继续留任尚书右丞。刘挚及其打手们,当然不会轻易放过。他的心腹杨畏,那个世称杨三变,向与邢恕狼狈为奸的现任殿中侍御史,便会合谏官郑雍、安鼎全力向苏辙进攻了。

无奈苏辙谨言慎行,让人抓不着他的短处,说来说去只是举荐王巩除知宿州为不当这一节旧话而已。

政坛里的打手,打人成了习惯,不论何时,都须有个攻击的目标,倘若没有敌人可打,就打自己的同伙。他们没有是非,没有道义,凡是挡在路前面的都是障碍,都是攻击的靶子。玩火的刘挚,不幸终于得了引火烧身的报应。

问题出在邢恕谪官永州时,曾经写信给刘挚,挚复书中,有"第往以俟休复"这样一句话。有个叫茹东济的人,将这封信抄了下来,被杨畏、郑雍二人弄到手,便加笺注道:"休复者,语出《周易》。以俟休复者,俟他日太皇太后复子明辟也。"他们又攻击刘挚的儿子斯立与章惇诸子(章致平等)往来甚熟,刘挚也常接近他们,指为"延见接纳,为牢笼之计,以冀后福"。

此不啻直接诬言太皇太后有意改立她的亲子,如京外的谣言一样。太皇太后非常生气,当面诘责刘挚道:

"言者谓卿交通匪人,为异日地。卿当一心王室,若章惇者,虽以宰相处之,未必乐也。"

这句话非常沉重,语意双关,骂章惇亦所以骂刘挚。刘挚惶惧,上章自辩,几个执政同僚也替他说了话。然而,太皇太后说:

"垂帘之初,挚排斥奸邪,实为忠直;但此二事,非所当为。"

于是,权倾一时的尚书右仆射刘挚便罢相了,出知郓州。时在同年十一月间,距苏轼离京,不过两个月,正应了《书破琴诗后》的话:"逆旅浮云自不知。"

第十一章　颍州·扬州·定州

一　颍水之鱼

苏轼于元祐六年（1091）八月廿二日到颍州（今安徽阜阳）任。

四十三年前的皇祐元年（1049），欧阳修曾知是州，现在是白头门生，接踵而至，所以到任谢上表里很兴奋地说：

> ……文献相续，有晏殊、欧阳修之遗风。顾臣何人，亦与兹选。

欧阳文忠于熙宁四年（1071）六月以太子少师致仕，欢喜颍州这个地方的风土，他就居家于此，明年闰七月就逝世了。他的遗孀薛太夫人于元祐四年病逝，欧阳一家都在颍州守丧，尚未终制。苏轼莅任数日，即往会老堂拜祭文忠夫人的灵堂，祭文中也说：

> 白发苍颜,复见颍人。颍人思公,曰此门生。虽无以报,不辱其门。

颍州和杭州一样有个西湖,十里长,两里阔,因湖址位于州西二里之地,所以亦称西湖。湖边林木翳茂,水色清明,算是此地一大胜迹。苏轼到任之初,有一颍州人告他道:"内翰只消游湖中,便可以了郡事。"足见该地政务清闲。苏轼大为快慰,秦少章因作一绝曰:

> 十里荷花菡萏初,我公所至有西湖。
> 欲将公事湖中了,见说官闲事亦无。

苏轼初游西湖,听湖上歌手在唱一阕《木兰花令》词[①],分明还是欧阳修的遗作。时间已经过去将近半个世纪,不仅欧阳早已做了古人,这地方,连亲炙过文忠笑貌的人,也几乎没有了。唯有这老门生,面对寂寞的湖光,将那人生朝露的悲哀,步韵谱成同调的小令:

> 霜余已失长淮阔,空听潺潺清颍咽。
> 佳人犹唱醉翁词,四十三年如电抹。
> 草头秋露流珠滑,三五盈盈还二八。
> 与予同是识翁人,惟有西湖波底月。

当时,西湖夏后秋涸,东池水浅,湖鱼在浅水里窘迫跳跃,非常痛苦。苏轼接受同僚的建议,招了网鱼师来,将困在东池的鱼,迁到水深的西池去。

苏轼在湖边会客饮酒,看网师迁鱼,心里有很多感慨。人有

[①] 欧阳修《六一词·木兰花令》:"西湖南北烟波阔,风里丝簧声韵咽。舞余裙带绿双垂,酒入香腮红一抹。 杯深不觉琉璃滑,贪看六幺花十八。明朝车马各东西,惆怅画桥风与月。"

辽阔的天地可养,何苦再被困在这个狭窄的政治天地里,争相杀戮;必须如网中活蹦乱跳的湖鱼,挣扎着,挣扎着,早日脱网,回归江海,还我自由。苏轼这一晚被酒夜归,睡在床上,心潮起落,一夜无眠。

失眠的心事,化成一首小诗,如言:

....

但愁数罟损鳞鬣,未信长堤隔涛濑。

濊濊发发须臾间,围围洋洋寻丈外。

....

明年春水涨西湖,好去相忘沙淮海。

颍州地平无山,只有一条贯穿州城的颍水,西入于淮。苏轼常去泛舟,诗言:"我性喜临水,得颍意甚奇。到官十日来,九日河之湄。吏民笑相语,使君老而痴。使君实不痴,流水有令姿。……"

当地有个传说:"世乱颍水浊,世治颍水清。"这时候,河水清澄如镜,苏轼为排遣心底的彷徨,每次湖上泛舟,都喜欢倚在船舷上,欣赏水中自己的面影。风吹水动,他的面影随着水面波纹发生种种变化,看得他入了神,喃喃自言:"画船俯明镜,笑问汝为谁。忽然生鳞甲,乱我须与眉。散为百东坡,顷刻复在兹。"诗人者,不失其赤子之心者也。苏轼一离开汴京,肩上抖落一身尘污,马上情绪轻松,苏醒了诗人的性灵;今日面对"颠倒眩小儿"的河中幻影,他心境平和,也就乐于与水相嬉起来。

颍州政务清简,而重要的僚友又多旧识,苏轼自诩"宾客之美"不减欧阳当年。因此,他在这段短时间里,个人生活非常恬适、愉快。

最重要的人物，首先要数地位仅次于知州的通判，恰是苏轼在杭州时的旧识，赵令畤，字景贶，宗室燕懿王德昭的玄孙，其时正以承议郎为颍州的签书判官。苏轼非常欣赏他的干练和才华，"吏事通敏，志节端亮"，为他作《秋阳赋》《洞庭春色赋》，替他改字"景贶"为"德麟"，并作《赵德麟字说》；后来又两次状奏朝廷（《荐宗室令畤状》），特别推荐，认为政府应该打破"理国治民不及宗子"的老规矩，使宗室中的人才，也有平等的机会出头，使他终于得除光禄丞。苏轼喜欢替朋辈改名字，前有昙潜之改参寥，李豸之改李廌；后有景贶之改德麟。虽说是他的癖好，但也只限于他所非常欣赏的朋友。

现任颍州州学教授的是陈师道，元祐初，由于苏轼的推荐，以布衣出任徐州教授，后除太学博士，来京为苏门中人，与共游宴论学，不料被言官们摭拾了他在徐州任内，私自越境谒苏于南都的差错，改降颍州教授，恰恰成全他们此时重聚一堂的愉悦。

欧阳家的两位公子，此时也还在家守制。

欧阳修有四个儿子：长子发，字伯和，进士，官至少府中丞；次子奕，字仲纯，此时皆已去世；现在颍州守薛太夫人丧的是三子棐（叔弼）和四子辩（季默）。

叔弼中过乙科，只因文忠年迈，在家侍父。元祐初，曾膺实录院检讨的任命，却被刘安世劾为谄佞浅薄，追改集贤校理，宦途甚不得意。季默官止承议郎。兄弟都是洁身自守的大家子弟，叔弼且是苏轼的亲家，苏迨的岳丈。

颍州少有山林名胜可玩，公余暇日，只能诗酒为娱。苏轼这一时期，政事清闲，心情平静，既自下了决心，明年一定求去，心理上有了这个退步，就觉得浑身舒坦，经常邀客饮酒，作诗不倦。周益公（必大）题跋（《跋赵德麟饯饮湖上舟中对月诗》）说："……集中自放鱼长韵而下，凡六十余诗，历考东坡所至岁月，惟颍为少，而留诗反多。"即是此故。

煞风景的是陈师道持律不饮，两欧阳又不肯作诗，苏轼是个喜欢热闹、乐与人同的人，禁不住这份寂寞，变出许多花样来，劝师道开酒戒，催二欧阳作诗。

到颍不久的十月间，苏轼臂痛旧病复发，索性向朝廷告了假，在家偷懒。病中作三绝句，觉得眼前的清闲欢适，也和致仕还乡一样，心里非常满足，如言：

公退清闲如致仕，酒余欢适似还乡。
不妨更有安心病，卧看萦帘一炷香。

其实这时候，苏轼也并非完全没有烦恼。他烦恼的是颍州的公使库钱太少，同是一州，要比杭州少三分之一的光景，使他"到颍未几，公帑已竭，斋厨索然"，无法接待朋友。所幸的是不论斋厨如何索然，供馈如何寒碜，要来的好朋友还是会来的。九月初，苏轼接到刘季孙从杭州寄诗来：

倦压鳌头请左鱼，笑寻颍尾为西湖。
二三贤守去非远，六一清风今不孤。
四海共知霜鬓满，重阳能插菊花无？
聚星堂上谁先到，欲傍金樽倒玉壶。

不久，季孙因苏轼的推荐，得换文官资历，除知隰州，他便有机会到颍州来访苏了。

一听说刘景文来了，苏轼欣喜欲狂。不但是诗酒好友到了，恍如杭州的西湖也藏在他的袖筒里给带来了，作《喜刘景文至》诗，充分表现这位老人不甘寂寞、热爱朋友的性格以及他和杭州的感情：

> 天明小儿更传呼，髯刘已到城南隅。
> 尺书真是髯手迹，起坐熨眼知有无。
> 今人不作古人事，今世有此古丈夫。
> 我闻其来喜欲舞，病自能起不用扶。
> 江淮旱久尘土恶，朝来清雨濯鬓须。
> 相看握手了无事，千里一笑毋乃迂。
> 平生所乐在吴会，老死欲葬杭与苏。
> 过江西来二百日，冷落山水愁吴姝。
> 新堤旧井各无恙，参寥六一岂念吾？[1]
> 别后新诗巧摹写，袖中知有钱塘湖。

苏轼如此耽于宾朋诗酒之乐，使体贴他的王夫人也几乎变成了诗人。刚过了年，正月十五夜，聚星堂前，梅花盛开，月色鲜明，王夫人看他独坐无聊，便说：

"春月胜于秋月，秋月令人有凄惨的感觉，春月却令人和悦。何不召赵德麟这些人来，饮酒花下？"

苏轼大喜，却道：

"我不知道你也能做诗，这真是诗家说的话哩！"

于是，邀了赵令畤来，饮酒花下。[2]

苏轼就用王夫人的语意，作《减字木兰花》词：

> 春庭月午，摇荡香醪光欲舞。步转回廊，半落梅花婉娩香。
>
> 轻烟薄雾，总是少年行乐处。不似秋光，只与离人照

---

[1] 新堤指西湖苏公堤，旧井为杭州六井；参寥、六一均西湖智果寺及孤山泉名。
[2] 〔宋〕赵令畤：《侯鲭录》。

断肠。

元祐六年（1091）十二月，张方平在南都病逝，享寿八十五岁。初八日讣告到颍，突然打破了苏轼生活的宁静。即日在荐福禅院举哀奠祭，与僚友商议，用唐人服座主丧、缌麻三月之礼成服。[1]

张方平识拔苏氏兄弟最早，那时候，他们还只是生长于西南偏鄙之地的眉州少年，依靠方平的推介才得受知于欧阳修，得欧阳的揄扬，才被中朝其他大老所注意。这种知遇和识拔的恩感，苏氏兄弟刻骨铭心，无时或忘。但看张方平退休后，隐居南都的十五年间，苏轼只要一有机会，必往乐全堂谒候这位寂寞而又多病的老人，前后去过六次，得相晤言者五回，最后一次是今年五月间赴京途中，绕道相见，方平自知不久人世，临别时有后会难期的感怆。苏轼祭张太保文说："……我晚闻道，困于垢尘。每从公谈，弃故服新。顷独怪公，倒廪倾囷。尽发其秘，有怀毕陈。曰再见子，恐无复辰。出户迟迟，默焉衔辛。"原来这次就是他们的永诀。

三日后，再祭，苏轼书方平别子由诗，留存荐福禅院，以志永念。方平写这诗，时当苏轼甫脱台狱，遭谪黄州之初，而苏辙被贬筠州监酒，遄程往谒方平，临别所赠，字字皆为患难中所见的真情。苏轼回念平生，独记此诗，是有他非常深沉的感念的。张安道原诗云：

　　因嗟萍梗才名客，自叹匏瓜老病身。
　　一榻从兹还倚壁，不知重扫待何人。

轼题后曰：

----

[1]〔宋〕张邦基：《墨庄漫录》。

元丰三年，家弟子由谪官筠州，张安道口占此诗为别，已而涕下。安道平生，未尝出涕向人也。元祐六年十二月薨于南都，将属纩，问后事，但言伸意子瞻兄弟。是月十一日举哀荐福禅院，录此诗留院中。①

翌年八月，苏轼在扬州，撰张方平墓志铭，方平的儿子张恕，是个浑人，希望将他父亲一生事迹，统统写进去，越长越好。张方平是国之元老，许多事迹必与政治上的人事有关，岂能全部"实录"。苏轼不理他的要求，文成，才七千余字，苏轼郑重地设位祭告后，才交张恕上石。

二　颍扬之治

颍州的政事虽说清闲，但也并非完全无须作为。苏轼在任，不过短短半年，可也着实做了几件大事。

当时，开封各县常闹水患，官吏不究本末，将原有坡塘凿破，决水于惠民河；惠民河涨了，使陈州也闹大水。这样一路推下来，最后又计划要开凿邓艾（八丈）沟与颍河，凿黄堆注水于淮，认为这样可以疏导积水，消灭水患，其实这是"以邻为壑"的办法。幸而尚书省行文各有关地方勘会，苏轼通晓水学，适至其任，马上派人用水平实地测量，查得淮河的涨水线，高于新沟几一丈，假使凿破黄堆，注水于淮，则低于淮河的颍州各县，尽成鱼鳖之乡了。

---

① 〔宋〕苏轼：《东坡题跋》。

而且，与八丈沟相关联的万寿、汝阴、颍上三县，旧有坡塘，久已化为民田，或由政府永租与佃户使用，为时都在五六十年以上，几与自产无异。假如一旦强制收回，则那三县的农民失业者必众，人情骚动，为害不小。

苏轼以《论八丈沟利害不可开状》申复尚书省，打消了这个为害地方的计划。

颍州农田收成，经常不好，这年又苦干旱，苏轼虽也遣官向张龙公庙祈雨，但认为根本的工作应该是办好水利工程。为此他奏请朝廷将原来派修黄河的夫役，留一万人开掘辖境内的沟洫，顺便构筑清河三闸，通焦陂水，浚治西湖。经诏许施行，直到他离任以后，才次第完成。

这年秋天，与颍州相邻的庐州、濠州、寿州都大闹饥荒，老百姓吃树皮草根为活，盗贼蜂起。逃荒的难民，扶老挈幼，络绎于途，万一北来，颍州首当其冲。苏轼说："若流民至颍，而官无以济之，则横尸布路，盗贼群起，必然之势也。"抚辑难民，政府必须先有准备。所以，他于十二月二十五日上《论淮南盗贼，乞赐度牒、籴斛斗，准备赈济淮浙流民状》，打算卖了度牒，购储小麦、粟米、菉豆（绿豆）、豌豆四色，封桩斛斗，候有流民到州，逐旋支给赈济。

这时候，腊月严寒，久雪不霁，苏轼与通判赵令畤登女郎台远眺，只见白茫茫一片银色世界。晚上耽念着，如此冰封雪冻的日子，那些无衣无食的饥民怎么得了？兀是睡不着觉，心想先拨出百余石粮食来，做炊饼救济他们。将这主意和王夫人商量时，夫人说：

"你从前曾听傅钦之（尧俞）说过，赵签判在陈州时，办赈济有功，何不与他商量办法？"

天还未亮，苏轼便派人折柬相邀。令畤到后，便说：

"这问题，我心里早已有了腹案。目前小民的困乏，不过是粮食和燃料两项，义仓有积谷数千石，便可支散，以救贫民。作院有酒炭数万称，酒务有柴数十万称，可以照原价出卖。贫民得此两项，困难就解决了。"

苏轼大喜道："吾事济矣！"立刻草放积谷赈济奏，一面便叫赵令畤去办。[①]教授陈师道卧病在床，听到这事，非常感动，寄了诗来，题名"雪中"：

> 掠地冲风敌万人，蔽天密雪几微尘。
> 漫山塞壑疑无地，投隙穿帷巧致身。
> 映积读书今已老，闭门高卧不缘贫。
> 遥知更上湖边寺，一笑潜回万室春。

苏轼和作，但说："忍寒吟咏君堪笑，得暖欢呼我未贫。"充满了民胞物与的热情。

灾荒是盗贼的温床，百姓的饥寒固然需要救济，而盗贼的缉捕，确保治安，更其不容疏忽。

本州旧有管三、陈钦、尹遇等一帮剧盗，打家劫舍，为民大害，虽经前任剿灭大半，但头目尹遇始终在逃，依然结伙为盗，自称大王，白昼骑马于镇市中劫人，凶悍无比。

苏轼访闻汝阴县尉李直方，素有干才，忠勇负责，就将此事责成于他，对他说道："君能擒此贼，当向朝廷力言，给予优赏；不获，亦以不职奏免。"

直方惶恐受命，他有老母，已经九十岁了，母子泣别而行。

---

① 〔宋〕赵令畤：《侯鲭录》。

直方先在就近处缉获尹遇的党羽，侦得尹遇已经远逃到寿州霍邱县的成家寨去了。他就亲率弓手追缉，化装为贩牛小客，到尹遇匿处掩捕。尹遇持械抵抗，直方亲手将他刺倒，遂一举成擒。

苏轼认为直方儒者，却能捐躯奋命，忠义可嘉，应该给予奖励。但是宋朝的法律，官员躬亲获盗，须在半数以上，才合恩例，是只论人数，不讲首从的，所以官吏捕盗者少，而大盗漏网者特多。苏轼没有办法变更法律，无以酬直方。

直到自己积资应该迁升朝散郎一官时，他便请求朝廷将此一恩例，移给直方充赏，"亦使臣今后使人，不为空言"。不料仍为吏部所格。人谓苏轼不欲参加磨勘，是他不在乎爵禄的高处，其实他只是对李直方负责实现他的诺言而已。

匆匆过了新春，元祐七年二月，朝廷告下，调苏轼以龙图阁学士充淮南东路兵马钤辖知扬州军州事；晏知止来代。

苏轼决心俟机求退，不料还有这次调职的新命。不过心想到扬州去转一转也好，希望从扬州一直回家乡去，等候子由回来，就这样独自做着非常朴素的还乡之梦：

今年吾当请广陵（扬州），暂与子由相别。至广陵逾月，遂往南郡。自南郡诣梓州，泝流归乡，尽载家书而行，迤逦致仕。筑室种果于眉，以须子由之归而老焉。不知此愿遂否？言之怅然也。（《东坡志林》）

但是，每一想到独在朝中孤军奋斗的老弟，心里总有说不出的迷惘，寄一阕《满江红·怀子由》词给他，重坚旧约：

清颍东流，愁来送、征鸿去翮。情乱处，青山白浪，万重千叠。孤负当年林下意，对床夜雨听萧瑟。恨此生、长向别离中，凋华发。

一尊酒，黄河侧。无限事，从头说。相看恍如昨，许多年月。衣上旧痕余苦泪，眉间喜气占黄色。便与君、池上觅残春，花如雪。

然而，苏辙在热烘烘的政场中，并不那样想。距今三个月前，他们兄弟俩的第一号政敌刘挚已经罢官离京，那些台谏官们失掉靠山，也不会再想兴风作浪了。此时倒真希望苏轼能回到朝中来，一同施展他们的政治抱负，上报太皇太后的恩宠，尽一份从政士人应尽的责任。

因此特派专差送信到颍州来，约请苏轼趁此交接之间，先往京城一行，见过太后，再赴新任。苏辙的用意非常明显，因为依照宋朝定制，大臣移守，例可奏请过阙上殿，本意固如现代的回京述职，但过阙上殿的大臣，十九会被留京供职，得除二府六卿不等。

殊不知苏轼不但无意于此，对于汴梁这紫陌红尘，避之唯恐不远。他立即决定，取道下淮，径赴扬州。给范祖禹信说：

到颍半年，始此上问，懒慢之罪，踧踖无地。中间辱书，及承拜命贰卿，亦深庆慰。然公议望公在禁林，想即有此拜也。春暖起居如何？某移广陵，甚幸。舍弟欲某一到都下乞见，而行路既稍迂，而老病务省事，且自颍入淮矣。不克一别，临书惘惘。

三月初三，苏轼已经离开颍州，到了安徽的怀远县，与迨、过二子游了涂山和荆山，过濠州、寿州和楚泗之间，沿途屏去吏卒，亲自深入村落，访民疾苦。当时新麦初熟，政府催收人民的积欠，十分紧迫，农民还不出钱的，宁愿流走道途，不敢归乡。一路上看见很多很多这样的游民，苏轼不禁感叹道："苛政猛于虎这句话，向来不敢太相信。现在亲眼见到的事实，则是水旱之灾，杀人百倍于虎；而民畏催欠，又更甚于水旱灾荒！"

十二日到泗州，因为淮东淮西，连年闹旱荒，祷于大圣普照王灵塔，求雨。

途中，得晁补之以诗来迎。

晁无咎是苏门四学士中受知于苏轼最早的一人。元祐初，在京为秘阁校理，现正通判扬州，得到老师移守本州的消息，只因限于职守，不能出境往迎，所以呈诗为代。他已听到了老师在泗州维舟祷雨的事，所以说："麦如栉发稻立锥，使君忧民如己饥。"又说："世上谗夫乱红紫，天教仁政满东南。"苏轼读了，不禁拂髯大笑，心中充溢着快慰的感情，次韵诗说："每到平山忆醉翁，悬知他日君思我！"

三月十六日，到扬州任。大家料想不到这诗人太守办的第一件公事，竟是停止举行正在轰轰烈烈筹备中的万花会。

当时，洛阳牡丹，扬州芍药，名冠天下。每年春，洛阳举行花会，万人空巷，赏花作乐，这风气传到东南来，扬州也跟着以芍药为主，作万花会，一次用花十余万枝，既使花圃凋残，而胥吏缘此为奸，借这名义剥削老百姓，苏轼说"以一笑乐，为穷民之害"，不该再办，毅然禁止。虽然他心里也知道这是大杀风景的事情。①

苏轼沿途访见地方官吏催缴民欠的凶暴，与农民多年灾歉之后，无力归偿，流离道路的悲惨，心里一直不平。这件事情，他

---

①《东坡志林》"以乐害民"条。又《次韵林子中春日新堤书事见寄》诗："……羡君湖上斋摇碧，笑我花时甑有尘。为报年来杀风景，连江梦雨不知春。"即咏此事。

在杭州时，朝廷曾因灾疹诏求直言，他即应诏论列四事，其中即有宽免民欠一项。不料事为执政所格，初则诿称未见此状；经苏轼别录再奏，朝廷准赐缗钱百万，籴米备赈；而发运使王觌又坚称米贵不籴，致使次年水灾，无粮可救。宽免民欠一项，也未曾实施。

这次亲历颍州、扬州，虽然麻麦如云，收成很好，但是淮东西诸郡，累岁灾伤，近者十年，远者十五六年了，一岁之熟，不过是百死小民的一线生机而已，并无能力归还陈年积欠；而监司高呼催收，"胥徒在门，枷棒在身"，人户求死不得，纷纷逃亡，尽成流民。这旧欠中十之六七，早经朝廷恩赦了，而官吏刻薄，照样催收，皆因可以从中渔利之故。国家收益无多，而老百姓却被逼得走投无路。因此，他上奏朝廷，乞降内诏"权住催理"，仍下诸路安抚钤辖司，类推讲求，与天下疲民一洗疮痏。

这奏状，迅速得到朝廷明诏："淮南东、西、两浙路诸逋负，不问新旧，有无官本，并权住催理一年。"正是听从苏轼的请求而发。扬州得此讯时，苏轼时作《和渊明饮酒诗二十首》，因此，有"诏书宽积欠，父老颜色好。再拜贺吾君，获此不贪宝"的诗句，即系咏此。

苏轼一生有三大目标：一是艺术的创造冲动，二是善善恶恶的道德勇气，三是关心人类的苦难。这三者，构成他的生命热情。做地方长官，不仅可以避免小人的围攻，脱逃个人的祸患，最大的好处是亲民之官，至少有机会为老百姓做些事情，清弊除害，直接从水深火热中拯救人命。

譬如说，七月下旬，苏轼毅然上《论纲梢欠折利害并劾仓部金部发运转运官吏情罪状》，即是他在扬州兴利除弊的一大政事；

士大夫中，也只有他这样刚直不屈的人，才有那种一举参劾内外大吏，取怨一身而不悔的勇气。

宋以开封为首都，而开封则是个四通八达的地方，无险可守，所以必须驻扎重兵于京师，以拱卫国家根本之地。兵需食粮，粮食都赖漕运。嘉祐以前，每年运输总额六百万石，欠折（短缺）不过百分之一。苏轼查得去岁全年载运量只有四百五十万石，而欠折总数却高到三十余万石，几达百分之八。苏轼不禁大叫："运法之坏，一至于此！"

研究这弊端的由来，因为从前的发运司，听任纲运的船夫们搭载部分私货，征商（包税的人）不得留难，所以船上都很富厚，视官舟为家，自行弥补缺漏，货皆速达而欠折绝少。但自熙宁以后，执掌库藏、金宝、货物权衡、度量等事，隶属户部的金部官吏与转运使却要点检私载，因为从中可以"留难需索"，把纲运梢夫敲诈得穷困骨立；富商大贾既不肯冒险交漕船载货，船夫们只好专门偷盗官米。因此漕运欠折，年年增加，纲本漕法，两皆败坏。

苏轼到任不久，审判粮纲欠折人犯，徒流者不可胜数，那些人"衣粮罄于折会，船车尽于拆卖，质妻鬻子，饥瘦伶俜，聚为乞丐，散为盗贼。窃计京师及缘河诸郡，例皆如此"。苏轼认为，这是朝廷的大计，生民的大病，我辈岂可坐视不救？

火上加油的是户部执掌仓廪的仓部，不问情由，认定纲运欠折皆因仓司头子向纲梢要钱要物的缘故，遽然立一仓法，命令真、扬、楚、泗转般仓依该仓法行事，将各处斗子（仓库出纳）裁汰一半。命下之日，扬州转般仓的斗子四十人全部陈请归农；虽然暂时留住了，如此法必行，现任的斗子必致星散。这种倒果为因、因噎废食的办法，只使纲运更加紊乱而已。

苏轼状请朝廷撤销仓法，追问金部官吏不取圣旨、擅自立法、刻剥兵梢的罪行，并查发运转运司吏的责任和情弊。

苏轼续又听得泗州也和扬州一样，转般仓的斗子逃掉了十二人，他认为这仓法不废，听任各州斗子们纷纷逃散，则纲运前途不堪设想。八月一日续上《乞罢转般仓斗子仓法状》。

八月初五，苏轼又上《乞罢税务岁终赏格状》，他的观点非常有趣。

状言："臣至淮南，体访得诸处税务，数年来刻虐日甚，商旅为之不行，其间课利虽已不亏，或已有增剩，而官吏刻虐，不为少衰。"认为这原因并不完全由于国家财用窘急，转运司督迫所致，显然是税务官吏希望年终奖金，借关市法来敛百姓，饱私囊；还有一个怪现象是盐酒税务监官，虽是卑职，但缙绅士人、公卿胄子，也未尝没有由此晋升的，现在他们却与专栏秤匠一处分钱。这位最重士人气节的老臣实在看不顺眼，不禁大喊："礼义廉耻，国之四维；四维不张，国乃灭亡！"要求朝廷悯救风俗，全养士节，废除这个"税务岁终奖格"。

税务官以"超收"为功勋，官与役一处分钱，为现代人所习见的常事，但是宋代的苏轼却大为诧异。

三　广陵生活

将近半个世纪以前，欧阳文忠是从知扬州移守颍州的，所以他作颍州西湖诗说："都将二十四桥月，换得西湖十顷秋。"苏轼则是先知颍州，后移扬州，序次虽有不同，而两地皆为欧阳旧治则一。

欧阳修在扬州筑平山堂，壮丽为淮南第一，高踞蜀冈，下临江南数百里，真、润、金陵三州，几乎隐约可见。环堂左右，老木参天，堂后有竹千余竿，粗大如椽，绿荫匝地，不复见有日色。①这年初夏，苏轼身体仍然不太好，谢毛正仲惠茶诗题说："到官病倦，未尝会客。"诗言："尔来又衰病，过午食辄噎。"则他不但容易倦怠，而且食欲不振。加以扬州的公使库钱与颍州一样少，扬州是东南一大都会，八路舟车，无不由此，使客杂沓，招待、馈赠、迎送的费用都很大，每年只有五千贯钱，实在不够用，很伤脑筋。

苏轼在扬州，也着意整顿寺院，将持戒不律的几个讲僧赶出庙去。石塔寺的戒长老为之不安，一日派遣侍者前来投牒，请求"解宅"，苏轼问来人："长老将欲何往？"对曰："欲归西湖旧庐。"苏轼命他先回去，另候指挥。

略作准备，亲自带了僚佐同往石塔寺。至则先命击鼓，大众聚观。苏轼看看人已到得差不多了，便从袖中摸出一纸预先拟好的疏文，叫晁补之高声朗诵。这篇疏文，虽然有点近乎游戏之作，但却是上乘的禅喜文字。苏轼的意思很明白，劣僧要逐，高僧要留：

> 大士未曾说法，谁作金毛之声？众生各自开堂，何关石塔之事？去无作相，住亦随缘。长老戒公，开不二门，施无尽藏，念西湖之久别，本是偶然，为东坡而少留，无不可者。一时作礼，重听白槌。渡口船回，依旧云山之色；秋来雨过，

---

① 〔宋〕叶梦得：《避暑录话》。

一新钟鼓之音。谨疏。①

这段时期里,汴京城中,宫门内外,大伙儿都在大忙特忙,热闹非凡。

哲宗皇帝十岁登基以来,至今已是十八岁的青年。上年十月举行过初幸太学的大典,今年是应该大婚的适龄了。

太皇太后为皇帝选后,非常慎重,初选世家女百余人入宫,仔细观察拣择,太皇太后和皇太后都中意孟家那个女孩。孟女,雒州人,眉州防御使孟元的孙女,太皇太后亲自督教,令习女仪和宫中事务。到了本年(元祐七年,1092),面谕宰执:

"孟氏子能执妇礼,宜正位中宫。"

即命学士草制,又特别议定册后六礼。皇帝于四月十六日御文德殿,册封孟氏为后。太皇太后对皇帝郑重叮咛:

"得贤内助,非细事也。"

皇帝大婚,自有一套繁文缛节,吕大防、苏颂、苏辙等大臣都被派为六礼之使,依照仪注,一一进行。等到忙完了大婚典礼,六月,政府改组,左相吕大防和知枢密院事韩忠彦不动,余则以苏颂为尚书右仆射兼中书侍郎,苏辙为门下侍郎,范百禄为中书侍郎,梁焘和郑雍分别为尚书左右丞;只有王岩叟罢了官。

门下侍郎即是元丰改定官制前的参知政事,其官自秦汉以来,给事禁中,故称黄门,后改门下省。苏辙至此,已经官拜副相了。

皇帝既已大婚,继须筹办今年冬季亲行郊祀之礼,迈向亲政前的程序,一步一步做去。

八月中,诏下扬州,召苏轼还京为兵部尚书,兼差充南郊卤

---

① 〔宋〕释惠洪:《冷斋夜话》。

簿使。并且因有郊祀的差遣,所以屡诏催促,不得迁延。

苏轼匆匆办了交代,九月初离去扬州。

扈从青年皇帝第一次亲行郊祀大礼的差遣,是不能辞免的;然而苏轼对于还朝,心理上结成一团阴霾,有杯弓蛇影的恐惧。所以即在途中,就已上了《乞过郊礼仍除一郡状》。

这时候,使他有真正兴趣的是山间种树,使他感慨无穷的是触目河山,尽是劳生的行迹,不免回念平生的忧乐出处——苏轼到底已经是五十七岁的人了,心理上已渐步入老境。

最显著的不同,是他已经倦于行旅,对于奔走四方的游宦生涯,常常产生自怜的感伤。如赴扬州任,作《淮上早发》曰:

澹月倾云晓角哀,小风吹水碧鳞开。

此生定向江湖老,默数淮中十往来。①

又如《送芝上人游庐山》诗,开头即说:"二年阅三州,我老不自惜。团团如磨牛,步步踏陈迹。……"皆是苏轼垂老的心情。赴京途中,于宿州、泗州间,邂逅徐州道士云龙山人张天骥,对于自己已似白头倦鸟,但却不得归休,不知道将来还要几渡淮河,发生无穷的忧戚。诗言:"二年三蹑过淮舟,款段还逢马少游。……孤松早偃元非病,倦鸟虽还岂是休。更欲河边几来往,只今霜雪已蒙头。"

只有路过都梁山,遇见杜舆秀才,杜秀才向他请教种植松树

---

① 苏轼回溯平生往来十渡淮河,应是:一、熙宁四年辛亥赴杭州签判任;二、熙宁七年甲寅移守密州;三、元丰二年己未四月自徐州经南都赴湖州任;四、元丰二年己未八月远赴台狱;五、元丰七年甲子乞常至南都;六、元丰八年乙丑四月自南都归常;七、元丰八年九月赴登州任;八、元祐四年己巳出帅杭州;九、元祐六年辛未召还京师;十、元祐七年壬申三月自颍赴扬州任(治平三年丙午载丧归蜀,自淮溯江,不在其数)。

的方法时,苏轼这才精神陡旺,说道:

"我少年时,就很懂得种松之法,曾手植数万株,现在都已是梁柱之材了。"

不但教了杜秀才植松之法,而且还戏赠二诗,大言:"如今尺五城南杜,欲问东坡学种松。"

九月初九重阳,苏轼行抵南都,径登乐全堂,上距张方平的逝世已经八个多月了,他才有这躬亲奠祭灵帏的机会。

好友王巩,是张方平的女婿,自被安鼎从知宿州事的任上攻罢以来,一直就在南都闲住,意兴阑珊。这两个同经政治迫害的患难朋友,执手相见,未免百感交集。苏轼想起十五年前,即元丰元年的重阳节,在徐州与王巩为黄楼之会的旧事以及这十五年来的人事沧桑,感喟无穷,写了一首怀旧诗,题曰:

> 在彭城日,与定国为九日黄楼之会。今复以是日相遇于宋,凡十五年,忧乐出处,有不可胜言者。而定国学道有得,百念灰冷,而颜益壮。顾余衰病,心形俱瘁,感之作诗。

苏轼慨叹人世的荣华,本是南柯一梦,所不幸的是梦已该尽时,却还不能回头。所以诗说:"我观去来今,未始一念留。奔驰竟何得,而起无穷羞。"虽然为王巩抱屈:"王郎误涉世,屡献久不酬。……"但劝他说:人间的得失,实在非常虚浮,世事变乱无常,咸阳道上的英雄,也许是从前在你家养马的厮役,忽然拜将封侯,造起大宅第来了;负贩的买卖人,竟成了社会上第一流的人物;所以我辈中人,就不得不安于寂寞了。苏轼自嘲醉梦未醒,年力已经这样衰疲,却还在玩沐猴而冠的把戏;技穷的优伶,还要被强迫登台。此诗意境非常苍凉,不是对王巩这样的患难之交,苏轼也不敢倾吐这一份身世的沉哀。

四　初和陶诗

苏轼在颍州日，与欧阳叔弼闲谈，说到陶渊明隐居栗里柴桑间时，非常贫困，饭也不一定能够吃得饱。有个在附近做大官的朋友颜延年，常来与他对酌，知道他的家境，特意留钱二万相赠，他却不存一文，全部送去酒店，留待日后慢慢取酒。

又一日，苏轼偶读《唐书》，看到代宗朝的宰相元载，酷好积聚，贪得无厌；至大历十二年获罪赐死时，籍没他的家财，单是所藏胡椒一项，多达八百石之巨。胡椒只是一种用得极少的调味料，何用囤积那么多！人性的愚昧，有时简直不能理解。苏轼感慨之余，作了一首以元载与陶潜比论的长诗：

渊明求县令，本缘食不足。
束带向督邮，小屈未为辱。
翻然赋归去，岂不念穷独。
重以五斗米，折腰营口腹。
云何元相国，万钟不满欲。
胡椒铢两多，安用八百斛？
以此杀其身，何啻抵鹊玉。
往者不可悔，吾其反自烛。

这是苏轼以陶渊明的廉介淡泊，印证人以宝贵的生命殉于物欲的可悲，致其衷诚的感叹。

渊明是个孤独而又贫困的隐士，他的诗作，不但生前无人重视，即使身后，自晋末至南朝，都还未曾受到应有的评价。如钟嵘《诗品》虽称其诗，但却将它列为"中品"。

陶诗受到普遍的重视，须至唐代开始。大诗人李白、杜甫对于陶渊明诗的风格，予以最早的揄扬；白居易特别重视渊明高洁的人品，寄以无限的敬慕；王（维）、孟（浩然）、韦（应物）、柳（宗元），都曾摹拟过陶诗，但他们只是欣赏他，没有研究他。

到了宋朝，陶渊明研究突然出现了高潮。据文献记载，赵宋一代，编刻陶集达十七种以上，论及陶渊明作品的诗话和笔记，有七十余种之多，此与宋朝文风崇尚平淡，当然有密切的关系；但苏轼以一代文宗的地位，晚年尽和陶诗的努力，对于这个研究风气的开创具有很大的影响。如苏轼《和归去来辞》，传至京师，大家争相和作，人言："一夕之间，陶渊明满人目前矣。"即是一例。从此，后来文学天地，形成了历久不衰的陶诗研究热潮。

苏轼于诗，自视颇高，向不专主一家，也不特别欢喜哪一个人的诗作。但至步入中年，贬谪黄州后，开始偏爱陶诗起来，如言："吾于诗人，无所甚好，独好渊明之诗。"则是非常恳挚的自白。

当时，一般印行的俗本陶集，妄改错简，甚不可靠，如"东坡题跋"一则云：

"采菊东篱下，悠然见南山。"因采菊而见山，境与意会，此句最有妙处。近岁俗本皆作"望南山"，则此一篇神气都索然矣。古人用意深微，而俗士率然妄以意改，此最可疾。近见新开韩、柳集，多所刊定（？）失真者多矣。

因此他多方访求较好的版本，终于得到了江州东林寺印本，珍惜得不敢把它一口气读完，怕读完了便没得读了。故又一则题跋说：

余闻江州东林寺有陶渊明诗集，方欲遣人求之。而李江州忽送一部遗余，字大纸厚，甚可喜也。每体中不佳，辄取读，不过一篇。惟恐读尽后，无以自遣耳。

然而，在此时期，苏轼虽然甚好陶诗，却仍以欣赏渊明文字的艺术和风格为主，尚未深入陶的思想境界，所以只有感性上的认同，谈不到理性上的肯定。如元丰五年三月与客饮酒，《书渊明饮酒诗后》说：

> 此渊明《饮酒》诗也。正饮酒中，不知何缘记得此许多事。

渊明《饮酒二十首》，是他后期诗作中最伟大的杰作。而苏轼当时的读后感，只有如此；但至作《和陶饮酒》诗时，所持态度，深浅便完全不同了，如后一则题跋云：

> 《饮酒》诗云："客养千金躯，临化消其宝。"宝不过躯，躯化则宝亡矣。人言靖节不知道，吾不信也。

苏轼读陶渊明《归去来辞》，其中有一句"幼稚盈室，瓶无储粟"的话，苏轼只觉得此翁非常好笑，由此联想到俗传书生入官库，见钱不识的笑话，怪其钱不在纸裹中，所以不识；马后宫人见大练，反而以为是异物；晋惠帝问饥民何不食肉糜，认为其理相同，盖嘲渊明不脱是个文人，未亲庄稼之故。他说：

> ……使瓶有储粟，亦甚微矣。此翁平生只于瓶中见粟也耶？……细思之，皆一理也。聊为好事者一笑。

后至元祐时期，苏轼在翰林院日，爱写陶诗"平畴交远风，良苗亦怀新"。句与人，到这时候他已知道渊明有过农田经验，并非是个瓶中见粟的诗人，所以说：

> 非古之耦耕植杖者，不能道此语；非余之世农，亦不能识此语之妙也。

读陶诗"秋菊有佳色"篇："啸傲东轩下，聊复得此生。"则记

其强烈的感应曰:

> 靖节以无事自适为得此生,则凡役于物者,非失此生耶!

苏轼读陶,必须到了这个年纪,才能跳出文字欣赏的范围,开始会得陶意,把握到了陶的精神,断言曰:"陶渊明意不在诗,诗以寄其意耳。"

换句话说,渊明只是用诗的形式来表达他的人生观,表达他面对人生的理念,语语平淡,却尽是对人生经过透彻的观照后,出为知"道"之言,不能以寻常诗人之摘章绘句来比。

黄山谷跋渊明诗卷,点出读陶的重要关键:

> 血气方刚时,读此诗如嚼枯木;及绵历世事,如决定无所用智。

苏黄这一方面的解悟,是非常重要的。苏黄之后,才打开对陶渊明思想、人格、生活种种方面研究的热潮,其源自此。

陶渊明并不是饶有深度的哲学家,他只是用朴素的文字歌咏人、自然和人生,描画卑微的乡村生活,老老实实写出他自己强硬的性格。他的诗,皆以经验和感情做基础,而非基于思想。因此"他的作品意境,是哲学家的意境;而他的言语,却是平民的言语。所以他尽管作田家语,而处处有高远的意境;尽管作哲理诗,而不失为平民的诗人"[①]。

读陶者,若不了解他对社会现实的基本态度,若不明了他这一生的经历背景,从情感深处探索他精神生活的源头,便不能完全领略他的诗意;不能了解诗中之意,当然读来"如嚼枯木"了。

---

① 胡适:《白话文学史》。

所以，人须阅历较深，且能咀嚼精勤，才能领会陶诗非但不"枯"，且不尽平淡。释惠洪《冷斋夜话》引述："东坡尝曰：渊明诗初看若散缓，熟看有奇句。"

后来，又有"评陶柳诗"的一条题跋，以食物为喻，以为读陶柳诗，必须辨别中边，始得诗中真味：

> 柳子厚诗在陶渊明下，韦苏州上；退之豪放奇险则过之，而温丽精深不及也。所贵乎枯澹者，谓其外枯而中膏，似澹而实美，渊明、子厚之流是也。若中边皆枯，澹亦何足道！佛云："如人食蜜，中边皆甜。"人食五味，知其甘苦者皆是，能分别其中边者，百无一二也。

苏轼于元祐六年（1091），自杭州被召还朝，席不暇暖，即被宰相刘挚支使打手贾易，利用赵君锡，横加诬陷。苏轼看透了现实政治圈子里，除了权势利禄以外，别他无物，只怪自己一向屈于感情的牵缠，不够果断，不能依照自己所想望者率直做去，徒然遭受小人百般虐侮，对国家、对自己，都一无好处。幸从乌烟瘴气的汴京，逃到颍州来了，但这并非了局，块然一身，他将何处归宿呢？

在这个样子的心理压力之下，适又与作诗"颇有渊明风致"[①]的欧阳棐在一起，时常谈陶，遂使他豁然与渊明神会，觉得在个人出处上，陶的刚健精神，比他果决，深为心服。

渊明也是为了救穷，才求用于彭泽小县的，谁知一坐上官位，便发觉自己的脾气，绝对容忍不了这种痛苦。《归去来辞》前

[①] 诗目："新渡寺席上，次赵景贶、陈履常韵，送欧阳叔弼。比来诸君唱和，叔弼但袖手旁睨而已，临别忽出一篇，颇有渊明风致，坐皆惊叹。"叔弼，欧阳棐字，时以礼部员外郎被召还京。

序里，说他弃官的原因道："及少日，眷然有归欤之情。何则？质性自然，非矫厉所得。饥冻虽切，违己交病。尝从人事，皆口腹自役。于是怅然慷慨，深愧平生之志。……"渊明这"违己交病"四字，于此时此际的苏轼读来，必然有一挞一条痕的切肤之痛。

渊明在《饮酒》之十九里，复追述出仕的始末，有曰："畴昔苦长饥，投耒去学仕。将养不得节，冻馁固缠己。是时向立年，志意多所耻。遂尽介然分，拂衣归田里。"一感觉到做官这事，伤害他的人格尊严与志意时，立刻拂衣而去。这种丝毫不肯牵就现实的果断精神，使强项的苏轼不得不说："我不如陶生，世事缠绵之。云何得一适，亦有如生时。……"

渊明《乞食》诗："饥来驱我去，不知竟何之。……感子漂母惠，愧我非韩才。衔戢知何谢，冥报以相贻。"稍早时期，苏轼题跋此诗曰："渊明得一食，至欲以冥谢主人，此大类丐者口颊也。哀哉！哀哉！非独余哀之，举世莫不哀之也。饥寒常在身前，声名常在身后，二者不相待，此士之所以穷也。"仅哀其穷，尚属皮相。

后来，他才体会到这是渊明个性中最可贵的一种独立不惧、旁若无人的率真精神。饥者受人一饭之惠，心里真有图报下世的感激，他就率直写出，不怕别人笑他。事实上，王维就笑过他，但苏轼现在却已完全领会。他说：

> 陶渊明欲仕则仕，不以求之为嫌；欲隐则隐，不以去之为高。饥则扣门而乞食，饱则鸡黍以迎客。古今贤之，贵其真也。

一个率性而行的"真"人，不能见容于现实社会；一个有强烈的责任感和是非心，而又忍不住要说真话的人，尤其不适于参与现实政治。否则，遭逢祸患，几乎是理有固然、势所必至的命运。

渊明自述其性情："性刚才拙，与物多忤。自量为己，必贻俗患。"所以他只好退隐。苏轼认为他与渊明同病，尤其在遇事直言这一点上。渊明《饮酒》之九"清晨闻扣门"这首诗，说有个好心的田父，带了"壶浆"远来看他，劝他复出做官，稍为和光同尘一点，就可改善褴褛茅屋的穷困。渊明很感激这位父老的关怀，但是他天生的脾气和别人不大合得来，也不愿追随世俗，背弃自己，他虽邀请这位田父"且共欢此饮"，但却斩钉截铁地拒绝他的建议："吾驾不可回。"

苏轼读此诗，深觉渊明刚直的性格，说话率直而不支吾的脾气，和他一样，题此诗跋语云：

> 此诗叔弼（欧阳棐之字）爱之，余亦爱之。余尝有云：言发于心而冲于口，吐之则逆人，茹之则逆余。以为宁逆人也，故卒吐之。与渊明诗意，不谋而合。故并录之。

苏轼发现这位任情任性，胸怀坦荡的"硬汉"，是这个充满虚伪、巧取豪夺人间里，异代的知己。翌年，他从颍州转任扬州，就在扬州官阁里，陆续写《和陶饮酒二十首》。

苏轼尽和陶诗一百数十首，而其始作，则在此时。和诗与摹拟之作不同，拟陶者袭其貌似，文字技艺的游戏而已；和作则为以我自有之意，与古人作精神上异代同调的唱和，并不在乎文字上的像与不像。苏轼对于这一创作，也很自负，与弟书说：

> 古之诗人，有拟古之作矣，未有追和古人者也。追和古人，则始于吾。

苏轼和陶巧于用意，本与渊明朴质的风格不同，两者实是不能比较的；而世之论东坡和陶诗者，议论纷纭，却尽在似与不似之间打滚，实在并不了解苏轼意不在与陶潜较量长短，更不肯邯郸学步，以摹拟为能。只有金朝的滹南遗老王若虚的一段话，说得最为中肯：

> 东坡和陶诗，或谓其终不近，或以为实过之，是皆非所当论也。渠亦因彼之意，以见吾意云耳，曷尝心竞而较其胜劣耶！故但观其眼目旨趣之何如则可矣。①

苏轼在扬州始作《和陶饮酒二十首》，诗叙（序）寥寥八十九字，竟是最上乘的饮酒哲学，如曰：

> 吾饮酒至少，常以把盏为乐，往往颓然坐睡。人见其醉，而吾中了然，盖莫能名其为醉为醒也。在扬州时，饮酒过午，辄罢。客去，解衣槃礴，终日欢不足而适有余。因和渊明《饮酒》二十首，庶以仿佛其不可名者。示舍弟子由、晁无咎学士。

苏轼引陶潜为异代知己，自有其性情中共鸣之处。渊明自少是一个感情热烈、赋性豪迈，带着游侠儿气质的人，诗谓"少时壮且厉，抚剑独行游"（《拟古》）。即使到了晚年，这种烈士襟怀也并不衰减。朱熹论陶："诗健而意闲，隐者多是有个性、带负气之人。"虽是短短一言，却能直抉人性。苏轼虽非隐者，但在他的血管中却流着祖父仗义任侠的血液，独立刚强的个性并不输于渊明。自入中年以后，黄州和岭外，两次谪放，也真正经验了隐者的生活。所不同的是，渊明弃官早，患贫而不受辱；苏轼则为世情牵缠，备受现实政治的迫害与侮辱，现在方力求解脱之中，所

---

① 〔金〕王若虚:《滹南诗话》。

以一心要于精神上师事渊明。

苏轼所生的时代，虽比陶潜之处身东晋乱世，要幸运得多；但士大夫阶级利禄奔竞、廉耻扫地的情形，几乎没有两样。因此，他特别钦佩在这种"道丧士失己"的时代里，只有陶渊明随遇而安、进退自如的生活方式，最能保持个人皎然的志概、独立的精神。和诗曰："……渊明独清真，谈笑得此生。身如受风竹，掩冉众叶惊。俯仰各有态，得酒诗自成。"

苏轼自知与渊明一样，天生不是做官的材料。一个热情而兼有豪气的人，只适宜于做诗人，做艺术家，袍笏登场，终是不类。年轻时在杭州做通判，宋朝的庶民有拥立街头，聚观大官开锣喝道、威风过路的习俗。苏轼当时，未感骄傲，他只作诗自嘲："市人拍手笑，状如失林獐。"不料错落红尘，一晃就是三十年，到现在快六十岁了，还在自欺："我坐华堂上，不改麋鹿姿。"（《和陶饮酒之八》）只望早日摆脱吏事的纠缠，回到田里去做个老老实实的农夫。

苏轼很乐观地认为："这日子已快近了。"现在虽然还在仕途，只是个迷迷糊糊的醉太守，坐在摇摇晃晃的轿子里赶路。酒力渐消，梦亦将残，前面的山已经无多，后骑的人不必赶我，我有我的去处，不挡你们的路。"我缘在东南，往寄白发余。遥知万松岭，下有三亩居。"苏轼当时的理想，是回到杭州万松岭去力田。

苏轼梦到坐在小学里，咿咿唔唔读《论语》，竟日忘记满头的白发。醒来觉得好笑，认为"人间本儿戏，颠倒略似兹"。颠倒的人生，产生丧失本真的悲剧。苏轼二十五岁时，服母丧终制，自蜀还京，途遇大雪，既寒且饿，身边只有一瓶冷酒，虽尚不能暖得身体，却可稍平雷鸣的饥肠。当年这种孤寒跋涉、求为世用的辛苦感受，及今已老，每逢醉酒，时常还要念到，觉得非常空虚。

少年时代，那么辛勤地苦读；学成之后，又那么忍寒挨饿，奔波道路。当初以为政治这东西，具有无比的力量，可以拯救人类的疾苦，铲除人间的不平。所以纵然吃足苦头，也抱着极大的信心，要将一腔热血，自己的理想，化作人类千年的福祉。不料官是做了，但所参与的现实政治却是那么丑恶，不但抱负成空，而且并不容他。这眉州的农家子弟做了官，恰如菜虫之化蝴蝶，添了两条翼翅，适足被网胶黏；又如雀入大水化为蛤，再也不能远走高飞，回不了老巢。这一切全是可哀的人生谬误。《和陶饮酒之四》曰：

　　蠢蠕食叶虫，仰空慕高飞。
　　一朝传两翅，乃得黏网悲。
　　啁啾同巢雀，沮泽疑可依。
　　赴水生两壳，遭闭何时归。
　　二虫竟谁是，一笑百念衰。
　　幸此未化间，有酒君莫违。

苏轼将自己的生平，比作暗浪汹涌里的一叶小舟，醉中夜发，到处充满危机与险巇，但是一觉天明，竟也平安度过千山万水了。过去的不必再说，未来的日子，却要好好安排一下。(《和陶饮酒之五·小舟真一叶》)

虚浮的人世，不过是华丽变幻的万花筒，而生命本身，亦是有限度的存在。活到六十岁，回首前尘，仍然今是昨非，而所剩的时间，却已非常有限了。只要认得"是身如虚空"，毁誉就都无从沾染。最理想的境界是庄子所说的：婴儿从大车上掉下来，不会受伤，因为他不知自有此身，没有恐惧，也就没有伤害。

苏轼认为醉中求乐，不免还有酒醒的时候，正如生命之有生必有灭；人的智、愚、贤、不肖，一样无助于生命的存续。所以，他拈出"不醉亦不醒，无痴亦无黠"的境界，才能返璞归真，完全自我。

苏轼于思想哲学，不宗一说，以实用为主。一方面本于庄子的齐物思想，从永恒的角度来看人的处境，便会发觉一切尘俗价值的虚无，而忘情荣辱；另一方面略参禅意，为人不论智、愚、贤、不肖，都逃不过有生必灭的命运，所以不必妄弄心机。

苏轼的《和陶饮酒二十首》，元祐七年写于扬州。陶渊明那种委时任运的精神，支持苏轼度过后来严重的危难。渊明是个轩昂硬汉，建立了"避世"生活的好榜样。

五　二次还朝

元祐七年（1092）九月，苏轼以兵部尚书兼侍读，再度还朝。将至都门，为门下侍郎的老弟苏辙已经奏请得旨，准备出省来迎，苏轼先寄以诗——《召还至都门先寄子由》：

老身倦马河堤永，踏尽黄榆绿槐影。
荒鸡号月未三更，客梦还家时一顷。
归老江湖无岁月，未填沟壑犹朝请。
黄门殿中奏事罢，诏许来迎先出省。
已飞青盖在河梁，定饷黄封兼赐茗。
远来无物可相赠，一味丰年说淮颍。

三十多年前，兄弟俩长途跋涉，初至京师，接连忙着举人试、进士试的那份热望，那份兴奋，如今早已消失净尽。几十年的仕历,只是一场春梦。最可哀的是病倦老马,重来汴河堤边,却还回不得家乡。即使梦里还乡,但梦境却又那么短促,那么遥远而且苍白。

苏轼和上次一样,仍然寄寓兴国院东堂,表示伺候过皇上郊祀典礼的差使后,纵使不能言辞,亦将坚决要求外放。另一方面,苏辙是当今执政的副相,他是外臣,必须远避嫌疑,不便住到他的东府官邸去。

十一月十二日,皇帝驾幸景灵宫,苏轼为卤簿使,导驾前行。他的朋友蒋之奇、钱勰都是从驾的官员。

景灵宫建于祥符五年,在汴京端礼街之东,供奉宋太祖以次历代帝后的御容。皇帝亲祀郊庙,先至景灵宫行礼,谓之"朝献"。十三日宿斋太庙,行礼毕,启驾往开封府城南薰门外的南郊坛去,这是宋朝祭天的斋宫。

帝驾将至青城,仪卫森严肃穆,南郊大礼五使——宰相为大礼使、学士为礼仪使和卤簿使、御使中丞为仪仗使、开封府为桥道顿递使——的乘车刚到景灵宫东棂星门外时,忽然有赭伞覆盖的犊车和青盖犊车十余辆,争道不避仪仗,冲突而来。

苏轼大惊,马上叫御营巡检使去挡在车前,喝问:"西来者是谁?敢尔乱行!"车上人答道:"皇后、某国太夫人和大长公主。"

所谓某国太夫人者,通称国婆婆,是皇帝的乳母。

苏轼要他们补个状来。

驾抵郊坛,礼毕,苏轼对担任仪仗使的御史中丞李之纯说:"中丞职当肃政,不可不闻。"意思是要他出面纠举。李端伯因为这是皇后,表示不敢。苏轼便道:"某自奏之!"

他就在当日当地(青城),出疏上奏皇帝。先引汉成帝郊祀,

赵昭仪从在属车间,扬雄献赋谏诤的故事,申明自古妇女不当参与斋祠的原则,继言今日之事,则是:

> ……郊祀既成,乘舆还斋宫,改服通天冠,绛纱袍,教坊钧容作乐,还内。然后后妃之属中道迎谒,已非典礼。况当祀事未毕,而中宫掖庭得在勾陈豹尾之间乎!……臣愚,窃恐于观望有损,不敢不奏,乞赐约束。

皇帝看了,交给使者,那苏奏原疏驰送宣仁太后,明日中使传命,"申敕有司,严整仗卫"。

照往例,次日法驾回宫,皇后在朱雀门下迎接。这一天,宫中后妃也都未出宫门。①

苏轼来京,沿途章奏不绝,初则请辞新命,但朝廷的指挥是"为已差充卤簿使,大礼日迫,不许迁延"。继在南都再奏:"乞候过南郊,依前除臣一郡。"而今,南郊祀典已过,苏轼便立即奏乞越州。

越州即是浙东绍兴一带,与杭州为邻郡,相隔一条钱塘江而已。苏轼还很乐观,以为太皇太后会接受他的请求,遇到前在杭州、助其开治西湖的苏坚(伯固),便和他说笑道:"伯固可以再来同开会稽(绍兴)的镜湖!"

不料朝廷告下,非但不允外放越州的请求,且是诏迁端明殿学士兼翰林侍读学士、守礼部尚书的重任。

一身兼两学士职,在当时也是久未得见的"异数"。苏轼大出意外,惶恐力辞,札言:"闻命悸恐,不知所措。……岂徒内愧,必致人言。"然而,降诏依然不允。

---

① 〔宋〕李廌:《师友谈记》。

苏轼在如此难以违拗的情势之下，逼不得已，只好收起这几年来无时无刻不在心中盘旋的乡心。一切退休生活的热望，恍如滚汤浇雪，霎时间消融得不见踪影。即此块然一身，绕室彷徨，不知如何自措起来。

从政以来，历经患难，数被污蔑，现在已是年近花甲的老人了，怎还可以再住京师，受狂热猎官的后辈任意糟蹋。于此，不能不使他记起老师欧阳修来。他们师徒二人，在性格上有很多相同的地方，《宋史》说"修论事切直，人视之如仇，帝独奖其敢言"。又曰："修平生与人尽言，无所隐。及执政，士大夫有所干请，辄面谕可否。虽台谏官论事，亦必以是非诘之，以是怨诽益众。"以至于在议论如何追崇皇帝生父濮王这件事上，被台谏御史们结伙围剿，焦头烂额；后来又被小人勾结罪犯，诬告他与己所抚养的甥女不干不净，制造帷薄不修的谣言来中伤他，摧辱他。欧阳修痛心之余，未及引年，请告老致仕。

盛德如欧阳修尚且如此下场，苏轼焉能不怕政治上全不讲理的机阱，他如再稍恋栈，则前途的吉凶祸福不卜可知，放逐流离，还是细事。

朝廷不可留，外放不获准。苏轼再三思量，只剩下一条路可行，请求给予一个重难边郡的任务。

治边的主要任务在于边防军务，而宋朝的传统，重文轻武，《宋史·余玠传》说：

> 今世胄之彦，场屋之士，田里之豪，一或即戎，即指之为粗人，斥之为哙伍。

所以，守边之吏，如用文人，也大抵都是政治上很不得意的人才去边郡。这条路，志在猎取功名富贵的人，是不屑一顾的。

苏轼决心"人弃我取",以避祸患。

何况,这些年来,边疆政治和边防军务,久被中朝忽视,两皆败坏不堪。苏轼认为,与其让宝贵的生命在如此混沌的政治社会里平白浪费,不如效力于需人做事的边疆,比较有点意义。

谈兵是苏轼的家学,轼辙兄弟,议兵议财,皆有特见。苏轼肯定自己能够做好这份工作。

这状子呈递上去后,朝廷仍然不肯接纳,而且诏令"断来章",使他不能再说什么,只好硬着头皮,于十二月初到两学士守礼部尚书任上去了。

苏轼既已就任侍读学士,就以全副心力来继续担任辅弼圣学的工作。

依照中国的历史传统,君权是至高无上的。为防止绝对的君权发生权力泛滥的弊害,儒家只能从两个方向来约束它:一是抬出比君主更高的力量来作精神上的限制,这就是汉儒的"天"和宋儒的"理";另一更具体的努力是用教育方式来把皇帝塑造于一定的理想模式中,即是"辅弼圣学"。这些努力虽然并不产生决定性的效果,但多少能够驯化权势,尤其对皇帝所施文化教育,所发挥的政治影响力,常常大于儒家在政治方面其他直接的成就。

基于此一认识,苏轼愿意倾力于此。

然而成长中的哲宗皇帝,相别虽仅四五年,面目却已完全不同。一个十七八岁的青年,正是对任何权威和成规心怀敌视的反抗时期。况自正位以来,太皇太后垂帘听政,朝廷大臣都当他是个不足论事的孩子,实际政务非但没有让他插手,甚至并不向他关白;即使指事垂询,大臣也不具对,自司马光开始,就是如此。皇帝渐渐长大了,宣仁太皇太后曾在宫中问他说:"彼大臣奏事,乃胸间且谓何,奈无一语耶?"皇上说:"娘娘已处分,俾臣道何语。"后来蔡京传说:"皇上说,垂帘时期,朕只见臀背。"[①] 内心蕴藏不平,已非一日,终于造成心理上一道敌视的壁垒,一副偏激的成见,不愿听取太皇太后所用大臣们的任何言语,他只冷冷地等待"亲政"那一天的到来。

苏轼是看他从小到大的近臣,从眼前这青年皇帝的态度上,不会感觉不到那种乖异的不合作的态度,不愿听言的淡漠的神情。他抱着甚深的忧虑。

但他认为,皇帝总还年轻,假以时日,他会慢慢成熟起来的,身为保傅的人,目前只有加倍努力来开导这个青年的基本观念,指引正确的趋向,其重要等于抢救未来的国运。

苏轼迩英进读,第一次就讲汉武帝和唐太宗的不同,说武帝厌闻汲黯的忠言,太宗思念虞世南的耿直,所以,贞观大治,而武帝之世,盗贼半天下云云。从这个讲题推想,也许正为矫治这位青年官家不肯接纳他人意见的反抗态度而发,亦未可知。

苏轼这次呈递的到任谢表,内容简直就是一封谏书。他向这位皇帝学生掬诚进言道:

> ……乃知为国安危之本,只在听言得失之间。陛下即位以来,学如不及。问道八年,寒暑不废。讲读之官,谈王而不谈霸,言义而不言利。八年之间,指陈至理,何啻千万。虽所论不同,然其要不出六事:一曰慈,二曰俭,三曰勤,四曰慎,五曰诚,六曰明。……此六者皆先王之陈述,老生之常谈,言无新奇,人所忽易。譬之饮膳,则为谷米羊豕,

---

① 〔宋〕蔡绦:《铁围山丛谈》。

虽非异味而有益于人；譬之药石，则为著术参苓，虽无近效而有益于命。若陛下信受此言，如御饮膳，如服药石。则天人自应，福禄难量。而臣等所学先王之道，亦不为无补于世。若陛下听而不受，受而不信，信而不行，如闻春禽之声，秋虫之鸣，过耳而已。则臣等虽三尺之喙，日诵五车之书，反不如医卜执技之流，簿书奔走之吏，其为尸素，死有余诛。伏望陛下一览臣言，少留圣意，天下幸甚。

不幸这位皇上，现已不似从前那样听话，对于师保的进言，马耳东风，竟然毫不在意了。苏轼想尽诱导的办法，过了新年欢乐时期，正月二十六日重开讲筵时，他又从容向皇上说道：

人君为学，与臣庶不同。臣等幼时，父兄强迫读书，起初很苦，渐能自知好学，摸得一点趣向出来。要经历很久时间，才能培养出对读书发生"中心乐之"的爱好。必须有乐好之意，才能自求进步。古人所谓知之者不如好之者，好之者不如乐之者，即是此意。陛下上圣，固然与中等资质的人不一样，然欲进学，亦须从好乐中悟入。

停顿一下，苏轼续言道：

陛下之学，不在求名，不求人知，也不必为章句科举作计。但是要能周知天下章疏，观察臣下的人品、文章，辨析事理，此乃万几之政，非有学问，无所折衷尽理。

这次，皇上听他讲得很有道理，有颇以为然的样子，苏轼就非常高兴。退后，对宰辅们讲述经过，很兴奋地说："皇上天性好学，某将自汉至唐，择其君臣大节、政事之要，编为一书，以备进读。"[1]

---

[1]〔宋〕李廌：《师友谈记》。

当时,皇帝所读的教材,原是林希编的《五朝宝训》,也许范围太狭窄,也许教训口吻太多,容易使青年人发生厌倦的感觉;若以前代正史进读,则又嫌太庞杂,其中有很多不足上烦圣览的史事,所以苏轼有了这个主意。

于是他和读讲官顾临、赵彦若共同就汉唐正史内可以进读的事迹,写了一个节本,于八年八月间编写成书,送由尚书省进呈,核定开讲。

就讲读的内容而论,苏轼认为教育皇帝"圣学"的方针,应与普通人不同,一般的政治理论——治国经邦的大道理,固然需要知道,但用人行政和听言之法,这种实用的统治技术,对于一个即将亲政的君主,更是重要。

凡事讲求实用的苏轼,根据这个理念,想起一个人来,那就是唐德宗时代的宰相陆贽,以及他的著作《陆宣公奏议》。

《陆宣公奏议》,在浩瀚如海的著作林中,算不上是一部学术性的经典之作,但却流传于广大的士人手中,是一部从仕前必读的书。此书,曾被少年时期的苏轼所热烈喜爱,他不仅喜欢陆贽行文,气势蓬勃,更深切佩服的是陆宣公那种平实尽理的政治见解,切实可行的治道和方法。苏轼当年,反复熟读,一唱三叹。这本书,对苏轼的文章气谊都有影响,甚至对他的政治人格的形成——那份竭尽谏言的忠诚,也有极大的作用。

《唐书·陆贽传》:贽自被德宗召为翰林学士,以其"秉性忠荩,既居近密,感人主重知,思有以效报。故政或有缺,巨细必陈,由是顾待益厚"。这岂不就是苏轼主要的行谊吗?又说:"贽初入翰林,特承德宗异顾,歌诗戏狎,朝夕陪游。及出居难阻之中,虽有宰臣,而谋猷参决,多出于贽,故当时目为内相。"

陆贽得君之专如此,但最后还是不免于凶终隙末者,毛病就是出在"极言尽谏,巨细不遗"。一方面使绝对权力的人主听得多了,由厌倦渐生拂逆的恶感;一方面造成奸人裴延龄、卢杞辈谗愿的机会。俗言:"伴君如伴虎。"一旦触怒了他,陆贽几乎不能保全首领,虽经同僚救助,卒被贬谪忠州别驾,死于谪所。

回想《陆宣公奏议》里面,许许多多恳切的言论,几乎尽是苏轼今日想对这位青年皇帝倾诉的意见。但他没有那么多机会,可以尽情陈说。陆贽奏议中指陈德宗的短处,未始不是哲宗所已有或可能发生的缺点。然而哲宗尚未亲政,苏轼没有事实依据,不能乱说。于是,他想:假使皇上能够先把这本书熟读深思,则不啻借了陆贽的文字,传达他自己一片忠心的讽谏,希望哲宗能从此书获得解悟,建立起辨别邪正的观念、听言纳谏的态度。苏轼自己深受陆贽思想的影响,相信它也有同样的力量,对哲宗皇帝具有潜移默化的功效。

因此,他续于八年五月七日,会同吕希哲、吴安诗、丰稷、赵彦若、范祖禹、顾临等侍读官,上了《乞校正陆贽奏议上进札》。

札中一段说陆贽遇非其君的话,非常尖锐。德宗的离心离德,老臣的一腔愤懑,都从字里行间,跳跃而出。

那段话是这样的:

……但其不幸,仕不遇时。德宗以苛刻为能,而贽谏之以忠厚;德宗以猜疑为术,而贽劝之以推诚;德宗好用兵,而贽则以消兵为先;德宗好聚财,而贽以散财为急。至于用人听言之法,治边驭将之方,罪己以收人心,改过以应天道,去小人以除民患,惜名器以待有功,如此之流,未易悉数,可谓进苦口之药石,针害身之膏肓。使德宗尽用其言,则贞观可得而复。……臣等欲取其奏议,稍加校正,缮写进呈。愿陛下置之座隅,如见赞面;反复熟读,如与赞言。必能发圣性之高明,成治功于岁月。

苏轼进呈《陆宣公奏议》一书的动机,明言是"心欲言而口不逮"。显然是哲宗皇帝的反抗心理,与太皇太后任用的旧臣间,已经筑起了一座隔阂的高墙,任何一个元祐大臣,在他心理上都发生排斥,苏轼也不例外。

挽救不了的时代错误,岂仅是元祐诸臣共同的不幸!

六　再被围攻

时光过得真快,忽尔新春,又进入了元祐朝的第八个新年。

苏轼离开家乡,初履汴京之地时,才逾弱冠,恍惚之间,则已五十八岁,垂垂老矣。于此三四十年间,他在这十丈红尘的京城里,度过好多次繁华而又热闹的新年,但以今年是他生命中最快乐的一次京华新岁,惜乎也是最后一次。

宣仁太皇太后自垂帘听政以来,经历七八年间的努力,幸得边疆平靖无事,国内安和,政府给人民以休息生复的机会,使原已凋敝的民生,疮痍满目的边境,都逐渐恢复了生气。

更幸运的是元祐七年,江南各地丰收,像这样大有的年成,已经十几年没有见过了。苏轼这次还朝,《至都门先寄子由》诗即曰:"远来无物可相赠,一味丰年说淮颍。"宋朝定都于汴,而财用的根本则在江淮;江淮丰熟,即是国家经济最大的收获,人人都要额手称庆的。

唐宋时代，京城新年，最热闹的高潮是上元观灯。从十四至十六日，开放禁区三天，自天子以至庶人，及时行乐，共庆升平，据《宋史·礼志》：

> 唐以后，正月望后，开坊市门，燃灯，宋因之。上元前后各一日，大内正门结彩为山楼，天子先幸寺观行香，遂御（宣德）楼，或御东华门及东西角楼，饮从臣，四夷、蕃客各依本国歌舞，列于楼下。……后增至十七、十八夜。[①]

《东京梦华录》：

> 正月十五日元宵，大内前绞缚山棚，游人集御街两廊下，歌舞百戏，鳞鳞相切，乐声嘈杂十余里。

又曰：

> 诸幕次中，家伎竞奏新声，与山棚露台上下，乐声鼎沸。……华灯宝炬，月色花光，霏雾融融，动烛远近。

又曰：

> 元宵，宣德楼上垂黄彩帘，中为御座，两垛楼各挂灯球一枚，方圆丈余，内燃椽烛。

这山棚里面的景色，据《梦粱录》，是这样的：

> 汴京大内前缚山棚，对宣德楼，悉以彩结山沓，上皆画群仙故事，左右以彩结文殊、普贤跨狮子白象，各手指内五道出水（是谓水灯）。其水用辘轳绞上灯棚高处，以木柜盛贮，逐时放下如瀑布状。又以草缚成龙，用青幕遮草上，密置灯烛万盏，望之蜿蜒，如双龙飞走之状。上御宣德楼观灯，

[①] 太平兴国中，钱吴越王来朝京师，值上元节，献金钱百万，乞更买灯两夜。后遂沿为五夜灯。

令百姓同乐。

这年灯夕，苏轼以近臣陪侍皇上在宣德楼上观灯，作《上元侍饮楼上三首呈同列》，记述他所参与的安和康乐时代的欢欣和鼓舞：

> 澹月疏星绕建章，仙风吹下御炉香。
> 侍臣鹄立通明殿，一朵红云捧玉皇。

> 薄雪初消野未耕，卖薪买酒看升平。
> 吾君勤俭倡优拙，自是丰年有笑声。

> 老病行穿万马群，九衢人散月纷纷。
> 归来一盏残灯在，犹有传柑遗细君。

其时，高丽使者在京，求购宋刊的一部大型类书《册府元龟》和历代史，馆伴中书舍人陈轩移牒国子监印造，国子监知有不便，申禀都省下礼部看详，礼部尚书的苏轼立即表示反对。

他说，高丽入贡，目的在贪图厚赐，而且名为通好，实则替北辽做间谍，画山川险要的地图，窥测虚实。此番又欲求书，这些书必将流入北辽，是使敌人周知我国的地理险要，危害边防甚大。

关于北辽利用宋人印刷书物的情形，苏轼几次三番提过警告。前三年，苏辙使辽归来，进《论北朝事宜札子》(《栾城集》)亦言：

> 本朝民间，开版印行文字，臣等窃料北朝无所不有。臣等初至燕京，副留守邢希古相接送，令引接殿侍元辛传语臣辙云：令兄内翰《眉山集》，已在此多时，内翰何不印行文

集……其中章疏策令，言朝廷得失，若令尽得流付北界，上则泄漏机密，下则取笑夷狄。

苏轼未因他的文集流传外邦而沾沾自喜，而政府也确已定了"禁出文书"的法律。苏轼现在坚持朝廷必须遵守法律。当时法律规定，河北榷场（宋与辽、金、西夏接境处之互易市场）禁出文书，其法甚严，目的即在防范契丹（辽），现如给书高丽，则与给书契丹无异。"若高丽可与，即榷场之法亦可废。"然而，执政们举《国朝会要》说：淳化、祥符年间，已曾赐过，现在再许收买，并不妨事。

会要者，不过是历朝的政事记录，仅备检阅之用，它不是法。若说援例，苏轼说："这不是有例无例的问题，例亦不能推翻法律。"

不论苏轼争得如何声嘶力竭，执政官眼明手快，议论未定，书已发给高丽使臣，出国去矣。苏轼只有嘿然。

上年（元祐七年，1092）九月，朝廷曾经下诏说：等郊礼完毕，将集官详议祠皇地祇事。

关于南北郊祀，即分祀天地或天地合祭的问题。依三代礼法，冬至祀天于南郊，夏至祀地于北郊，原是分别举行的。自王莽于元始年间，改为天地合祭以来，历代相因，从无变革。

宋元丰间，神宗下诏要恢复北郊的祀典，未及实现，现在旧事重提，众议遂起。许将、顾临、范纯礼、王钦臣、孔武仲等一班儒臣，各持一说，聚讼纷纭起来。①

即如苏氏兄弟，在这天地之祭分合一议上，意见亦有不同。

---

① 〔宋〕岳珂：《愧郯录》。

苏辙是主张行周礼的"冬至祀天于圜丘,夏至祀地于方泽";而苏轼则根据《诗经·周颂序》:"昊天有成命,郊祀天地也。"他认为这是经有明文,合祭天地的证据。事事尊重实际的苏轼,认为祀典应由天子躬亲主持,而天子日理万机,不宜于一年之中两举大礼,太过费时费力。所以,为了上符典则,下合时宜起见,应天地合祭。于是,上《圜丘合祭六议札子》,旁征博引,都三千言,请求朝廷,将原札付群臣看详。

不料朝廷下令众官集议,苏轼认为"集议"这个方法,辩白不出一个真正的是非和结论来的,再上《请诘难圜丘六议札子》。

苏轼所提"诘难"的方法,要反对者来公开诘难他的六议,倘如他失败了,即从众议。基于"真理愈辩愈明"的道理,是议论一件国之大事的认真态度。避免各说各话,莫衷一是,最后不是依从说话者的政治地位,俯首推让;即是混沌一片,草草决议,都非追求真理之道。

最后,虽然并未举行"诘难"的论辩,而诏从天地合祭之议,苏轼终于获得了胜利。

在此热烈议礼之时,朝中另生一股暗流,秘密酝酿成熟,于同年三月间,爆发出来。由御史董敦逸出面,连续四状攻击苏轼;御史黄庆基连续三状弹劾苏轼。大帽子是"洛党稍衰,川党复盛",指苏轼援引四川人和他的亲戚入朝为官,培养个人权势。对付苏轼,除了摭拾一些琐碎无根的事故外,大体上沿袭熙宁、元丰间李定、舒亶这辈人的谗言和元祐以来朱光庭、赵挺之、贾易之流的诽谤,以为诬陷之具而已。

所述琐碎之事,如妄用颍州官钱;失入尹真配罪;在杭州时法外刺配颜章、颜益,以反对赐书高丽为违旨等皆是。其他两大支柱,则是援引党与和指斥先朝。

援引党与,系指王巩、林豫、张耒、晁补之、秦观等,都是苏轼所推荐入朝为官的,指责因此"奔竞之士,趋走其门如市";苏轼荐吕陶为起居舍人是因为吕陶与轼交厚之故;苏轼推荐宗室赵令畤,则因轼在颍州时,与令畤往还甚密,"每赴赵令畤筵会,则坐于堂上,入于卧内,惟两分而已,其家妇女,列侍左右,士论极以为丑";文勋以篆字游于苏轼之门,辙遂荐为福建路转运判官;夔州路转运使冯如晦,因是川人,遂除馆职;夔州路转运判官程之邵,是轼、辙的表弟,所以除为都大提举茶事的肥缺。

关于指斥先朝,谤讪先帝者,则都是从苏轼当中书舍人日所作制诰中,断章取义,罗织成言。如行李之纯诰词,说以厉王之乱比拟先帝之政,行苏颂诰词以武帝之暴,比拟先政,行刘谊诰内,有"安知有今日之报"语,认为"此语尤不忍闻",指贬吕惠卿诰,谓"实诋先帝"等等。

苏轼宜兴买田,被曹姓业主诈赖,拒不交产,一拖八年,反被指为"强买姓曹人抵当田产",指其"秽污之迹,未敢上渎圣聪"。凡此肆无忌惮、颠倒黑白的话,也只有在是非不明、凡事不愿追根究底的政治社会里,才敢那么胡言乱语的。黄庆基综论苏轼,言辞凶悍,他说:"苏轼天资凶险,不顾义理,言伪而辩,行僻而坚。故名足以惑众,智足以饰非。所谓小人之雄,而君子之贼者也。"

董敦逸和黄庆基两人,自三至五月的两个月时间里,连上七个这个样子的弹章。五月十二日,宰臣奏对延和殿,三省联名进呈。

左相吕大防奏曰:"窃观先帝圣意,本欲富国强兵,以鞭挞西夷；而一时群臣，将顺太过，所以事或失当"；等到太皇太后和皇帝临御，顺着老百姓的需要，随事补救，这是理所当然的事。……譬如本朝真宗皇帝即位，宽免老百姓的逋欠，以厚民财；仁宗皇帝即位，罢修宫观，休息民力，都是因时施宜，用以弥补前朝的缺失，从来没有听闻当时的士大夫说过这是谤毁先帝的。只有元祐以来的言事官，才这么用来中伤士人，兼欲动摇朝政，意极不善。

苏辙跟着面奏：

> 臣兄轼所撰吕惠卿诰，其中说及先帝的是"始以帝尧之仁，姑试伯鲧；终以孔子之圣，不信宰予"。岂是谤毁先帝的话？臣闻先帝末年，亦自深悔已行之事，只是来不及改变。元祐更化，不过追述先帝美意而已。

这段话触及元祐政治的一个核心问题，即从前有过的"以母改子"的议论。因此，太皇太后凛然言道："先帝追悔往事，至于泣下。"吕大防接口对曰："先帝一时过举，非其本意者，固多如此。"太皇太后回顾一旁侍坐的哲宗皇帝说："此事官家宜深知！"①

于是，决定罢董敦逸为荆湖北路判官，罢黄庆基为福建路判官。

发表之后，御史中丞李之纯认为董黄二人，诬陷忠良，责降太轻。因此董敦逸改知临江军，黄庆基改知南康军。

苏轼闻讯以后，十九日上札自辩，他说：为中书舍人日所行告词，都是原降词头，所述罪状，不是私意所可增减，如吕惠卿责词中的"躁轻矫诬"，系根据神宗的御批。说到永乐之祸，曰："兴言及此，流涕何追。"是神宗闻败垂泪，朝臣共见的事实。苏

---

① 〔宋〕王称：《东都事略》。

轼明白指出，这种罗织附会的评告风气，萌于朱光庭，盛于赵挺之，而极于贾易，黄庆基不过宗师此辈而已。

至于滥用颍州官钱，已经尚书省勘会；强买宜兴田地，一切经过，均循法律程序论断；申尚书省牒本路施行，户部可以取案复验；颍州失入尹真死罪一事，是提刑蒋之翰妄举，已经刑部定夺，可以覆按等等。

但是，太皇太后吩咐苏辙道："近来众人正相捃拾，叫苏轼且须省事。"

在此三至五月间，苏轼横遭董、黄二人七章围攻，求去不得的苦痛期中，因王巩的介绍，认识了道士姚丹元。

元祐初，苏轼弟兄曾被道士乔仝所骗，但这次到京师来的姚丹元，本领却比乔仝要好得多。第一，他能作得一手好诗，谓是李白的仙作。苏轼传世书法中，有《李太白仙诗》一幅，即系传自姚丹元者。诗共两首，当时酒酣放浪，神游八表，恍然已与太白游于仙境，笔参造化，独出神韵，为苏书的名迹之一。其次，此人天资聪慧，本是京师富人王家的儿子，因为行为放荡，被父亲赶出了家门，才在建隆观拜师，做了道士。数年之间，遍读道藏，重要的经典都能背诵，对于方术丹药，尤其熟悉。加以学问有点根柢，口才又好，其时苏轼方在绝端的精神苦闷之中，病急求神，穷极问卜，原是人情之常，使苏轼又很轻易地信从了他，与他唱和起来。

其实，苏轼又上了一次当，这位丹元子后来改名王绎，崇宁间做了医官，出入蔡京门下，神仙道术云何哉，只是个标准的江湖骗徒而已。①

一场风暴过去以后，苏轼赶忙上章，再度请求外放越州（浙江绍兴一带），满以为太皇太后这回一定会准予所请的了，因此抱着热烈的期望。这时候，兴国寺浴室院的慧汶和尚来乞诗，遂用前韵，续作三首：

乞郡三章字半斜，庙堂传笑眼昏花。
上人问我迟留意，待赐头纲八饼茶。

梦绕吴山却月廊，白梅卢橘觉犹香。
会稽且作须臾意，从此归田策最良。

东南此去几时归，倦鸟孤飞岂有期。
断送一生消底物，三年光景六篇诗。

苏轼写下这三首小诗，不禁为一阵空虚的感觉所袭击。最近这三年来，两召还朝，他做了什么？除了做靶子挨打以外，一点成就也没有，只留得兴国浴室先后所写小诗各三首而已，这徒然的政治生活，这虚妄的人生。

七　丧偶

一场政治风波，虽然暂告平息，而在苏轼多灾多难的生命历程中，另一沉重的打击，却又俄然袭来，那是谁都承受不了的老

---

① 〔宋〕叶梦得：《避暑录话》。

年丧偶的悲恸。

他的继室同安郡君王氏二十七娘,于元祐八年(1093)八月初一病逝京师,得年四十六岁。

王夫人名闰之,字季章,生于庆历八年戊子(1048),比她丈夫小十二岁,出生于眉州青神县的农家,王介(君锡)的幼女。《祭王君锡丈人文》说:"某始婚姻,公之犹子。允有令德,夭阏莫遂。惟公幼女,嗣执罍篚。"据此推断,闰之夫人原是苏轼亡妻王弗夫人的堂妹,苏轼丁父忧扶柩回籍,居乡守制,熙宁元年七月除服后,就续娶了这位继室。当时,新娘还只二十一岁。

闰之夫人嫁后一两个月,就跟从丈夫离开了家乡,从此随他宦游四方,从来没能安居一地。何况政治生涯,升沉无定,她也必须跟着过惊涛骇浪里的日子。她只谨守着农家妇女朴实勤劳的传统,以最坚强的毅力,为丈夫支撑门户。

嫁后第三年,生了苏轼的次子苏迨。不料这孩子,生来就患着小儿麻痹那样的毛病,养到四岁,还不会走路,不断地求医问药,并无应效。夫妻俩急得没有办法,只好将他舍于天竺佛寺,祈求佛法的保佑,后又请来道士李若之为他布气,但是身体还是很弱,生出各种各样的病来。十几年间,这做母亲的为医护这个病儿,受尽了折磨。

接着则是苏轼发生了"御史台狱"那一场滔天大祸,这是婚后的第十二年。她很坚强地面对任何灾难,拖着一家数十口,从湖州投奔在南都的夫弟。苏轼幸未杀身,却已是破家的噩运。

随后又跟着苏轼度过黄州五年贫困的贬谪生涯,她精打细算地过日子,不使丈夫感到有何生活上的短缺。苏轼虽然颇能安贫,但也需要得力内助,即如《后赤壁赋》所说:"有客无酒,有酒无肴，月白风清，如此良夜何？客曰：'今者薄暮，举网得鱼，巨口细鳞，状似松江之鲈，顾安所得酒乎？'归而谋诸妇，妇曰：'我有斗酒，藏之久矣，以待子不时之需。'于是，携酒与鱼，复游于赤壁之下。……"这妇人，即是闰之夫人。

苏轼在黄州垦辟东坡，闰之夫人出身农家，有实际操作经验，她的帮助，一定不少。如能医牛病，苏轼更是津津乐道。

她便是这么一个能干又体贴的主妇。

也许因为教育程度有差距，婚姻初期，苏轼对她的感情似乎有点淡漠，不如对前妻那么敬爱兼至；然而，真金不经锻炼，不见光彩，真感情须从患难中培养出来，因此，苏轼在黄州时，便兴高采烈地说过："子还可责同元亮（陶潜），妻却差贤胜敬通（冯衍）。"

时入元祐，苏轼上膺太皇太后的知遇，政治地位扶摇直上，"出为方面，入为侍从"。可以说是非常显达的了。而闰之夫人勤俭治家，不改常度，最难能可贵的是对人朴实诚恳，一点不见骄矜自喜的颜色。长子苏迈是苏轼前妻所生，后娘本不易做，但是苏轼亲撰祭文中说：

> 妇职既修，母仪甚敦。三子如一，爱出于天。从我南行，菽水欣然。汤沐两郡，喜不见颜。

她的夫弟苏辙有《祭亡嫂王氏文》，对于她那农家朴实的本性，更是赞仰备至，如言黄州起复以后，亲眼看见这位嫂子处富贵的生活态度：

> ……赐环而来，岁未及期。飞集西垣（轼官中书舍人），遂入北扉（官翰林学士）。贫富戚忻，观者尽惊。嫂居其间，不改色声。冠服肴蔬，率从其先。性固有之，非学而然。

汴梁城中，富骄穷谄的读书人多如过江之鲫，闰之夫人虽然缺乏书物的教养，但就凭借这份天赋，使同样流着农民血液的苏轼，对她生出人品上的敬爱，得到精神上统一的愉快和夫妇协同的幸福。尤其近几年来，苏轼邯郸梦醒，深切感到驰骋名场，声华过眼，心里只有一片空虚，正在努力寻取如何走下这座政治台阶，以便偕同老妻平安归去，收回失落已久的乡园旧梦时，不料造物弄人，却又夺去了这个忧患余生里的老伴，恢复田园生活唯一的助手，使他好似突然被孤立于空空洞洞的原野里，回顾苍茫，无言泪下。原想做回一个眉县的老农，但现在这个孤独的农人，如从田间踽踽归家，再也没有人在家门口等他了；日间在田地上劳作，再也没有人给他送饭了。他在祭文里，沉痛自誓：

　　我曰归哉，行返丘园。曾不少须，弃我而先。孰迎我门，孰馈我田？已矣奈何，泪尽目干。旅殡国门，我实少恩。惟有同穴，尚蹈此言。

闰之夫人虽然不曾读过多少书，然而做了二十几年的诗人之妇，气质大有变化。殁前一年正月在颍州，堂前梅花盛开，月色澄明，她看苏轼闲着无聊，便劝他邀他的朋友来花下饮酒。

她便是那么一个以丈夫的喜爱为自己的快乐的妇人，与苏轼之"已无病而好合药，不善饮而好酿酒"出于同一心肠。

闰之夫人是个虔诚的佛教徒，苏轼曾在她过生日时，取《金光明经》的故事，买鱼放生为寿，并作《蝶恋花》词一阕：

　　泛泛东风初破五。江柳微黄，万万千千缕。佳气郁葱来绣户，当年江上生奇女。

　　一盏寿觞谁与举？三个明珠，膝上王文度。放尽穷鳞看圉圉，天公为下曼陀雨。

词中所说"三个明珠",是指迈、迨、过三个儿子,闰之夫人二十五岁上生了苏过,以后就不再有生养了。苏过非常孝顺父母,后来侍父南迁,一直以远离暂厝京师的母柩为恨。免丧前,他在惠州亲自书写《金光明经》四卷,手自装潢,送虔州崇庆禅院新经藏中,为亡母祈求冥福。

闰之夫人临终这天晚上,对她的儿子们留下遗言,将她仅有的一点私蓄,要请个有名的画师绘制佛像,供奉丛林,受十方礼拜。后来就由苏轼的好友、当代人物画的第一高手李龙眠(公麟)画了释迦文佛及十大弟子像,供奉京师。苏轼亲撰《释迦文佛颂》。

闰之夫人寿虽仅及中年,但她所生两个儿子都已长成,迨二十四岁,过亦二十二岁,且先后因荫得官,都做了承务郎。夫人临终时,除了长子苏迈在外当河间令不在身边外,其他的亲人都在病榻前送终,比她婆婆福气好多了。

灵柩暂厝京师城西惠济院里,不料一搁十年,直至苏轼殁后,徽宗崇宁元年(1102)闰六月,迈等扶丧葬父于郏城,才由苏辙先于四月间,告迁同安郡君闰之夫人的灵柩于郏城坟地附近的东南佛院,遵照苏轼的遗命,夫妇同穴合葬。

夫人新丧期内,苏轼已奉出帅定州的新命。在答眉州乡邻杨济甫书中,略道自己老境的凄怆:

> 衰年咎责,移殃家室。此月一日,以疾不起。痛悼之深,非老人所堪。奈何,奈何!又以受命出帅定武,累辞不获,须至勉强北行。家事寥落,怀抱可知。因见青神王十六秀才,亦为道此。会合何时,临书凄断。

书中所说"王十六秀才",即王箴,字符直者,乃闰之夫人的胞弟，苏轼知杭州时，曾远道来访，住过他家"高斋"的髯舅。

苏轼既丧其妻，而年来热烈想望的归乡之计，眼看又已成空，顿觉此身飘飘荡荡，不知何所归着，兀自在心中默默沉吟自作《和陶饮酒二十首》中的一首诗：

>　　去乡三十年，风雨荒旧宅。
>　　惟存一束书，寄食无定迹。
>　　…………

在闰之夫人逝后第十天的凌晨，苏轼将赴早朝。盥漱毕，看看时候尚早，依照他的习惯，在净榻上假寐片刻，不料却已回到了眉县纱縠行的老宅。在宅后蔬菜园里转了一圈，回头坐在南轩，看见几个庄客在搬运泥土，填塞小池。掘得的土中发现有两支芦菔根，庄客们很高兴地在大嚼。苏轼拿起笔来，想作一篇文章，写了几句："坐于南轩，对修竹数百，野鸟数千。……"

陡然醒来，才知原来是梦，惘然想到，那南轩，就是父亲名之曰"来风"的那间厢房。[①]

他已没有别的什么可想——这空虚的老人。

八　太后崩逝

苏轼丧偶未久，忽传太皇太后病了。

那时，外间流播一个非常荒谬的谣言，说太皇太后有意废帝，改立己子。太皇太后听到了，精神上大受刺激，不久就病倒了。

[①]〔宋〕苏轼：《东坡志林》。

历史上，皇家传承之间，原是政客们翻云覆雨的好机会，蔡确辈不会轻易放过。神宗病重时，邢恕替蔡确划策，阴谋勾结太皇太后娘家侄子，内外合力拥立太皇太后亲生儿子歧王赵颢或嘉王赵頵，不料宣仁太皇太后立心公正，她说："神宗自有子，子继父业，分所当然！"即时立了哲宗。

蔡确罢官遣外，邢恕代他散布谣言，说太皇太后本意，要立己子，全赖他们协力谏阻，所以对哲宗不无策立之功，意在讨好皇帝，图谋起复。事为梁焘上奏，太皇太后一气之下，将蔡确、邢恕都贬往岭外。

现在则是章惇辈再度掀起谣言，说皇帝已经成人，怎么还不让他亲政，是因为"祖孙不协，太后有意废帝"之故。

假使这班失意政客的离间阴谋成功，则宣仁太后担当天下之重，一生的苦心岂不尽付东流？

何况，哲宗早已不是孩子了，对于做这个有名无实的皇帝，心里充满了委屈和愤怒，若再经人挑拨，后果如何，不堪设想。

太皇太后寝疾之初，单独召见右相范纯仁，谕曰：

"卿父仲淹，可谓忠臣。在明肃太后垂帘时，惟劝明肃尽母道；明肃上宾，惟劝仁宗尽子道。卿当似之。"

太皇太后的苦心，被奸小诬害，被皇帝误会；她相信纯仁能够为她见证。

纯仁泣对："敢不尽忠。"

八月下旬，太皇太后病重，左相吕大防、右相范纯仁、御史中丞郑雍、枢密院韩忠彦、刘奉世入崇庆殿后阁，问太皇太后安，哲宗侍立榻前，太皇太后在病榻上说："老身受神宗顾托，同官家御殿听断，公等试言：九年间曾施私恩与高氏否？"

大防对曰:"陛下以至公卿天下,何尝以私恩及外家。"

太皇太后说:"固然,只为至公,一儿一女病且死,皆不得见。"说完这话,忍奈不住悲戚,哭出声来。

大防等太皇太后情绪略平,才说:"近闻圣体向安,乞稍宽圣虑,服药。"

太皇太后顾视哲宗,毅然道:"不然,正欲对官家说破。"停顿一下,接着道,"老身殁后,必多有调戏官家者,宜勿听之"。

她回头对宰执们凄然说道:"老身病势有加,与公等必不相见;公等亦宜及早求退,令官家别用一番人。"①

大臣们聆谕悚然,只听太皇太后吩咐左右赐社饭②,说:"明年社饭,要思量老身。"

每年春二月及秋八月,为春秋二社,家家过社节,煮社饭,祀土神。大臣问疾,时在八月,此社饭当指秋社。

至九月初二,太皇太后病危,左右相吕大防、范纯仁和知枢密院事韩忠彦再度请求入宫问安,诏许。三公至御榻前,但见榻前障以黄幔,哲宗黄袍幞头,立于榻左,三臣立于榻右。大防进前问安,太皇太后说:

"老婆待死也。累年保佑圣躬,粗究心力,区区之心,只欲不坠先烈,措世平泰,不知官家知之否?相公及天下知之否?"辞气积郁而微弱。

大防还来不及答对,皇帝的面色已很难看,叱道:

---

① 〔宋〕杨仲良:《皇宋通鉴长编纪事本末》。
② 孟元老《东京梦华录》:"八月秋社,各以社糕、社酒相赉送。贵戚宫院以猪、羊肉、腰子、奶房、肚、肺、鸭饼、瓜酱之属切作棋子片样,滋味调和,铺于饭上,谓之社饭。……春社、重九、重午亦如此。"

"大防等出!"

三公趋出,相顾曰:"吾等不知死所矣。"①

明日,九月初三戊寅,太皇太后高氏崩于寿康殿,群臣上尊号曰"宣仁圣烈太皇太后"。明年二月葬永厚陵,以吕大防为山陵使。

山颓木坏,整个国家突然落入危疑震撼之中,大家都有国将大变的预感,谣诼纷纭,人心浮动。在位的朝臣们,心怀顾忌,抱着懔惧观望的态度,钳口结舌,不敢说一句话。

苏轼认为,一个负责的人,必须有勇气面对任何现实。眼前的局势,一股汹涌的逆流,即将排山倒海而来,而现在是最重要的关键时刻,如何还能缄默?要乘太皇太后新丧,对皇帝解说太皇太后对天下、对皇帝的恩德,希望哲宗能够觉悟,能够感动,才不会被小人的谗言所蛊惑,才不会被那批失意在外的政客乘机离间。万一他们重揽政权,则上承仁宗治道,所辛苦建立起来的元祐之治,就将全被破坏无余了。

辨别邪正,严君子小人之防,是旧党从司马光以来筑成的第一道政治高墙。现在最重要的事,莫如唤醒情绪很不稳定,但却即将拥有绝对权力的哲宗,不要轻启栅门,自坏长城,墙外月黑风高,一片黑流汹涌,随时会淹进汴京来的。

苏轼有意发难建言,盱衡全朝,只有范祖禹可以商量此事。他写好奏稿,持访祖禹。不料范祖禹已经写成《听政札子》,先取出来给苏轼看,这札子首言太皇太后的恩德,则曰:

---

① 范公称《过庭录》记入宫问疾三人,为吕汲公(大防)、范忠宣及枢密安厚卿(焘)。查安于元祐四年已因母丧去位,五年三月以韩忠彦任同知枢密院事。据以改正。

>陛下方揽庶政，延见群臣，四方之民，倾耳而听，拭目而视，此乃宋室隆替之本，社稷安危之基，天下治乱之端，生民休戚之始，君子小人消长进退之际，天命人心去就离合之时也。……陛下年始十岁，太皇太后内定大策，拥立陛下，储位遂定，陛下之有天下乃得之于太皇太后也。听政之初，诏令所下，百姓无不欢呼鼓舞。自古母后多私外家，惟太皇太后未尝有毫发假借族人。不唯族人而已，徐王、魏王皆亲子也，以朝之故，疏远隔绝。……临朝九年，未尝少自娱乐，焦劳刻苦，以念生民，所以如此，岂有他求哉！凡皆为赵氏社稷宗室宗庙，专心一意以保佑陛下也。

其次，揭破新党政客的阴谋，言曰：

>恭惟太皇太后之政事，乃仁宗之政事也。九年之间，始终如一。然群小怨恨，亦为不少，必将以改先帝之政，逐先帝之臣为言，以事离间，不可不察。……惟辨析是非，深拒邪说，有以奸言惑听者，付之刑典，痛惩一人，以警群愿，则帖然无事矣。此等既误先帝，又欲误陛下。天下之事，岂堪小人再破坏耶！

苏轼一面听，一面不断赞叹："公文，真经世之作也。"

晁说之《晁氏客语》载："纯夫元祐末，与东坡数上疏论事，尝约各草上一疏。东坡访纯夫求所作疏先观，读尽，遂书名于末云：'某不敢复为疏矣。'纯夫再三求观，竟不肯出，云：'无以易公者。'"东坡别有一首《和纯夫月研》诗："上书挂名岂待我，独立自可当雷霆。"盖纪实也。

纯夫（一作淳甫），祖禹字。所说苏轼附名同奏的章疏，即是此状。

苏轼对范祖禹文字的倾倒，是大家都知道的。朱熹也说："淳夫文字纯粹，下一个字便是合当一个字，东坡所以伏他。"①

祖禹此奏，不但从颂述太皇太后的功德来感动哲宗，并且阐明太皇太后的心志，只是回复祖宗的旧政，措生民于安居乐业，为皇帝奠太平之基而已。其中一情一节，与太皇太后病榻上所说的话，丝丝入扣。哲宗若是心无所蔽，读了这个章疏，是应该有所感悟的。

不料皇帝亲政的第二天，就下旨召内侍刘瑗、乐士宣等十人复职，这十人中就有熙丰间神宗重用的内侍李宪、王中正二人的儿子在内。中书舍人吕希纯封还词头，拒不草诏。皇上说："宫中缺人使令，且是有近例可援之事，为何封驳？"

左相吕大防奏曰："虽有此，众论颇有未妥。"

苏辙对曰："此事非为无例，盖为亲政之初，中外拭目，以观圣德；而所召乃先内侍，众心惊疑，必谓陛下私于近习，不可。"

哲宗不得已道："除命且留俟祔庙取旨可也。"但是心里非常恚恨，怀疑是苏辙指使出来的。

侍讲丰稷也站出来讲话，便被出知颍州。

范祖禹请对殿上，引述古今史实，极论小人宦官不可用，吕惠卿、蔡确、章惇这班政客尤其用不得，用则覆国。又陈宦官李宪、王中正过去种种罪状，"上负先帝，下负万民"。现在李宪虽已身亡，而王中正、宋用臣犹在，"今召内臣十人，而宪、中正之子皆在其中，二人既入，则中正、用臣必将复用，臣所以敢极言之"。希望皇帝"守之以静，恭己以临之，虚心以处之。则群臣邪

---

① 〔宋〕黎靖德:《朱子语类》。

正,万事是非,皆了然于圣心矣"。

祖禹只是一个读书君子,立论纯从道义着眼;要预防新党逸慝,钻营起复,却忽略了哲宗不健全的仇恨心理。所以纵然沥血尽谏,却一点用处也没有。皇帝只是淡淡地敷衍了一句:"朕岂有意任用,止欲各与差遣尔。"将他打发掉了。

宣仁太皇太后大行前后,朝廷告下,苏轼罢礼部尚书任,以两学士充河北西路安抚使兼马步军都总管、出知定州军州事[1]。这也许是太皇太后为保全苏轼所预作的安排,也许是哲宗早已听从了新党分子的唆使,先把这位将成障碍的师傅差出,省得将来啰嗦。不过无论如何,际此政事大变前夕,能够脱身是非之场,对苏轼个人来说,总是好事。

苏轼奉告命后,遵例殿赞既毕,请求入朝面辞。

不料诏促速行,竟然不得入见。苏轼很不满意,只得留一书面的《朝辞赴定州论事状》,给皇帝尽最后的忠告。略曰:

陛下临御九年,除执政台谏外,未尝与群臣接。今听政之初,当以通下情、除壅蔽为急务。臣日侍帷幄,方当戍边,顾不得一见而行。况疏远小臣,欲求自通,难矣。陛下圣智绝人,春秋鼎盛。臣愿虚心循理,一切未有所为,默观庶事之利害,与群臣之邪正。以三年为期,俟得其实,然后应物而作。使既作之后,天下无恨,陛下无悔。由此观之,陛下之有为,惟忧太早,不患稍迟,亦已明矣。臣恐急进好利之臣,辄劝陛下,轻有改变,故进此说。敢望陛下留神社稷、

---

[1] 苏轼定州之命,王宗稷《年谱》定为是年八月,翁方纲《苏诗补注》引《实录》则为"元祐八年九月,礼部苏公以侍读学士知定州"。任命如在八月,可能为宣仁太皇太后所作之安排;如在九月,宣仁已崩,则必出于帝意。

宗庙之福，天下幸甚。

其中以自己不得入见为例，铮铮力谏道："臣虽不肖，蒙陛下擢为河北西路安抚使，沿边重地，此为首冠。臣当悉心论奏，陛下亦当垂意听纳。祖宗之法，边帅当上殿面辞，而陛下独以本任阙官，迎接人众为词，降旨拒臣，不令上殿，此何义也？使听政之初，将帅不得一面天颜而去，有识之士，皆谓陛下厌闻人言，意轻边事，其兆见于此矣。"

苏轼谏说哲宗，不要轻举妄动，殊不知这位被人冷落多年的皇帝，正抖擞精神，要一显与前不同的身手。他抱怨皇帝不让他有面辞的机会，殊不知皇帝心里，对于元祐旧臣一例厌恶，完全应验了宣仁太皇太后的预言："官家要别用一番人了。"

苏轼将行，九月十四日往别苏辙于东府。时值深秋，冷雨萧瑟，气氛固然索寞，心情尤其沉重，他默默凝望着院子里淋在雨中的那一树梧桐，一个人发着愣。细数近三年来，每次看到这株梧桐树时，似乎都在雨中，不免有点神秘的感觉。所谓三年三见，那是指元祐六年自京出知颍州，七年自扬州召还，以及八年今日之出守定州。

政局变化的趋势，征兆已见。苏轼心里明白，他们的失败，几乎无可避免。心潮起伏，无限惶惑。默念着年纪已经那么老了，这一去，不知何年何月才能卸掉这副担子，全身还乡。今是东府主人的老弟，其实也不过是逆旅过客而已，他也居住不久了。千里之行，始于足下，所迷惘的是不知茫茫前路，将走到哪里去。"对床夜雨"之约，恐怕终是一场梦，即使闯得过这一阵弥天的风浪，老兄弟俩还能像现在这样健朗吗？苏轼这样痴痴地想着、想着，不觉掀起了无限感慨，作《东府雨中别子由》诗：

庭下梧桐树，三年三见汝。
前年适汝阴，见汝鸣秋雨。
去年秋雨时，我自广陵归。
今年中山去，白首归无期。
客去莫叹息，主人亦是客。
对床定悠悠，夜雨空萧瑟。
起折梧桐枝，赠汝千里行。
归来知健否？莫忘此时情。

苏轼将有远行，遣散京中家臣，却发生一件无心插柳的故事。

苏家用一小吏高俅，颇工笔札，本来打算送给曾布用的，曾以他家办文书的人已经多了，辞谢不受，苏轼便将他托付了驸马都尉王诜。

元符末年，王诜为枢密都承旨，其时，神宗第十子端王赵佶与诜甚为交好。一日，同在殿庐待班，邂逅间，率然对王诜说道："今日偶忘带篦刀子出来。"王诜便从腰袋里取出一枚来借他用。

"这篦刀子样子很新。"端王说。

"新近创造两副，还有一副不曾用过。回头就当派人送到王府里去。"王诜答。

当晚，王诜就派高俅送去。高俅到了府里，恰值端王在花园里蹴鞠。高俅一边等待，一边看蹴鞠，好像十分内行的样子。端王注意到他，便叫他过来，问道："你也会蹴鞠吗？"高俅说："我会。"

于是，就叫他来对蹴，甚合王意，随即吩咐仆人说："可往传语都尉，一则谢他赠我篦刀，二则连送篦刀来的这个人，我也留下了。"

由此，日见亲信。几个月后，哲宗疾殁，无子，向太后与诸大臣议立端王继承大宝，是为徽宗。徽宗对高俅宠眷更甚，不次迁拜，外官节度使而至使相，内历三衙者二十年，上至父兄，下逮子侄，莫不高官厚禄，富贵无比。[①]这却应了苏轼在南都作《九日次定国韵》诗所说："轩裳陈道路，往往儿童收。封侯起大第，或是君家驹。似闻负贩人，中有第一流。……"生当淑世，知识分子进身不如厮役，落寞可悲。

高俅得意之秋，苏轼早已下世，然而他却富贵不忘旧主。苏家子弟入都，据说他给养问恤甚勤。有说徽宗后期对苏轼身后各种禁约的宽容，高俅与有力焉。可见小人有时也会做一两件小善之事。

九 守边定州

定州，即今河北省保定市的定州市。后魏初置，属中山郡；隋改博陵郡；唐仍定州之名；宋升为中山府。

五代后晋天福二年（937）石敬瑭臣服契丹，割燕云十六州，即今河北、山西北部一带地区。契丹得此未久，即建国曰辽。自此，定州这个地方，便成了与敌国接境的边防重镇。

宋真宗时，在定州筑造定州塔，实系瞭望敌人动静的瞭望台，所以俗称"料敌"。塔高十三层，最底层也有五丈高，广袤占地五亩，各层为六角形，每角塑有佛像，用以掩饰军用的目的。此塔，

[①]〔宋〕王明清：《挥麈后录》。

为定州现存的古迹之一。

苏轼于元祐八年（1093）十月二十三日到定州任，此来向朝廷奏辟了两个朋友同行：一是工诗的李之仪，保荐他来当签书判官厅公事，相当于现在的办公厅主任；一是同乡孙敏行，参赞幕僚业务。

李之仪，字端叔，原籍景城，后居当涂。苏轼与之仪的从兄李之纯（端伯）于元祐初同官京师，十分交好。苏轼在翰林日，值夜，读李之仪诗，题句有"暂借好诗消永夜，每逢佳处辄参禅"。之仪受知于苏轼，大约始于此时。

之仪登进士第几三十年，才从苏轼于定州幕，可见他于仕途甚不得意，但却是个文采风流的诗人，又工于书牍，苏轼称之为"得发遣三昧"。他的短诗，绵丽清新，逸韵横流。如《赠人》（《与当涂歌者》）：

通中玉冷梦偏长，花影笼阶月浸凉。
挽断罗巾留不住，觉来犹有去时香。

情随榆荚不胜飘，心似杨花暖欲消。
拟借琼林大盈库，约君孤注赌妖娆。

定州是韩魏公（琦）的旧治，魏公与范文正公（仲淹）同负军事重责，躬亲指挥，却敌致果，史称"韩范"。苏氏兄弟初至京师，即韩魏公提携奖誉，知遇之感，终身不忘。所以，他下车伊始，即躬往祭告韩忠献公于阅古堂，祭文中很感慨地说：公网罗我时，"若获麟凤"，岂知无用于世！

苏轼在定州的公务生活，虽然那么繁重，但幸幕客李之仪、孙敏行既极得力，而定州的通判海陵人滕希靖（兴公）、温陵人曾

仲锡又都相处得很好。所以,公余之暇,尚不寂寞,端叔《姑溪集题跋》有段回忆说:

> 中山控北房,为天下重镇,选寄皆一时人物,轻裘缓带,折冲尊俎。元祐末,东坡老人自礼部尚书为定州安抚使,之仪以门生从辟……每辨色会于公厅,领所事,穷日力而罢。或夜,则以晓角动为期,方从容醉笑间,多令官伎随意歌于坐侧,各因其谱,即席赋咏。[1]

工作似乎相当顺手,但是老年丧妻的痛苦,整顿军务的费力,也着实使他有无穷的感叹,如《与钱济明(世雄)书》说:

> 别后至今,遂不上问,想察其家私忧患也。老妻奄忽,今已半年,衰病岂复以此自缠。但晚景牢落,亦人情之不免,重烦慰谕,铭佩至意。……出守中山,谓有缓带之乐,而边政颇坏,不堪开眼,颇费锄治。近日逃军衰止,盗贼皆出疆矣。

老伴虽已去世,但是三房子媳和孙儿等,都随任同在,一家团叙。长子苏迈本来外任河间县令,但因河间县辖属河北西路,依法应该回避,辞官来定,所以也很热闹。

是年十二月二十五日,准备过年,家家都要舂米做糕,苏家妇女也忙着做糕饼之类的点心。苏轼醉睡醒来,看到一种馏饭蒸气做饼的工具,叫"馏合刷瓶",觉得很新鲜,特为拣选一具,寄与苏辙,附以小诗《寄馏合刷瓶与子由》:

---

[1] 李端叔题跋续言:"东坡在中山宴集间,有歌戚氏调者,坐客言调美而词不典,以请于公。公方观《山海经》,即叙其事为题,使伎再歌之,随其声填写。歌竟篇就,才点定五六字而已。"《老学庵笔记》云:"东坡先生在中山,作戚氏乐府词最得意。幕客李端叔跋三百四十余字,叙述甚备,欲刻石传后,为定武盛事。会谪去不果,今乃不载集中,至有立论排诋,以为非公作者,识真之难如此哉。"此词今见毛氏汲古阁本、疆村朱氏重编元延祐本《东坡乐府》。

> 老人心事日摧颓，宿火通红手自焙。
> 小甑短瓶良具足，稚儿娇女共燔煨。
> 寄君东阁闲蒸栗，知我空堂坐画灰。
> 约束家僮好收拾，故山梨枣待归来。

二月二十，是苏辙生日，再寄檀香木雕刻的观音像和新合印香银篆盘两项礼物，为卯君（辙乳名）寿。附诗，则曰："尔来白发不可耘，问君何时返乡枌？"开口落笔，尽见一片归心。

溯自真宗澶渊议和，契丹不折一矢，年得岁币三十万，从此悉心经营内部，停止游牧民族式的对外侵略，自建国号，志不在小。宋亦因此暂弭北方的边患，乐于苟安，战垒不修，战兵不练。昔年范仲淹即曾说过："昔之战者，今已老矣；今之少者，未知战事。人不知战，国不虑危。"已是很可怕的疏忽，降至苏轼这个时期，边疆军政的败坏，几已到了不可收拾的地步。

宋采佣兵制，兵分四种：一禁兵，为天子亲掌的卫兵，数量最多，轮戍四方，为宋之主要战力；次为厢兵，为诸州之镇兵，然因缺乏教练，类多给役而已；三曰乡兵，选自户籍，或土民应募而来，就地训练，保乡卫土；四曰蕃兵，籍属塞下内属诸部落，团结以为藩篱之兵。

禁军为国防的主要战力，苏轼到定州后考察所见，不但疲堕不可复用，并且为避免刺激契丹之故，甚至也不能公开训练，竟成了极大的累赘。苏轼说：

> ……窃谓沿边禁军，终不可用，何也？骄惰既久，胆力耗疲，虽近戍短使，辄与妻孥泣别；披甲持兵，行数十里，即便喘汗。臣若严加训练，昼夜勤习驰骤坐作，使耐辛苦，则此声先驰，北房疑畏，或致生事。……

禁军既不堪用,则守边重任,不得不仍仰赖于沿边的土人,是由来已久的事实。苏辙于熙宁二年(1069)上皇帝书中,即已剀切陈述:"今世之强兵,莫如沿边之土人;而今世之惰兵,莫如内郡之禁旅。……土兵一人,其材力足以当禁军三人;禁军一人,其廪给足以赡土兵三人。"(《栾城集》)

所以,苏轼到任后,特别注意"弓箭社"这个本地乡兵的武力组织。

弓箭社人户,都是当地的乡民,自幼与强虏为邻,熟悉地方动静,自力保卫身家骨肉,祖宗坟墓,日夜巡逻探问不息。因此,地方衙门的巡检县尉,皆依弓箭社人为耳目,为臂肘。他们娴熟武艺,起居不释弓马,出入守望,常带器械。不但平日保境安良需要他们;遇有寇警,人自为战,契丹人也很怕他们。

仁宗朝,庞籍守定州,因俗立法,将他们组织为弓箭社,置社长、社副加以统率,定赏罚条款,奏得旨准,遇有缓急需人的时候,便用他们自为守卫,甚是得用。

但至熙宁年间,王安石行保甲法,便将弓箭手编进保甲里去,弓箭社这个地方组织也同时被废了。从此这批弓箭手就都化为农民,照保甲法的规定,秋收事毕,官方集训一月,名为"冬教",保甲人户必须远出到政府指定地点去受训,不但食用路费,官方津贴每不够用,而两丁抽一,按户勒充,甚受干扰。最糟的是从前吃过弓箭手亏的盗贼辈,乘他们受训远出的机会,便向他们的家属报复,破家仇杀之事,经常发生。迫不得已,他们只好重新私自恢复弓箭社的组织,形成官虽废而民自存的状况。但是,弓箭手既已编入保甲,就不得不兼顾保甲规定的公事,所以一身二役,疲于奔走。

苏轼说：本路所辖战兵，只有二万五千九百余人，分屯八个州军，倘有警急，不足守御，何况又大都是堕落弛废的老兵，根本打不来仗；至于保甲，本是农民，每年集训短短一个月，并无用处。

基上理由，他建议朝廷，恢复弓箭社的建制，估计可增民兵三万人，豁免他们保甲的任务和两税折变科配的负担，同时规定奖励条款，"时加拊循，以为边备"。

十一月十一日上《乞增修弓箭社条约状》：近年来，辽国内部，经常发生动乱，小国叛变，破军杀将，饥民落草为盗，打家劫舍，辽不能制，势将窜入内地，延及我境。苏轼顾虑若派官吏带兵捕盗，则"贼未必获，而居民先受其扰"。捕盗的官兵，对人民的侵害，居常甚于盗贼，所以唯有赶快恢复弓箭社这个人民自卫武力的组织，才能拦截横行辽境的盗贼。

因此，连上第二疏，希望早获朝旨，准照施行。

但这时候，朝廷内外，乱成一片，宋的政治，又将发生一场剧烈的变动，谁还注意这些边远问题！

这是苏轼到定州任后，第一个擘划。两上章疏，但其结果如所意料："奏上，皆不报。"

苏轼又着手整顿败坏到"不堪开眼"的军队风纪。

负定州军务实际统率责任的，是副总管王光祖，因是老将，倚老卖老，一向骄横。武卫军里面，公开吃空额，公然克扣粮饷，弄得兵丁食不果腹，妻子冻馁。于是强者逃亡，聚为盗贼；弱者游惰成习，以欺凌百姓为事，根本谈不上教练和风纪。

军人盗用公物、公帑的，长官不敢查；军区城寨里的军眷人户，公然斫伐禁山，犁为田地，再放租给老百姓，政府不敢问；

城里还有一百多家柜坊（赌场），公开招贴，兜揽军民赌博。

因为军人公然饮博，所以禁军的官校还有另一个生财之道，就是放高利贷。

如此严重的糜烂，由来已久。前任知军州的长官，因为王光祖是老将，不敢过问。但是苏轼认为既做了马步军都总管，便决然要管，查到贪污情节重大者，立即判令充军远恶地区。有个云翼指挥使孙贵，到营不过四个月，前后触犯敛财、掠夺之罪，竟达十一次之多，得赃九十八贯余文。苏轼立断逮送司理院（法院），枷项根勘（彻查）。

于是，敛掠顿绝，饮博亦止。

那些军校们在这新定帅的铁腕下，栗栗不能自安，于是有人出面来举发他的长官贪赃。苏轼说："这种事，我自己会查办。假使准了你的告发，军队的纪律就乱了。"立即将他决配，浮动的军心渐次安定。

苏轼在定州不欲骤行峻治，只是因事行法，无所贷舍，军民自此稍知有朝廷法令，逃军和盗贼都渐渐稀少了。

军队积弊重重，犯法的人固然要严办，而那些被剥削的小兵，也必须受到照顾。苏轼派李之仪、孙敏行遍往诸营点检，但见他们的营房年久失修，早已大段损坏，不庇风雨。兵士们没有办法，只有窃占民地，自盖小屋居住。这些屋子，不但橡柱腐烂，大半无瓦，其狭小则除一床一灶之外，简直转动不得身体。宋朝准许军人携带家眷随营居住，而诸营军号中，妻子冻馁者，则十有五六。

苏轼在《乞降度牒修定州禁军营房状》中说："臣既目睹偷弊，理合葺治犯法之人，即须恤其有无，同其苦乐。岂可身居大厦，而使士卒终年处于偷地破屋之中，上漏下湿，不安其家。"因此，差了将官李巽、钱春卿、刘世、孙将带领工匠，遍往各营逐一检查应修之处，估计工料费用确数，请求朝廷支赐空名度牒一百七十一道，以便委由本司召人出卖，得款买建材，烧造砖瓦，雇工修盖。

军重风纪，而纪律基于阶级之分。定武军礼久废，已经到了不识上下的地步。平时没有纪律，一遇动乱，立刻都成了穿制服的强盗。苏轼决定于元祐九年春，举行检阅。

大检阅礼，一切查考旧典，遵照礼制进行。苏轼是河北西路安抚使兼马步军都总管，常服坐帐中，将吏戎服奔走执事，严肃而又隆重。

不料那位一向骄横惯了的副总管王光祖，自以为他是老将，不愿屈居人下，卖起俏来，称病不出。苏轼不能听任他一个人来破坏整个军纪，立刻叫书吏来，要出奏朝廷，专案弹劾。王光祖到底怕了，震恐而出。于是，阅兵大礼顺利进行，圆满完成，没有一人敢于怠慢。

定州人说："自从韩忠献公去任后，不见此礼，直至今日。"重见代表朝廷的威仪。

苏轼于治军外，在那"民以食为天"的时代里，做地方官，必须注意老百姓的食粮。在他到任以前，河北各路，都曾有过灾荒。定州一路，因为雨水太多，为害庄稼，收成不到一半。苏轼预料春夏之交，地方上一定缺粮。宋朝的法律，规定地方官有权"倚阁散贷"，到时发放贷款便可了事。但是苏轼认为"愚民每有借贷，不肯及时还纳，既烦鞭挞追呼，不免失陷官物"，留下许多后患。他不愿这么做，宁愿上《乞减价籴常平米赈济状》，以低价出籴常平米数万石来压平粮价,奉旨准办。续又访见民间仍有部分穷苦的佃农,虽有廉价官米,还是无钱去买,而仓中陈米,却因存储过久,即将腐烂。所以他又上章请求朝廷,将现在仓存陈米二万余石,交由上户保借,转贷佃农,等丰熟年岁,可以收回新米入官。

苏轼在定州这段时间,中枢政变这一股强烈的气流,弥漫六合,使任何人都能感到闪电已亮,轰雷即至。朝廷内外,阴霾密布,气压低得使人喘不过气。

失意多年的新政派,包围了青年皇帝,个个摩拳擦掌,只待重登政坛;元祐旧臣,只能泣血谏宣仁太皇太后的苦心孤诣,希望意气用事的皇帝,万一能够感悟。

这场政治上的败势,"冰冻三尺,非一日之寒",今已难望挽救。从来历史上的变革,被变革这一方面的政治人物,必须承受任何残酷的后果。苏轼只能默然,坐待命运支配。

大家都心绪惶惶,相与反复谈论,希望出现一个奇迹,"天佑皇宋",苏轼对之仪道:

"自今以后,要如现在这样大家同在一起的日子,恐怕很难期望的了。不如与你们尽情游戏于文词翰墨之间,以寓其乐的好。"

于是,他和之仪、敏行、滕希靖、曾仲锡,五人朝夕酬唱不倦,如《立春日小集戏李端叔》诗道:

白发已十载,青春无一堪。
不惊新岁换,聊与故人谈。
…………
衰坏久枯槁,习气尚馋贪。

他们谈河朔的熊白,四川的花红肉、青韭和腊酒等美食,最后他还要求端叔讲讲他所爱悦的营伎董九。

十　再遭谪逐

宣仁太皇太后驾崩寿康殿，十八岁的哲宗皇帝忽然拥有了至高无上的君权，而且怀抱着激烈的报复心理，急欲彻底变革元祐的故常，显示他的独立精神，但是不知如何措手。

吕大防为山陵使，主持宣仁太皇太后的陵寝工程。甫出国门，一向依附他的礼部侍郎杨畏便首揭叛旗，公开倡言"绍述"，具万言书密奏：

> 神宗更定法制，以垂万世，乞赐讲求，以成继述之道。

皇帝立即召见，垂询熙丰旧臣中，谁可召用？并且坦白表示："朕皆不能尽知。"杨畏开上一张名单，上列章惇、安焘、吕惠卿、邓润甫、王安中、李清臣等人的行谊，各加品题。并且在皇帝面前，竭力褒扬王安石学术之美，乞召章惇为相。见虑不足的皇帝全盘接受了。

杨畏这人，出身寒微，幼孤好学，且有孝亲的美名，但在官场上的表现，却是小人之尤。最初，受知于王安石和吕惠卿，力赞新法；司马光在洛阳，见将起复，他又奔走于这位元老之门，面进诡言；光薨，他就打死老虎，说他坏话；元祐期间，归附吕大防攻击刘挚，后又背叛大防；始附苏辙攻击范纯仁，后又背弃苏辙，反复成性。所以他有个绰号，叫"杨三变"。

政局发生变动，是一切失意政客的重要机会，无不万头攒动，力求表现。邓润甫首先向皇上开陈："武王能广文王之声，成王能嗣文武之道"，皆是子承父志，所以能成伟大的帝业。皇帝默喻于心。至元祐九年（1094）二月，右相范纯仁乞辞执政，皇帝即以中旨除户部尚书李清臣为中书侍郎；兵部尚书邓润甫为尚书右丞。

李清臣，字邦直，魏人。博学有盛名，韩忠献公（琦）很赏识他，以其兄之女妻之；欧阳修称赏他的文章，比之苏轼，声望藉甚。曾从韩绛使陕，还朝为国史编修官，同修起居注，知制诰，追随元丰年间当权的王珪、蔡确，得拜吏部尚书，擢尚书左丞。元祐初，就因他染有王、蔡的政治色彩，被外放出守三郡。

苏轼知密州时，清臣以京东提刑行部至密，他们饮酒唱和，相叙为乐。苏作《答李邦直》诗，有"放怀语不择，抚掌笑脱颐"的交情。不料今日，第一个向苏轼开刀的，就是此公。

吕大防、刘挚主张调停政策时，三省奏除李清臣为吏部尚书，被范祖禹、姚勔反对掉了，直到太皇太后已经病在床上，清臣才补上了户部尚书，还京途中，又除中书侍郎。他与邓润甫二人，久不得志，际此变局，又蒙皇上亲擢高位，所以甘为戎首，创言"绍述"，显然是逢迎皇上的意思，而且说话带着非常强烈的煽动性，目的在于激怒皇帝。果然，青年皇帝上了圈套，他们的胆子也就愈来愈大了。

三月，策试进士于集英殿，李清臣发策题，曰：

今复词赋之选，而士不知劝；罢常平之官，而农不加富。可差可募之说杂，而役法病；或东或北之论异，而河患滋。赐土以柔远也，而羌夷之患未弭；弛利以便民也，而商贾之路不通。夫可则因，否则革，惟当之为贵，圣人亦何有心焉。

这道策题，简直把元祐朝重要的国策，全面否定了。考试结果，录取了九百七十五人及第出身。当时的考官，一时改不过观念来，所取进士，仍然以拥护现行政策者为多；但至杨畏覆试，却全部翻了案，以主熙丰新法者置前列。当时，社会缺乏大众传播媒介，但无人不注意科场的动向。经此御试策题的宣扬，以及录取标准的实际表现，大家知道未来国家政策的趋势，"绍述"之论，不胫而走。

杨畏和侍御史来之邵合力攻罢吕大防，空出了这个最动人的相位，使李清臣的欲望像火上加油一样，烈焰熊熊地燃烧了起来。

但从中书侍郎要跳上宰相的位置，中间却还碍着一个门下侍郎的苏辙。所以，有一天，李清臣在殿上公开攻击：

"苏辙兄弟改变先帝法度。"

其时，苏辙同在朝列中，不得不反诘：

"陛下即位，兄轼方起自谪籍，臣亦被召。清臣时为左丞，今日反谓臣兄弟变先帝之法，是欺也。"

清臣语塞。

李清臣肆无忌惮，竟以诋毁国策的话做御试进士的策题，荒谬达于极点；不过小人之敢于如此，自然有其背景。苏辙明知皇帝心病很深，已经很容易地中了小人的蛊惑，朝局的翻覆在旦夕之间。只为仰体太皇太后的苦心孤诣，缔造元祐之治的前辈们的心血流注，在这九年间，他以一个秘书省校书郎浡升到副相的地位，因此不能不以最大的道德勇气，宁冒杀身的凶险，奋起上奏：

> 伏以御试策题，历诋近岁行事，有欲复熙宁、元丰故事之意。臣料陛下必无此心，必有人妄意陛下牵于父子之恩，不复深究是非，远虑安危，故劝陛下复行此事。此小人之爱君，取快于一时，非忠臣之爱君，以安社稷为悦者也。

这篇奏文，劈头说破政治变革的症结在于小人的媒孽。接着阐述神宗在位近二十年中有利无害的"睿算",元祐以来,上下奉行,未尝改变的事实。续言熙丰间也有措置失当的地方,这是任何一个朝代都有的事情,"父作之于前,子救之于后,前后相济,此则圣人之孝也"。他举汉武帝讨伐四夷,大兴宫室,使财政破产,赋税繁重,民不堪命,幸赖昭帝委任霍光整理财税,汉室乃定;光武显宗察察为明,迷信谶语,天下恐惧,章帝接位,代以宽仁之政,后世称焉,这是历史上以子改父的事实。继言本朝的故事:真宗迷信天书,章献后藏书梓宫,以泯其迹,仁宗嗣位,绝口不言;英宗自藩邸入继大位,为了本生父濮王尊称的问题,盈廷议论,纷纭不休,闹了几年,神宗即位,再也不谈此事。苏辙遂下结论说:

……夫以汉昭章之贤,与吾仁宗、神宗之圣,岂其薄于孝敬而轻事变易也哉,盖有不可不以庙社为重故也。是以子孙既获孝敬之实,而父祖不失圣明之称。臣愿陛下反复臣言,慎勿轻事改易,若轻变九年已行之事,擢任累岁不用之人,人怀私忿而以先帝为词,则大事去矣。

奏入,皇帝看了,怒道:"安得以汉武比先帝!"李清臣和邓润甫又从中挑拨,皇帝心里更是不悦。

苏辙等得没有消息,再上札子,请求面论。札言:

圣意谓先帝旧政,有不合更改,固当宣谕臣等,令商议措置。今自宰臣以下,未尝略闻此言,而忽因策问宣露密旨。譬如家人,父兄欲有所为,子弟皆不与知,而与行路谋之,可乎?

皇帝看了这份札子,更加愤怒。次日殿上面论,即先降谕诘责曰:"人臣言事,并无所害。但卿昨日以札子奏谓机事,不可宣于外，请秘而不出，今日乃对众陈之。且引汉武帝以上比先帝，引喻甚失当。"

哲宗亲政后，临朝的态度威重严肃，睥睨朝士，说话非常激烈，使群臣不敢仰视，无不凛惧。苏辙不知道这个引喻会有问题，所以坦然答奏：

"汉武帝，明主也。"

"卿所奏汉武帝外事四夷，内兴宫室，立盐铁、榷酤、均输之法，实则止谓武帝穷兵黩武，末年下哀痛之诏，岂是明主！"

皇帝说这段话时，声色俱厉，苏辙被皇上严厉责斥得只好下殿待罪，众莫敢救。

右仆射范纯仁从容向帝解释道：

"武帝雄才大略，史无贬辞；辙以比先帝，非谤也。陛下亲政之初，进退大臣当以礼，不可如呵斥奴仆。"

邓润甫越次进曰："先帝法度，为司马光、苏辙坏尽。"

纯仁说："不然，法本无弊，弊则当改。"

帝曰："人谓秦皇汉武。"

纯仁对曰："辙所论，事与时也，非人也。"

皇帝的火气被范纯仁这番话略略化解，天颜稍霁。

苏辙平日与范纯仁不合，至此，乃大为感服。纯仁退下殿来，苏辙举笏长揖，谢曰："公，佛地位人也。"

归家，亟亟具奏，乞赐屏退。

诏以苏辙为端明殿学士，知汝州。中书舍人吴安诗草制，中有"文学风节，天下所闻""原诚终是爱君，薄责尚期改过"的话，皇帝看了，非常生气，手批道：

苏辙引用汉武帝故事，比拟先帝，事体失当。所进入词语,不着事实。朕进退大臣,非率易也,盖义不得已,可止以本官知汝州。仍别撰词进入。

吴安诗便因这篇诰词,被侍御史虞策、殿中御史来之邵、监察御史郭知章等指摘为"重轻止徇于私情,褒贬不归于公议",罢起居郎。

三月,以曾布为翰林学士承旨。他是因为反对司马光修改役法而出知太原府的,现在迁官江宁府,过京,留拜承旨。四月,以张商英为右正言。他于元祐初为开封推官,首先反对变废新法,后来曾写信与苏轼,要为他往乌寺做"呵佛骂祖"的打手者,即是此人。这次还朝,夙愿得偿,他便奏请朝廷"检索元祐一朝前后章牍,付臣等看详签揭以上",蓄意要将元祐九年来的当政人物一网打尽。

四月十二日诏改元祐九年为绍圣元年(1094),于是天下晓然,明白新皇帝决然要绍述神宗时代的新政了。

以人治为骨干的政治体制里,国家政策变更,必须从调整人事、汰旧换新入手,以司马光开创"元祐更化"之治,也是一样。不过,绍圣朝的政变,于人事更迭之外,另又挟着报复仇恨心理,皇帝要报复被太皇太后压制,被大臣漠视的仇恨;卷土重来的新政派官僚们,则要报复这多年来被排挤在外,投闲置散的怨愤。

仇恨与政治权力一旦相结合,则其将发展为种种非理性的恐怖行为,几乎可以认定为未来的必然。苏轼对于京朝近事洞若观火,新冒出头来的李清臣、邓润甫、杨畏、虞策、张商英以至传闻将登相位的章惇,都是他多年来的旧识,岂有不明白他们将要施展的手段?苏辙既罢,他将是第二个枪靶,也同样是无可逭逃的命运。

因为是无可逭逃的命运,所以他很沉着镇静,不愿把有限的时日,虚靡于无用的忧虑,他更日以继夜地与定州几个交好的同僚饮酒、作诗、听歌、言笑,欣赏蜜渍荔枝的美味和中山松醪的香醇。

形势比人强,势有所至,事乃必然。

诏告天下,改元"绍圣"不久,四月下旬,御史虞策就上言弹劾苏轼,说他从前所作诰诏文字,语涉讥讪,望朝廷给他一个清算。殿中侍御史来之邵疏曰:"轼凡所作文字,讥斥先朝,援古况今,多引衰世之事,以快怨愤之私。"他举述行"吕惠卿制词"中的"首建青苗,次行助役均输之政,自同商贾;手实之祸,下及鸡豚,苟有蠹国而害民,率皆攘臂而称首";行"吕大防麻制"中的"民亦劳止,愿闻休息之期";撰"司马光神道碑"中的"其退居于洛,如屈原之在陂泽"等为例,综结起来说:"凡此之类,播在人口者非一,当原其所犯,明正典刑。"

这种攻讦毫不新鲜,经历熙宁、元丰、元祐三朝,十余年间,沈括、何正臣、舒亶、李定、李宜之、朱光庭、傅尧俞、王岩叟、杨康国、赵挺之、王觌、贾易、赵君锡、安鼎、董敦逸、黄庆基那么多人,寻瑕摘疵的结果,都只能在文字里断章取义,曲解诬解,一脉相承地指为"讪谤君上""讥议先朝"而已。虞策、来之邵更是低能,他两人所劾责的,竟是董敦逸、黄庆基、贾易曾经说过,且经朝议断为诬妄的旧说,现再重新搬弄,诚如上年(元祐八年)五月苏轼自辩札中所说:

> 臣自少年从仕以来,以刚褊疾恶,尽言孤立为累朝人主所知。然以此见疾群小,其来久矣。自熙宁、元丰间为李定、舒亶辈所谗,及元祐以来,朱光庭、赵挺之、贾易之流,皆以诽谤诬臣。前后相传,专用此术。……

所谓"专用此术",从另一方面足以证见苏轼虽在语言文字上受尽挑剔,吃足苦头,但其立身行事,光明正大,实在无懈可击,否则那么众多的耳目,寻瑕摘疵,何以都只能在咬文嚼字上做功夫?实在苦于没有材料也。

苏轼在中书舍人和翰林学士任上多年,撰作内外制,当年日以继夜,忙迫异常,档案中的存稿很多。在这么庞大的存稿中,要找影响附会的数据,应该甚易,但是虞、来等人却还只得拣别人说过的来说。可见黄州以后的苏轼,到底与少壮时期不同,语言文字上谨慎多了。

然而,政治这东西,讲求的是现实作用,有时候是并不讲理的。

当时的右相范纯仁,因皇帝每以中旨发表大臣的任命,侍从台谏的任用,也不经过宰相进拟,显已侵害了相权,违背典制。早于二月间任命李清臣、邓润甫时,他即向哲宗谏言道:

"陛下亲政之初,四方拭目以观,天下治乱,实本于此。舜举皋陶,汤举伊尹,不仁者远。纵未能如古人,亦须极天下之选。"

帝不纳。纯仁辞相,帝又不许。

攻击苏轼,自虞策、来之邵发难后,张商英也插了一手,訾议苏轼论合祭天地为非是。继则全台御史由赵挺之领头,会劾苏轼草麻有"民亦劳止"语,以为诽谤先帝。

挺之曾被苏轼骂过"聚敛小人、学行无取",因这一层私怨,这回甫从秘阁校理升任御史,他就约同全体台谏官会劾苏轼。于是,议谪苏轼知英州。只有范纯仁谏曰:

"熙宁法度,皆吕惠卿附会王安石建议,不副先帝爱民求治之意。至垂帝之际,始用言者。持行贬窜,今已八年矣。言者多当时御史,何故畏避,不即纳忠。今日乃有是奏,岂非观望耶?"

纯仁的诘斥非常尖锐，直揭小人因势利乘的丑态。奈何皇帝不听。

来之邵又说，高士敦任官成都时，有不法之事。又论苏辙谪放太近。范纯仁诘问道：

"高士敦如有犯法的事，来之邵当时为成都路监司，应该立即按发。苏辙与政多年，之邵已做御史，何不早加纠正？到现在才有此二奏，其情可知。"

皇帝心中，怀有强烈的成见，凡是不合他的成见的话，视而不见，听而不闻。范纯仁奋不顾身的谏诤，和小人对抗，亦丝毫无补于事。

至绍圣元年（1094）闰四月初三日，朝廷告下定州，苏轼坐前掌制命，语涉讥讪，落端明殿学士兼翰林侍读学士，仍然降到黄州起复时的原官——以左朝奉郎责知英州军州事。

苏轼作《进上谢表》，语极感怆，如曰：

……臣草芥贱儒，岷峨冷族，袭先人之素业，借一第以窃名。幼岁勤劳，实学圣人之大道；终身穷薄，常为天下之罪人。……恩深报蔑，每忧天地之难欺；福眇祸多，是亦古今之罕有。

说到诏诰文字，他只笼统地申明一个原则，别无一字自辩：

……凡一时黜陟进退之众，皆两宫威祸赏福之公。既在代言，敢思逃责。……固当昭陈功罚，直喻正邪。岂臣愚敢有私心？盖王言不可匿旨。

对于被谪英州，他的话，于非常恳切中透着十分洒脱，真是绝少得见的文字。如言：

罪虽骇于听闻，怒终归于宽宥。不独再生于东市，犹令尸禄于南州。累岁宠荣，固已太过。此时窜责，诚所宜然。

  瘴海炎陬，去若清凉之地；苍颜素发，谁怜衰暮之年。……

  一个人，面临身家性命倾危的祸患，甚少有人能不失态。即如韩文公贬潮州，谢表曰"怀痛穷天，死不闭目。伏维天地父母，哀而怜之"；白乐天谪江州，与元稹诗又是何等凄酸。苏轼都不那样，他只坦然道："瘴海炎陬，去若清凉之地。"也不再辩白一言，把一切罪过揽在自己肩上，一担挑回，这种临难不苟免的精神，竟与宗教上的殉道者一样伟大。

  时势如此，没有人能挡得了这一股滔天的逆流。苏轼已将一片用世的热肠，勇决放下，而今而后，天悠地阔，何处不可去得。他已看透人生，不再希冀什么。

第十二章　惠州流人

一　远谪南荒

宋制，谪官奉到诰命之后，必须立即离任，不待交代，不得逗留，被押解的使臣催督同行。苏轼于绍圣元年（1094）闰四月初三奉到新命：

"依前左朝奉郎、责知英州（今广东英德）军州事。"

即日进上谢表，辞告文宣王庙（孔庙），火急治装，率领全家眷口，星夜启程就道了。

然而，侍御史虞策复言苏轼罪重责轻，再诏："降官为左承议郎。"按官制：朝奉郎为正七品，承议郎为从七品。在苏轼看来，都是一样。

苏轼一家，沿着太行山前进。时在梅雨季节，天色阴沉，心情更是沉重。到了距定州西南百里的赵州临城道中时，天气突转晴朗，使苏轼"西望太行，草木可数；冈峦北走，崖谷秀杰"，甚是高兴。因他回想去年冬季赴定州任时，取道于此，却逢连日风埃阴晦，未尝了了得见太行；而今远戍岭外，终于看到此山北走的雄姿。中国人有崇拜山岳的传统，因为高山与"天"最为接近。当此晦黯的行程，得见高山岳岳，想到韩愈当年，遇大赦由郴州赴江陵府任法曹参军，路过衡山，有《谒衡岳庙遂宿岳寺题门楼》诗说："我来正逢秋雨节，阴气晦昧无清风。潜心默祷若有应，岂非正直能感通。须臾净扫众峰出，仰见突兀撑青空。"来定州时，风云晦暗，象征此行的不吉，正已应验。现在远赴谪所，则天气已经晴朗，岂非不久可赦还的吉兆？与韩愈的经验一样，苏轼仰望丽日晴空的太行山脉，精神为之一振，便对儿子们欣然说道："吾南迁，其速返乎！这是韩退之衡山的吉兆。"

继至相州南四十里的汤阴县，旅途饥疲，遂在道旁摊肆里打尖。大家停下车来，喝了豌豆大麦粥。

苏轼要儿子们注意，苏家环境，今不如昔了，现在黄尘蔽天、赤地千里的路上，能够得到"青斑照匕箸，脆响鸣牙龈"的新鲜豌豆吃，已很不易，人须勇于忘怀昨日的"玉食"，则今晨的一盂麦粥，未始不是无上的享受。

途中作诗寄定武同僚，则曰：

　　人事千头及万头，得时何喜失时忧。
　　只知紫绶三公贵，不觉黄粱一梦游。
　　适见恩纶临定武，忽遭分职赴英州。
　　南行若到江干侧，休宿浔阳旧酒楼。

御史刘拯，落井下石，再言："苏轼敢以私愤行于诏诰中，厚诬丑诋，不臣甚矣。"指的仍是那篇吕惠卿责降诏。于是，朝廷再加重惩处：

"合叙复日不得与叙，仍知英州。"

十余日间，三改谪命，朝局之乱，可以想见。哲宗虽有召章惇为相之意，而李清臣还想抢前一步得手，所以竭力表现变革，恢复熙丰的旧法，除命各路常平使者等等，异常忙碌。

闰四月的天气已很炎热，乘着牲口走这么漫长的道路，如何得了。苏轼自忖："犯三伏之毒暑，陆走炎荒四千余里"，则必将死于道途。十四日到达滑州，乃状奏朝廷，请求皇帝顾念八年经筵之旧，准赐坐船前往。

十八日至汴京附近的陈留，苏氏眉州乡邻杨济甫派他的儿子杨明（子微）遄程赶来相送。这位晚辈，自言懂得"术数"，他看苏轼绝对不会死于岭外。苏轼听了很高兴，说："若是应验了你今天这句话，一定为你写《道德经》一部，以当酬谢。"

雍丘县令米芾派专使来迎，苏轼答书说：

> 辱简，承存慰至厚，哀感不已。平生不知家事，老境乃有此苦。蒙仁者矜愍垂诲，奈何，奈何。入夜目昏，不谨。

从此信中可以看出苏轼在元祐一朝八年间，虽然官至殿阁学士，封疆大吏，但却并无积蓄，依然两袖清风，面对流亡，就不免捉襟见肘起来。

苏辙罢门下侍郎，出知汝州军州事，早于上（四）月二十一日到任。苏轼自陈留绕道临汝，往别其弟。

苏辙的经济情况，原来很穷，所谓"债务山积"者是也。但自元祐以来，久官京师，宋朝的俸禄制度，京官比外任官优厚，久居一地，消耗也少，不比苏轼，常年南北奔走，一点俸给，全都在道路上花光了。

苏辙分俸七千,交给苏迈,决定由他带领一大半眷口,住到宜兴去。可以靠那里的一点田产生活,也免苏轼后顾之忧。[①]

兄弟相聚不过三四天,前途阴雾重重,混沌一片,也没有什么话好说。匆匆别去,回到陈留,幸已得旨准许舟行,他们一家就在那儿登船续发。

哲宗既已决心绍复熙丰新政,首即起用章惇为相——尚书左仆射兼门下侍郎。

翰林学士范祖禹力谏"章惇不可用",以龙图阁学士出知陕州。右相范纯仁承宣仁太皇太后病榻上谆谆嘱托,竭力奋斗,但也无法挽救这个变局,只得坚决求去,乃以观文殿大学士出知颍昌府。两范先后罢去,元祐大臣,几已尽矣。

闰四月二十二日,章惇抵京莅职,马上援引他的同党蔡卞、林希、来之邵、张商英、周秩、翟思、上官均等入朝,分据要津,把持言路,个个弹冠相庆。

帝又召蔡京为户部尚书。京,字元长,仙游人。他是蔡卞的哥哥,而卞又是王安石的女婿。蔡京于元丰末年曾知开封府事,司马光复差役法,阖朝反对,但他固执己见,令限五日之内办好,大家又认为期限太促,绝无可能。唯独开封府如期报办,司马丞相大为欣赏。这次还朝,适逢章相又欲变复役法,置司讲议,久而不决。蔡京便与章惇说:"取熙宁成法施行之耳,何以讲为?"雇役遂定,似此毫无原则、一味逢迎的小人,奸伪可知;而北宋后期,却将国家命运托付到这帮人的手上,实在可悲。

[①] 本集《与参寥书》云:"子由分俸七千,迈将家大半,就食宜兴,既不失所外,何复挂心,实翛然此行也。"

苏轼行至南都，南都已经喧传朝中群魔乱舞，一股仇恨的烈焰，像火山爆发一样，烧遍了汴京。章惇、蔡卞领头，热烈策划如何向元祐诸臣一个一个地报复，不论已经死亡的，或已贬谪在外的，都要一网打尽。这一伙人凶焰高涨，肆无忌惮，甚至在殿陛上狂言怒骂，叫嚣成市。

苏轼的谪命，已经三改。现在章七得势了，对于这位英雄人物的性情，轼最了解。惇有为恶务彻的毒辣、睚眦必报的狠劲，祸患恐怕不止于此，更大的严谴，亦在意中，所以寄定州同僚孙敏行（子发）书说：

> 某旦夕离南都，如闻言者尚纷纷。英州之命，未保无改也。凡百委顺而已，幸勿深虑。

五月抵边，行至汴上，晚辈晁以道（说之）置酒钱行，酒酣，情绪激越难制，非一发泄不可，素不善歌的苏轼遂引吭自歌古《阳关》一阕。这，岂同平常的筵边唱曲，直是长歌当哭而已！

元人陈秀明《东坡诗话录》引苏轼手记一则：

> 暮云收尽溢清寒，银汉无声转玉盘。
> 此生此夜不长好，明月明年何处看。
> 余十八年前中秋夜，与子由观月彭城，作此诗，以《阳关》歌之。今复此夜，宿于赣上，方迁岭表，独歌此曲，聊复书之，以识一时之事，殊未觉有今日之悲，悬知有他日之喜也。[1]

这最后两句勉强自慰的话，实在比痛苦还要感伤。

苏轼这一路行来，沿途多遇故旧。如至韦城，遇吴安诗的外

---

[1]〔元〕陈秀明:《东坡诗话录》。

甥欧阳思仲,为感激安诗因撰苏辙告词而落职,特在客邸书《松醪赋》一幅,托欧阳转致;渡黄河,见杨济甫之子杨明;过雍丘,晤米芾和马梦得;至汴上,与晁说之饮别,遇任伯雨同舟共载;抵山阳,徐积(仲车)来慰问;至九江,与杭州同僚苏坚(伯固)相晤,其时伯固将赴湖南澧阳,所以作《归朝欢》一曲赠他;至虔州,与俞括入崇庆院观宝轮藏等等,真可以说是交游天下,故旧满路了。无奈再此前行,一过大庾岭,将被投入一个完全陌生的炎荒之地,孤独的恐惧,化作他无限凄凉的高歌。

门人张耒,向在京师为著作郎兼史院检讨,在馆八年,苜蓿自甘,后擢起居舍人,现在正以直龙图阁知润州事。苏轼到扬州,张耒受官法限制,不能迎谒老师,特地挑选了两名兵士——王告和顾成,随从南行,沿途照料,一直护送到惠州。苏轼很得力于这两人,与文潜书有:

   来兵王告者,极忠厚,方某流离道路时,告奉事无少懈。
顾成亦极小心,可念。

六月初七,阻风于金陵。初九,儿子们为遵亡母的遗言,再度恭奉阿弥陀佛像于金陵清凉寺,作水陆道场,祈求先灵冥福。佛事毕,苏迈一房眷口,先赴宜兴,部署一切。

金陵崇因禅院长老宗袭,新造一尊观世音菩萨像,妙相庄严,苏轼也往瞻拜,就在观音前许下一个心愿:"吾如北归,必将再过此地,当为大士作颂。"

续向当涂进发,际此流金铄石的溽暑时节,船上闷热不堪。苏轼忽然记起杭州中和堂的东南颊,"下瞰海门,洞视万里"。即使是三伏天,也常有萧然的清凉。而他现在所要去的前途则是炎荒的广南,这就使他作诗怀念"独有人间万里风"的杭州中和堂来了。

距当涂六十五里的慈湖夹，船被大风所阻，停了下来。这条水路，全是韩愈当年贬谪潮州时所走过的路径，韩诗中记述的地方情景，目前一点没有改变。苏轼闷在船舱中，也写下《慈湖夹阻风五首》，首先即说"我行都是退之诗，真有人家水半扉。……"，一申他那"异代同命"的寂寞之感。

这五首诗，看似平常记行写景之作，其实尽是苏轼此日虽身在苦难中，仍不失英迈自许的气概之作，如："暴雨过云聊一快，未妨明月却当空"——政治的暴风雨可以摧残我于一时，而我本明月，无妨志节皎然于人世；"且并水村敧侧过，人间何处不巉岩"——世路艰难，何独岭外，只要小心应付，未尝不可逃过；"弱缆能争万里风"——六十老翁，万里行役，何惧之有。

人生的际遇，常有山穷水尽、绝处逢生的奇迹。五诗中的第二首，即是写此秘密的心愿：

此生归路愈茫然，无数青山水拍天。
犹有小船来卖饼，喜闻墟落在山前。

一个人被命运投弃于水天无际的荒江上，不知如何才能突破迷茫，找到出路。彷徨中，突然看到有卖饼的小船过来，知道村落就在山前，不能没有蓦然回到人间的喜悦。这短短二十八字，写出苏轼被蒙在命运的黑雾里，危疑震撼中，寻求一线生机的渴望。

苏轼躺在船头，卧看落月，船夫在叫："风转向了！"于是他们就可以开船，继续上路了。

人生经历患难愈多，精神境界便自不同。如此次途中，与好友参寥书，苏轼但言：

某垂老再被严谴,皆愚自取,无足言者。事皆已往,譬之坠甑,无可追计。从来奉养陋薄,廪入虽微,亦可供粗粝;又子由分俸七千,迈将家大半,就食宜兴,既不失所外,何复挂心,实翛然此行也。已达江上,耳目清快,幸不深念。知识中有忧我者,以是语之。

英州南北物皆有,某一饱之外,亦无所须。承问所干,感惧而已。

"所干",宋人的口语,意为"需要什么帮忙"。

另一方面,章惇、蔡卞执政的朝中,却是恨火方盛,力谋报复。王安石配享神宗庙廷了;安石的女婿蔡卞已奉命将《神宗实录》重写,以张商英为谏官,正在准备大肆罗织。五月,元丰间与蔡确、章惇、邢恕互相交结,人称四凶之一的黄履,又被召回朝来,开复了御史中丞的原职。章惇用这凶手的目的,就是为了报复仇怨,所以元祐旧臣,便无一得免了。

侍御史虞策再度发难,章惇、蔡卞等幕后支持,重议对苏轼的处分,以为罪大责轻,应该再降。最后的决定是:"苏轼,落左承议郎,责授建昌军司马,惠州安置,不得签书公事。"

其间,还有一个故事。

章惇初登相位,即慨叹道:"元祐初,司马光作相,用苏轼掌制,所以能鼓动四方,安得斯人而用之!"

有人推荐林希(子中),但他现任礼部侍郎,名位高于中书舍人。章惇立刻保证给予同省执政的地位,他就俯首听调了。自此,凡元祐名臣的贬黜制文,都出于林希的手笔。①

---

① 〔宋〕周煇:《清波杂志》。

林希与苏轼为进士同年，素相厚善。元祐初，苏轼被擢起居舍人，曾推林希自代，因此得除记注官。后来又为杭州交代的前后任，平日诗简书问，往来不绝。当苏轼进翰林院日，林希撰启致贺，有曰："父子以文章名世，盖渊云司马之才；兄弟以方正决科，迈晁董公孙之学。"褒美到无以复加的地步。现在为利禄所诱，执笔草苏轼谪降惠州的告词，则五诋不遗余力，如言：

……朕初即位，政出权臣。引轼兄弟，以为己助。自谓得计，罔有悛心。忘国大恩，敢肆怨诽。若讥朕过失，何所不容？乃代予言，诬诋圣考。乖父子之恩，害君臣之义。在于行路，犹不戴天；顾视士民，复何面目？以至交通阉寺，矜诧幸恩；市井不为，缙绅共耻。尚屈彝典，止从降黜。

今言者谓其指斥宗庙，罪大罚轻。国有常刑，朕非可赦。宥尔万死，窜之远方。虽轼辩足以饰非，言足以惑众。自绝君亲，又将奚憝？保尔余息，毋重后悠。可责授宁远军节度副使，惠州安置。

苏轼一行，抵达当涂县时，责授建昌军司马的告词才刚下来。在苏轼看来，一切都是任人摆布的情势，无所谓轻重好坏；英州（广东英德）、惠州（广东惠州），皆在广南，都是大庾岭外，心里毫无计较。只是万里投荒，他没有理由要拖累儿辈，事实上也无法挈带全家同去，所以坚决主张，他要独自一人前往贬所。

他的儿媳们绝对不肯让这六十老翁，在无人照顾之下，独行万里，到那完全陌生的炎荒去生活，大家环绕着他涕泣求行。最后决定，他只带幼子苏过一人同去，叫次子苏迨带领二、三两房眷口到宜兴去，跟大哥苏迈同居。是年，苏过二十三岁，已有侍父远行的能力了。

六月二十五日，苏轼在当涂旅次，亲书六篇自作的赋，赠别次子。本集《书六赋后》云：

> 予中子迨，本相从英州。舟行已至姑熟，而予道贬建昌军司马，惠州安置。不可复以家行，独与少子过往，而使迨以家归阳羡，从长子迈居。迨好学，知为楚词，有世外奇志，故书此六赋，以赠其行。绍圣元年六月二十五日。

苏轼一向保持朴素的家风，在京师时，家伎不过数人。这与当时士大夫们邸宅里檀歌不息、美女如云的豪侈风气比起来，真是十分寒碜。且自外放颍、扬以来，本来准备退休，已先陆续遣去数人。到这时候，还留在家里的，不过寥寥二三人而已。

姬妾，原是富贵荣华的附件，没有与家主共患难、同死生的义务，何况此去是南蛮瘴毒之地。所以，苏轼要"开阁放伎"，各替她们安排一个去处。

唯有朝云，她坚决不肯在这患难之中，离弃家主于不顾，尤其是王夫人已经过世了，这孤独的老翁，岂能没有一个妇人照顾他的起居饮食？所以，她热情而又果敢地表示，一定要随侍苏轼南行。

这种风义，这份热情，使苏轼大为感动。后在惠州，读《白乐天集》，想到乐天那么热爱樱桃小口的樊素，但最后，樊素还是离开了老病的乐天，远走高飞。遂作《朝云诗》一章，记其感念之情。诗前有引，曰：

> 世谓乐天有鬻骆马，放杨柳枝词，嘉其主老病不忍去也。
> 然梦得有诗云："春尽絮飞留不住，随风好去落谁家。"乐天亦云："病与乐天相伴住，春随樊子一时归。"则是樊素竟去也。
> 予家有数妾，四五年相继辞去，独朝云者随予南迁。因

读《乐天集》，戏作此诗。朝云，姓王氏，钱唐人，尝有子曰幹儿，未期而夭云。

关于白乐天的放伎卖马，是这样的：

乐天于唐大和三年（829）五十八岁时归洛阳，即纳樊素为家伎，侍乐天者凡十年。至开成四年（839）十月，老年的乐天，得了风痹症，体弱目眩，左足不支。陈寅恪论其事曰："既然生理的不可能有伎乐，患了风痹，当然遣伎。"类推，足力不支，当然卖马。

不料樊素临别依依，辞曰："素侍主十年，凡三千有六百日……"不忍遽去，卖骆马则曰："五年花下醉骑行，临卖回头嘶一声。项藉顾骓犹解叹，乐天别骆岂无情。"就因这骆马回嘶，樊素陈辞，使乐天终于不忍割舍，作《不能忘情吟》二百五十五言，两俱留之。

但是明年三月作《春尽日宴罢感事独吟》曰："病与乐天相伴住，春随樊子一时归。"则樊素毕竟还是去了。

而朝云则随侍苏轼万里投荒，同到一个完全陌生的地方去生活，使苏轼对这个红粉知己，不得不心许她与结发夫妻无异。希望将来能够同向三山仙去。诗曰：

不似杨枝别乐天，却如通德伴伶玄。
阿奴络秀不同老，天女维摩总解禅。
经卷药炉新活计，舞衫歌扇旧因缘。
丹成逐我三山去，不作巫阳云雨仙。

从当涂分手，苏迨等人遂去宜兴，苏轼与儿子过、朝云并二老婢,主仆五人,径向江州(江西)进发。①

　　传说苏轼侍妾,除朝云外,还有一个碧桃,也于此时亲自从南康送至江西都昌县安顿。苏轼还为她留题一诗:"鄱阳湖上都昌县,灯火楼台一万家。水隔南山人不渡,东风吹老碧桃花。"原诗石刻在县治内,《都昌县志》亦载其事。②

二　过岭

　　苏轼舟过庐山之下,远望群山,峰峦间乱云腾涌,天色阴霾。独立船头,仰望山岳是何等伟大,人则非常渺小,情不自禁地对着庐山也自默祷起来。时未及午,浮云尽散,天色豁然晴朗,迎面众峰凛然,倚天无数青壁。于是,这多难的老人,脸上便自绽出一丝微笑。

　　时序进入八月,某夜,船泊分风岭,已经是三更天了,岩边忽然人声鼎沸,许多官差明火执仗,要上苏家船来。

　　原来本路发运使已知朝廷新颁的后命,对于这个已被"严遣"的罪官,小题大做,连夜派了五百人来拦截,要收回官方供给的坐船。

　　苏轼不得不低声下气地跟来人商量:"乞准连夜赶往星江,只要靠着埠头,即可自行雇船,随将官船缴还。"幸得来人许诺,但是苏轼并无把握能够半夜之内赶到星子,迫得望空向顺济王(龙

---

① 本集《与陈慥(季常)书》:"自当涂闻命,便遣骨肉还阳羡,独与幼子过及老云并二老婢共吾过岭。"
② 清人叶廷琯《鸥波余话》、王文诰撰《苏集编注》均记其事。

神）默祷曰：

> 轼达旦至星江，出陆至豫章，则吾事济矣。不然，复见使至，则当露寝埔溆矣。①

不久，江风掠耳而起，篙师亟亟升帆，船帆吃饱了风，就很快开行了。抵南昌吴城驿，再祷于顺济王庙（每个沿江码头，皆有此庙），留题于望湖亭上。

苏轼此时，流离道路，身受着无比刻薄的政治迫害。然而，他作望湖亭诗，却曰：

八月渡重湖，萧条万象疏。
秋风片帆急，暮霭一山孤。
许国心犹在，康时术已虚。
岷峨家万里，投老得归无？

中国的文人，一朝失意，不是高蹈林泉，吟风弄月，便是醇酒妇人，佯狂玩世。而苏轼不然，他自认是尘凡中的一个普通人，虽然环境逼得他只想隐遁求全，但却并不真能忘怀大地上的芸芸众生，也不能掩熄他自己生命中的光热。即使他所一生服务的政治，变得那么颠倒错乱，而此时此际又身受着刻毒的欺凌，但血管里流着的志士热血，并不真能冷却。到他吟出"许国心犹在，康时术已虚"时，任何人都能体会到苏轼生命的灰烬里，依然埋着不熄的火种。

到了豫章（南昌），苏轼自己雇了船，继续舟行，然而前途等着他的，是长达三百里的赣石之险。

自赣州府城之北，章、贡二水汇合处开始，一直到万安县界，

---

① 〔宋〕释德洪：《石门题跋》。

这条三百里长的水路，不但江流湍急，而且水面下怪石列布，木船碰上巨石，立刻船沉人溺。这许多水底嶙峋，人称"赣石"。赣石形成一十八个险滩，其中以黄公滩为最险。苏轼身在丛险中，朝廷告下：

"苏轼落建昌军司马，贬宁远军节度副使，惠州安置。"

这篇告词，即是前举林希的手笔。苏轼读后，但说："林大亦能作文章耶！"其时，行程适过赣石最险恶的黄公滩，乃作《八月七日初入赣，过惶恐滩》诗——苏轼故意将"黄公滩"写作"惶恐滩"，以纪此一时的心境：

　　七千里外二毛人，十八滩头一叶身。
　　山忆喜欢劳远梦，地名惶恐泣孤臣。
　　长风送客添帆腹，积雨浮舟减石鳞。
　　便合与官充水手，此生何止略知津。

进入虔州地界，游了郁孤台、光孝寺的廉泉、尘外亭和天竺寺。苏过也步和父亲的韵脚，作了《题郁孤台》诗（《斜川集》）。

苏轼十二岁那年，老泉从虔州漫游归家，给他讲过：虔州近城山中天竺寺里，有白乐天手书真迹的一首诗，笔势奇逸，墨迹如新。这首诗曰："一山门作两山门，两寺原从一寺分。东涧水流西涧水，南山云起北山云。前台花发后台见，上界钟清下界闻。遥想吾师行道处，天香桂子落纷纷。"就诗而论，不是一首好诗，辘轳体的文字游戏而已。因为这是一个乡居童子，静听远归的老父，说故事一样讲给他听的旅途见闻，其中蕴蓄着无限温暖的亲情，所以印象非常深刻。四十七年后，这从前的童子，今已五十九的高龄，又是身在负罪被谪的境遇中，也到了虔州的天竺寺，不免去重寻白乐天这个旧存手迹，不料诗已亡失，现在只有石刻在了。牵动心事的苏轼，为之感涕不已，他的哀伤是"四十七年真一梦，天涯流落泪横斜"[①]。

苏轼身遭迫害，顿有无地自容的困窘。于是，道家离世的神秘思想，便很自然地吸引了他。八月二十三日，与王岩翁同谒虔州祥符宫，他以非常的虔敬，瞻拜了冲妙先生李思聪所制的观妙法像，自言："以忧患之余，皈命真寂。自惟尘缘深重，恐此志不遂，敢以签卜。"求得一签云：

平生常无患，见善其何乐。
执心既坚固，见善勤修学。

苏轼再拜受教，决心从此学道，诚惶诚恐地说："敢有废坠，真圣殛之！"

绍圣元年（1094）九月，遂度大庾岭。

岭在江西省大余县南，广东南雄市北。唐张九龄开山径，植梅岭上。宋时立关于此，名曰梅关。地居赣粤交界之处，以五岭分隔中原文明与南国炎荒。在那个时代，人们对岭外地方还很陌生，众皆认是蛮荒瘴恶之地。

宋不杀大臣，大臣负罪，以贬谪岭外为最重的惩罚。元祐前期，蔡确在安州作《车盖亭诗》，谤讪太皇太后，元老文彦博主张要贬蔡确于岭外，范纯仁听到这消息，便向宰相吕大防劝说道："我朝自乾兴以来，无人被责过岭，此路早生荆棘已近七十年。现在如从我们手上，重加开启，将来政局发生变化，恐怕自己也就不免了。"大防闻言，遂生警惕，不敢作此主张。

[①] 本集《书白乐天诗跋》云："唐韬光禅师自钱塘天竺来住此山，乐天守苏日，以此诗寄之。庆历中，先君游此山，犹见乐天真迹。后四十七年，轼南迁过虔，徒见石刻而已。绍圣元年八月十七日。"

不料哲宗亲政，政局果然大变，而第一个被贬岭外的，却是从未执行过实际政务，而且是当今皇上自少至长、一向敬爱的师傅。政治这东西，真是不可思议，像风一样，是一种权力所化生的气势，毫无理性可言，气势所至，便成为不可抗拒的力量，苏轼便是被此一气势所冲决到岭外来的第一人。

但是，人生亦无非一场大梦。

死生祸福，非人所为，人亦执着不得。苏轼今日行于大庾岭上，孑然一身，宠辱两忘，决心要把自己过往的身世，一齐抛弃在岭北，要把五十九年身心所受的污染，于此一念之间，洗濯清净，然后以此清净之身，投到那个叫作惠州的陌生地方，去安身立命。

苏轼的学养，使他的眼界不致如一般人那么狭窄，那么局限一隅而患得患失。现实社会逼得他走投无路时，他的精神生活活跃起来，就另有一个神秘的想象世界收容了他。

将这想象世界形象化的，就是道家海上三神山（瀛洲、方壶和蓬莱）的理想环境。在那一片充满和平，没有名争利夺的自然生活里，餐霞服气，炼丹修养，倘与神仙同化，便得长生不老。此一神秘的向往，帮他超脱坎坷的世网，助他回归虚静的自然生活，使他对所热爱的生命，不致陷于完全绝望。

苏轼往大庾岭途中，就是凭借这种向往，使他的心灵境界，骤然从平凡人世的悲惨现实中，一跳登上了想象世界永恒的边缘。

苏轼认为放逐海滨，适足成全他划落一切过去，勘断诸般尘缘，"阴学长生"的心愿。即此梦境，使他想起李太白流夜郎赠韦太守诗中，有一联句子："仙人抚我顶，结发受长生。"这十个字，个个闪烁着璀璨的光芒。作《过大庾岭》诗，就很大胆地全部借了过来。诗成，题于岭巅龙泉钟上：

> 一念失垢污，身心洞清净。
> 浩然天地间，惟我独也正。
> 今日岭上行，身世永相忘。
> 仙人拊我顶，结发受长生。

在岭路上，苏轼偶于林麓间，遇见两个道人。他们看到苏轼，便退回茅屋里去，深入不出。轼很诧异，对押送他的使臣说："此中有异人，可同访之。"进了屋子，这两个道人都在，气度潇洒，问使臣道：

"此何人？"

"苏学士。"

"得非子瞻乎？"道人说。

"学士始以文章得，终以文章失。"使臣说。

两道人相视而笑，说："文章岂解能荣辱，富贵从来有盛衰。"

苏轼默忖："何处山林间无有道之士乎！"[①]

过了大庾岭，遂从南雄下始兴，到韶州，过月华寺而至曹溪，一路游山玩水，南国风光，一新耳目。

曹溪南华山南华寺，是六祖慧能的道场，原名宝林寺，宋太平兴国三年重建，改名南华。苏轼至寺，礼拜大鉴塔，塔藏六祖真身。为题"宝林"两个大字，作寺额，现在犹存。

《南华寺》诗说："……我本修行人，三世积精炼。中间一念失，受此百年谴。抠衣礼真相，感动泪雨霰。……"一种忘失本来面目、误落人间的悲哀油然而生。

---

① 〔宋〕周煇：《清波杂志》。

然后，过英州，游碧落洞，下浈阳峡，遇到他那学道的朋友潮阳吴复古（子野）于舟中。复古见面，对于得失祸福之事，一字不提，但劝苏轼道："邯郸之梦，犹足以破除虚妄而归真。何况阁下今日，已经目睹而身经了，亦可以稍信矣。"①

至清远峡，游峡山寺，观瀑布。至清远县，遇见一位当地的秀才，大谈惠州风物之美，苏轼甚为高兴，作诗曰：

到处聚观香案吏，此邦宜著玉堂仙。

江云漠漠桂花湿，梅雨翛翛荔子然。

闻道黄柑常抵鹊，不容朱橘更论钱。

恰从神武来宏景，便向罗浮觅稚川。

他在广州，游了白云山上的蒲涧寺、滴水岩等名胜后，便与宝积寺、延祥寺的两位长老，冲虚观的道士，当地的巡检史珏同游罗浮。罗浮是岭南第一名山，也是有名的道教胜地。中国道教中，葛洪的灵宝教派即以罗浮山为法坛。罗浮海拔一千二百余米，白云隐现，风雨凄迷，山势峻拔，宛如浮于海上，故神话传说特多，十分吸引苏轼惶惶惑惑的心情。他们先至东莞县属的石泷镇，换乘小船溯溪十五里至泊头墟；上岸，改坐轿子走十五里至罗浮山；憩于延祥寺，由寺寻宝盖峰，攀登峭崖之上；入宝积寺，饮梁朝景泰禅师的卓锡泉，作《品水记》。翌日，游长寿观；再到冲虚观参观了葛洪丹灶的遗迹和朱真人的朝斗坛，坛北有洞曰朱明，这是道书中所说全国三十六洞天的蓬莱第七洞天，尊称为"朱明耀真之天"。苏轼去看，榛莽封道，进不去。山泉从洞中流出来，铿铿如鸣琴，水底满生菖蒲于石上。苏轼又往访道士邓守安、李

---

① 本集：《与吴秀才书》。

道元，两人都不在；还宿宝积寺中阁，夜大风，适遇山烧，景色壮美，焰中爆裂有声，叹为奇观。

苏轼此行，游踪所至，皆有诗；从行的幼子苏过也几乎篇篇都有步韵之作，才华初露，头角峥嵘。做父亲的老怀欢慰，不言可喻，而最使他欣赏的是这小儿子，年纪那么轻，却也信起道家的养生法来，每天半夜里起来打坐；又学作赋，笔力甚健，所以苏轼《游罗浮山》诗说：

>……
>小儿少年有奇志，中宵起坐存黄庭。
>近者戏作凌云赋，笔势仿佛离骚经。
>负书从我盍归去，群仙正草新宫铭。
>……

绍圣元年（1094）十月初二，他们一行，间关万里，到达了惠州贬所。

三　初到惠州

提举杭州洞霄宫的章惇，既相天下，接替了吕大防的地位，他这一帮人物，便竟先报怨，其中以张商英的表现最为凶悍。初被召为右正言，立即上疏言：

>元祐诸臣，一切所为，无非翦除陛下羽翼于内，击逐股肱于外，天下之势，岌岌殆矣。今天日清明，诛赏未正，乞下禁省，检索前后章牍，付臣等看详，签揭以上。

商英是个热衷利禄的小人，但也颇有才干。元祐以来，极不得意，他要报复，遂定下了"一网打尽"的毒计。倘如照他疏述办理，就档存章牍来寻资料，则在当时尽废新法的国策之下，一切语言文字，皆是有凭有据的罪证，元祐臣工，还有谁能逃过这天罗地网？

哲宗朝绍述之祸的惨烈，从张商英言，"类编元祐群臣章疏及更改事条"一节，是肆毒缙绅、衣冠涂炭的一大始机。

五月间，章惇又把出名的凶手黄履引进朝来。秋七月，台谏官们便交章论司马光等变更先朝之法，为叛道逆理。竟然主张掘司马光、吕公著的坟墓，断棺暴尸。幸而哲宗将此问于许将，将对曰："此非盛德事"，才未实现，改为追夺赠谥，将墓上所立的神道碑，统统扑毁。

其时，朝中还留着一个铁面无私、刚正敢言的监察御史常安民，是他首先揭发蔡京之奸，又说："今大臣为绍述之说，皆借此名以报复私怨。"指斥道："张商英求官于吕公著，谀佞无耻，近乃乞毁司马光、吕公著神道碑；周秩为博士，亲定光谥为文正，近乃乞斫棺鞭尸。陛下察此辈之言，出于公论乎？"章疏前后至数十百上，皆不报。

新政派人人弹冠相庆，唯有资格最老的吕惠卿顶不得意，盖因他在政治舞台上演惯了戏，做工太好，一旦被人揭穿，便变得一文不值了。冬十月，诏以吕惠卿知大名府时，常安民进言于帝曰："北都重镇，而除惠卿？惠卿赋性深险，背王安石者，其事君可知？今将过阙，必言先帝而泣，感动陛下，希望留京矣。"皇上很注意他这句话，决定试试看。吕惠卿至京，请面对，见了哲宗，一说到先皇帝时，果然伏地大哭。皇上厌恶极了，正色不答，惠卿之计不售。

常安民再论章惇颛国植党,乞收主柄,而抑其权。终被论为"党于苏轼兄弟",出为滁州监酒税。

章惇党既已整肃死人,当然不会放过活口。虞策再攻苏辙以汉武帝比先朝,止守近郡,罪大责轻,请远谪以惩其咎。哲宗说:"已谪矣,可止也。"但右正言上官均又并攻吕大防和苏辙,说他二人"擅权欺君,窃弄威福,朋邪诬罔,同恶相济",列举六大罪状,同时牵入李之纯和现在一力投靠的杨畏、虞策、来之邵等,说他们以前都是大防、苏辙的党羽,现在皆应同时清算。

于是,苏辙被特降为左朝议大夫知袁州。

这篇谪词,也出于林希的手笔,开头就说:"太中大夫知汝州苏辙,父子兄弟,挟机权变诈之学,惊愚惑众。……"

苏辙读到时,双手捧着告词,哭了。他说:"某兄弟固无足言,先人何罪耶!"①

这篇告词中,说到宣仁太皇太后之任用苏辙,则曰:"垂帘之初,老奸擅国,置在言路,使诋先朝。"林希代皇上撰文,竟使孙儿大骂祖母为"老奸",陷哲宗于忤逆不道。利令智昏,连他自己想想也良心不安,据说某日,草制罢,掷笔于地曰:"坏了名节矣!"②

言官有言,三省同议,认为吕大防、刘挚、苏辙三人,所受处分,不过落职降官,黜知小郡,实在"罪重谪轻,情法相违",请求更加详酌;而监察御史周秩则说:"挚与辙讥斥先朝,不减于轼,大防又用轼之所谋所言,而得罪轻于苏轼,天下必以为非。"

---

① 〔宋〕王栐:《野老记闻》。
② 〔宋〕王称:《东都事略》。

章惇等又编了一张黑名单,列文彦博以次三十人,拟全部窜逐岭外。李清臣为反对章惇,所以进言:"更先帝法度,不能无过,然皆累朝先臣,若从惇言,必大骇物听。"皇上乃下诏曰:"大臣朋党,司马光以下各以轻重议罚,其布告天下。"这张黑名单中的元祐大臣,才得暂时幸免远谪,改为:

降授知随州的吕大防行秘书监,分司南京,郢州居住;降授知黄州的刘挚,试光禄卿,分司南京,蕲州居住;降授知袁州的苏辙,试少府监,分司南京,筠州居住。在苏轼到达惠州之前,辙已回到元丰年间曾监酒税的江西高安去了。

章惇与苏轼之间,为何有这样的深仇大恨,文献无征,不甚明白。

哲宗绍述熙丰新政的这个时代,刚一揭幕,那些见风转舵的言官们,放下在京朝的执政大臣不论,第一个拿来开刀的,即是远在定州的苏轼,这情形甚不可解,有人解释为:其时哲宗已有召章惇为相之意,朝中做官的,都想拿打垮苏轼来作晋见新相的见面礼。果然如此,则章惇对苏轼"欲得之而甘心"的毒念,在当时的官僚社会里,必是尽人皆知的常识了。

苏轼被责知英州为闰四月初三,后二十余日,章惇才到京任职。他一登上相位,果有重议苏轼讪谤罪责之论,续有责授建昌军司马、惠州安置的后命,则章惇对苏轼的恶意,果是事实。

苏轼与章惇交识甚早,同游仙游潭时,苏轼不敢走两谷间的独木桥,章惇平步而过,毫不畏惧。苏轼说笑道:"子厚他日必能杀人。"

元祐初,同在京师,又一类似的故事:

章子厚与苏子瞻少为莫逆交。一日,子厚坦腹而卧,适子瞻自外来，摩其腹以问子瞻曰："公道此中何所有？"子瞻曰："都是谋反的家事。"①

当时戏言，殊不知章惇今日，所要谋反的，所要杀的，却是苏轼。

有人说熙宁八年（1075），章惇知湖州，苏作《和章七出守湖州二首》诗，有"方丈仙人"一联，使章惇疑在讥嘲他的出身，因此结怨。

这话有个故事的背景：章惇的父亲章俞，少年时，行为很不检点，与他早寡的岳母杨氏私通，生了章惇。原想将这私生儿溺毙算了，幸得杨氏之母不忍，劝她留了一手，用一大盒，将这新生儿缄封在内，送与章俞。

章俞推算这孩子的五行（八字）很好，断定将来可以光大门楣，所以雇用乳母，将他养大了。后来登第做官，与苏轼相交，苏作《送章七出守湖州》诗，首联："方丈仙人出渺茫，高情犹爱水云乡。"章惇疑心是在嘲笑他这不大体面的出身，因此怀恨在心。至绍圣开元，得相天下，遂逼令苏轼渡海，意在报复云云。②此说流传甚广，人云亦云，其实不确。

章惇出知湖州后五年，苏轼因诗狱一案，被谪黄州。那时候，忧谗畏讥，非至亲知交，不敢以文字与人，独与章子厚书，坦述自己和弟辙经济窘迫的情况，娓娓详道黄州的生活；可见他们之间的交情依然深切。宰相王珪在神宗面前谗害苏轼，章惇代抱不平，苏轼贻书有"子厚平居遗我药石，及困急，又有以救恤之"的话，两人交谊何尝有所芥蒂？

---

① 佚名：《道山清话》。
② 〔宋〕王明清：《挥麈余话》。

元祐初，章惇知枢密院事，与司马光时时发生摩擦，司马不堪虐侮，幸赖苏轼居中调护和疏通，才得稍解。

这许多事实，皆足证明章惇于元祐元年春出知汝州，退出中枢政府之前，与苏轼的交谊还是非常完满的，并无嫌怨。可是，章惇这次离京以后，惇轼之间，确也再无往来形迹。

当然，元祐时期，苏章二人的政治立场不同，内外有别，使他们疏远了，这是非常自然的情势，不足以发生深仇大恨。所以，章惇相天下，首欲除掉并不在朝的苏轼，后又千方百计，非欲置之死地不可，恐怕私怨的成分不大，而是政治夺权的情势下，严重的猜疑所造成的祸患。

问题的症结，恐怕还是在于苏轼与哲宗的关系。

哲宗皇帝生性仁厚，少时有"不践蝼蚁"的美德，所以绝对不是一个毫无人性的帝王，只因年少识浅，感情冲动，心理不太正常，便被小人利用而已。

哲宗的仁厚，从下面的事例可以看得出来。苏辙当廷顶撞，皇帝已经盛怒；但于出知汝州，侍御史虞策以为罪重责轻，乞加远戍时，哲宗便说："已谪矣，可止也。"吕大防既谪安州，他的哥哥大忠自泾原入朝，哲宗还问："大防安否？"而且说："执政欲迁诸岭南，朕独令处安陆（湖北），为朕寄声问之。大防朴直，为人所卖，二三年可复见也。"

可见这青年皇帝，还算是个非常念旧的人。

哲宗之与苏轼，关系更不平常，自他十岁登位以来，苏轼即是侍从的近臣；经筵讲读，师生之间，相处融洽，又与程颐说书不同。翰林学士，职司天子的侍从兼顾问，天子任何行动，翰林学士皆预坐，几乎时时不离左右；至为翰林承旨，更独承天子的密旨，论君臣关系之近密，更无逾于此职者。任何人都会想到，哲宗对这旧臣，不会永远弃置的。即如苏轼已经出知杭州，宫中有派使者赴杭之便，哲宗还悄悄地亲自缄封一包茶叶，密赐苏轼。

更可察知皇上对苏轼的感情，与一般臣工不同。

皇上对于苏轼这种潜在而又深厚的感情，植根于少年时期的信赖心，可以被强烈的报复冲动所迷乱，蒙混于一时，使苏轼在那一阵政治风暴的锐势上，做了第一号牺牲品；但风波总有平静的一日，皇上一旦醒悟，说不定哪一天忽又念及这"八年经筵之旧"的师傅，谁能保证他不使出无上的君权，径以中旨给予召还呢？宋代的相权有限，到那时候，章惇无论怎么蛮横，也没有办法了。何况，自欧阳、司马谢世以后，苏轼名满天下，人望鼎鼎，绝非章惇可及，万一哲宗付以政柄，则章惇辈好不容易攫到的政权，岂不天摇地动，大势去矣！

基于这个理由，为了他们整个集团的利益，章惇未到之前，要想投靠他的人，已先对准苏轼，开了第一刀；而章惇上台之后，觉得这一号大敌，单是流放岭外、不得叙复等平常措施，还不足以杜绝后患，因此发展出后来种种非欲置之死地不可的毒计，皆是政治夺权的狠毒，并非个人私怨。

苏轼被谪的惠州，唐时叫循州，南汉时改名祯州，宋时才称惠州。州治即今广东省惠州市惠阳区，距广州三百里，位于东江之南岸。清时惠州辖属归善、博罗、长宁、永安、海丰、陆丰、龙川、河源、和平等九县及连平州。

惠阳城南有座飞鹅岭，所以又称"鹅城"。山明水秀，风景绝佳，可惜当时尚未开发，还是化外偏鄙之地。忽然来了苏轼这样一个鼎鼎大名的人物，不由得整个社会轰动起来。入境的外乡人少,极易受到注意和被辨认。所以,苏轼随便到哪里走动大家都知道他是谁,对他都很礼貌,一点没有异乡人隔阂的感觉。苏轼很是高兴,写《十月二日初到惠州》诗:

> 仿佛曾游岂梦中,欣然鸡犬识新丰。
> 吏民惊怪坐何事,父老相携迎此翁。
> 苏武岂知还漠北,管宁自欲老辽东。
> 岭南万户皆春色(岭南万户酒),会有幽人客寓公。

　　苏轼初到,地方当局为表示礼遇,特别招待他在合江楼暂住。这合江楼在三司行衙中,是三司按临所居的宾馆,地居龙川江与西江合流之处,朱楼临槛,即是大江。苏轼住在楼上,远眺海山葱茏,云水浩渺,不禁有仙境不远之想。他说:"……江风初凉睡正美,楼上啼鸦呼我起。我今身世两相违,西流白日东流水。楼中老人日清新,天上岂有痴仙人。三山咫尺不归去,一杯付与罗浮春。"

　　过岭以来,沿途地方官多来求见,如罗阳推官程天侔(全父)途中晋谒,自此订交,苏轼后来再贬海南,得他甚多照顾。惠州太守詹范,字器之,建安人,与已故的黄州太守徐大受(君猷)是非常交好的朋友,因此与苏轼一见投契。他也时时携酒来访,相与共饮,与当时黄州的情形一样。李安正出守苍梧,绕道来访,竟为居留十日。程乡县令侯晋叔及归善主簿谭汲来,陪他同游县西八十里的大云寺,松下野饮,设松黄汤[①],轼有词记游:

> 罗袜空飞洛浦尘,锦袍不见谪仙人。携壶藉草亦天真。
> 玉粉轻黄千岁药,雪花浮动万家春。醉归江路野梅新。

---

① 松黄汤,据《本草图经》:松花上黄粉,名松黄,山人及时拂取,作汤点之。

苏轼对这侯晋叔印象很好,认为颇有文采气节,实为佳士;所以后来将与程之才联络的重要任务,交给他办。

合江楼是三司行馆,只能暂时招待,不是谪官可以久居之地。月之十八日,苏轼数口便搬到嘉祐寺去住了。

合江楼在惠州府,为水西;嘉祐寺在归善县城内,为水东。县城沿江而筑,一面跨山,寺亦造在山边,山上有松风亭,与寺甚近。苏轼甚爱寺居的幽深窈窕,觉得不比合江楼坏。

岭南气候温和,十月下旬,松风亭下的梅花就已盛开了。苏轼想起当年贬谪黄州,路过麻城县春风岭上看梅的旧事,觉得梅花每与流落的生涯相纠结,不禁感慨万千,作诗曰:"春风岭上淮南村,昔年梅花曾断魂。岂知流落复相见,蛮风蜑雨愁黄昏。……"又作:"罗浮山下梅花村,玉雪为骨冰为魂。纷纷初疑月挂树,耿耿独与参横昏。先生索居江海上,悄如病鹤栖荒园。天香国艳肯相顾,知我酒熟诗清温。……"

虽然同样是在天涯流落中看到梅开,但在去黄州途中的春风岭上,细雨梅花,不免还有穷途失路的悲哀,而现在这栖园病鹤,他的心情却已非常平和。"酒醒梦觉起绕树,妙意有在终无言。"又曰:"酒醒人散山寂寂,惟有落蕊黏空樽。"苏轼的修养境界,便自完全不同了。

苏轼心境的平和,由于他已完全看透了人生。到惠州后数月,答参寥书,有极善譬喻的自述:

　　……某到贬所半年,凡百粗遣,更不能细说。大略只似灵隐天竺和尚退院后,却在一个小村院子,折足铛中,罨糙米饭吃,便过一生也得。其余,瘴疠病人,北方何尝不病?是病皆死得人,何必瘴气?但苦无医药。京师国医手里死汉尤多。参寥闻此一笑，当不复忧我也。……

岭南地热，春来特早，一过了年，就已百花齐放。大地上缀满了缤纷的彩色。苏轼寓居嘉祐寺，也和在黄州一样，日常以各处闲逛为消遣。绍圣二年正月二十六日，他和几个朋友"野步"走到嘉祐僧舍东南，见有一个本地人家，院子里杂花盛开，色香浓郁，苏轼禁不住扣门求观。

出来应门的林姓老媪，白发青裙，青年守寡，独居已经三十年。苏轼感叹之余，写下一首色彩非常浓艳的名诗：

缥蒂缃枝出绛房，绿阴青子送春忙。
涓涓泣露紫含笑，焰焰烧空红佛桑。
落日孤烟知客恨，短篱破屋为谁香。
主人白发青裙袂，子美诗中黄四娘。

最奇的是兄弟同在如此严重的患难中，他写寄苏辙的万里家书，却只传授在惠州啃羊脊骨的美味，好像一个向来寒素的老饕，道其一饮一啄的喜悦。书言：

惠州市井寥落，然犹日杀一羊。不敢与仕者争，买时嘱屠者，买其脊骨，骨间亦有微肉，热煮漉出（不乘热出，则抱水不干），渍酒中，点薄盐，炙微焦，食之。终日抉剔，得铢两于肯綮之间，意甚喜之，如食蟹螯，率数日辄一食，甚觉有补。子由三年食堂庖，所食刍豢，没齿而不得骨，岂复知此味乎？戏书此纸遗之。虽戏书，实可施用也。然此说行，则众狗不悦矣！

苏轼竭力挣扎，就是要挣脱这三十多年来的邯郸大梦。但是梦虽醒矣，却发现自己已被政治迫害所捆缚，茫茫来日，不知将有怎样的命运来到，仍然不免有心如"挂钩之鱼"那样的痛苦与焦灼。

一天，他从嘉祐寺徒步上山往松风亭，山径陡峭，足力不济，坐在路隅休息时，忽然得了彻底的解悟。作《记游松风亭》短文曰：

> 余尝寓居惠州嘉祐寺，纵步松风亭下。足力疲乏，思欲就林止息。仰望亭宇，尚在木末，意谓如何得到？良久，忽曰：此间有甚么歇不得处？由是，如挂钩之鱼，忽得解脱。
>
> 若人悟此，虽兵阵相接，鼓声如雷霆，进则死敌，退则死法，当恁么时，也不妨熟歇。

四　借刀杀人之计

宋不杀大臣，是太祖高皇帝手定的家训，没有人敢于违背，"违则不祥"。苏轼既被窜逐岭外，几乎已是最重的惩治了，若不另有新的布置，甚难再度给予致命的一击。

唯有熟悉苏家家事的章惇，才能想到利用程之才与他有先世宿怨这个过节，设下借刀杀人的毒计。

程之才，字正辅，苏母成国太夫人的胞侄，也是苏轼亡姊八娘的夫婿。苏程两家本是"亲上加亲"的至戚，不料八娘嫁过去后，不得舅姑欢心，不得志而死，似乎不是善终。老苏痛失爱女，愤恨之极，作《苏氏族谱亭记》，对程家大肆毒骂，不但从此断绝与岳家来往，并且告诫子孙，不认这门亲戚，即使成国太夫人逝世，也不通讣吊。横亘在这两代间的怨隙，自仁宗皇祐五年（1053）至今哲宗绍圣二年（1095），已经四十二载，可以说是非常根深蒂固的了。

章惇知道苏程两家有这一段宿怨，所以特别起用程之才做广南这一路的提刑。提刑，即是世俗所谓巡按大臣，代表朝廷，巡察地方，有发奸摘伏、整肃官吏的大权；而且程之才本人也是个非常精干、敢作敢为的健吏，用他来对付一个流落在岭南的罪官苏轼，尽可以杀人不见一滴鲜血。

提刑驻节韶州，苏轼路过该地未久，程之才就跟着到任了。绍圣二年正月，新任提刑按临广州之后，他是必定要到惠州来的。与程家绝交时，苏轼还只十八岁，现在，他不知道要怎样与这位名分上既是表兄，又是姊丈的宪使见面。这是桩非常难处的事情，并不一定为了内中隐伏有什么杀机，苏轼甚为踌躇。

苏轼再三思量，这种事，除了挺身出来，面对现实，没有其他办法。程之才还在广州，苏轼就托与他同游大云寺的程乡县令侯晋叔，先为致意，探探之才的反应。

侯晋叔来回话：程之才示结非常关切，于是苏轼第一次写了给他的短柬：

近闻使旆少留番禺，方欲上问候，长官来，伏承传诲，意旨甚厚，感怍深矣。比日履兹新春，起居佳胜，知车骑不久东按，倘获一见，慰幸可量。未间，伏冀以时自重。

接着，接到苏辙来信说，在湖口见到程之才的儿子和媳妇，知道之才对他们不但没有恶意，而且颇为关怀。于是苏轼觉得轻松一点，继又写了第二封信，约他觌面晤谈：

窜逐海上，诸况可知，闻老兄来，颇有佳思。昔人以三十年为一世，今吾老兄弟不相从四十二年矣。念此令人凄断，不知兄果能为弟一来否？然亦有少拜闻，某获谴至重，自到此旬日，便杜门自屏，虽本郡守亦不往拜其辱，良以近臣得罪，省躬念咎，不得不尔。

老兄到此，恐亦不敢出迎。若以骨肉之爱，不责末礼而屈临之，余生之幸，非所敢望也。其余区区，殆非纸墨所能尽，惟千万照悉而已。

…………

程之才寄来回信，说他对于两家陈旧的嫌隙，一向耿耿于怀，苦无机会沟通，表示甚深的遗憾。于是，苏轼复书，就说：

承谕，感念至泣下。老弟亦不免如此，蕴结之怀，非一见终不能解也。

苏程之间多年的隔阂，就是这样轻轻突破的，至于后来怎样演变，只好等到见面以后，听其自然发展了。

苏迈在宜兴，苦念南行的老父，大岭隔绝，音讯难通，一家人忧愁不堪。苏轼有个世交晚辈钱世雄（济明），服官吴中。苏迈来与世雄商量，世雄遂将此事与苏州定慧院的长老守钦说起，该院净人卓契顺慨然愿意担当这个差使，对苏迈道：

"你何必那么忧愁，惠州不在天上，只要走，总走得到的。我为你带家书去探问。"

于是，他就从苏州徒步出发，涉江度岭，晓行露宿地来了。途中也曾生过病，但仍不顾一切，晓行露宿，黧面茧足地走到了惠州。时在绍圣二年（1095）三月初二。

苏轼对这古道热肠的僧徒，当然非常感激，看他那么朴拙的样子，便和他开玩笑道："带什么土物来？"契顺无可奈何，摊展空空两手。轼曰："可惜许数千里，空手来！"

契顺装作挑副担子的模样，然后就不好意思地避过一边。这一副老实人的憨态使苏轼更是欢喜。①

苏轼并不认识定慧院的守钦长老，但钦老能诗，寄来《拟寒山十颂》致意，苏轼写了和诗八首，原已交与契顺嘱他带回去的，临行，想想不太妥当，又取回来烧了。果然，守钦后来与参寥同样被陷还俗，如还有与南迁的苏轼诗文往返的话，恐怕麻烦更大。

佛印和尚听到卓契顺南行的消息，也托他顺便捎了信来。佛印此函，气概不凡，不愧是苏轼的知己朋友，也只有像他这样一个声气广通的政治和尚，才能"一语破的"，说出"权臣忌子瞻为宰相"这样的话。书言：

> 子瞻中大科，登金门，上玉堂，远于寂寞之滨，权臣忌子瞻为宰相耳。人生一世间，如白驹之过隙，二三十年功名富贵，转盼成空。何不一笔钩断，寻取自家本来面目。万劫常住，永无堕落。纵未得到如来地，亦可以骖驾鸾鹤，翱翔三岛为不死人，何乃胶柱守株，待入恶趣。
>
> 昔有问师佛法在甚么处，师云：在行住坐卧处，着衣吃饭处，痾尿刺溺处，没理没会处，死活不得处。子瞻胸中有万卷书，笔下无一点尘，到这地位，不知性命所在，一生聪明，要做甚么？
>
> 三世诸佛，只是一个有血性的汉子。子瞻若能脚下承当，把三二十年富贵功名，贱如泥土，努力向前，珍重！珍重！②

这是佛印与苏轼最后一次往来，绍圣四年（1097），他就离开了凡尘。

卓契顺在惠州住了半个多月，明白了苏家人生活平善，取得

---

① 〔宋〕苏轼:《东坡志林》。
② 〔宋〕钱世昭:《钱氏私志》。

了复信，就要回去了。苏轼问他："你要些什么？"

"契顺便因无所求才来惠州。如有所求，当上京都去了。"顺答。

苏轼为要表示一点心意，苦苦追问，契顺才说：

"从前有个蔡明远，不过是鄱阳一个军校而已。颜鲁公绝粮江淮间，明远背了米去接济。鲁公感激他的热心，写了一张字送他，使天下人到现在还知道世上曾经有过一个蔡明远。

"今日，契顺虽然无米与公，然而区区万里行劳，倘然可以援明远为例，也能得公数字之赠吗？"

苏轼欣然伸纸和墨，为他写了一幅渊明《归去来辞》[1]。

岭北的故人，得到了消息，纷纷派遣专人到惠州来探问。诗僧参寥既先派人前来问讯，陈慥续有函至，表示要亲自到惠州来看他，苏轼连忙复信劝止，说："季常安心家居，勿轻出入，老劣不烦远虑，决须幅巾草履相从于林下也。亦莫遣人来，彼此须髯如戟，莫作儿女态也。"

后六客中的曹辅（子方）先派人送天门冬煎（草药）来给他御瘴；二年二月赴提点广西刑狱任，绕道惠州来陪他住了几天。吴子野的儿子芘仲，从潮阳送了许多食物来，苏轼将广州买的数斤檀香，分了一半回赠，他说买这些檀香，原是预备定居之后，杜门烧香静坐所用。

虔州鹤田处士王原（子直）来，陪他同寓嘉祐寺两个多月，同游几处附近名胜。故黄州太守徐大受的弟弟大正（得之）也专人前来问候，惠州太守詹范，与大受、大正兄弟亲厚，特地招呼

---

[1] 本集：《书归去来辞》。

他格外照顾这流亡中的老人。

苏轼一生,热爱朋友,所以即使身陷这等景况,生活还不寂寞。

传闻程之才将于三月初到达惠州,苏轼叫儿子过作代表,往迎江上。之才抵惠之翌日,就到嘉祐寺来看他,馈遗甚厚。

他们两人,本是眉县同乡,两代姻亲,所以原是情同手足的朋友,交谊彼此成长的环境,互相了解少年时代的梦想,熟识两家三代以内的亲长和平辈的兄弟姊妹……这些关系,在年轻闯荡江湖的时候,并不觉得重要,但时至今日,两人都经历了将近半个世纪的时间,奔走过东西南北的行脚,眼见无数人事沧桑的变幻,身经世路不断的坎坷和患难,青春作别,白首重逢,一旦执手于离乡万里的岭南,谁能不为这一片骨肉亲情所激动,感到彼此血肉相连的关切。

所以这中表兄弟二人,在嘉祐寺里对坐下来,就情不自禁地诉说阔别以来的各家情况。久违的乡情,变迁的亲故,在甚多唏嘘嗟叹之间,心理上的隔阂逐渐消融,迷茫的宿嫌,早如隔世,消失得无影无踪。苏轼诗说:"世间谁似老兄弟,笃爱不复相疵瑕。"章惇辈的阴谋,完全落了空。

之才讲起他的曾祖父程仁霸,仗义欲平一件盗案的冤狱,因果报应的故事,求苏轼作记。轼以陶潜曾作外祖父孟嘉传为例,撰书《外曾祖程公逸事》。

翌日,苏轼亲往三司行衙,回拜程之才,会于合江楼。之才知道苏轼初来时,曾寓此处,便嘱咐有司,待他去后,请苏轼仍然还居此楼。所以,之才离去后的三月十九日,苏轼从嘉祐寺又回到合江楼来住了。

知惠州事的詹范,也是一个诗写得很好、文人气质很重而不大会做官的人,对于苏轼的敬礼和亲切,不减当年黄州太守徐大受。苏轼谪居黄州时,每年重九,君猷一定置酒名胜处,邀请这位失意的谪官同度佳节,现在惠州的詹器之亦然如此。

绍圣二年(1095)上元夜,詹太守带了厨子和酒菜到嘉祐寺来,陪他过节。苏轼饮酒薄醉,回想即此最近三年的上元之夜,他个人的景况也年复不同,白云苍狗,世事无常,不禁有无限的感慨。作《上元夜》诗曰:

前年侍玉辇,端门万枝灯。
璧月挂罘罳,珠星缀觚棱。
去年中山府(定州),老病亦宵兴。
牙旗穿夜市,铁马响春冰。
今年江海上,云房寄山僧。
亦复举膏火,松间见层层。
散策桄榔林,林疏月鬅鬙。
使君置酒罢,箫鼓转松陵。
狂生来索酒,一举辄数升。
浩歌出门去,我亦归瞢腾。

诗中穿插一个疯狂的贾道士前来闯席乞酒,隐用李太白"仰天大笑出门去,我辈岂是蓬蒿人"的意思,可见苏轼此时,看似低头认命,而胸中一股浩荡的豪气依然未死。

二月十九日,苏轼携白酒鲈鱼,报访詹范,采槐叶的新芽滤汁,和面作饼,称"槐叶冷淘",诗曰:"青浮卵碗槐芽饼,红点冰盘藿叶鱼。醉饱高眠真事业,此生有味在三余。"三余者,用董遇"冬者,岁之余;夜者,日之余;阴雨,月之余",意思指闲暇无事之时。

苏轼好动,尤其喜欢游山玩水,到了岭南,他便遍游惠州州境范围内所有的名山古刹,如在惠州东北二十里的白水山佛迹岩,他曾一游再游。不仅为了欣赏它那悬注百余丈的大瀑布,爱好沐浴的苏轼,更欢喜此山特有的温泉。初到惠州不久,他即带了苏过同去,作白水山游记:

> 绍圣元年十月十二日,与幼子过游白水佛迹院,浴于汤池,热甚,其源殆可熟物。循山而东,少北,有悬水百仞。山八九折,折处辄为潭,深者缒石五丈,不得其所止,雪溅雷怒,可喜可畏!水涯有巨人迹数十,所谓佛迹也。
>
> 暮归倒行,观山烧,壮甚。俯仰度数谷,至江,山月出,击汰中流,掬弄珠璧。到家二鼓,复与过饮酒,食余甘煮菜①,顾影颓然,不复甚寐。

较近一点的,则去丰湖上的栖禅寺和罗浮道院,徜徉终日,乐以忘归。丰湖在惠州城西,原名西湖,后因湖上出产甚丰,又名丰湖。苏轼常在那里玩。他历知杭州、颍州,都有一个西湖,现在惠州也有西湖,所以秦观诗说:"先生所至有西湖。"

苏轼的游伴也不少,除去当地的长官如惠守詹范、博罗县令林抃(天和)、推官柯常等外,则是虔州处士王原、赖仙芝、和尚昙颖、行全、道士何宗一……儿子苏过经常侍行,都有诗作,取悦老父。

绍圣开元,朝廷认为元祐时期所修《神宗实录》,多有诋诬,诏由蔡卞主持重修。蔡卞以王安石《日录》作底本,彻底翻案,

---

① 周去非《岭外代答》:"南方余甘子,风味过于橄榄,多贩入北州,方实时零落藉地,如槐子榆荚,土人干以合汤,意味极佳。……"

完全改写。元年十二月,书成,进呈御览,然后追议当初的纂修官,认为他们都有诋诬之罪。

首先责问黄庭坚,指他所书"铁爪治河,有同儿戏"事,对曰:"庭坚时官北都,尝亲见之,真儿戏耳!"凡有所问,都直辞以对,闻者壮之。结果是贬涪州别驾,黔州安置。范祖禹曾力言"章惇不可用"。章惇恨之切骨,也借了这个案子,连贬武安军节度副使、昭州别驾,安置永州,后迁贺州,最后徙化州而死。赵彦若贬澧州。晁补之也牵涉此案,并坐修造之事,贬官监蕲州酒税。

吕大防当时为相,例兼监修实录之职,事实上挂名而已,今亦因此加罪,诏徙安州居住。

这些消息,都是张耒派了士兵王告再度来惠州时相告的。其时,秦观因坐党籍,已经出判杭州。所谓苏门四学士中,未遭贬谪的,只剩张耒一人,现在润州任上;但至绍圣二年十一月因坐苏轼党,降职宣州;不久,再遭贬谪为监黄州酒税官了。

苏轼以土产桄榔杖一枚,回赠张耒。对于他带来的消息,既不沮丧,也无怨言。但说唐朝曲江张九龄为相,主张放臣不宜与善地。刘禹锡作诗追恨,苏轼认为不必如禹锡那样认真。又称赞文潜真如孔融一样,是个重视朋友风义的男子汉。诗题是"桄榔杖寄张文潜一首,时初闻黄鲁直迁黔南、范淳夫九疑也"。

睡起风清酒在亡,身随残梦两茫茫。
江边曳杖桄榔瘦,林下寻苗荜拨香。
独步倘逢勾漏令(葛洪),远来莫恨曲江张(张九龄)。
遥知鲁国(孔融)真男子,独忆平生盛孝章。

五 劳己以"为人"

　　古时读书人，用世的途径非常狭窄，一旦遭逢患难，不得已须过退隐生活时，大多只能照顾自己，不再留心世事了。上焉者，葺治庭园，吟风弄月，作一身安适之谋；下焉者，征歌选色，恣意口腹，尽量发泄肉体官能的享乐。唯有苏轼不然，虽已年近花甲，而且被放于蛮荒的岭外，但他依然精神饱满，按捺不住"为人"的一腔热情。

　　虽然他没有很多钱，可以大规模做帮助别人的事，也没有权势，可以影响别人来做社会福利工作；但他还是随时找机会，做他能够做的施予之事，从施予中获得满足，汲取快乐。

　　苏轼步行江边郊野，发现到处都有野死者的枯骨，一任日晒雨淋，无人掩埋，为之恻然，便找机会与惠守詹范商议，筹募适当的经费，使收拾枯骨，造为丛冢。

　　这项收埋暴骨的工作，后经程之才大力推动，由罗秘校者专司其事后，范围就做得大了，苏轼也自捐出钱来，提倡这件善举。与罗秘校书，有云："……掩骼之事，知甚留意，旦夕再遣冯、何二士去回禀，亦有少钱在二士处，此不觇缕。"不但出钱，还作《惠州祭枯骨文》：

> 尔等暴骨于野，莫知何年，非兵则民，皆吾赤子。恭惟朝廷法令，有掩骼之文；监司举行，无吝财之意。是用一新此宅，永安厥居。所恨犬豕伤残，蝼蚁穿穴。但为丛冢，罕致全躯。幸杂居而靡争，义同兄弟；或解脱而无恋，超生人天。

　　绍圣元年（1094）八月，苏轼到岭南来的途中，舟泊江西太和县，遇到当地一位退休官吏曾安止，拿出一本所撰《禾谱》稿来向他请教。苏轼看后，认为此书未谱农器，是其一大缺失，因为生产工具的进步，其重要性实不下于育种。

苏轼说，从前在武昌时，看农夫播秧，都骑一种"秧马"。这秧马是木做的，用榆枣木做马腹，利其滑润；用楸桐木做马背，因其质轻。其形制则腹如小舟，首尾高昂，背如覆瓦，以便两髀紧夹，雀跃泥中。用蒿草将秧缚在马首，随走随打，日行千畦，较诸伛偻插播，工作的劳逸，就完全不同了。

为要加强传布这种进步的农器，苏轼作《秧马歌》，详述形制、操作及其效用，希望别处都能仿制使用。那时代，地方官负有劝农的职责，所以苏轼将《秧马歌》遍寄与所熟识的守令，可惜"罕有从者"。只有博罗县令林抃（天和）躬率田者制作试验，再经改良，更加合用，使本来"腰如箜篌首啄鸡"的插秧工作，变得"耸踊滑汰如凫鹥"，轻松地在畦东畦西行走了。

惠州的农民都用秧马了，苏轼认为浙中稻米，几半天下，遇到将去江浙的人，他便口讲指划地教他，希望能够传与吴人。

程之才公毕离惠，苏轼追饯于博罗香积寺。寺下有道溪水，水势很大，苏轼认为如筑一座周围百步大小的水塘，置水闸，利用这注水力作碓磨，使转两轮而举四杵，可以帮助寺僧舂米。他将这意见向在座的林抃说了，林令也就认真地去做，苏轼很是高兴。

惠州自水东（归善县）至水西（惠阳），中隔东江，行人如织，一向用简陋的竹浮桥通行，但是江流峻急，竹桥甚易冲坏。苏轼认为如用罗浮道士邓守安的建议，改用船桥，就可一劳永逸。其方法是以四十舟联为二十舫（两船相并为舫），铁锁石碇，随水涨落,以渡行人。

苏轼发动有力者如程之才、漕使傅才元和惠守詹范等协力筹措经费,自己没有很多钱,连朝服用的犀带也捐了出来,邀邓道士来惠州同住,经办此事。一两月间,即已竣工,名之曰"东新桥"。

州西丰湖上,原有长桥,屡作屡坏。栖禅寺僧希固大力改造,筑进两岸,造飞楼九间,全用石盐木构筑,坚如铁石。苏轼热烈赞襄,但他无力捐献,只好远向苏辙的夫人史夫人劝募,史夫人把从前内官所赐的金钱数千都捐出来了。

两桥落成之日,当地的老百姓欢欣鼓舞,苏轼《两桥诗》说:"一桥何足云,欢传满东西。"又曰:"父老喜云集,箪壶无空携。三日饮不散,杀尽西村鸡。"人民对生活建设的热烈反应,盛况空前。

苏轼来惠州途中,曾游广州白云山麓的蒲涧寺,非常欣赏有名的蒲涧水,诗言:"不用山僧导我前,自寻云外出山泉。千章古木临无地,百尺飞涛泻漏天。……"对此甘冷异于常流的泉水,印象十分深刻。

至绍圣三年(1096)冬,罗浮道士邓守安又为苏轼说起一件广州人民饮水的大事。其时章楶(质夫)已罢知广州,接任者王古(敏仲),是故相王旦的文孙,王素的侄子,与知友王巩是从兄弟行,以江淮发运使进宝文阁待制,知广州。苏轼与王家两代知交,他就将这福利广州市民的供水计划,建议敏仲来做。书言:

> 罗浮山道士邓守安,字道立,山野拙讷,然道行过人,广惠间敬爱之,好为勤身济物之事。尝与某言,广州一城人,好饮盐苦水,春夏疾疫时,所损多矣。惟官员及有力者得饮

刘王山井水,贫下何由得?惟蒲涧山有滴水岩,水所从来高,可引入城,盖二十里以下耳。若于岩下作大石槽,以五管大竹,续处,以麻缠漆涂之,随地高下,直入城中。又为一大石槽以受之,又以五管分引,散流城中,为小石槽,以便汲者。不过用大竹万余竿,及二十里间用葵茅苫盖,大约不过费数百千可成。然须于循州置少良田,令岁可得租课五七千者。每岁买大筋竹万竿,作筏下广州,以备不住抽换。又须于广州城中,置少房钱,可以日掠二百,以备抽换之费。……

王古果然是个勇于为民做事的好官,接纳苏轼的建议,立刻着手进行。经他实地勘测度量,竹管从蒲涧出山,循平地直达广州东郭,长仅十里。所以只要大竹五千竿就够铺设了,照前函预算还可减少一半。

引蒲涧水的竹管装起来了,苏轼高兴之极。但是那么长的一条暴露地上的水管,难免发生通塞的问题。苏轼再函敏仲,提出他的办法:

闻遂作管引蒲涧水,甚善。每竿上须钻一小眼,如绿豆大,以小竹针窒之,以验通塞。道远日久,无不塞之理。若无以验之,则一竿之塞,辄累百竿矣。仍愿公擘划少钱,令岁入五千余竿竹,不住抽换,永不废也。

惠州新建海会禅院,法堂甚为宏壮,苏轼已助了三十缗钱。院旁有一山陂,从寺右弯弯曲曲地绕前面山麓,长达一里;左边原来筑有长堤,与丰湖为界,潴为鱼塘,每到年终,封闭塘口,就可竭泽取鱼。苏轼打算将这鱼塘买下来,然后鸠工牢筑下塘,永不开口,塘水涨溢,湖鱼就可自由出入丰湖了,所活鳞介,岁有数万。他为这个放生池,几乎是倾囊以赴,本地也有几个人出钱相助,还是不够,只好写信向程之才和老弟苏辙化缘,不久,如愿作成。

这海会禅院,今名永福寺。放生湖仍在,惠人刻磨穹碑立于道旁,大书"宋苏文忠放生湖"。

苏轼在惠州,只是个垮台的罪官,贫穷的异乡人,应该自顾不暇。他却倾出满怀热情,凡是有益于人的事,只要力所能做,无不立刻伸出手来,尽力而为。在惠州这几年,着实做了不少利人济物之事,但他还对朋友慨叹道:"老人没用处!"(《致程正辅书》)

苏轼日常生活中,有两项经年不倦的癖好:一是合药,二是酿酒。

苏轼之好弄医药,由来已久。仁宗朝,朝廷编行《惠民济众方》,启发了他的兴趣。在黄州,结交了医学造诣很深的聋医庞安常,曾经认真下过研究的功夫。在杭州任上时,适因灾后流行时疫,他创设病坊,合药(圣散子)施众,活人无算。这时候,他热心道家的学术,又进一步研读孙思邈的《千金方》,颇有心得。

中医与西医不同,凭借经验为主,现代人称为经验医学。苏轼非常热心于收集验方,同时推五行运行之理,研究治病用药的基本。如《与庞安常书》一则,可以作他们之间研究讨论的例子。

> 端居静念,思五脏皆止一,而肾独有二,盖万物之所终始,生之所出,死之所入,故也。《太玄》:罔、直、蒙、酋、冥。罔为冬,直为春,蒙为夏,酋为秋,冥复为冬,则此理也。人之四肢九窍,凡两者,皆水属也。两肾、两足、两外肾、两手、两目、两鼻,皆水之升降出入也。手足外肾,旧说固与肾相表里;而鼻与目,皆古未之言也,岂亦有之,而

仆观书少，不见耶？

　　……古人作明目方，皆先养肾水，而以心火暖之，以脾固之。脾气盛，则水不下泄；心气下，则水上行，水不下泄而上行，目安得不明哉！孙思邈用磁石为主，而以朱砂、神曲佐之，岂此理也夫？安常博极群书，而善穷物理，当为仆思之，是否？一报。

苏轼论肝，则曰："凡人，夜则血归于肝，肝为宿血之脏。过三更不睡，则朝旦面色黄燥，意思荒浪，良以血不得归故也。"（《与徐十二书》）论脾，则曰："脾能母养余藏，故养生家谓之黄婆。司马子微著《天隐子》，独教人存黄气，入泥丸，能致长生。……脾胃固宁，百疾不生。"（《与孙运勾书》）

因为汉医是经验医药，缺乏实证性的理论根据，所以它的内容就不免糅杂。如上列苏轼所论的证例，显然受着非常浓厚的道家学说的影响。道家的研究，目的以养生为主，从养生的方法研究出治安方剂。

苏轼出方用药，反复叮咛，非常仔细，与道书之时涉玄秘者不同。如循守周彦质（文之），患足疾，苏轼有书介绍方药，则曰：

　　累日欲上谒，竟未暇。辱教，承足疾未平，不胜驰系。足疾惟葳灵仙、牛膝二味为末，蜜丸，空心服，必效之药也。

　　但葳灵仙难得真者，俗医所用，多藁本之细者尔。其验以味极苦，而色紫黑，如胡黄连状，且脆而不韧，折之，有细尘起，向明示之，断处有黑白晕，俗谓之有鸲鹆眼。此数者备，然后为真，服之有奇验。肿痛拘挛皆可已，久乃有走及奔马之效。二物当等分，或视脏气虚实，酌饮牛膝，酒及热水皆可下,独忌茶耳,犯之,不复有效。若常服此,即每岁收橼皂荚芽之极嫩者,如造草茶法,贮之,以代茗饮。此效屡尝目击,知君疾苦,故详以奉白。

落后的惠州,生活上最严重的缺乏,是病无医药;而且又因风土之恶,瘴毒是普遍的地方病。所以,苏轼到达惠州后不久,立即搜购药材,合药施舍,如与南华寺重辩长老书说:"到此已来施药。"遇有惠州买不到的药材,他便远向广州托购,一次买黑豆做豉,就要三石,可见瘴疾流行之广,而他所施舍的范围也真不小。与王敏仲(古)书:

治瘴止用姜、葱、豉三物,浓煮呷,无不效者。而土人不做豉;又此州无黑豆。闻五羊颇有,乞为致三石,得做豉散饮疾者,不罪,不罪。

不但如此,苏轼后在白鹤峰上造了住宅,便在屋后小圃,自己种植药草,有安神开心的人参、明目乌发的枸杞、清火的甘菊、解毒御瘴的薏苡,以及有返老还童之效的地黄,配以阿胶、崖蜜、山姜,合溶为饧。虽然都是老人常用的保健药物,总也不是单为个人所需,就要种植这么多。①

苏轼在惠州,忙着营义冢、修桥梁、施药等等,件件都要花钱,到后来不得不为自己起造一个住宅时,他仅有一点微薄的积蓄,也就完全用空了。囊空如洗,人不堪忧,他却认为从此一身轻安了。

习医施药,皆是出于利人济世的天性,这且不说,而苏轼另有一项长久的嗜好,则为酿酒。如在黄州自酿蜜酒,在定州做中

———
① 诗:《小圃五咏》。

山松醪。虽然酿造的技术,似乎并不十分高明,但他却做得兴头十足,每做一个品目的酒,题诗作赋,颇自吹诩。

岭南多瘴疠,应当常常饮酒,用以御瘴。何况该地不比中原,尚无禁酒的法条,可以自由酿造。据苏轼自己说,他遇到一个隐者,传授桂酒方,用桂花酿造成酒,盎然玉色,香味超然,认为这是"仙方",非人间之物。酿成试饮,不禁欣然言道:"酒,天禄也……吾得此,岂非天哉!"

据他说,他将此方刻石藏于罗浮铁桥下,以待后之"忘世求道者"再来发现。作《桂酒颂》,又作《新酿桂酒》诗,则又不免感叹:"烂煮葵羹斟桂醑,风流可惜在蛮村。"

但据叶梦得说,他问过苏迈、苏过,这桂酒到底如何?答曰:"亦只一试而止,大抵气味似屠苏酒。"两人说到这个,亦自抚掌大笑。①

罗浮道士邓守安又传他一个"真一酒"方,用白面、糯米、清水各三分之一酿造。苏轼说:"酒味绝似王驸马家的碧玉香。"又说:"真一色味,颇类予在黄州所酿蜜酒。"材料如此贫薄,真一恐怕也就不会真是美酒,只是代表主人淡泊的享用而已。倒是集存《记授真一酒法》这篇短文,则是真美:

> 予在白鹤峰新居,邓道士忽叩门。时已三鼓,月色如霜,有衣桄榔叶,手携斗酒,丰神英发如吕洞宾者,曰:"子尝真一酒乎?"就坐,各饮数杯,击节高歌。合江楼下,风振水涌,大鱼皆出。袖出一书授予,乃真一法及修养九事,末云:"九霞仙人李靖书。"既别,恍然。

---

① 〔宋〕叶梦得:《避暑录话》。

苏轼好酒而不善饮，自言："予饮酒终日，不过五合。天下之不能饮，无在予下者。"然而他喜欢看别人饮酒，见客举杯徐引，则他胸中浩浩焉，落落焉，酣适甚于其客。因此他每个月用米一斛，得酒六斗，而南雄、广、惠、循、梅五太守，又常常送酒给他，所以他"闲居未尝一日无客，客至未尝不置酒"。

苏轼这样勤于求药，忙于酿酒，有人问他道："子无病而多蓄药，不饮而多酿酒，劳己以为人，何苦？"

苏轼大笑道："病者得药，吾为之体轻；饮者困于酒，吾为之酣适。实在只是为我自己！"①

六　服食养生

绍圣二年（1095）九月，朝廷大享明堂，大赦天下。消息传到惠州，苏轼不免心动。写信托程之才探听详情：

> 今日伏读赦书，有责降官量移指挥。自惟无状，恐可该此恩命，庶几复得生见岭北江山矣。

又书云：

> 赦后，痴望量移稍北，不知可望否？兄闻众议如何？有所闻，批示也。

这种赦令，是国家的常制，庆典之后，不得不下。但是据有政权者又怎肯赦及已被流放的政敌，自坏长城，所以随有章惇的特奏。十一月间，惠州已闻后诏："元祐臣僚独不赦，终身不徙。"

---

① 本集：《书东皋子传后》。

遂再与程之才书云：

> 某睹近事，已绝北归之望。然中甚安之，未说妙理达观。譬如原是惠州秀才，累举不第，有何不可，知之免忧。

又与广西曹子方书云：

> 近报有永不叙复指挥，正坐稳处，亦且任运也。譬如惠州秀才不第，亦须吃糙米饭过一生也。某惟少子随侍，余皆在宜兴，见今全是一行脚僧，但吃些酒食耳。

后来，"不赦"发生了一个例外。那是韩维，原谪均州，他的儿子以他的父亲于执政日与司马光议论不合为理由，请求免行，朝廷准了。王巩认为苏轼所坐撰吕惠卿责词等，元祐间皆有辩雪底案，现在应可再行"申理"，来书劝苏轼一试。苏轼复信说："所云作书自辩者，亦未敢便尔。不怨天，不尤人，下学而上达，知我者其天乎！……"

绍圣二年仲秋，广惠间飓风成灾，公私房屋倒塌者二千余间，大树都连根拔起，乾明寺于四百年前从天竺国移植过来的菩提树也吹倒了。这是生长中原内陆的人所从未经验过的天变。惊惶稍定，轼命苏过作《飓风赋》，苏过描写风势最盛时，则曰："……排户破牖，殒瓦擗屋。礧击巨石，揉拔乔木。势翻渤澥，响振坤轴。疑屏翳之赫怒，执阳侯而将戮。鼓千尺之清澜，翻百仞之陵谷。吞泥沙于一卷，落崩崖于再触。列万马而并骛，溃千车而争逐。……予亦为之股栗毛耸，索气侧足。夜柎榻而九徙，昼命龟而三卜。盖三日而后息也。"

苏轼称赞稚子"笔势仿佛离骚经"，确非过誉。

飓风灾后，又发大水。合江楼下，有茅棚破屋七八间，横斜砌下，大水一来，居民奔避不暇。苏轼"题合江楼"一条说："岂无寸土可迁,而乃眷眷不去,常为人眼中沙乎!"看似指说败屋居民的狼狈,其实是人情势利,在别人屋檐下的寓客,住不安稳的苦语。

这年秋天,苏轼痔疮旧疾,忽又发作,痛苦不堪。惠州既无医药,苏轼只好用控制饮食的方法来抵抗疾患,所作《药诵》说:

……吾始得罪迁岭表,不自意全。既逾年,无后命,知不死矣。既旧苦痔,至是大作,呻吟几百日,地无医药,有亦不效。道士教吾去滋味,绝薰血,以清净胜之。痔有虫,馆于吾后,滋味薰血,既以自养,亦以养虫。自今日以往,旦夕食淡面四两,犹复念食,则以胡麻茯苓麨足之。饮食之外,不啖一物。主人枯槁,则客自弃去。尚恐习性易流,故取中散真人之言,对病为药,使人诵之。……

改变饮食习惯,是一项非常痛苦的功夫。苏轼为抵制这二十年来发作时的旧疾,下定决心,禁制得非常彻底。不但断酒肉,断盐酪酱菜,凡有滋味的食物皆所禁断;又断粳米饭,每日只吃没盐没酱的淡面一味。真个饿不过时,才吃些胡麻茯苓麨,填填肚子,又行"少气术"作为辅助。这样做了一两个月,病势稍退。

但至十一月间,与黄鲁直、程之才书中,仍说数日来又苦痔病,百药不瘳,再断肉菜五味,又做小乘的静坐功夫,希望日戒一日,能够消退这个缠绵的病痛。

苏轼一向对于带有神秘色彩的事事物物,饶有兴趣,年轻时就已向往道家的神仙之说,以后每逢遭遇灾祸,心里便产生突破世网的强烈欲望,则神仙世界对他的诱惑,也就乘时再起。

修仙必须炼丹,丹有内丹、外丹之分,《抱朴子·内篇·对俗》引《仙经》说:"服丹守一,与天相毕,还精胎息,延寿无极。"即是指此二者,前两句指服食,后两句指呼吸——模仿胎儿在母腹内的呼吸方法。

内丹是修炼自己身体内丹田所蓄的元气,调摄阴阳二气的消长盈缩,就是呼吸吐纳之术。苏轼谪黄州之初,与苏辙相会陈州,夜闻子由脐腹间隆隆如雷声者,即是他在床上行气,苏轼很羡慕他这功夫,认为定能"先我得道"。

外丹即是烧炼丹药,服食之用。炼丹术,始见于东汉魏伯阳所著之《参同契》,言曰:

河上姹女,灵而最神。得火则飞,不见埃尘。将欲制之,黄芽为根。

"姹女"是指流动而晶亮的水银(汞),"黄芽"则是硫磺、丹砂。这两者的化合物,其成分就是硫化汞(HgS)。魏伯阳的研究,已经掌握了汞和丹砂的化学性,开炼丹的先河。魏伯阳后百余年,而有葛洪,洪以毕生之力,实验丹药,成为我国科学史上的炼丹大师。

葛洪,出生于三国时代的吴国。吴被晋朝灭亡后,他即离开故乡(江苏句容),去都城洛阳,欲寻异书,不料碰上"八王之乱",归乡路断,他只好跟着朋友,远走广州。

苏州南海县令鲍玄,是个有名的炼丹家。葛洪自少热爱神仙导养之术,就投拜在鲍玄门下,研究炼丹,以后虽也做过若干年的小官,到五十岁时,听说交趾地方所产的丹砂最好,便向朝廷求为距离交趾最近的勾漏(广西容州)县令。行至广州,看到罗浮山,爱其地幽静,他就弃勾漏县令不做,在山中闭门修炼,终于罗浮。

葛洪留下一部伟大的著作——《抱朴子》,《内篇》二十卷,

《外篇》五十卷,其中第四卷《金丹》,第十一卷《仙药》,第十六卷《黄白》,就是分别讲述炼丹、合药和炼金的专论。

《金丹》篇中说:"丹砂烧之成水银,积变又还成丹砂。"意即红色的丹砂,经过烧炼,就能得到银色的汞(水银);再用黄色的硫磺烧炼,它又还原为丹砂。此在李白诗中,被称为"还丹",所谓"早服还丹无世情,琴心三迭道初成。遥见仙人彩云里,手把芙蓉朝玉京"者是也。

丹砂这种化学反应事实,在今日看来,只是非常普通的常识;但是古人对于任何不能理解、不明了的东西,都抱着神秘的态度,认是神物。当目睹这种物质变化如此神奇,目眩心惊之余,就认它即是秦皇汉武以来,求之不得的长生不死的仙药。

唐朝尊奉道教,几同国教,炼丹术就托道教以自重。上自太宗,下迄僖宗,以及当时的公卿名士无一不和道士往还,求丹服食。宰相李泌、刘晏、卢钧,诗人李白、贺知章、白居易,武将安禄山、高骈、董昌等都热衷此道,流风余韵,至宋未衰。

唐开元年间编纂的《道藏》,所收有关炼丹的著作,至少有一百种以上。苏轼服官凤翔时,曾于终南山太平宫溪堂读过此书。后来谪居黄州,眉山道士陆惟忠又传授他"内外丹指略",苏轼试过烧炼,所以王巩贬往宾州,苏轼写信托他访求当地名产的丹砂,书曰:

> 丹砂若果可致,惟便寄下。吾药奇甚,聊以为闲中诡异之观,决不敢服也。

苏轼当时搞过这个玩意,虽自言"决不敢服",但有人认为他在黄州患赤眼,患疮痔,此愈彼发,很可能就是服用了性分非常燥烈的丹药之故。

元祐期间，苏轼职事繁忙，无暇顾及炼养。这次被贬岭南，万念俱灰，在虔州谒祥符宫时，便已决心从此专心学道，作《书白乐天庐山草堂事》，即曰：

> 白乐天作庐山草堂，盖亦烧丹也。欲成，而炉鼎败。明日，忠州刺史除书到，乃知世间、出世间事不两立也。仆有此志久矣，而终无成者，亦以世间事未败故也。今日真败矣。《书》曰："民之所欲，天必从之。"信而有征。绍圣元年十月二十二日。

苏轼一到惠州，在嘉祐寺落了脚，即作《思无邪丹赞》，等于是一篇决心炼丹求仙的誓愿文：

> 饮食之精，草木之华。集我丹田，我丹所家。我丹伊何，铅汞丹砂。客主相守，如巢养鸦。培以戊己，耕以赤蛇；化以丙丁，灌以河车。乃根乃株，乃实乃华。尽炼于日，赫然丹霞；夜浴于月，皓然素葩。金丹自成，曰思无邪。……

炼丹所需要的药材和工具，如松脂、硫磺和铁炉，惠州买不到，他还写信托程之才在广州订购。

以后，他即开始烧炼，同时研究龙虎铅汞之说，作《续养生论》，作《辨道歌》等，谈的都是炼丹服养的理论和方法。

南来后，苏轼不但烧炼外服的丹药，更说有一海上道人传授他"以神守气"的吐纳方法，自己写成歌诀，以示道友吴复古：

> 但向起时作，还于作处收。
> 蛟龙莫放睡，雷雨直须休。
> 要会无穷火，尝观不尽油。
> 夜深人散后，惟有一灯留。

辞在可解、不可解间，不过可以证明他在认真练习吐纳导引的功夫。

这一阵服食求神仙的狂热,恐怕所得的结果,就是痔疮的痛苦。后来,他的道友吴复古(子野)偕陆道士惟忠到惠州来看他时,他们同好相聚,住在一起,饮酒谈道,炼丹打坐,非常热闹。这些世外的朋友,若以凡俗的眼光来看,都是"怪客"。吴子野形容枯槁,既不吃饭(绝粒),也不睡觉,苏过作诗戏之曰:

从来非佛亦非仙,直以虚心谢世缘。
饥火尽时无内热,睡蛇死后得安眠。
饥肠自饱无非药,定性难摇始是禅。
麦饭葱羹俱不设,馆君清坐不论年。

陆道士则得了"瘦疾",瘦得形销骨立,只剩了一副架子,所谓"骨见衣表"者,似是现代医学上的"肌肉萎缩症"。陆道士精研内外丹,自以为决不死,但苏轼在黄州时就曾告诉过他:"子神清而骨寒,其清可以仙,其寒亦足以死。"至今他自己也说:"吾真坐寒而死矣。"苏轼许与黑石,待他死后,为他志墓,很诚恳地相信他们都是有道之士。

苏轼居惠,仍然无日无客,客至,则必置酒,所以他家酒的消费很大。虽然,岭南五州的太守都经常送酒给他,还是不够请客,所以非常计较。章楶(质夫)做广州守时,每月派人送酒六壶来给他,有一次,"书至而酒不达",大约是途中不慎被打破了,吏不敢报。苏轼与章楶是唱和杨花词的老朋友,遂戏作小诗问之,用"青州从事"一典代酒,风趣非凡,成为酒故事中的名作:

白衣送酒舞渊明,急扫风轩洗破觚。
岂意青州六从事,化为乌有一先生。
空烦左手持新蟹,漫绕东篱嗅落英。

南海使君今北海，定分百榼饷春耕。

各州朋友所送的酒，不够饷客，还须自酿桂酒、罗浮春、真一等等名目的酒来应付宾客。循守周彦质送来栗子和米，复书说："惠米五石，可得醇酒三十斗。日饮一胜，并旧有者，已足年计。既免东篱之叹，又无北海之忧，感怍可知也。"然而孔北海（融）的"座上客常满，樽中酒不空"，苏轼今日做来，实非易事。不久，存酒喝完了，想要取米酿酒，哪知米瓮也空了，苏轼只好取笔作《和陶渊明岁暮和张常侍》诗，但言："米尽初不知，但怪饥鼠迁。二子（吴子野与陆道士）真我客，不醉亦陶然。"聊自解嘲。

苏轼喜欢肉食，但在惠州似乎很不易得，所以要和屠贾打商量，买官宦人家不要的羊脊骨来啃。平常则以蔬菜为主，而菜亦自种。有《撷菜》诗，诗叙曰："吾借王参军地种菜，不及半亩，而吾与过子终年饱菜。夜半饮醉，无以解酒，辄撷菜煮之。味含土膏，气饱风露，虽梁肉不能及也。人生须底物而更贪耶？乃作四句。"

秋来霜露满东园，芦菔生儿芥有孙。
我与何曾同一饱，不知何苦食鸡豚。

自种半畦蔬菜，却是一家主要副食，苏轼非常在意，半夜听到雨声，他便高兴："我的菜甲要更长大了。"天一亮，就赶往菜圃去察看，果然"芥蓝如菌蕈，脆美牙颊响。白菘类羔豚，冒土出蹯掌"，遂打算亲自下厨，小灶自烹。

惠州独多薯芋，苏轼与吴复古夜谈，肚子饿了，复古为他煨了两枚芋头，香浓味美，苏轼吃得很高兴，为作《煨芋帖》。一日，与成都和尚法舟夜谈，饥甚，家人煮鸡肠菜羹，也吃得连声称美。

语云："饥者易为食。"一个胃口好的人，吃什么都一样津津有味。如前诗所说晋朝的何曾，日食万钱，还叹无处下箸，实在可悲。

苏轼与朋友相聚，做江南人称作盘游饭的便餐来吃。这种饭，就如现在的十锦烩饭；不过将鱼肉佐料都埋在饭底，所以乡下土话，称作"撅（掘）得窖子"。罗浮县颖长老则名之为"骨董羹"，大家吃得高兴，陆道士随口做了一联对子：

> 投醪骨董羹锅里，撅窖盘游饭碗中。

苏轼拍掌大笑。

南国特产的果物，因为交通困难，为中原所罕见。苏轼南来后，至第二年四月，才得初食荔枝，作诗自注，认为"荔枝厚味高格两绝，果中无比，食物中惟江鳐柱、河豚鱼近之耳"。这话粗看，似不可解，黄山谷说有人问苏，杜工部似何人？苏说似司马迁。因为诗人中，无人可比杜，如史中无人可比司马。荔枝似江鳐柱、河豚鱼，亦是此理。[①] 按荔枝产于四川、福建和广南三地，闽蜀之产，都须六、七月间方才成熟；而四月可食的荔枝，则是广南火山所产早熟的一种，肉薄、核大、味酸，并非隽品，但是苏轼已经吃得美极，自言："余在南中五年，每食荔枝，几与饭相半。"甚至作诗说：

> 罗浮山下四时春，卢橘（枇杷）杨梅次第新。
> 日啖荔枝三百颗，不辞长作岭南人。

南人嗜食槟榔，俗以此物敬客，苏轼推辞不得，也曾尝食，作诗说："中虚畏泄气，始嚼或半吐。吸津得微甘，着齿随亦苦。

---

① 〔宋〕吴可：《藏海诗话》。

面目太严冷，滋味绝媚妩。"认为此物虽然利于御瘴，但只可当作药物，日啖一粒以上，败胃肠，泄元气。

《与程正辅同游白水山》诗说："……荔枝莫信闽人夸。恣倾白蜜收五棱，……"据翁方纲注，五棱即杨桃，此果四面起脊，用刀断切，片片皆有五角，故名。渍以白蜜而食，能辟瘴毒。

学道有一难事，即须绝欲。苏轼自至岭南，虽有朝云随侍，他却坚守清净独睡的禁制。与张耒书，有曰：

> 某清净独居，一年有半尔，已有所觉，此理易晓无疑也。然绝欲，天下之难事也，殆似断肉。今使人一生食菜，必不肯，且断肉百日，似易听也。百日之后，复展百日，以及期年，几忘肉矣。但且立期展限，决有成也。已验之方，思以奉传，想识此意。

绍圣二年（1095）端午前一日，苏轼作《殢人娇》词，安慰朝云：

> 白发苍颜，正是维摩境界。空方丈、散花何碍。朱唇箸点，更髻鬟生彩。这些个，千生万生只在。
>
> 好事心肠，着人情态。闲窗下、敛云凝黛。明朝端午，待学纫兰为佩。寻一首好诗，要书裙带。

毗舍离城中长老，名维摩诘，意为"净名"，他只是个居士，并未出家，亦有妻子，但虔诚奉持佛门清净律行，断绝五欲，超然无染。这便是苏轼所说的"维摩境界"。

维摩诘以一丈之室，能容三万二千狮子座。室中有一天女，每闻说法，便现身以天花散诸菩萨弟子身上，纷纷坠落，只有落在大弟子身上的天花，着体不堕。天女说："结习未尽，故花着身；结习尽者，花不着身。"

苏轼很有自信，不怕天女考验，所以他说："空方丈、散花何碍。"

与朝云如此言，苏轼绝欲是真。

七　朝云之死

流寓惠州的破碎苏家，在那"瘴疠所侵，蛮蜑所侮"的恶劣环境中，朝云毅然担起了主妇的责任：六十老翁的饮食起居，赖她照顾；不断的宾客，要她招呼；拮据的经济情况，赖她张罗和调配。她从十二岁踏进当时杭州通判的府邸，二十年来，看尽了苏家的盛衰和荣辱。她是在苏家长大的孩子，也分担他们所有的悲欢离合。

亲生的遯儿夭觞了，精神上，她的人生已经死了一半。跟着主公从伤心的金陵城漂泊到泗上时，她得到一个短暂的机会，拜在比丘尼义冲座下，开始学佛，以佛学宽宏明澈的开譬，救治她心理上的创伤。

苏家的抚养，主公的爱怜，使她坚强地认为她是苏家的成员之一，不论有没有名分地位，凡有任何灾难和不幸，她都甘心接受，勇敢地争着来分担。

跟着主公长途跋涉，到了惠州，眼看着倔强的主公，虽然从不流露颓丧，然而今非昔比的家境、祸患不止的战栗，一一落在她聪明的眼里，在在都使她发生"不忍"的感伤。一向是活泼好事、心胸开朗的朝云，慢慢地变得多愁善感起来。

到惠州来的第二年秋天，户外落叶萧萧，景色凄迷。苏轼与朝云闲坐一处，觉得心里沉闷，便命置酒，央她唱一阕"花褪残红"的歌词。

朝云站起来，亮一亮喉咙，却一个字的声音也唱不出来，愣在那里。苏轼过来问她是怎么了，她却低下头来，泪落如雨。

苏轼百般抚慰，问她何事。久久，朝云低声答道：

"奴所不能歌者，是'枝上柳绵吹又少，天涯何处无芳草'那两句。"

苏轼佯作大笑，说："我正悲秋，怎么你却伤起春来了呢？"

苏轼心里有种不祥的预感，事后追忆，这是朝云死亡的先识。从此以后，苏轼不再听唱这支曲子。①

绍圣三年（1096）春，朝云生日，苏轼特地邀请几家熟人来为她作会称庆，亲自作"王氏生日致语口号"。这种文字，本多用于宫廷大宴，至少也须官式筵宴时才用例上，惠州生活中，不可能有这样大的场面，苏轼所以作此，只是用来表达他对朝云的一份爱意。口号中说："海上三年，喜花枝之未老。"又说："天容水色聊同夜，发泽肤光自鉴人。"朝云虽然历尽风霜，依然美丽。

平常日子里，老坡有朋友相与热闹，小坡有课业可作，只有朝云，孤零零的一个人，非常寂寞。她没有好好念过书，本来不大识字，自从开始学佛，为要念经就勤奋自修，几年下来，不但文理清通，且亦粗识佛学的大意了。自来惠州，她又学习写字，苏轼因为朝云在定州时，与李之仪（端叔）的夫人非常交好，所以写信给端叔时，也特别提到"朝云别后学书，颇有楷法"之语。

念经和临池，是她在惠州排忧遣闷的两件大事。

---

① 〔宋〕佚名：《林下诗谈》。

就像老天要增重苏轼的惩罚，便将不幸降到纤弱的朝云身上来了。

绍圣三年六月下旬，在那个落后地区的酷热天气里，朝云不幸染上了时疫。当时的疫势，传染得很厉害，惠州又缺医少药，以致毫无挽救。到七月初五，瘟疫遽然夺走了她三十四岁盛年的生命。朝云弥留之际，神智清明，口诵《金刚经》"六如偈"：

> 一切有为法，如梦幻泡影。
> 如露亦如电，应作如是观。

朝云声息逐渐低微，缓缓而绝。

苏轼老泪纵横，只觉得她前生对他一定有所亏欠，今世已经还得太多，不能再结后生缘了。

依照朝云的遗言，八月初三，将她葬于丰湖栖禅寺东南，湖滨山坡上的松林中。墓地山顶上有大圣塔，巍然矗立在蓝天白云间，墓为坡垄屏蔽，林木翳密，山风吹来，塔上铃语与松吟相应和，令人凄然欲绝。

苏轼为她刻铭衬冢：

> 东坡先生侍妾曰朝云，字子霞，姓王氏，钱塘人。敏而好义，事先生二十有三年，忠敬若一。绍圣三年七月壬辰卒于惠州，年三十四。八月庚申，葬之丰湖之上，栖禅山寺之东南。生子遁，未期而夭。盖常从比丘尼义冲学佛法，亦粗识大意。且死，诵《金刚经》四句偈以绝，铭曰：
> 浮屠是瞻，伽蓝是依。如汝宿心，惟佛之归。

栖禅寺僧筑亭覆墓，榜曰"六如亭"。

营葬毕事，苏轼收拾悲伤，作《悼朝云》诗：

> 苗而不秀岂其天，不使童乌与我玄。

> 驻景恨无千岁药,赠行惟有小乘禅。
> 伤心一念偿前债,弹指三生断后缘。
> 归卧竹根无远近,夜灯勤礼塔中仙。

朝云葬后三日,夜间忽大风雨,翌日传闻栖禅寺东南,发现有巨人脚印五个。① 初九,苏轼带了苏过亲往察看。当晚,在寺设供,做佛事追荐,苏轼亲作《荐朝云疏》:

> 千佛之后,二圣为尊,号曰楼至如来,又曰狮子吼佛。以薄伽梵力,为执金刚身,护化诸方,大济群品。……今兹别院,实在丰湖,像设具严,威灵如在。
>
> 轼以罪责,迁于炎荒。有侍妾王朝云,一生辛勤,万里随从,遭时之疫,遘病而亡。念其忍死之言,欲托栖禅之下。……而既葬三日,风雨之余,灵迹五踪,道路皆见。是知佛慈之广大,不择众生之细微。敢荐丹诚,躬修法会。
>
> 伏愿山中一草一木,皆被佛光。今夜少香少花,遍周法界。湖山安吉,坟墓永坚。接引亡魂,早生净土。不论幽显,凡在见闻。俱证无上之菩提,永脱三界之火宅。

死者已矣,只有剩下来的活人,随时随地,触目生悲,人间地下,皆是难堪。

朝云死后两个月,节序到了重九,苏轼自往将营新居于此的白鹤峰上,聊应重阳登高的行事,但如惠州这样的蛮貊之邦,一切都不是中原的佳节景象。菊花还没有开,从山上远眺,满眼是一大片的黄茅草,风吹作浪。与邻家喝酒,蛋酒,又酸又甜,简

---

① 苏轼父子游惠州东北二十里的白水山,山有佛迹岩、佛迹院,瀑布水涯有巨人足迹数十,即所谓佛迹也。朝云葬后,风雨之夜,传亦出现巨人足印五枚,想是同一地方神话。

直不是味道，佐酒菜只有蛙蛇，实在难以下咽。今年真是"恶岁"，这孤独的老人心里念念不忘朝云，但也不敢到丰湖墓地去。《丙子重九二首》说：

> …………
> 今年吁恶岁，僵仆如乱麻。
> 此会我虽健，狂风卷朝霞。
> 使我如霜月，孤光挂天涯。
> 西湖不欲往，暮树号寒鸦。

苏轼作《江月》五首，认为惠州的丰湖甚像从涌金门看出去的杭州西湖。湖上有栖禅寺、罗浮道院、逍遥堂、海会院、泗州塔等，皆是苏轼日常遣闷行游之处，但是现在朝云下葬于此，暮树寒鸦，令人凄断，反而使这孤独的老人，不敢去了。

南天十月，岭上梅开，苏轼悼念朝云不已，作《西江月》词：

> 玉骨那愁瘴雾，冰肌自有仙风。海仙时遣探芳丛，倒挂绿毛么凤。
> 素面常嫌粉涴，洗妆不褪唇红。高情已逐晓云空，不与梨花同梦。

响亮在耳边的朝云轻朗的笑声，忽然寂灭了；暖在心上的朝云的温情，忽然冰冷了。屋前屋后，处处摇晃着朝云的"着人情态"，但如定睛细看，却是一片空洞，什么都没有。老人独自欣赏阶前的长春花（金盏草），觉得它也就是朝云的化身，拈笔作《和陶和胡西曹示顾贼曹》诗，说在咏花，实是悼云：

> 长春如稚女，飘摇倚轻飔。
> 卯酒晕玉颊，红绡卷生衣。
> 低颜香自敛，含睇意颇微。

> 宁当娣黄菊，未肯似戎葵。
> 谁言此弱质，阅岁观盛衰。
> 颓然疑薄怒，沃盥未可挥。
> 瘴雨吹蛮风，凋零岂容迟。
> 老人不解饮，短句余清悲。

现在陪侍苏轼，与共处忧患之地的亲人，只剩了少子苏过一人，虽然不免伶仃和寂寞，幸得这年轻人非常能干，而且孝顺。苏轼致徐大正书中说："儿子过颇了事。"与张耒书，也说到他"甚有干蛊之才，举业亦少（稍）进，侍其父亦然，恐欲知之解忧耳"。

朝云殁后，苏轼的起居饮食，没人照顾了，"独过侍之，凡生理、昼夜、寒暑所须者，一身百为，不知其难"[1]。

苏轼三子中，老大苏迈，是个忠厚、笃实、洁身自守的人。赵德麟是苏家的常客，他说："东坡长子，豪迈虽不及其父，而学问语言，亦胜他人子。"少时作诗，有"叶随流水归何处，牛载寒鸦过别村"句，苏轼看到，笑道："此村长官诗。"后来也真以县令而终。[2] 次子苏迨，诗赋都写得很好，赢得老父不断的赞赏，但他自幼体弱多病，家里人也不责望他什么，现与大哥同居宜兴。

苏过的才气、个性和嗜好，最与老父相像。大家认为"翰墨文章，能世其家。士大夫以小坡目之"。这就是说，在文学、艺术和人品各方面，真能继承苏轼的，即此少子。

南来途中，父子相偕游山玩水，所至之处，无不有诗，而且常常互相唱和，虽是父子，一样有声应求之乐，一样得到精神上

---

[1]《宋史·苏轼传》。
[2]〔宋〕赵令畤：《侯鲭录》。

共鸣的愉悦。

四十年前,三苏出蜀途中,大苏小苏各逞才华,连章歌咏,以娱老父。一趟两个多月的旅程,集合父子三人所写的诗,竟可成集——《南行集》。少年时期,那一番下笔如挟风雷的豪情,及今回顾,已很迷茫,如今竟在自己儿子身上重见这少日才华。人生的得失荣辱,本来都是过眼烟云,而有子如此,心里便不能不充盈着无限的满足和快乐。

这年轻人,有非常蓬勃的气概,充满肯定自己才能的信心,他要按照自己的期望,来做满足自己的表现,发挥生命的美丽。除此以外,物质上的困苦,世俗的荣辱,他毫不在意,卓然独立于风风雨雨之中,非常像他父亲。苏轼默察儿子这一份超然物外的精神,压抑不住内心的喜悦,作王巩书,便说:

> 某到此八月,独与幼子三庉(过乳名)者来,凡百不失所。某既缘此弃绝世故,身心俱安,小儿亦超然物外,非此父不生此子也,呵呵!

"非此父不生此子",天下有几个做父亲的人,能得此乐。

苏过天性纯孝,其母于上年(元祐八年)八月初一卒于京师,殡于城西惠济院,不待免丧,突遭家难,就匆匆随侍父亲到惠州来了。虽然身在数千里外的惠州,常以远离亡母的殡宫为恨,计算母丧周年的日子近了,他便恭书《金光明经》四卷,手自装订,送存虔州崇庆院的新经藏中,祈求亡母早生天界。

绍圣二年(1095)十二月十九日,苏轼六十初度,流寓生涯,无可称庆,作诗志感,苏过和韵作《次大人生日》诗,他只恭维老父学道的理想,不及其他,真是聪明人的善颂善祷:

…………

直言便触天子嗔，万里远谪南海滨。
朝夕导引存吾神，……月道或肯来相宾。
区区功名安足云，幸此不为世俗醺。
丹砂傥结道力纯，泠然御风归峨岷。（《斜川集》）

诸子中，能传承苏轼画学的，也只有苏过。晁以道说，苏过在书画方面的造诣，"亦克尚似其先人"。邓椿《画继》说苏过"善作怪石丛筱，咄咄逼似乃翁"。苏轼在海南，题过所画枯木竹石诗曰："老可（文与可）能为竹写真，小坡今与竹传神。"苏轼对于文与可的画竹，衷诚倾服，所以这一联诗句内涵的褒美，实在无以复加。

苏过在惠州，画"偃松屏"，苏轼为作"赞叙"。全篇的意思，不在题画，而在鼓舞儿子那种刚介轶俗的精神。读这篇画赞，才能明白这父子二人性情交孚的和谐：

余为中山守，始食北岳松膏，为天下冠。其木理坚密，瘠而不瘁，信植物之英烈也。谪居罗浮山下，地暖多松，而不识霜雪，如高才胜人生绮纨家，与孤臣孽子有间矣。士践忧患，安知非福。

幼子过从我南来，画寒松偃盖为护首小屏，为之赞曰：

燕南赵北，大茂之麓。天僵雪峰，地裂冰谷。凛然孤青，不能无生。生此伟奇，北方之粹。苍皮玉骨，硗硗礧礧。方春不知，沍寒秀发。孺子介刚，从我炎荒。霜中之英，以洗我瘴。[1]

---

[1]〔宋〕王明清：《挥麈后录》。

八　惠州和陶

一个出身农家，长于西南小城，自少浸淫在诗书、美术和大自然怀抱里的青年，一自误入仕途，便跌落在样样与自己性情相违的现实中，三十余年，无法自拔。这三十余年中，看尽了人间的不平、官场的丑陋、士大夫们的寡廉鲜耻、权力斗争场里的诈伪变幻，总算熬到暮年，应该全身退出这走错了一生的道路时，不料还要再度遭逢生死边缘的祸患，被贬过岭。

任何一个人，到此悲惨境地，都不免感慨平生。精神生活越丰富，内心的冲突也越激烈。苏轼今日，既已被忌于权力世界，为现实政治所不容，天涯流落，茫茫无所归着，则此未死的余年，总须有个寄托。崇信道术，是宋朝知识社会普遍的风气，而罗浮又是丹鼎派法坛之所在。于此，神仙世界里的各种幻想，就在他眼前闪烁出瑰丽的光芒。

然而，神仙世界终究只是传说范围里的幻想，海上三神仙，总只存在于烟云缥缈之间，丹药吃多了要送命，则如何建立一个足以抵抗苦难、重归自然的实际生活，毋宁是苏轼目前更为急切的要求。于是，他回过头来，要找陶潜为师。

渊明出身于天师道世家，与道教也深有渊源，但他并不相信神仙之说，诗言"富贵非吾愿，帝乡不可期"，即是此意。他另辟蹊径，另外构思出一个现实世界里的理想国来，将这构想非常完整而具体写出的，就是《桃花源记》和诗。

陶渊明认为人与万物，同是大自然中的一分子，所以能够用一片平等心来领悟自然的本态，享受自然的和谐，使人、我、物三者混成一体，遂能徜徉自得，上观四时的运行，俯览花木的荣落，以回归自然的精神打破时间的界限；现象虽然因时而有不同，但生命的本质却并无差异，人与万物同是天地间的无限生机，人与自然合一，精神里便再也没有任何冲突。

苏轼自己说，南来以后，只有《抱朴子》的神仙思想和陶渊明回归自然的精神，支持他在苦难中兀立不倒。他作《和陶读〈山海经〉》诗中，引葛洪和陶潜为追求理想世界的同志，并且认为自己和葛、陶二人可以合绘一幅"三士图"，以为学道虽然晚于葛洪一步，而作诗却未必不如渊明。

陶渊明并不生来就是一个脱离现实的隐士，少壮时代，曾经崇拜田畴、荆轲那类人物，是个"抚剑行游"的游侠儿，即因志不得伸，非常果断地立即归去。他之回归自然，一半出于性情，一半也是人生挫折所产生的反射。

渊明晚年，气概不衰，仍然是个不为时移、不为势屈的倔强老人。苏轼认为渊明这种性情，颇有与自己近似之处。

经历挫折，而皈依自然，渊明诗《归园田居六首》，最能表达那份与自然同乐的精神。兹举其第一首为例：

少无适俗韵，性本爱丘山。
误落尘网中，一去三十年。
羁鸟恋旧林，池鱼思故渊。
开荒南野际，守拙归园田。
方宅十余亩，草屋八九间。
榆柳荫后檐，桃李罗堂前。
暧暧远人村，依依墟里烟。
狗吠深巷中，鸡鸣桑树巅。

户庭无尘杂，虚室有余闲。

久在樊笼里，复得返自然。

这些诗篇，给予苏轼非常强烈的共鸣，因此下定决心，尽和陶诗。

那是绍圣二年（1095）三月初四日，苏轼往游白水山佛迹岩，洗温泉浴，在悬瀑之下晾发。傍晚，浩歌而归，不觉到了荔枝浦上，"晚日葱昽，竹阴萧然"，荔枝树上结实累累，个个都有芡实那么大了。荔园的主人，是个年已八十五岁的老叟，对苏轼说："等到荔枝成熟可食时，希望你能携酒来游。"

苏轼回到家来，躺在床上休息。听儿子过在朗诵陶渊明的《归园田居六首》，不禁顿生感触。不说别的，即如第一首中那两句："误落尘网中，一去三十年。"又："久在樊笼里，复得返自然。"岂非都是苏轼今日口所欲言的言语，心所向往的生活？渊明所描画的村居，随处皆是，随时可得，这才是今日苏轼唯一安稳的出处。因此即从床上跃起，下了决心，要于扬州和陶《饮酒》之后，续作《和陶归园田居》，然后"要当尽和其诗乃已"！

这个决心，不比等闲，尽陶渊明一生所作的诗歌，一一步韵和唱，虽然陶诗卷帙不多，但也不能不算是个天大的心愿了。

以诗人生活而言，渊明所写的田园之乐，已经那么动人，而陶潜另一美丽的想象——混合传闻的事实，所构想的理想社会——桃花源，则更令人向往。

桃花源，那是一个男耕女织，各尽其力，各取所需，没有待完的税课，没有政府管束的平等社会；男女老幼都过着自然的生活，不用劳心，没有争夺的自由乐土。这个样子的社会，对于一个不容于现实世界，彷徨失路的人，实是太大的诱惑。

桃花源真实的地方何在？这些"不知有汉，无论魏晋"的居民，到底是从哪里、从何时来的？桃花源里的人是否都已成了神仙？这许多问题，历来的文人，穿凿附会，争论不休。

苏轼认为世传桃花源事，多过其实。渊明所记，但言桃花源居民的祖先，为避秦乱逃到了这个地方，渔人所见，是其子孙，并非成仙不死的秦人。文中有"杀鸡作食"的话，苏轼说："岂有仙人而杀生者？"《和桃花源诗叙》说：

> ……旧说南阳有菊水，水甘而芳，民居三十余家，饮其水皆寿，或至百二三十岁。蜀青城山老人村……多枸杞，根如龙蛇，饮其水，故寿。近岁道稍通，渐能致五味，而寿益衰，桃源盖此比也欤？使武陵太守得而至焉，则已化为争夺之场久矣。尝意天壤之间，若此者甚众，不独桃源。

陈寅恪作《桃花源记旁证》[①]，主要是考证它纪实部分的所生地和年代，认为真实的桃花源，地在北方的弘农或上洛，而不在南方的武陵；真实的桃花源居民的祖先，所避的不是秦始皇，而是苻坚的"秦"。苏轼认为世间类乎桃花源的地方很多，不必定是仙人之居。陈寅恪非常推重，认为"古今论桃花源者，以苏氏之言，最有通识"。

其实苏轼认为桃花源人间多有，作举南阳和青城两个实例，以及他曾梦见的仇池，皆实有其地；而且其地的居民，过着宁静自然的生活，也都健康长寿。他之所以要如此肯定这一点，目的是强调他一定能够得到避世的桃源，用乐观的精神来安慰自己心里的空虚和彷徨。

[①] 陈寅恪：《桃花源记旁证》。(《清华学报》，1936)

渊明与子俨等疏里说："性刚才拙，与物多忤。自量为己，必贻俗患。"苏轼认为渊明这句老实话，与他同病。

陶和苏都是深沐儒家教养，个人道德严正，责任心极重的人。陶作《荣木篇自序》说："总角闻道，白首无成。"《咏贫士》诗说："朝与仁义生，夕死复何求。"像这类话，苏集中也俯拾皆是。苏轼南迁途中，还说："许国心犹在，康时术已虚。"反将自己的安危置之度外，两个都是"志士不忘在沟壑"的人物。

皈依自然，目的是在争取精神生活的自由；要过自由的精神生活，必须彻底放弃物质欲望，才能不为外物所役，就不为别人做奴隶。虽然渊明一生，从来没有脱离过饥寒贫乏的日子，但他"忧道不忧贫"，活得很快乐。苏轼出处虽与渊明不同，"仕至从官，出长八州"，但他向不重视金钱，到手辄尽，所以到祸患来时，安家费用还须弟弟接济，自己所带一点薄蓄，到了惠州，却因提倡做社会公益事业，几乎全部花进去了，写信给南华长老说："书生薄福，难蓄此物。"所以不如花了，反而觉得身心轻安——观察一个人对金钱的态度，最能正确反映这个人的品格。苏轼在惠州一年后，衣食渐窘，《和陶贫士七首》中，论陶之穷，却曰："俗子不自悼，顾忧斯人饥。堂堂谁有此，千驷良可悲。"说自己的景况，则曰："遥怜退朝人，糕酒出大官。岂知江海上，落英亦可餐。"真是，世上岂有堂堂男子汉而向贫穷低头者。

渊明有张破琴，弦坏了，也不修配，作诗说："但得琴中趣，何劳弦上声。"苏轼赞道："谁谓渊明贫，尚有一素琴。心闲手自适，寄此无穷音。"

人须如此淡泊，才能随遇而安，进入回归自然的生活。苏轼《和陶归田园之一》曰：

> 环州多白水,际海皆苍山。
> 以彼无尽景,寓我有限年。
> ············
> 我饱一饭足,薇蕨补食前。
> 门生馈薪米,救我厨无烟。
> 斗酒与只鸡,酣歌饯华颠。
> 禽鱼岂知道,我适物自闲。
> ············

人要能够不向物质低头,则贫乏不足困人,祸福皆无缘而至,人便可从世网中解脱出来了。又如:

> 教我同光尘,月固不胜烛。
> 霜飙散氛祲,廓然似朝旭。

人须不肯苟同于人,才有独立不屈、完整的人格气象,这一点他和陶潜没有两样。

唯有在评论历史人事上,陶与苏的观念,便不大相同了。此因两人训练不同,出处相异:陶只是个纯粹的田园中人;而苏不然,无论怎样,他总是一个曾经参与过现实政治的人,凡事看得较远较大,论史的见解,就不一样了。如渊明咏荆轲,逞其爱好豪侠的性情,通篇都是赞叹,结语说:"其人虽已没,千载有余情。"而苏轼则认为秦始皇积恶如山,杀父囚母,不容于天,一定会自取灭亡的;燕太子不能忍耐,将国运轻托有勇无谋的狂生,认为"荆轲不足说,田子老可惊。燕赵多奇士,惜哉亦虚名"。

苏轼在惠州两年间,作和陶诗几达百首。关心他的黄庭坚,虽然远在黔南,听到这个消息,作偈子说:

> 子瞻谪海南,时宰欲杀之。

> 饱吃惠州饭，细和渊明诗。
> 渊明千载人，子瞻百世士。
> 出处固不同，风味亦相似。①

绍圣四年（1097）冬，苏轼已谪海南，特自检点从扬州《和陶饮酒二十首》起，连同惠州和作，共得一百零九首，编集全稿，寄与在雷州的苏辙，要他作一篇集"引"（序），附书说：

> 古之诗人，有拟古之作矣，未有追和古人者也。追和古人，则始于吾。
>
> 吾于诗人，无所甚好，独好渊明之诗。渊明作诗不多，然其诗质而实绮，癯而实腴，自曹、刘、鲍、谢、李、杜诸人，皆莫及也。吾前后和其诗凡一百有九篇，至其得意，自谓不甚愧渊明。今将集而并录之，以遗后之君子，其为我志之。
>
> 然吾于渊明，岂独好其诗也哉！如其为人，实有感焉。渊明临终，疏告俨等："吾少而穷苦，每以家弊，东西游走。性刚才拙，与物多忤。自量为己必贻俗患。黾勉辞世，使汝等幼而饥寒。"渊明此语，盖实录也。吾真有此病，而不早自知，平生出仕，以犯世患，此所以深愧渊明，欲以晚节师范其万一也。

苏轼此书，已将他细和陶诗的本末因缘，说得明明白白，所以苏辙撰"引"，将全部原文引入。

苏辙接到这部稿本，当即于同年十二月十九日（恰巧是苏轼六十二岁的生日）于海康城南之东斋客寓，写了《子瞻和陶渊明诗引》：

---

① 〔宋〕释惠洪：《冷斋夜话》。

东坡先生谪居儋耳,置家罗浮之下,独与幼子过负担渡海,葺茅竹而居之,日啖薯芋,而华屋玉食之念不存于胸中。平生无所嗜好,以图史为园囿,文章为鼓吹,至是,亦皆罢去。犹独喜为诗,精深华妙,不见老人衰惫之气。是时,辙亦迁海康,书来告曰:(前揭原书全文)……

引用苏轼原函之下,苏辙本来写的是:"嗟夫渊明,隐居以求志,咏歌以忘老,诚古之达者,而才实拙。若夫子瞻,仕至从官,出长八州,事业见于当世,其刚信矣,而岂渊明之拙者。孔子曰:'述而不作,信而好古,窃比于我老彭。'古之君子,其取于人则然。"苏辙所写的这段话,殊与苏轼的意思不合。苏辙不深了解渊明,所以会说他"才拙"。其实,渊明之拙,正是古今来学陶者所不能至的天分与机趣。至于文中再提到"仕至从官,出长八州",正是乃兄今日极不愿说之事。所以苏轼提起笔来,将他改了。①

续曰:

嗟乎渊明,不肯为五斗米一束带见乡里小儿。而子瞻出仕三十余年,为狱吏所折困,终不能悛,以陷于大难。乃欲以桑榆之末景,自托于渊明,其谁肯信之?虽然,子瞻之仕,其出入进退,犹可考也。后之君子,其必有以处之矣。孔子曰:"述而不作,信而好古,窃比于我老彭。"孟子曰:"曾子、子思同道。"区区之迹,盖未足以论士也。

此下,仍接苏辙原作:

辙少而无师,子瞻既冠而学成,先君命辙师焉。子瞻尝

---

① 费衮《梁溪漫志》云:"东坡既和渊明诗,以寄颍滨,使为之引,颍滨属稿寄坡。……此文今人皆以为颍滨所作,而不知东坡有所笔削也。宣和间,六槐堂蔡康祖得此稿于颍滨第三子远,因录以示人,始有知者。"

称辙诗有古人之风，自以为不若也。然自斥居东坡，其学日进，沛然如川之方至。其诗比于李太白、杜子美有余，遂与渊明比。辙虽驰骤从之，而常出其后。其和渊明，辙继之者亦一二焉。

绍圣丁丑（四年）十二月十九日海康城南东斋引。

苏轼和陶这个工作，并不到此为止。自绍圣四年（1097）至元符三年（1100），四年之间，不断续写，真正做到"尽和其诗乃已"。

九　白鹤峰新居

苏轼流寓惠州，上无盖顶之茅，下无立锥之地，幸叨程之才的面子，再度迁入合江楼，但楼在三司行衙内，决非外人所能久居。

绍圣三年（1096）正月，程之才将被朝廷召还，则合江楼就寄住不下去了；何况苏迈方在活动指派粤中的差遣，假使事情成功，儿孙皆至，合江楼也住不够。自朝廷公开诏告"元祐臣僚，一律不赦"以来，苏轼已经断了北归的希望，决心就在惠州落籍，又岂可不弄个房子，以蔽风雨。所以，致程之才书说：

兄去此后，恐寓行衙，亦非久安之计，意欲结茅水东山，但未有佳处，当徐择尔。令长子迈来此指射差遣，因挈小儿子一房来，次子迨且令设法赴举也。

二月间，苏轼找到了归善县城东面的白鹤峰上一块数亩大的空地，面临东江，景色甚美，就将它买下来了。

白鹤峰紧靠江滨，沿江筑城，就利用此山深入水中的石脚及山壁峭拔之地，筑为城址。当筑城时取用山土，刨平了一段峰顶，苏轼买的就是这方空地。故老传闻该地旧有白鹤观，现在已废。

白鹤峰头，只此一方平地，四面山势陡下，山上只有一两户人家，房子都低于该地。地形左右稍广，而前后则较狭隘。

苏轼按地形，打算造屋两进；前面小屋三间，作为门房，中间隔个庭院，可以种植花木；第二进为堂三间，拟题为"德有邻堂"；宅地左侧较为宽阔，拟造居室、庖厨、厕所等；在此后面，造为书室，拟题名为"思无邪斋"；周以廊庑，共计为屋二十间。

建造图样粗定，就托人到河源去找木匠作头王皋来，估计斫木陶瓦的数量，仍叫一个姓蒋的工头在河源购买木料。当时在惠州，要找木匠，似乎也不甚易，因为苏轼有一封给博罗县令林抃（天和）的信说："丰陆数木匠，请假暂归，多日不至，敢烦指挥与押送来，为幸。"木匠弃工不顾，居然要劳动县太爷拘送，其难可知。

后来，他又派苏过到河源去，亲访县令冯祖仁，督促蒋亲[①]斫木，忙了一个多月。

其时，与南华重辩书说："行馆僧舍，皆非久居地，已置圃筑室，为苟完之计。方斫木陶瓦，其成，当在冬中也。"

六月间，苏迈已经得授韶州的仁化县令，即将挈家南来。其时，苏轼从前在湖州时的僚友陈师锡，又派遣专差前来探望，复书中述说他的近况道：

……轼谪居粗遣，长子已授仁化令，今挈家来矣。已买

[①] 此宋人称谓，如今杭州人称管坟人为"坟亲"，即其遗习。

地结茅，为终焉之计。独未甓墓耳，行亦当作。杜门绝念，犹治少饮食，欲于适口。近又丧一庖婢，乃悟此事，亦有定分，遂不复择，脱粟连毛，遇辄尽之尔。……

苏轼是绍圣元年（1094）十月初二到惠州的，被招待暂寓合江楼，住了六天，就搬到嘉祐寺去了。在嘉祐寺住到二年的三月十九，因程之才的好意，复迁于合江楼，住了一年零一个月。至三年四月二十日，他们又不得不再搬回嘉祐寺去住，与重辩书说："不欲久留，占行衙，法不得久居。"这是一个原因，次则苏轼既欲水东造屋，每日要去监工，中隔大江，其时船桥尚未造好，往来甚为不便，所以程之才去后两个月，他就搬回嘉祐寺。这样搬来搬去，不得定居，竟如水上的飘蓬一样，只望白鹤峰的新居早日落成，则可"庶几其少安乎"！作《迁居》诗曰：

前年家水东，回首夕阳丽。
去年家水西，湿面春雨细。
东西两无择，缘尽我辄逝。
今年复东徙，旧馆聊一憩。
已买白鹤峰，规作终老计。
长江在北户，雪浪舞吾砌。
青山满墙头，鬖鬘几云髻。
虽惭抱朴子，金鼎陋蝉蜕。
犹贤柳柳州，庙俎荐丹荔。
吾生本无待，俯仰了此世。
念念自成劫，尘尘各有际。
下观生物息，相吹等蚊蚋。

此诗眼界澄明，意境超脱，实则于虚无中透着悲怆。

佛说念念成劫。时光过得那么快,俯仰之间,就过完一辈子。人也不过是这个世界中的万物之一,物虽各有分际,但人如超越世界万有之上,下观生物之以息相吹,则人在这个世界里呼吸,与春天田野中移动的气流(野马)、大地上飞扬的尘埃、蚊蚋之生息于世,还不都是一样。①

造屋的工程,进行得还算顺利,将近过年时候,已经计算得出完工的日子。新居之西,有两家近邻:一家是林姓的老媪,以酿酒为业;一家是老秀才翟逢亨,很有一点学问。苏轼有天晚上,走过翟家门口,就进去拜访了他。作诗二首,其一云:

> 林行婆家初闭户,翟夫子舍尚留关。
> 连娟缺月黄昏后,缥缈新居紫翠间。
> 系闷岂无罗带水,割愁还有剑铓山。
> 中原北望无归日,邻火村舂自往还。

山上没有水源,饮水须到江边汲取,甚是不便。苏轼决定在新居里凿井一口,约这两家邻居,可来共享此井。新居的庭院需要种点花木,写信向程天侔要,书曰:

> 白鹤峰新居成,从天侔求数色果木,太大则难活,太小则老人不能待,当酌中者。又须土磁稍大,不伤根者。柑、橘、柚、荔枝、杨梅、枇杷、松、柏、含笑、栀子,谩写此数品,不必皆有。仍告书,记其东西②。

绍圣三年的下半年间,苏轼在惠州的几个好朋友,纷纷都要走了,如惠州守詹范罢任(方子容来代),章楶也罢了广州任(王

---

① 《庄子·逍遥游》:"野马也,尘埃也,生物之以息相吹也。"
② 移树之法,必须依照其原方向移植,则阴晴向背不变,易于存活,故书云:"记其东西。"

古来代），还有循州太守周彦质，在那两年，与苏轼书问无虚日，忽又罢归，依依不舍，特来惠州相伴半个月才走。初是朝云新丧，还赖朋友之乐，聊得排遣；不料一倏时又风流云散，这孤独而又倔强的老人，心情不免落寞，《和陶时运四首》之一说：

> 我视此邦，如洙如沂。
>
> 邦人劝我，老矣安归。
>
> 自我幽独，倚门或挥。
>
> 岂无亲友，云散莫追。

苏轼《和陶贫士七首》诗引说："余迁惠州一年，衣食渐窘，重九伊迩，樽俎萧然，乃和渊明《贫士》七篇，以寄许下、高安、宜兴诸子侄，并令过同作。"[①] 其实这时候，虽说贫穷，还不算真到捉襟见肘的地步，作《和陶乞食诗》时，还说："幸有余薪米，养此老不才。"但到白鹤新居将要完工，他那一点微薄的积蓄，却已真个用光，到了囊空如洗的地步了。苏轼用钱，向来撒泼，起先一副热心，做慈善事业，毫不顾虑自己。如《寄罗浮重辩书》说：

> 近日营一居止，苟完而已。……久忝侍从，囊中薄有余赀，深恐书生薄福，难蓄此物。到此已来，收葬暴骨，助修两桥，施药造屋，务散此物，以消尘障。今则索然，仅存朝暮，渐觉此身轻安矣。

时间过得快，钱花得更快，一旦生活问题逼来时，苏轼只得动脑筋到他那宁远军节度副使的俸料，欲将政府发给的折支券请领实物，然后变卖。责官俸料，本来不多，经过衙门克扣，市场折价，大概只能换到三成的钱，而且申请了十八个月，还拿不到

[①] 轼子迈、迨在宜兴，辙子迟、适在许下，皆依田产为活。苏辙自己及子远则在江西高安谪籍。

手。苏轼没办法，写信托广守王古帮忙，书言："某为起宅子，用六七百千，囊为一空，且夕之忧也。有一折支券，在市舶许节推处托勘请。自前年五月请，不得，至今云：未有折支物。此在漕司一指挥尔，告为一言于志康也。"志康，孙虢字，是苏轼老友孙介夫之子，也是他省试的门生。

苏轼的经济情况，非到实在窘迫万分时，他不会在意这点责官俸料的折支券。然而到他在意时，却领不到货，变不了钱。

得到消息，苏迈已带了自己和小弟过的家眷，到了虔州，预备从虔州换乘小船，由龙南江到方口出陆，至循州溯流而来惠州，苏轼派过前往虔州迎接。

至是（绍圣四年二月，1097），白鹤峰新居，指日可以落成了。这座山居，虽然限于经济能力，不能算是很好的建筑，但其一砖一瓦，一花一木，都是苏轼自己设计经营的，也着实不同凡俗。

从白鹤峰下，历级而上，门下有亲种的两株柑橘，此时花犹盛开，屋内所种古荔，绿叶铺满墙头。穿过前庑三间平房，则是一大院落，花木交错，清芬扑鼻。径升石阶，就是"德有邻堂"，这是正厅，它的特点是特别宽阔和高敞，所以惠州新守方子容参观过后，作诗赞美说："遥瞻广厦惊凡目，自是中台运巧心。"

左边是一组列的居室，绕以竹篱，以分内外，篱间杂栽花草，颇饶幽趣。右侧为"思无邪斋"，是苏轼的书房。书房的一头，开一大窗，则江山数百里间的景色，朝云夕霭，水光岚翠，都纷纷延入屋中，成为与书斋不可分割的一部分。

书斋后面，有道后门，开门就是两家贴邻——酿酒的林行婆和老秀才翟逢亨家。

绍圣四年二月十四日，老人先自嘉祐寺迁入白鹤峰新居，等待子媳孙儿的到来。陶渊明《时运》诗："斯晨斯夕，言息其庐。"老人环顾新居，觉得此言似乎为他今日所发，心里很高兴："长子迈与余别三年矣，挈携诸孙，万里远至，老朽忧患之余，不能无欣然。"拈笔和陶《时运》四首，录一：

　　旦朝丁丁，谁款我庐。子孙远至，笑语纷如。

　　翦鬐垂髫，覆此匏壶。三年一梦，乃复见余。

闰二月初，苏迈、苏过带领两房家小，到了惠州。苏迈的大儿子箪（楚老），已是二十岁的青年了；次子符（仲虎），就是苏轼所谓"梦中时见作诗孙"的孙儿，已十七八岁；还有过的夫人和长子箫都一起来了。白鹤峰上，笑语盈室，一候时热闹非凡。患难虽然未尽，而家人得以重聚，竟然觉得过往三年，真如一梦。老人久已想望的"明年更有味，怀抱带诸孙"的情味，忽然实现，怎不大为欢畅！

只是苏迈本来已授仁化令，现在却发生了变故。因为仁化辖属韶州，而韶州与惠州为邻，现行朝廷新制，责官的亲属，不得在责地的邻邑做官，苏迈尚未到任，即已罢去。苏轼与博罗县令林抃（天和）书曰：

　　示谕幼累已到，诚流寓中一喜事。然老稚纷纷，口众食贫，向之孤寂，未必不佳也，可以一笑。

又稍后致王古（敏仲）书，则曰：

　　自幼累到后，诸孙患病，纷纷少暇，不若向时之阒然也。小儿授仁化，又碍新制不得赴，盖惠、韶亦邻州也。食口艰多，不知所为计。……

因为"罪在不赦"，所以悉索敝赋，在白鹤峰头营造一间风雨茅庐，儿媳孙子都来了，一时平添几多食口，纵使手头非常拮据，不知为计，但是想到一室春温、笑语充盈的生活，对于孤独的老人来说，精神上的欢快，几将是无可比拟的收获。

这屋子从上年（绍圣三年）三月买地、设计构造起算，到本年三月迁入居住，足足费了一年时间，才告落成。其间苏过亲往河源督工斫木（那个时代，似乎还没有木行这个专业，买木料须往林坂现斫），而苏轼则日日上山，监工筑造，一砖一瓦，一花一木，尽是辛苦。终于有了属于自己的窝巢，老人在新居前后徘徊观瞻，心里非常高兴，三月二十九日，作诗记事道：

南岭过云开紫翠，北江飞雨送凄凉。
酒醒梦回春尽日，闭门隐几坐烧香。

门外橘花犹的皪，墙头荔子已斓斑。
树暗草深人静处，卷帘欹枕卧看山。

作过这诗后数日，苏轼被流放海南的大灾祸，就晴天霹雳似的突然爆发了。

他在这倾囊营造的白鹤峰新居里，住了不过两个月，就须仓皇地抛撇，除出梦中，不再重见。

陶渊明别无所嗜，就是欢喜喝点酒，他做彭泽令，令公田全都种秫，他说："吾常得醉于酒，足矣。"他的夫人认为人总不能光喝酒，不吃饭，坚决反对。于是使二顷五十亩种秫，五十亩种秔。渊明在《自叙》一文中说："公田之秫，足以为酒，故便求之，犹望一稔而逝。"不料他这县令从仲秋做到冬天，在官只有八十天，即自辞去。洪迈在其《容斋随笔》里，代他抱屈："所谓秫秔，未尝颗粒到口。"苏轼起造白鹤峰新居，与陶渊明的种秫一样，也只住了两个多月。

苏轼是个怀乡病很重的人,从十年前起,"乡思"在他所作的诗文书简中,随时流露;但至身陷儋耳之日,他已不敢再存这样奢侈的愿望,只盼有一日能够重返白鹤新居,已是脱水火而登衽席的天惠。他在海南,就曾梦归白鹤山居,醒后,作《和陶还旧居诗》,但就只这么一点卑微的愿望,也达不到:

> 痿人常念起,夫我岂忘归。
> 不敢梦故山,恐兴坟墓悲。
> 生世本暂寓,此身念念非。
> 鹅城(惠州)亦何有,偶拾鹤毳遗。
> 穷鱼守故沼,聚沫犹相依。
> 大儿当门户,时节供丁推。
> 梦与邻翁言,悯默怜我衰。
> 往来付造物,未用相招麾。

十　又贬海外

哲宗赵煦,并不是个颟顸的人主,吃亏的只是年纪太轻。因为年轻,意气用事。多年来,心里抱怨宣仁太皇太后没有看重他皇帝这个地位,更痛恨元祐一朝所有宣仁起用的宰执大臣,没有把他放在眼里。一旦亲政,反元祐的绍述政策,就是从这个"意气用事"的基础上,产生出来的。

年纪太轻的第二个毛病是经验不足,见虑未定,缺乏成熟的理知能力来识别忠奸邪正,辨释治道之宜,只好听凭感情驱使,被小人所煽惑愚弄而不自知。吕大防、范纯仁等之贬窜岭外,出于左司谏张商英的一份肆无忌惮的奏言,奏文中竟说:"愿陛下无忘元祐时,章惇无忘汝州时,安焘无忘许昌时,李清臣、曾布无忘河阳时。"以皇帝与先朝放臣等量齐观,一例仇恨,以邦国大事为报仇复恨之具,真是成何体统!但是,年轻的皇帝竟然被他这番话激怒起来,发生一连串的远谪重惩。

哲宗在私德上,不是完全没有缺点,缺点在于好色。当他还只十四岁时,外间谣传,宫中在物色乳媪。禁中能够生子的男人,除他之外,没有别人,所以范祖禹上疏皇帝,力劝修身进德,一面又疏请太后,注意保护上躬。刘安世疏言,更为强硬:"尚未纳后,浸近女宠,此声流播,实损圣德。"当时,宣仁太皇太后当朝虽说"并无其事",而事后知是皇帝宠幸的刘婕妤所为。

宋太祖定下的制度,大权集于君主,所以小人一定要挟持得住皇帝,才能潜移政权,为所欲为。章惇等先要煽动青年皇帝的怒火,然后才能将元祐群臣一网打尽。挟持皇帝这项工作,必须宫内宫外勾结进行,所以章惇、邢恕、董敦逸等人先与宦官郝随及刘友端勾结,由太监郝、刘牵线,与帝所宠爱的刘婕妤搭上关系,内外一体,将这少不更事的皇帝紧紧抓在手里。第一步放逐工作,做成功了,现在只差"斩草除根",犹待努力。

不但如此,史言章惇竟还导帝出宫微行。所谓微行者,引导皇帝出游,尝试民间的声色游乐。果然如此,则眷恋京师名伎李师师的其弟徽宗,也不过步武乃兄后尘。所异者,李师师艳名较盛而已。

刘婕妤之勾结章惇,是为了想当皇后,但顾忌朝议沮格;而章惇则需要禁中这个有力的帮手,包围皇帝。而且,凡是小人,心计必深，皇后孟氏是宣仁太后选择调教的人，万一将来她有预政之时，则元祐未必不复。譬如刈草，宫中隐伏着这株元祐的根，也必须同时拔除。

哲宗婚前，先已嬖幸刘婕妤。婚后，专宠如故。

宣仁太皇太后在时，有一次，刘婕妤随着孟后往朝景灵宫，礼毕就坐。嫔御皆应立侍，刘氏恃宠而骄，自以为与众不同，独自背立帘下。后阁中的陈迎儿呵责她，她亦不顾。宫人皆属中宫管辖，后宫中人对她非常不满。

这年冬至节，朝太后于隆祐宫，后用朱髹金饰的座椅，刘婕妤也要。侍从人员察知其意，就搬了一张相同的座椅给她。后宫中人心怀不平，有人假作传呼："皇太后出！"皇后起立，婕妤亦起，她们便偷偷从后面将她的座椅搬开。等了一会儿，不见太后，刘婕妤回坐下去，便摔倒地上了。她向皇帝哭诉，并说以后再也不参加朝参了。内侍郝随安慰她道："不必为此戚戚于心，愿为大家早生一子，这个座位就该当婕妤有了。"

刘婕妤处心积虑，必欲扳倒孟后。机会终于来了。

孟后之女福庆公主患病，后姊懂得医道，从前皇后有病，她尝出入宫掖，亲理汤药，但是这次，公主服药无效，她就带了道家治病符水进了宫。皇后大惊道："姊莫非不知宫中禁严，与外间不同吗？"即令左右赶快收藏。等皇帝来时，照实禀明。哲宗说："这也是人之常情。"

有了皇帝这句话，孟后才敢当着皇帝面前，烧这道符。

然而，宫中就沸沸扬扬传开来，说是历史上宫闱魔魅之乱开端了。

不久，皇后的养母、听宣夫人燕氏，尼姑法端，为后祷祠。

有人检举其事，诏令内押班梁从政等就皇城司侦讯。侦讯中，逮捕宦官宫妾三十人，用各式各样的刑逼供，不但肢体毁折，甚至有舌头被割掉的。在这个样子的情形下，无求不得，这案子当然成立了。

但是，内臣鞫狱，恐怕遭人批评，所以又命御史董敦逸覆按。罪人过庭下，皆已气息奄奄，没有一人还能开口说话。敦逸把了笔，实在写不下去，郝随等就在旁以言语胁迫他。敦逸畏祸，照他们的意思上了奏牍。

于是，诏废皇后为华阳教主玉清妙静仙师，出居瑶华宫，时在绍圣三年（1096）九月。

章惇、蔡卞趁这个机会，向皇帝建言：宣仁太后曾有"废立之议"。指是范祖禹、刘安世为禁中觅乳媪事争言而起。皇帝回忆起当时的情形，便告诉章惇说：

> 元祐初，朕每晚只在宣仁寝处前阁中寝，宫嫔在左右者凡二十人，皆年长者。一日，觉十人非寻常所用者。移时，又十人至。十人还，复易十人去。其去而还者，皆色惨沮，若尝泣涕者。朕甚骇，不敢问。……后乃知因刘安世章疏，宣仁诘之。①

章惇辈的报复手段，固然毒辣，而根源还是在于哲宗之引虎狼为腹心。

废后前一个月（绍圣三年八月），清算谏觅乳媪那节旧事，范祖禹、刘安世二人遂坐"构造诬谤罪"，范被责授昭州别驾、贺州安置，刘被英州安置。章惇的用意一在报复，一在杀鸡儆猴，钳

---

① 〔宋〕李焘：《续资治通鉴长编》。

制天下之口，使废后大事可以顺利成功。

废后一年后，封刘婕妤为贤妃。

自从这件大事成功之后，章惇有专宠的刘妃为内应，他的政治地位已经巩固，报复的凶焰也就狂燎天下了。

四五个月后，三省同奏："司马光等倡为奸谋，诋毁先帝，变更法度，罪恶至深。当时凶党，虽已死及告老，亦宜薄示惩责。"于是，司马光和吕公著追贬节度副使，再追贬为朱崖军司户、昌化军司户；夺赵瞻、傅尧俞赠谥；追还韩维、孙固、范伯禄、胡宗愈等遗表恩。

吕大防的哥哥自泾原入朝，帝问大防安否，嘱他代为致意，并说："二三年可复见也。"不料这位老兄，竟将如此重要的密论泄露给章惇听了。章惇大惊，就非将这班元祐重臣逼往岭外不可，否则，夜长梦多，后患不堪设想。

于是，侍御史来之邵说："司马光典刑未正，幸有刘挚尚存，是老天留给陛下来杀的。"三省同奏："吕大防等为臣不忠，罪与司马光等不异。顷朝廷虽尝惩责，而罚不称愆，生死异罪，无以垂示万世。"因此，就有绍圣四年（1097）二月的一批谪命：贬吕大防为舒州团练使、循州安置；刘挚，鼎州团练副使、新州安置；苏辙，化州别驾、雷州安置；梁焘，雷州别驾、化州安置；范纯仁，安武军节度副使、永州安置。

此外刘奉世、韩维以次，三十七人，均遭遣谪。秦观亦在案内，以谒告及写佛书为罪，从监处州酒税官，削秩，徙郴州，后又编管横州。

吕大防年迈，本已有病，扶疾上路，行至虔州的信丰，不支而死。事闻于帝，皇帝问："大防何事赴虔？"可见像如此流窜前任首相的大事,章惇也竟敢只手遮天,矫诏擅行,则其他还有什么不能做的。

范纯仁此时,已经两目失明,闻命,怡然就道。每次听到他家子弟抱怨章惇时,一定怒言制止。途中,舟覆于江,纯仁衣履尽湿。他回头对诸子说道:"此岂章惇所为!"其人之气度如此。

四年三月间,在惠州的苏轼已经听到苏辙被贬过岭的消息,不过传闻的谪地是西容州;又听说这次同遭严谴的,还有许多人。苏轼不知其详,恐怕自己若又不得安居惠州,如何得了。当即派人驰函广州太守王古,托再确实查看文报。书云:

……又见自五羊(广州)来者,录得近报,舍弟复贬西容州,诸公皆有命。本州亦报近贬黜者,料皆是实也。闻之忧恐不已,必得其详,敢乞尽以示下,不知某犹得久安此乎否?可密录示,得作打叠擘划也。

忧患之来,想皆前定,犹欲早知,少免狼狈。非公风义,岂敢控告,不罪,不罪!人回,乞数字。

苏轼的忧恐,并非无因,盖元祐大臣中,章惇最忌三人:苏轼的声望和与皇帝近密的关系,范祖禹的学问气节,刘安世的刚强敢言。非置之死地,总觉夜不安枕。这次再度掀起斩草除根的大浪潮,怎么会轻易放过他们呢?

四年闰二月甲辰,章惇重提旧说,以为苏轼、范祖禹、刘安世虽谪岭南,责尚未足,于是有再贬之命:范祖禹徙宾州,刘安世徙高州,苏轼则被摈海外,责授琼州别驾,移昌化军安置。

劾疏初经皇帝批交执政议贬,当论及刘安世时,传有这么一个故事:

绍圣初,逐元祐党人,禁中疏出,当责人姓名及广南州郡，以水土美恶系罪之轻重而贬窜焉。执政聚议，至刘安世器之时，蒋之奇颖叔云："刘某平昔人推命极好。"章惇子厚以笔于昭州上点之云："刘某命好，且去昭州，试命一回。"①

苏轼之再贬儋耳，据传祸起于他《纵笔》一诗："白头萧散满霜风，小阁藤床寄病容。报道先生春睡美，道人轻打五更钟。"传至京师，被章惇看到，惊曰："苏某尚尔快活耶！"②

其实，章惇要将这三个眼中钉拔去，蓄意在胸，有没有这《纵笔》一诗，有没有蒋之奇这一句话都是一样。这两个故事，同样形容章惇对前任大臣性命攸关的处置，却出以这样的态度，虽不能尽信，却十足表现他的轻佻、跋扈，和以国事为儿戏的荒唐而已。

四月十七日，诰命颁到惠州。惠守方子容以非常沉重的心情，亲将诰命送交苏轼，并且说出一个故事来。

"吾妻沈氏，向来礼拜普光王菩萨（僧伽）。有一夜，梦见僧伽来告别，沈氏问菩萨将到何处去，答云：要伴苏轼同行，后七十二日有命。算到现在恰巧是七十二日，岂非凡事都已前定，不必忧恨。"

苏轼坦然答道：

"世事，哪一样不是早有定命的，不必待梦而知。然而我是何等人，竟劳和尚辱与同行，莫非前世与有宿缘吗？"③

---

① 〔宋〕张邦基：《墨庄漫录》。又陆游《老学庵笔记》："绍圣中，贬元祐党人，苏子瞻儋州，子由雷州，刘莘老新州，皆戏取其字之偏旁也，时相之忍忮如此。"其实，此乃事后巧作附会之说，不可据信。
② 〔宋〕曾季狸：《艇斋诗话》。季狸为南丰曾巩之弟曾宰之曾孙，所述应较可信。又宋版苏集引《旧注》《舆地广记》均载其事。
③ 本集：《记与僧伽同行》。又王巩《随手杂录》同记其事，谓是广东转运使萧士京之妻所梦，萧亲语于巩。当以东坡自记为准。

僧伽，唐朝的高僧，葱岭以北的何国人。龙朔初年，来西凉府，次历江淮，后在泗州建刹，屡着神异，尝现十一面观音形，人益信重，唐中宗褒其寺曰"普光王"。苏轼从前每进淮泗，必致敬于普照王塔，诗文偈说，备载集中。现在危难中，是否真是这位屡显神异的菩萨，要呵护他渡海呢？

苏轼目前的燃眉之急，是身上的钱不够用，一路上要盘缠，到得海南要食住开销。急切之间，如何筹措？谪官有点折支薄俸，已经三年，屡经申请，分文领不到手，迫不得已，只好再函广守王古帮忙。书曰：

某忧患不周，向者竭囊起一小宅子，今者起揭，并无一物，狼狈前去，惟待折支变卖得二百余千，不知已请得未？告公一言，傅同年必蒙相哀也。如已请得，即告令许节推或监仓郑殿直，皆可为干卖，缘某过治下，亦不敢久留也。

猥末干冒，恃仁者恕其途穷尔。死罪，死罪！

苏轼久请不得的三年折支（实物配给券），市场变卖估计只得二百余千，这还是"省钱"，十足计算，止有百五十余千，然而他被逼得要说"必蒙相哀""恕其途穷"的话，此与陶潜乞食，感激之下，居然说要"冥报相贻"，其情类同。非亲至其境，不能像王维那样妄加菲薄。

奉告命后越一日，即四月十九日，苏轼留家属在惠州，带了苏过动身走了。到博罗县，县令林抃来送，此时他才知道王古被劾"妄赈饥民"，降调袁州，叹惋不已。

到了广州，与王古作别，一谢便走，不敢久留，恐怕于他不利。王古邀约与半道中再见一面，苏轼认为不必。

长子迈带着三个孙子箪、符、籥，都送到广州的江边。海南是怎么一个地方,苏轼在惠州已经住了将近三年,不会不知道,认为此行再无生还的机会,先一天,已将后事详细交代了苏迈,心想一到海南,要先买好一口棺木,殊不知海南并无棺木一物,人死,舁榇行葬。所以有人说,苏轼过海舟中,带有空棺一具。①

苏轼与迈等在广州诀别,子孙齐集江边痛哭。他留下一封给王古的信,以代面别,此时能说的话,皆已尽于此函了:

> 某垂老投荒,无复生还之望。昨与长子迈诀,已处置后事矣。今到海南,首当作棺,次便作墓。乃留手疏与诸子,死则葬海外。庶几延陵季子嬴博之义,父既可施之子,子独不可施之父乎!生不挈家,死不扶柩,此亦东坡之家风也。……
>
> 所云途中邂逅,意谓不如其已,所欲言者,岂有过此者乎!故觍缕此纸,以代面别。

自此,发新会,过新州。五月,溯江而上,到得梧州。听说苏辙去雷,目下还在藤州,相距不过二百五十里,苏轼立即以诗代柬,派急足送去,要他在藤州稍待,自己赶路前往。

苏辙得讯,即从藤州折向梧州的路上,迎候乃兄。兄弟执手相见,诚如《栾城诗》说:"今年各南迁,百事付诸子。谁言瘴雾中,乃有相逢喜!"

这两兄弟自元祐八年九月东府一别,距今又将四年未见,哥哥看弟弟白须红颊,确如梧州江边最近见过苏辙的人先时所告,

---

① 周煇《清波杂志》:"……一日出郊,见横木于地上,有穴,覆以板,泥封甚固。叩从者不肯言,再三诘之,方言前政某殁于此属,无周身之具,用此殡殓。或叩有巨木,何无板?答以素无锯匠。"又《南海录》:"南人送死者,无棺椁之具。稻熟时理米,凿大木若小舟,以为曰,土人名春塘,死者多殁于春塘中以葬。士夫落南,不幸而死,曾不得六尺之棺以殓手足形骸,诚重不幸也。"俱可参看。

身体健朗，气色很好，心里更是高兴。①

时当应该进餐的时候，道旁恰有一处卖汤饼的摊贩，兄弟买饼共食。这种摊子上做的饼，粗恶得简直不能进口，苏辙置箸而叹，苏轼却已把他那一份大口吃完了，慢慢地问弟弟道：

"九三郎，你还要咀嚼吗？"大笑而起。②

这是苏轼吃粗粝食物的法门。弟弟看哥哥胃口还是那么好，心里也安慰不少。不错，苏轼虽已花甲之年，胃纳一直很好，对于粗劣的食物，能够不辨滋味，囫囵吞下肚子。苏轼从前用这不辨滋味的方法来对付黄州的劣酒。所以，秦观后来听人传说这个故事，便说："此先生饮酒但饮湿法也。"

自五月十一日到藤州，兄弟同行，同卧起于水程山驿间者二十余日。自藤州到苏辙谪地，本不需要走那么许多日子，但因雷州是大郡，耳目众多，苏轼不便久留，兄弟俩恋恋不舍，只得尽量拖延路上的程期。

苏辙一家人中，只有史夫人和幼子苏远一房相随，远妻乃黄师是（寔）之女，章惇还是她的舅公。其余长、次（迟、适）两房，因他家有点田产在颍川，所以就住在那里，因田为食，与苏轼次子（苏迨）住在宜兴，情形一样。轼留长子苏迈及长、三两房媳妇带着六个孙子住在白鹤峰新居，随同过海的只有苏过一人。所以，《和陶止酒诗》说："萧然两别驾，各携一稚子。子室有孟光，我室惟法喜。相逢山谷间，一月同卧起。"

六月初五，兄弟同至雷州。雷守张逢、海康令陈谔带同本州

---

① 苏轼《吾谪海南，子由雷州，被命即行，了不相知，至梧乃闻》诗："江边父老能说子，白须红颊如君长。"
② 〔宋〕陆游：《老学庵笔记》。引吕周辅言。

官吏衙前迎接，招待他们在监司行衙暂住，次日又设筵款待。

这次旅途劳顿，苏轼的痔疾又发作了，但是朝命所迫，不敢逗留，在雷州只住了四天，初八就又启程。自雷至琼，途程四百里，苏辙亲自送别于海滨，张逢也派了专差相送。

自徐闻至递角场，候风待渡，南望连山，杳杳一发。海上波涛汹涌，"舣舟将济，眩慄丧魄"，祷于伏波祠。

苏轼此时，心地空明，只有一念未安，即是故乡的祖宗坟墓。兄弟俩于熙宁元年出蜀时，将祖坟和些许田宅，托由堂兄子安和邻居杨济甫代为经纪照管，至今四十年，还不能回乡。子安已经死了。是夜，挥涕作书，告别济甫：

某兄弟不善处世，皆遭远窜。坟墓单外，念之感涕。惟济甫以久要之契，始终留意。死生不忘厚德。

今日到海岸，地名递角场，明日风顺即过矣。回望乡国，真在天末。留书为别。

这一夜，苏轼在床上病痔呻吟，苏辙也彻夜不寐，就在床上背诵渊明《止酒》诗，劝老兄务须戒酒。苏轼年来，为痔所苦，也决心接受，作《和陶止酒》，以当赠别。

绍圣四年（1097）六月十一日，与弟海滨诀别，凄然渡海。不料自此一别，这一对历史上著名友爱的兄弟，就再无机会见面，真成永诀了。

第十三章　海外东坡

一　海南风土

琼崖，即今海南，为我国两大岛屿之一（其一即为台湾）。隶属中国版图的历史甚早，汉武帝时已置珠崖、儋耳二郡；宋为广南西路，置琼、崖、儋、万安四州，分据岛之四隅。黎母山脉据岛之中央，五指山为其中心。黎人环山而居，内为生黎，外为熟黎。山极高，洞极深，生黎之巢，人迹罕至，当时尚是化外之地。

四州分东西两路：东路自琼州向南为万安，再南而至崖州；西路自琼州至南为儋州，昌化军治所在。苏轼的行程是由琼州府治西行而至澄迈，自澄迈而至儋州，为程二百十里，都是陆路，诗记途径为"四州环一岛，百洞蟠其中。我行西北隅，如度月半弓"，都是纪实之语。

苏轼于六月十一日自雷州徐闻县渡海，登岸的地点为今海南的北部大港——海口市,当时的琼州府治。从徐闻对渡,隔海相距四百里,趁北风一日一夜可达。琼州北望,与苏辙所居广东南端的雷州半岛,遥遥相对,所以轼诗有"莫当琼雷隔云海,圣恩尚许遥相望"句。

经历一场与琼州海峡风涛搏斗的艰苦行程,人在舟中,苏轼喻之为如从高山下堕深谷,风浪之大,令人震骇。登岸后,琼州通判黄宣义来谒,苏轼即将邮递之事,郑重面托宣义代为收转。与郑靖老书:

迈书附琼州海舶或来人之便,封题与琼州倅黄宣义,托转达,幸甚。见说琼州,不论时节,有人船之便。

苏轼今后,将求生于此蛮荒绝境中。骨肉亲故的联系,生活必需的补给,端赖"人船之便"为交通,这是一件非常重要的部署。

海南的地势,西南尽为高原山岳地带,只能陆行。苏轼雇乘轿子前往,至澄迈,寄宿于当地士人赵梦得家,休息数日,再往昌化。

肩舆穿行于山谷间,轿子摇摇晃晃地前进,他就坐在轿中打瞌睡。睡梦中,得"千山动鳞甲,万谷酣笙钟"句。忽然一阵凉风,吹来山中常有的急雨,却把他吹醒了,于是就有"四州环一岛",初至海南所写的那第一首诗。

人在高山上行,苏轼下意识地常常向北瞭望,希望能见中原的一线。谁知视界所极,只是一片茫茫的海水,方知已是山穷水尽之地,不免凄然伤感。诗续曰:"……登高望中原,但见积水空。此生当安归,四顾真途穷。"《庄子·秋水》篇说:"北海若曰:计中国之在海内,不似稊米之在太仓乎!"中国(中原)在宇宙里,也不过是太仓之一粟；则渺小的个人，还有什么归不归的烦恼？

流落天涯的老人，以此知识精神的力量，突破眼前的悲哀——"茫茫太仓中，一米谁雌雄？幽怀忽破散，咏啸来天风。"

继作《次前韵寄子由》诗，则又不免身世之悲，如曰："我少即多难，邅回一生中。百年不易满，寸寸弯强弓。老矣复何言，荣辱今两空。泥洹尚一路，所向余皆穷。……"苏轼遭际至此，而年力就衰，悲欢皆尽，只觉得全身彻骨的疲倦。所以李太白说："百年苦易满。"而他却说："百年不易满。"晚年生命中，不意还有这么一段坎坷的窄路，但是他认为若能跳出现实世界观念的局限，能以"不归为归"，倒也未必没有天人相胜的出路——勉强保持着他那苍凉的乐观。

七月初二，到了昌化军贬所。昌化，古儋耳城，唐改昌化郡；宋熙宁六年，废为昌化军，治宜伦县。这是一个"非人所居"，中原人士所谓十去九不还的绝地。《儋县志》说："盖地极炎热，而海风甚寒。山中多雨多雾，林木阴翳。燥湿之气不能远蒸而为云，停而为水，莫不有毒。"又曰："风之寒者，侵入肌窍；气之浊者，吸入口鼻；水之毒者，灌于胸腹肺腑。其不死者几希矣。"所以苏轼进上谢表说：

> 并鬼门而东骛，浮瘴海以南迁。生无还朝，死有余责。……臣孤老无托，瘴疠交攻。子孙恸哭于江边，已为死别；魑魅逢迎于海上，宁许生还。……

登岸之初，作简谢雷守张逢派人送他渡海。到昌化后，再致书言：

> 海南风气与治下略相似，至于食物人烟，萧条之甚，去海康远矣。到后杜门默坐，喧寂一致。蒙差人津送，极得力，

感感！

经此长途跋涉，苏轼病了好一阵子，故又一书说：

> 某到此数卧病，今幸少间。久逃空谷，日就灰槁而已。

这都是初到贬所时的情境。

在昌化这个地方，苏轼没有一个熟识的人，只好租借数椽官屋，聊蔽风雨。因为居处破败敝陋，所以也曾梦归惠州的白鹤山居，作了《和陶还旧居》诗，在这陌生地方，过着杜门默坐的日子。诚如《夜梦》诗题所说："至儋州十余日矣，淡然无一事。学道未至，静极生愁。"愁闷的日子里，只好常常做梦。身入这种景况，苏轼精神上唯一的依傍，只有在雷州的弟弟，可怜地隔海相望那一片茫茫的海水，此外就是倾杯独饮。他本有一套珍藏的酒器，因谪海南，已经全部卖了钱，以供衣食，只剩下一只工制美妙的荷叶杯，留以自娱。现在他就用这仅存的荷叶杯，自斟自酌，作《和陶连雨独饮》诗，两首录一：

> 平生我与尔（酒），举意辄相然。
> 岂止磁石针，虽合犹有间。
> 此外一子由，出处同蹁跹。
> 晚景最可惜，分飞海南天。
> 纠缠不吾欺，宁此忧患先。
> 顾引一杯酒，谁谓无往还。
> 寄语海北人，今日为何年？
> 醉里有独觉，梦中无杂言。

海南的气候，夏季酷热，而且湿度很高，几乎使最能随遇而安的苏轼也不能忍耐。如与程全父推官书云："此间海气蒸溽不可言，引领素秋，以日为岁。"暑热可想。又如《书海南风土》云：

岭南天气卑湿,地气蒸溽,而海南尤甚。夏秋之交,物无不腐坏者。人非金石,其何能久!然儋耳颇有老人,年百余岁者,往往而是,八九十者不论也。乃知寿夭无定,习而安之,则冰蚕火鼠,皆可以生。吾当湛然无思,寓此觉于物表。使折胶之寒,无所施其冽;流金之暑,无所措其毒。百余岁何足道哉!彼愚老人初不知此,如蚕鼠生于其中,兀然受之而已。一呼之温,一吸之凉,相续无有间断,虽长生可也。庄子曰:"天之穿之,日夜无降,人则顾塞其窦。"岂不然哉!

九月二十七日,秋霖不止,顾视帏帐间有蝼蚁,帐已腐烂,感叹不已,信手书此。时戊寅(元符元年)岁也。

苏轼的精力,永远不衰,虽是花甲老翁了,入市籴米,还会觉得"不缘耕樵得,饱食殊少味"。心里还想申请一块荒地来躬自耕种,总须自食其力,才免内心的愧恶。然而,海南的民俗,恰正相反。当地有一种树木,可以分别产出八种不同的香料,他们就以此为生,懒得不想耕田,因此,到处都是荒地,而食粮不足。缺乏米粮,他们就以薯芋杂粮,煮粥取饱。苏轼觉得这些海南人真是愚昧可哀,以一片精诚,作了《和陶劝农六首》,将诗寄与其弟。《栾城后集》辙作《次韵诗叙》,说到雷州半岛的情形,也和南海一样。他说:"予居海康,农亦甚惰,其耕者多闽人也。然其民甘于鱼鳅虾蟹,故蔬果不毓;冬温不雪,衣被吉贝,故艺麻而不绩,生蚕而不织;罗纨布帛,仰于四方之负贩;工习于鄙朴,故用器不作;医夺于巫鬼,故方术不治。予居之半年,凡羁旅之所急求皆不获。"然而,海南远摒海外,货运不便,雷州还可仰给四方的供应,而海南却只好"百物皆无"了。

在海南百物皆无的情形下,幸赖在惠州服官的旧友郑嘉会

（靖老）和程天侔父子由海舶接济酒米药物，传递家书，所以苏轼在给他们的函件中，诉述较详。如：

> 黎蜒杂居，无复人理。资养所急，求辄无有。（《答程天侔书》）

> 此间食无肉，病无药，居无室，出无友，冬无炭，夏无寒泉，然亦未易悉数，大率皆无耳。惟有一幸，无甚瘴也。（《答程儒书》）

> 纸茗佳惠，感怍，感怍！丈丈惠药米酱姜盐糖等，皆已拜赐矣。（《答程天侔书》）

海南没有医药，而人不能无病，病则相信杀牛可以愈疾，这是海南的风俗。惜生的苏轼，看得满怀悲悯，为之恝焉不安，写了一篇柳宗元的《牛赋》，加上长跋，交给琼州僧人道赟，希望借他的手代为传布，能够稍稍改变这种风俗。跋言：

> 岭外俗皆恬杀牛，而海南为甚。客自高化载牛渡海，百尾一舟，遇风不顺，渴饥相倚以死者无数。牛登舟，皆哀鸣出涕。既至海南，耕者与屠者常相半。

> 病不饮药，但杀牛以祷，富者至杀十数牛。死者不复云，幸而不死，即归德于巫，以巫为医，以牛为药。间有饮药者，巫辄云："神怒，病不可复治。"亲戚皆为却药禁医，不得入门，人牛皆死而后已。

> 地产沉水香，香必以牛易之黎。黎人得牛，皆以祭鬼，无脱者。中国人以沉水香供佛，燎牛求福，此皆烧牛肉也，何福之能得？

> 哀哉！余莫能救，故书柳子厚《牛赋》，以遗琼州僧道赟，使以晓喻其乡人之有知者，庶几其少衰乎！

海南还有一个特殊的风俗，即男人在家，终日游手好闲，一切外出体力劳作的事都由妇人承担，包括上山打柴、凿地汲盐井在内。苏轼又写了一幅杜甫的诗，希望能劝儋人改俗——这也不过是书生行其心之所安的作为而已，效果是很微茫的。

元祐臣僚，几乎无人不遭谪逐，而远窜海外的，却只苏轼一人。人莫不自负有才，莫不好名，而才名相累，竟是如此苛酷，此所以苏轼对于《庄子·山木》篇"材与不材"之说，怀着甚深的感慨。

二　食芋饮水

苏轼在昌化，无一熟人，而且语言不通，与土著也无由交识，入市则百物皆无，南方长夏之日，独居敝陋的官屋中，过着"杜门默坐，日就灰槁"的生活，即使闷不死人，也会被逼得发疯。然而，人生的美妙，在于常会绝处逢生。苏轼到昌化将两个月后，昌化军使易人，新任的张中来了。一到，他即前来叩门请见苏老前辈，并且带了雷守张逢的信来。

张中，开封人，熙宁初年的进士，曾在明州（浙江宁波）做过象山县尉之类的地方官，浮沉小吏，仕途甚不得意，现在又被派到这人人视为畏途的南蛮荒岛上来，料不到却与苏轼这样的人物相遇。

张中对这老人，执礼甚恭，与苏过则成了莫逆的朋友，因为两人都欢喜下棋，下棋上了瘾。苏家租住官屋，又在州廨的东邻，走动非常近便，所以张中几乎无日不来，来即与过一枰相对，兴味盎然。苏轼接受老弟"不要读书"的劝告,本来萧然清坐,澹无一事,于是也就整日坐在枰边,看他们对弈。

其实,这看棋的老人,并不懂棋,倒是因此想起了从前独游庐山白鹤观,观中人阖门昼寝,只听得棋声起落于古松流水之间。这种境界,给他留下非常深刻的印象,觉得这玩意儿非常可爱,有意想学,然而始终没有机会。现在,这隅坐一旁,不会下棋而竟日观棋不厌的老人,却悟出了千古不灭的棋道哲学——"胜固欣然,败亦可喜。"作《观棋》诗:

五老峰前,白鹤遗址。长松荫庭,风日清美。
我时独游,不逢一士。谁欤棋者,户外屦二。
不闻人声,时闻落子。纹枰坐对,谁究此味。
空钩意钓,岂在鲂鲤。小儿近道,剥啄信指。
胜固欣然,败亦可喜。优哉游哉,聊复尔耳。

是年十月立冬之后,岛上风雨无虚日,苏轼租住的官屋,本已敝陋不堪,风吹雨打更是处处漏水,常常一夜三迁,东躲西避。这在平常人一定会心生怨愤,但是苏轼读陶《怨诗示庞邓》,认为渊明懂得欢快时应留余乐,忧戚处不妨颓然的道理,一点也不觉得难堪。他自认与渊明一样,天生的禀赋偏奇,本来不会享受,从前住华屋,卧重裀,并不安适;现在一夕三迁,却睡得很好。《和陶怨诗》说:"我昔堕轩冕,毫厘真市廛。困来卧重裀,忧愧自不眠。如今破茅屋,一夕或三迁。风雨睡不知,黄叶满枕前。"苏轼虽然不怨,张中却不能不顾,就假借整修伦江驿以就房店的名义,派兵将屋修补。此事,后来成了张中的罪状。

苏轼日常生活中,非常欢喜理发和沐浴。他的保健方法中,晨起梳发百栉,即是重要的一款。在海南,有《谪居三适》诗,就是旦起理发、午窗坐睡和夜卧濯足三项。沐浴却发生了问题，因为海南没有澡盆这样器物，所以只好用道家的办法，于夜卧时，以两手揩摩身体，名曰"干浴"（见《云笈七签》）。苏轼于《次韵子由浴罢》诗中，还很幽默地以老鸡倦马的土浴为比，如曰："时令具薪水，漫欲濯腰腹。陶匠不可求，盆斛何由足。老鸡卧粪土，振羽双瞑目。倦马骤风沙，奋鬣一喷玉。垢净各殊性，快惬聊自沃。"

"六十无肉不饱"，何况苏轼向来喜欢肉食。他在惠州，还有羊脊骨可买，啃得津津有味，但到昌化，就"至难得肉食"了。听说苏辙到海康后，体重骤减，作《闻子由瘦》诗，说到当地土人吃老鼠、蝙蝠、蜜唧（蜜渍鼠胎）、蝍蛆（蜈蚣），令人不寒而栗。诗言：

  五日一见花猪肉，十日一遇黄鸡粥。
  土人顿顿食薯芋，荐以薰鼠烧蝙蝠。
  旧闻蜜唧尝呕吐，稍近虾蟆缘习俗。
  十年京国厌肥羜，日日蒸花压红玉。
  从来此腹负将军，今者固宜安脱粟。
  人言天下无正味，蝍蛆未遽贤麋鹿。
  …………

接下去，苏轼还和老弟开玩笑道，照这样子没有肉吃，帽宽带落地消瘦下去，到有一天能回家乡去时，兄弟俩一定会变成两个清瘦的仙人，可以骑在黄鹄身上飞还故乡了——"海康别驾复何为，帽宽带落惊僮仆。相看会作两臞仙，还乡定可骑黄鹄。"

不但没有肉吃，海岛上只有海鱼，而苏轼怕腥，"病怯腥咸不买鱼"，无肉无鱼，所以不能免于"尔来心腹一时虚"。老弟又劝他节省精神，不要读书，然而终日清坐，总也不是办法，他只好"从今免被孙郎笑，绛帕蒙头读道书"了。

海南当然无酒，虽然海北还有几个朋友，如张逢、程氏父子、周彦质等随时寄与佳酿，但那是不能常有的赠与，日常要喝，只可自酿。他在当地认识的潮州人王介石、泉州航商许珏，送他一点"酒膏"，苏轼感激万分，作《酒子赋》曰："怜二子，自节口。饷滑甘，辅衰朽。先生醉，二子舞，归瀹其糟饮其友。"

苏轼一向喜欢自己酿酒，但在昌化，这兴趣也消失了，主要是他之所以好此，原是为了"酿酒以饷客"，现在连客也没有了，还酿什么酒。直到元符二年过年前，才酿了一次天门冬酒。新年酒熟，且漉且尝，本无酒量的老人，不知不觉间喝得醺醺大醉，拥鼻微吟起来：

　　自拨床头一瓮云，幽人先已醉浓芬。
　　天门冬熟新年喜，曲米春香并舍闻。
　　…………

海南不但无肉无鱼，甚至米面亦待海北舶运而来，每遇天气变化，海运阻隔，立即断市，所以苏轼父子，只好入境同俗，食芋饮水。这种食芋饮水的生活，苏轼却自谓："衣食之奉，视苏子卿（武）啖毡食鼠为大靡丽。"[①] 居常煮菜为食，作《菜羹赋》，叙曰：

　　东坡先生卜居南山之下，服食器用，称家之有无。水陆之味，贫不能致，煮蔓菁、芦菔、苦荠而食之。其法不用酰

[①] 魏了翁《鹤山题跋》："子常阅苏公帖，自谓衣食之奉，视苏子卿啖毡食鼠为大靡丽。以予居靖言之，视文忠公之靡丽，又加一等，诗曰：'君子于役，苟无饥渴。'吾侪勉诸。魏了翁书于泸州官舍。"

酱，而有自然之味，盖易得而可常享。

赋辞中说"无刍豢以适口，荷邻蔬之见分"，也是事实。《冷斋夜话》作者说："余游儋耳，及见黎民表为予言：东坡无日不相从乞园蔬。"别时写与一诗，还跋曰："临行写此诗以折菜钱。"①

菜羹吃厌了，苏过想出新办法来，用山芋做羹，冠以美名曰"玉糁羹"。老父吃了，拍案叫绝道："色香味皆绝，天上酥酏则不可知，人间决无此味也！"诗曰：

　　莫将南海金齑脍，轻比东坡玉糁羹。

我想，读者决不会被此老骗过，只是山芋一项材料，即使易牙复生，也做不出什么美食来的，只是其中有儿子奉事的一片孝心，才是人间的至味。

苏轼在海南所遭遇的困苦，还不止此。

元符二年（1099）四月，岛上大旱成灾，米价暴涨，眼看将有绝粮之忧。苏轼束手无策，想到道家的辟谷法中，有一种简单易行的龟息法，就是模仿龟的呼吸，每日凌晨，引吭东望，吞吸初日的阳光，与口水一同咽下，据说非但可以不饥，还能身轻力壮。他写下这个方法，决心与儿子一同练习，准备抵抗饥饿。

饮食是人的基本欲望，这欲望不能满足时，很自然地常会怀想过去的享用。苏轼饱食芋蔬之余，作《老饕赋》，赋中历数美食，如言："……尝项上之一脔，嚼霜前之两螯，烂樱珠之煎蜜，滃杏酪之蒸羔。蛤半熟而含酒，蟹微生而带糟。盖聚物之夭美，以养吾之老饕。……"从这些叙述，苏轼之精于食道，虽称为美食家也，当之无愧，而他现在只是"画饼充饥"。

---

① 〔宋〕释惠洪：《冷斋夜话》。

食物之美，不一定与贵贱关联。他与一洺州人谈"吃"，对于盐水渍蚕蛹那种平民化的小食，也说"余久居南荒，每念此味"而不可得。(《五君子说》)

张中来后，经他介绍，苏轼才认识了几个土著朋友，才有几家熟人，可以串串门子，歇歇脚。

一是住在县城东南的黎子云，他家居临大池，水木幽茂，惜乎太穷，房屋已甚破败。坐中几个人创议，大家捐点钱来修造一下，平常就可来此聚会。深苦寂寞的苏轼，自然赞成，也捐了钱，名之曰"载酒堂"。

还有一个是住在城南的老秀才——符林，苏轼称之为"儋人之安贫守静者"。绍圣五年上巳节，海南风俗于是日上坟，苏轼携酒往访符家，符家的子弟都出去了，只有老符在看家，他们两人便倾壶痛饮起来，一直喝到醉了。苏轼作诗，非常感慨：

老鸦衔肉纸飞灰，万里家山安在哉！
苍耳林中太白过，鹿门山下德公回。
管宁投老终归去，王式当年本不来。
记取城南上巳日，木棉花落刺桐开。

当地的熟人，逐渐多起来了，苏轼也逐渐恢复了城乡各处随意漫游的老习惯。他可以跑进一座寺院，清坐终日，"闲看树转午，坐到钟鸣昏"，目的是要"敛收平生心，耿耿聊自温"（诗：《入寺》）。游城北谢氏废园，则又兴起"谢家堂前燕，对语悲宿昔"的兴废存亡之感。

苏轼在城乡随处乱跑，像这种落后地区，除出城中有一两条大街外，他处都无一定的道路，所以他常常会迷路，甚至回不得家，则以牛矢、牛栏等，来做认路的指标。黎人家的儿童，没有玩具,口吹葱叶为戏。他也认识了当地如春梦婆这样可爱的人物——苏轼曾负一大瓢,行歌田间,遇一老妇,年已七十,对轼言道:"内翰昔日富贵,一场春梦。"轼认为她说得很对,乡人从此就叫这老媪为春梦婆。①

苏轼在漫步中,作《被酒独行,遍至子云、威、徽、先觉四黎之舍三首》,此诗最富儋耳风光,也是他与土著交往情趣的写实:

半醒半醉问诸黎,竹刺藤梢步步迷。
但寻牛矢觅归路,家在牛栏西复西。

总角黎家三四童,口吹葱叶送迎翁。
莫作天涯万里意,溪边自有舞雩风。

符老风情奈老何,朱颜减尽鬓丝多。
投梭每困东邻女,换扇惟逢春梦婆。

三 房屋风波

苏轼等过岭诸人的祸患,似乎还未"到此止步"。

继公开谪责之后,章惇辈"必欲置之死地"的魔掌,就偷偷伸出来了。

绍圣五年二月,章惇、蔡京议派吕升卿、董必察访岭南。这

---

① 〔宋〕赵令畤:《侯鲭录》。

升卿是吕惠卿之弟，他家兄弟与苏氏昆仲有刻骨深仇，一旦落入其手，岂有生理？董必本为荆湖南路常平，在衡州按查孔平仲，连毙三命，更是著名的刽子手。章惇起用吕、董二人按察两广，意欲尽杀流人，则已显而易见。

幸而曾布天良未泯，一日，朝罢独留，对皇上进言道：

"闻遣升卿辈按问，岂免锻炼？况升卿兄弟与轼、辙乃切骨仇雠，轼、辙闻其来，岂得不震恐？万一望风引决（自杀），岂不有伤仁政？升卿凶焰，天下所畏，又济之以董必，必在湖南按孔平仲殊不当，今仍选为察访，众论所不平。"

又左司谏陈次升也于奏事毕，进前言曰："元祐臣僚，今乃欲杀之耶？"皇上答曰："并无杀人的意思。"次升才续奏道："升卿乃惠卿弟，今使指于元祐臣僚迁谪之地，理无全者。"

于是，哲宗对章惇等谕曰："朕遵祖宗遗志，未尝杀戮大臣，其释勿治。"

吕升卿广南东路察访之命，遂此罢行，而董必则由东路改使西路。北宋将全国分十五路行政区域，广南西路辖属雷、琼、儋、崖四州。董必使西路，其将为祸轼、辙则已无可避免。

随后，中书舍人蹇序辰上疏说："司马光等从前所为，变乱典刑，改废法度，讪黩宗庙，睥睨两宫等罪恶，着于当时的章疏案牍，散在各个有司衙署。今若不加汇辑，日久必难查考。请全部检讨奸臣们的所言所行，选官类编，人为一帙，置之二府，以示天下后世，俾昭大戒。"于是，就命蹇序辰、徐铎负责编辑，元祐群臣的施行文书，章疏书牍，自元丰八年四月至元祐九年四月十二日止十年间的旧案，纤屑不遗，皆被搜集，汇为一百四十三帙。由是按图索骥，前朝缙绅之士几乎没有一人得能脱祸了。

四月,蔡京等上宝玺,名曰"天授传国受命宝"。五月,御殿受玺,行朝会,减罪囚,紫宸殿大宴群臣,朝堂里一片洋洋喜气。诏告天下,自绍圣五年六月戊寅朔起,改元为元符元年。

元符元年(1098)七月,再诏范祖禹徙化州(即今广东化州市),刘安世徙梅州(即今广东梅州市),苏辙徙循州(东江上游、惠州之东北)——这是董必到岭南来按问的结果。

祖禹于同年十月十日死于贬所,年仅五十八岁。元祐后期,苏轼在朝中志同道合的同官,只有祖禹一人,今在儋州闻其讣告,不觉号恸痛哭,给祖禹的长子范冲(元长)函道:"闻讣恸绝,天之丧予,一至于是,生意尽矣。"又曰:"流离僵仆,九死之余,又闻淳夫先公倾逝,痛毒之深,不可云论。"

祖禹、安世等本人遭难之外,诸子并皆勒停(免官),永不收叙。所以,苏轼后又长函范冲,劝他"先公已矣,惟望昆仲(次子范温,为秦观之婿)自立,不坠门户。……与先公相照,谁复如某者,此非苟相劝勉而已,切深体此意"。

范冲求苏轼为父作传,轼沉痛作答曰:"所论传,初不待君言,心许吾亡友久矣。平生不作负心事,未死要不食言。然今则不可,九死之余,忧患百端,想蒙矜察。"又暗示道:"海外粗闻新政,有识感涕。"范冲此请,本欠老成,在这个样子的黑暗时期,要苏轼为祖禹作传,祸随笔起,怎能着手!

章惇必欲致范、刘于死地,叫蔡京设法除此二人。安世到了梅州贬所,蔡京就派人跟着南下杀刘。陈衍劝说使者不如胁逼安世自裁的好,安世却不为所动。蔡京又特意觅了一个当地的土豪,将他擢为转运判官,命往杀刘。判官受命疾驰,梅守又派人来劝安世自己作个了断。判官将至,刘家阖门号泣,安世却饮食起居如平时,不愧是个铮铮铁汉。不料是夜,这个土豪忽然急病呕血而死,安世因此获免。真是"命好"!

苏辙在雷州,因为政令不许占住官屋,所以张逢帮他租借太庙斋郎吴国鉴的宅子居住。不到半年,便被段讽检举,说他"强夺民居"。绍圣五年三月,董必到了雷州,按察此事,要追民究治,幸而苏辙拿得出租赁契约,才没话说。董必就奏劾雷守张逢于苏氏兄弟到时,同本州官吏至门首迎接,招待轼、辙在监司行衙安泊,次日送酒筵去接风,后来又帮苏辙租屋,每月一两次地送酒馔到辙处管待,差役七人供事等等;海康县令陈谔差杂役工匠为苏辙租住的宅子大事装修,又勒令附近居民拆除篱脚,开阔小巷,通行人马,以便回避苏辙所居门巷等等。

结果是诏移苏辙循州安置,雷守张逢被勒停(免职),海康令陈谔特冲替(改调)。本路提刑梁子美与苏辙是儿女亲家,不申明回避与其余监司以失察的罪名,各罚铜三十斤。

果然,雷州按察事告一段落,董必立即要遣官过海,查治昌化军使张中修伦江驿事。从这件案子,当然就可以把苏轼牵扯出来。用土豪做转运判官谋杀刘安世的手段,已有先例,人人要为苏轼捏一把冷汗。

董必的魔掌将及苏轼,幸而出现了一个救星。据说董必的随员中,有一潭州人彭子民,甚得董必亲信。当董必要派人过海,彻治张中案时,彭对董流着眼泪劝道:"人人家都有子孙!"[①]

董必醒悟过来,只派一个小使臣过海。章惇的政府有流人不许占住官屋的命令,所以小使臣就根据这道行政命令,将苏轼父

[①]〔宋〕王巩:《甲申杂记》。

子逐出官舍，尚无其他诛求。

被逐出屋后，父子二人无地可居，偃息于城南南污池侧，桄榔林下者数日。东坡偃息桄榔林中，则曰："尚有此身，付与造物，听其运转，流行坎止，无不可者。"① 其超然自得，了无愠色如此。

后来，就在那儿买了一块空地，自己造屋。

朋友中特别是黎子云和符林两家子弟十余人，都来帮他运甓畚土；王介石更出全力相助。《与郑靖老书》说："起屋一行，介石躬其劳辱，甚于家隶，然无丝发之求也。"

军使张中来观，也卷起袖子来帮做畚锸的工作。次月（五月），坐落城南的一栋简单的住屋就造好了。五间平房，一个龟头。苏轼名之曰"桄榔庵"，摘叶书铭，以记其处。

《与郑靖老书》述造屋事曰：

初赁官屋数间居之，既不可住，又不欲与官员相交涉。近买地起屋五间、一龟头，在南污池之侧，茂木之下，亦萧然可以杜门面壁少休也。但劳费窘迫耳。

又《与程儒（天侔子）书》云：

赖十数学生助工作，躬泥水之役。愧之，不可言也。

搬进新屋去后，家用器物皆无，邻里黎、符两家都从自己家中用的分点出来送给他们。苏轼《和陶和刘柴桑》诗说：

万劫互起灭，百年一踟蹰。

漂流四十年，今乃言卜居。

且喜天壤间，一席亦吾庐。

…………

---

① 《答程秀才（天侔）书》。

苏轼这一席之庐，据他与程秀才书简说：

> 新居在军城南，极湫隘，粗有竹树，烟雨濛晦，真蜒坞獠洞也。

新居墙之东北，有一树老楮，枝叶旺长，遮挡眼界。苏轼有意将它伐去，细思"孤根信微陋，生理有倚伏"（诗：《宥老楮》），终于不忍砍此大自然中的同一生物。

住定后，又雇了三个蓬头的当地人，整治出一个菜园来，自己种些韭菜、黄菘；西边掘个粪坑，储积水肥；东边开个水源，用以浇菜。苏轼说："人间无正味，美好出艰难。"亲手种出来的东西，总是好吃的。不过，自种蔬菜，眼看它慢慢长大起来，"未忍便烹煮，绕观日百回"，又舍不得割来吃了。（《和陶西田获早稻》及《和陶下潠田舍获》诗）

七月，苏轼才知道老弟再徙循州的消息。循距惠州七百里，荒僻寥落，言语不通，饮食无有，而且从惠州到龙川的那条水路非常狭隘，艰涩难行。这条路，苏迈、苏过都曾走过，所以苏轼立刻设法通知苏迈，令苏辙一家路过惠州时，挽留他家眷口就在白鹤山庄住下，一切有迈可以照顾。

苏辙于六月间自海康启程，冒大暑水陆行数百里，困惫不堪，就接受老兄的安排，将家眷留在惠州，独携幼子苏远，葛衫布被，乘一叶小舟，秋八月到了循州贬所，住于龙川城东之圣寿僧舍。

也许由于新来乍到，找不到信使之便，直到九月十五，苏轼还得不到老弟一点讯息，心里忧虑不堪，只好端策问卦，用揲蓍古法，卜得"遇涣之内"：三爻初六变为中孚，兑上巽下，信发于中，谓之中孚；中孚之九二变为益，震下巽上，损上益下，故谓之益；益之六三变为家人，离下巽上，正一家而天下定。中孚有至诚之意；益卦虽是风雷动象，示播迁不宁，但有增足之益；家人卦有天伦安和之意。苏轼取文辞为断，自信对于此卦，研考精详，决不会错，心里大为安定。①

但是，朝中大局如此，兄弟两人，各困一隅，杀机四伏，皆是听凭宰割的命运，岂是经历一场播迁就能安然无事？苏轼"粗闻新政"，不能不心如挂钩之鱼，惶恐不安。九月底，往游天庆观，谒拜北极真圣，祈神指示余生的吉凶祸福，求了一支签，签词曰：

道以信为合，法以智为先。
三者不相离，寿命已得延。

苏轼细绎签词的意思，"悚然若有所得"②。

苏轼这时候的惶恐，并非无端而至。因为蹇序辰等编纂的有关元祐朝臣的章奏文书，经过搜集和悬赏征求，甚少遗漏，共成一百四十三帙；形式上呈经皇帝过目后，他们正在一篇一篇地审阅，凡是涉及更改熙丰法制或文字可以罗织者，立即加以惩处，因此得罪的人，已有数千之多。

在此十年间，以文章报国的二苏，汇集的专卷一定最厚，随便抽出一篇来，任意加点解释，就可叫他们死有余辜。苏轼能不忧心忡忡？

到了元符二年（1099）九月，这个政治报复的血腥运动，更成立了专职机构——诉理局，有计划、有组织地大肆诛求罗织起来。事由安惇进言：

陛下未亲政时，奸臣置诉理所。凡得罪熙丰之间者，咸

---

① 本集：《书签》。
② 本集：《书北极灵签》。

为除雪。归怨先朝，收恩私室。乞取公按，看详从初加罪之意，得依断施行。

这是很明显地要尽复十年前熙宁、元丰年间的旧案，包括已经赦免或昭雪的在内。蔡卞劝章惇专设这个诉理局，搜索检查一切旧档，命蹇序辰、安惇看详。因此，重新得罪者八百三十家，士大夫虽远在千里，也被官司会同逮捕、严刑侦讯，竟有很多人因清算而受钉足、剥皮、拔舌之苦。

政治这东西，一朝变成个人权力时，就没有不被滥用，亦几乎没有不血腥满地的。实际政治像头十分饥饿的怪兽，永远要吃掉其他任何东西，无休无止。

在此黑暗时代，民有二蔡（蔡卞、蔡京）二惇（章惇、安惇）之谣。二蔡二惇固然罪可通天，但是哲宗惑于女宠，将权力授于豺虎，而昏愦不省，终是不可原谅的。

在这一次再起的大风波中，原已编管横州的秦观，再徙雷州。少游凄怆作诗曰："南土四时都热，愁人日夜俱长。安得此身如石，一时忘了家乡。"① 语极酸楚。张耒和晁补之都坐降为监当官。

吕升卿按察广南的任命，虽被曾布等拦住了，不能直接施毒于二苏。但是他的弟弟温卿，为浙江运使，便专捡与苏轼亲厚的人来下手，以泄私愤。先起钱世雄（济明）狱，又举发廖明略事，二人皆被废斥。后来有个僧人，与参寥有点嫌隙，举发参寥冒名使用度牒，其实他本名昙潜，是苏轼替他改名道潜。经查，果与度牒不符，径即判令还俗，编管兖州。②

此事发生之前，参寥原本打算带了他的徒弟颖沙弥度岭过海，

---

① 〔宋〕释惠洪：《冷斋夜话》。
② 〔宋〕张邦基：《墨庄漫录》。

到昌化来看望苏轼的。苏轼得书,连忙复书劝阻,书中言渡海当时的危险,是他来时亲身的经验。如云:

　　……转海相访,一段奇事。但闻海舶遇风,如在高山上坠深谷中,非愚无知与至人,皆不可处。胥靡遗生,恐吾辈不可学。若是至人无一事,冒此险做甚么?千万勿萌此意。颖师喜于得预乘桴之游,所谓无所取裁者,其言切不可听。相知之深,不可不尽道其实尔。自揣余生,必须相见,但记此言也。

在千年前交通困难的情况下,要从浙江杭州到海南岛来探望一个落难的朋友,这种风义,简直难以想象。苏过也深为感动,作诗附寄曰:"……道人航海曾何劳,久将身世轻鸿毛。只恐西湖六桥月,无人主此诗与骚。"(《斜川集》)

此函发后,参寥已经被迫还俗,编管兖州,当然也不能来了。钱世雄本来代为照顾苏轼宜兴的家属,被祸前,还寄"异士太清中丹"来给苏轼服用,现在,却都失去音讯了。

上年董必纠举昌化军使张中,派兵以修缮伦江驿就房店为名,实与别驾苏轼居住一案。元符二年二月,朝廷处分下来,张中被"冲替"(免职、另候任用),权知广南西路都钤辖程节、户部员外郎谭棳、提点广南路刑狱梁子美皆坐失察罪,各遭降级处分。

张中将去,轼作《和陶与殷晋安别》赠其行。人在孤苦中,同伴骤别,不比寻常,真有摧肝裂胆之痛,苏轼此诗,也非常凄怆。如曰:

　　孤生知永弃,末路嗟长勤。
　　久安儋耳陋,日与雕题亲。
　　海国此奇士,官居我东邻。

卯酒无虚日，夜棋有达晨。
小瓮多自酿，一瓢时见分。
仍将对床梦，伴我五更春。
暂聚水上萍，忽散风中云。
恐无再见日，笑谈来生因。
空吟清诗送，不救归装贫。

初送张中诗，虽记往来事迹，但仍透着无比的凄凉。

谁知张中这个性情中人，不忍抛撇苏轼父子，从三月初挨到是年十二月，一直逗留了十个月，迟迟其行。到此真已迫得非走不可时，才来辞行。这天他就在苏家坐了一个通宵，所以苏轼再送张中诗《和陶王抚军座送客》，反而安慰这个行者："汝去莫相怜，我生本无依。""莫作往来相，而生爱见悲。"张中坐到天亮，苏轼别绪依依地说："悬知冬夜长，恨不晨光迟。"

《和陶答庞参军三送张中》诗，则是老人一片慈心的诤言。张中少学兵法，甚好谈兵，才智非不如人，功名却无缘分。苏轼认为徒然愤懑，无补于事，该趁年富力强之日，果断去边疆治兵，学以致用的好。

张中此去，不久即以病死传闻。苏轼初送诗中，有"恐无再见日"的话，真个一语成谶。

四 读书著作

海南"百物皆无"的生活环境，是任何人都不能忍受的；而精神食粮——书物的匮乏，对一个读书人所造成的威胁，像失落灵魂一样的痛苦，就不是平常人所能想象的了。

苏轼当日仓皇渡海，当然不会携带书物，住定以后，就为无书可读而非常烦恼。第一次由张中陪同往访黎子云时，见到他家有《柳宗元集》数册，正如久渴之人得见一瓯清泉那样急切，立即借了回来，终日玩诵。曾季狸说："前人论诗，初不知有韦苏州、柳子厚。……至东坡而后发此秘。"许彦周说："东坡在海外，盛称柳柳州诗。黎子云家有柳文，日久玩味，虽东坡观书亦须着意研穷，方见用心处耶！"[①]正因没有他书分散注意，终日玩诵，得与作者神会，始生欢喜。故陆游说："东坡在岭海间，最喜读柳子厚、陶渊明二集，谓之南迁二友。"[②]其故在此。

后得在惠州服官的老朋友郑嘉会（靖老）来书，说有书千余卷，将托舶运装到海南来借他，苏轼原本有意用著述来排遣忧患，因为没有参考书，就什么也不能作，正如陶渊明《赠羊长史》诗所说："愚生三季后，慨然念黄虞。得知千载事，上赖古人书。"所以就和此诗，以谢郑君。

　　…………
　　结发事文史，俯仰六十逾。
　　老马不耐放，长鸣思服舆。
　　故知根尘在，未免病药俱。
　　…………

郑嘉会借书，先后两次，都是托由广州道士何德顺经手船寄的。船本不多，书又笨重，所以寄运甚费时日，真是无可奈何之事。

---
① 〔宋〕曾季狸:《艇斋诗话》。又许顗《彦周诗话》。
② 〔宋〕陆游:《老学庵笔记》。

苏轼没处可跑，常往黎子云家去玩。一日碰到天下大雨，借了一顶斗笠，一双木屐，穿戴起来回去。后来有人画了一幅"东坡笠屐图"，他自己作赞曰："人所笑也，犬所吠也，笑亦怪也。"[1] 就是用柳宗元的句法。

海南人惯以椰子壳作冠，从苏轼父子看来，却很新鲜，父子二人都作了《椰子冠》诗。然而苏轼不能忘情于元祐前期，他所创制的筒高檐短帽，士大夫争相仿制的"子瞻样"，慨然曰："更着短檐高屋帽，东坡何事不违时。"

诗人心灵中，充盈着许多热烈的感情，被现实生活激发起来的思想和感觉，血液里面膨胀的欲望和情绪，错综变幻，构成诗人一串串的梦。将这些梦，用语言文字编织出来，就是诗。诗中，蕴蓄着诗人真诚的生命。

渊明的《归去来兮辞》，是他归向自然生活的梦，几乎全部用意象来唤起读者的情感。诗中表现一波一波的意象，尽是他朴素的梦想。这个梦画出隐逸生活的情景，使所有困于尘俗的读者为之神往。

苏轼是一个流落天涯而又失去自由的人，更是只好以一个梦想来编织他的精神世界，作他无可奈何的归宿——"以无何有之乡为家"，则虽身羁海外，亦未尝不归，这就是苏轼今日"以不归为归"的哲学。

绍圣五年二月，苏轼作《和陶渊明归去来兮辞》，首揭其由，这是一个"梦"——"归去来兮，吾方南迁安得归？……怀西南之归路，梦良是而觉非。"梦里确是归乡，醒来却空无其事。他所

---

[1]〔宋〕张端义：《贵耳集》。

梦想的归乡,不写舟车之劳:"我归甚易,匪驰匪奔。俯仰还家,下车阖门。"这个倦于尘劳世患的老人,只能在梦中满足他归乡的欲望。也只有梦还,则不论海南汉北(蜀)距离多么遥远,往来都很方便。续曰:

> 归去来兮,请终老于斯游。我先人之敝庐,复舍此而焉求?均海南与汉北,挈往来而无忧。……方饥须粮,已济无舟。忽人牛之皆丧,但乔木与高丘。警六用之无成,自一根之返流。望故家而求息,曷中道之三休。已矣乎!吾生有命归有时,我初无行亦无留。……

此文写成后,寄与弟辙,要他同作。这时候,苏辙方从雷州再迁循州,一时无暇及此,就将它搁下来了。直到轼已故后,苏辙整理家中旧书,才又捡出这篇遗稿,乃泣而和之。① 又据晁说之(以道)说:"建中靖国年间,东坡所和《归去来兮辞》,方才传至京师,他的门下宾客中,有好几个人跟着和作,都自以为'得意'。陶渊明于一日间纷然满人目前了。"参寥也忽然拿了一篇和作来给晁以道看,约他同赋,以道婉谢曰:

"童子无居住,先生无并行。我与吾师共推东坡一人于渊明间可也。"

参寥领悟,索回和作,纳入袈裟袖筒中,用杭州土话说道:

"罪过公,悔不先与公话。"②

和《归去来兮辞》后,苏轼意犹未尽,又把陶的原作拆散,写成《归去来集字十首》。

自到海南后,苏轼对于道家神仙之说,已经远无初到惠州那

---

① 〔宋〕苏辙:《栾城集·和子瞻归去来兮辞叙》。
② 洪迈《容斋随笔》引晁以道语。

时的狂热；而这晋代田园诗人，却恍然如在身畔，行起坐卧，似同一室，他和我们一样，两只脚踏在这痛苦的大地上，和我们共同享有从这大地上生出来的悲欢和苦乐。

不过，陶苏二人经验不同，天分有别。渊明意主澹逸，诗语"微至"已足；东坡豪迈，故多豁达之辞。所以轼虽和陶，而意境不同；苏轼学不到渊明的澹逸，但他也自有其恢诡陆奇的达人本色，各有不同的精神面貌。

正如我们眼前有这样两个人：一个是三家村中的恂恂宿儒，神闲气静，眉目清澄，语言全从平凡的情理出发，令人觉得可亲；一是做过大事、经历风涛的豪士，眉宇轩昂，英气内敛，辞锋犀利而坦率，令人觉得豁达。前者是陶潜，后者便是苏轼。

渊明的人生哲学，寓于"形、影、神"三诗之内，他是一个彻头彻尾的恬淡主义者，他的生活理想，但求平淡安适。

他认为人有生死，与草木之有荣枯一样，死亡既是不可避免，则有生之日，便该从容享受酒与感官的快乐。

形是身，影如名，形影不能分离，故"身没名亦尽，念之五情热"。既然人有必然要死的命运，形影皆空，所以人生应该听任"神"之自然，"纵浪大化中，不喜亦不惧。应尽便须尽，无复独多虑"，不必刻意惜生，徒然陷形神于无助的痛苦之中。

苏轼则好以浪漫的神秘知觉来体验人生。他认为大千世界中，一切形象变化，弹指顷事，微不足道。唯有物我心灵间的妙悟，超脱形象之外，始入永恒。

他认为形与影相因而成，随物而化。形如火上之烟，火尽，烟即消失。人之形体，不但要因时间的摧残而老衰，甚至一念前后，已失其故，所以不足依托。

影如镜中之像，镜子坏了，而影仍不灭，因它"无心但因物"，万变而不竭。

道家的仙境，释氏的佛国，都很渺茫。本想跟从陶翁，避到酒乡去住，无奈醉有醒时，依然难逃人生劫数。

回顾平生，真同儿戏，被人指目毁誉，了无意义，不如弄起一把火来（弄火，佛语），好的坏的一起烧了，从此肩上没有负担，"神"就自然超脱。

陶、苏二人，对人生的基本观念，歧异在此。

苏轼初至海南，即将自扬州和陶《饮酒》起至绍圣四年丁丑十二月止，所作和诗一百零九首，检寄苏辙，要他作"叙"，意欲单独别为一集。后在海南，续有和作，至元符三年四月，闻赦命后，写成最后一首《和陶始经曲阿》诗止，共得一百二十四首，辑成《和陶别集》。

《和陶归去来兮辞》与《归去来集字十首》不在前数之内。因为前者不是诗，后者不是和作，只能算是附录。

苏过作《志隐》一篇，自跋云："……遂赋《志隐》一篇，效昔人解嘲、宾戏之类，将以混得丧，忘羁旅。非特以自广，且以为老人之娱。"全文甚长，姑引片段，聊见一斑：

> 大块之间，有生同之。喜怒哀乐，巨细不遗。蚁蜂之君臣，蛮触之雄雌。以我观之，物何足疑？彭聃以寒暑为朝暮，蟪蛄以春秋为期颐。孰寿孰夭？孰欣孰悲？
>
> 况吾与子，好恶性习，一致同归。寓此世间，美恶几希。乃欲夸三晋而陋百粤，弃远俗而鄙岛夷。窃为子不取也。子知鱼之安于水也，而鱼何择夫河汉之与江湖；知兽之安于薮也，而兽何择于云梦之与孟诸。松柏之后凋，萑苇之易枯，

乃物性之自然,岂土地之能殊乎?……

这篇文章之整个风格,特别是气势与雄辩这一特色,将它置于《东坡集》中,恐怕谁也无法分辨。尤其全文立意,脱胎于庄子齐物哲学而成其旷达,简直就是苏轼人格之再现。难怪老人读了,不禁大喜道:"吾可以安于岛夷矣!"

苏轼有意跟着自写一篇《广志隐》,更深一层来讨论穷通得丧之理;但对儿子,却劝他作《孔子弟子别传》。儿子还年轻,应该接受儒家的正统思想,求为世用,而不该走老庄这条路子。这也是天下做父亲的人,同样的苦心。

父子二人,在桄榔庵里,以努力写作排遣孤寂。余下时间,他又勉励儿子抄书。那个时代,雕版印刷术虽已出现,但是书籍的流布还不太广,求书仍不甚易,读书士子还是习惯于手抄经史,因为抄书不但可以免费得书,还能帮助记诵,练习书法。

到海南后,苏过先抄了一部《唐书》,再又借了一部《汉书》来抄。苏轼《与程(儒)秀才书》云:

> 儿子到此,抄得《唐书》一部。又借得《前汉》欲抄。若了此二书,便是穷儿暴富也。呵呵!老拙亦欲为此,而目昏心疲,不能自苦,故乐以此告壮者尔。

元符二年(1099)五月间,惠州友人郑嘉会舶寄的书籍已经运到,父子二人就忙着将书编排整齐,列诸座隅,作书报谢说:"此中枯寂,殆非人世,然居之甚安。诸史满前,甚有与语者也。借书,则日与小儿编排整齐之,以须异日归之左右也。……"

有了必要的书籍,苏轼就开始整理黄州所作《易传》的未完稿,又续撰《书传》。《和陶杂诗之九》自述传经之志,有曰:

> 余龄难把玩,妙解寄笔端。

> 常恐抱永叹，不及丘明迁。
> 亲友复劝我，放心饯华颠。
> 虚名非我有，至味知谁餐。
> 思我无所思，安能观诸缘。
> 已矣复何叹，旧说易两篇。

《书传》十三卷，收入《四库全书》时，提要曰：

> 轼究心经史之学，明于事势，又长于议论，于治乱兴亡，披抉明畅，较他经独为擅长。……洛闽诸儒，以程子之故，与苏氏如水火，惟于此书有取焉，则其书可知矣。

学问，毕竟是天下的公器，即使门户森严的那些理学之徒，对于轼撰《书传》，亦不得不有所取。但当日这花甲老人，苟生蛮邦，栖身于桄榔庵里，过着食芋饮水的日子，皓首穷经，虽说是做着传世之盛业，实在也还是人不能堪的忧患之书。

苏轼谪黄州时，撰《论语说》五卷，现又继续编成《易传》九卷，至元符三年五月又完成了《书传》十三卷，遂并作题语说：

> 孔壁汲冢，竹简科斗，皆漆书也，终于蠹坏。景钟石鼓益坚，古人为不朽计亦至矣。然其妙意所以不坠者，特以人传人耳。大哉人乎，《易》曰："神而明之，存乎其人。"吾作易、书传、论语说，亦粗备矣。呜呼，又何以多为？

苏轼于此三稿，心力所寄，也很自负。如北归时，与苏伯固书云：

> 某凡百如昨，但抚视《易》《书》《论语》三书，即觉此生不虚过。如来书所论：其他何足道？三复诲语，钦诵不已。

这三部书的现存印本，《易传》九卷（一名《毗陵易传》），《四库》入经部易类二，据明焦竑旧刊本著录，另有明乌程闵齐伋朱墨板套印本、《津逮秘书》第二集、《学津讨原》第一集各刊本。

《书传》十三卷,《四库》入经部书类一,另有明乌程闵氏刊朱墨套印本、《学津讨原》第二集本、明万历二十五年毕氏刊《两苏经解》本,为二十卷;又吴兴凌氏刊朱墨套印本,亦二十卷。

最不幸的是《论语说》五卷(《文献通考》作十卷),于清人修《四库全书》时,已经不见传本。绍圣间,场屋中流行的是王安石及其子王雱口义的《论语解》。南宋中叶后流行朱子注,也许这是苏轼原著湮没失传的一个原因。幸有苏辙的《颍滨论语拾遗》传世,据其自序,苏轼的意见,虽然并不与他完全相合,但《拾遗》书中取轼说者亦十有二三,聊可豹窥一斑。今有《指海》本、《说郛》本。

苏辙作《子瞻墓志》时说:"……乃出《中庸论》,其言微妙,皆古人所未喻。"则苏轼尚有论《中庸》之作。又《栾城遗言》云:"东坡遗文,流传海内,《中庸》上、中、下篇……今后集不载此三论,诚为阙典。"但现在通行的明成化刊本《苏文忠公全集续集》辑有此作,或是苏辙当时所见刊本不全耳。

苏过与叶少蕴言,其父在海外,曾经计划撰《志林》一书,预定一百篇,但只写了十二篇,蒙赦放还,未能成书。[①] 散篇今亦辑入全集。至于有称《东坡志林》的单行本,则是后人杂取本集短记、题跋之类的编本,并非原定的著作。

元符二、三年间,苏轼尚在儋州,刘沔编集苏轼诗文二十卷,寄到海南来请他亲自校订。沔是苏轼同年的后人,有此心意,苏轼非常欢喜,作书报之曰:

[①] 〔宋〕邵博:《闻见后录》。

都曹刘君足下：蒙示书教，及编录拙诗文二十卷。轼平生以语言文字见知于世，亦以此取疾于人，得失相补，不如不作之安也。以此常欲焚弃笔砚，为喑默人，而习气宿业，未能尽去，亦谓随手云散鸟没矣。不知足下默随其后，掇拾编缀，清无遗者。览之惭汗，可为多言之戒。

　　然世之蓄轼诗文者多矣，率真伪相半。今足下所示二十卷，无一篇伪者，又少谬误。及所示书词，清婉雅奥，有作者风气。知足下致力于斯文久矣。

　　轼穷困本坐文字，盖愿刳形去智而不可得者。然幼子过，文益奇。在海外孤寂无聊，过时出一篇见娱，则为数日喜，寝食有味。以此知文章如金玉珠贝，未易鄙弃也。见足下词学如此，又喜吾同年兄龙图公之有后也。故勉作报书，匆匆，不宣。

　　苏轼即使自知因语言文字之故而蹭蹬一生，受尽折磨，但他仍视文学如生命，在此书简中，情见于辞。

五　家人朋友

　　苏轼南迁，远窜惠州，后又渡海而去"非人所居"的昌化，都由稚子苏过随侍。朝云逝世后，老人生理昼夜寒暑一切生活上的需要和杂务，都由苏过一人担承，从不嫌烦嫌难，这已非常难得。他还要常常陪着老父出游，游必有诗，则过也必有和作，意在取娱老人。所以轼作《和陶游斜川》诗中，曾经非常得意地说道："过子诗似翁，我唱而辄酬。未知陶彭泽，颇有此乐否？"

绍圣五年（1098）戊寅岁的上元，军使张中约了苏过到他家去度节，老人独自看家，静观蜥蝎盘在月照的窗上，风吹帏幔，似能听到虫子被震动落地的声音。靠在床上，不觉睡去，梦见了故世已经五年的亡妻同安君。醒后，凄然有感，作诗曰："……灯花结尽吾犹梦，香篆消时汝欲归。搔首凄凉十年事，传柑归遗满朝衣。"

至元符三年（1100）庚辰的上元节，记起前年此日，独自看家，梦见王夫人的事，不觉一晃又已两年。想到过子从他南迁之初，还只二十三岁，遂尔抛撇妻儿，跟到南荒来，一切家务杂事，靠他一个人操作，这且不说，年轻夫妇如此茫茫无期的隔绝，苏轼虽喜子媳笃孝，却不能没有愧歉。于是作《追和戊寅岁上元》诗，缀以自跋曰：

> 戊寅上元，余寓儋耳，过子夜出，余独守舍，作违字韵诗。今庚辰上元，已再期矣。家在惠州白鹤峰下，过子不眷妇子，从余来此。其妇亦笃孝。怅然感之，故和前篇，有石建、姜庞之句。又复悼怀同安君，末章故复有牛衣之句，悲君亡而喜余存也。书以示过，看余面，勿复感怀。

破家，本是政治流窜必有的副产品，而忠与孝，皆是人被陷入悲剧才能彰著的性行，俗语所谓"家贫出孝子，板荡识忠臣"者，即是此意。但是，苏过也非无所得，《宋史》说："其叔（辙）每称过孝，以训宗族。且言：'吾兄远居海上，惟成就此儿能文。'"只是叔党（过字）"丁年而往，二毛而归"，所付的代价，委实浩大。

苏辙家生了第四个孙子斗老，这是难得的一个喜讯。苏轼高兴得连忙写首诗去贺他。诗中有"无官一身轻，有子万事足"句，成为中国人千年来口头常说的俗谚。又说"不须富文章,端解耗楮竹","早谋二顷田,莫待八州督",则深深表现出他对文学生活的空虚,政治事业的厌恶。

苏过从海船上接到大哥寄来的书信和酒,报之以诗,从弟苏远遂有和作,都粲然可观。苏辙写信来与老哥自相庆幸,轼赋诗寄诸子侄,篇首自况曰:"我似老牛鞭不动,雨滑泥深四蹄重。汝如黄犊走却来,海阔山高百程送。……"这是任何一个老人生命中最大的快慰。"六子晨耕箪瓢出,众妇夜绩灯火共。……但令文字还照世,粪土腐余安足梦。"年龄使人从绚烂归于平淡,苏轼对子弟们的期望,只是非常朴素的耕读传家的统续。

自章惇执政以来,凡是与二苏较为亲近的人,不论其为朋友、宾从或门人,几乎无一不遭祸殃。在这样血腥满地的政治风暴中,为了避嫌远祸,士大夫朋友们绝对不敢再与二苏通问讯,甚至从前日夕相从的门生故吏,也断了音息。流人的孤立和寂寞,都是无可逃避的命运。

《致侄孙元老书》,自述海外生活情况曰:

　　……老人住海外如昨,但近年多病瘦瘁,不复如往日,不知余年复得相见否?循、惠不得书久矣。旅况牢落,不言可知。又海南连岁不熟,饮食百物艰难;又泉、广海舶不至,药物酱酢等皆无,厄穷至此,委命而已。老人与过子相对,如两苦行僧尔。

《与程全父(天侔)书》说他生活的寂寞曰:

　　……流转海外,如逃空谷。既无与晤语者,又书籍举无有。惟陶渊明一集,柳子厚诗文数策(册)。常置左右,目为二友。……某与小儿亦粗遣,困穷日甚,亲友皆疏绝矣。公独收恤如旧，此古人所难也。

苏轼渡海后，亲如苏门四学士的黄庭坚、秦观、张耒、晁补之等，或其本人也在祸害播迁之中，或则惊惶于政治迫害的刀锋边缘，所以都无法与这位流亡中的老师通音问。老人非常怀念他们，《和陶拟古》诗曰："主人枕书卧，梦我平生友。忽闻剥啄声，惊散一杯酒。"周彦质介绍一个叫郑清叟的士人从惠州渡海来见苏轼，复书云："李公弼承许远访，何幸如之。海州穷独，见人即喜，况君佳士乎！"老人情怀孤独，"见人即喜"四字，披沥无余了。

也有风义卓荦、不避艰危的朋友，决心渡海来访。如诗僧参寥要来，被苏轼发书劝止，而他本人随亦遭难，未能成行。

眉州同乡杨济甫要叫他儿子杨明代他来看望苏轼，轼与书云："某与尊公济甫半生阔别，彼此鬓须雪白，而相见无期，言之凄断。尊公乃令阁下万里远来海外访其生死。此乃古人难事，闻之感叹不已。"①再三劝阻。

妻舅王箴（元直）认为苏轼得意时，大家都去看他，现在落入难中，如何可以不去。所以奋不顾身，从眉山浮江而下，要来儋州。行至中途，听到苏轼内迁的喜讯而止。②

杜舆决心卖掉家里一切，要带妻儿到海南来与苏轼作伴，也因苏轼内迁而未实现。③

而第一个跨海来访者，则是四海为家的吴复古。

这位子野先生，是苏轼的道友。上年春日，他们还在惠州同游丰湖逍遥堂，玩到日将落时，兴犹未尽，再往西山叩罗浮道院，

---

① 本集：《与杨子微书》。
②〔宋〕苏过：《斜川集·王箴元直墓碑》。
③〔宋〕李之仪：《姑溪题跋》。

到得那里，时已二鼓，两人便同宿西堂，对床夜话。及今追想，为时不过年余，却已遥远得似是隔世之事。盖因人经酷虐的变乱，遂觉以前种种，一时皆已死去。如今面对故人，追想去年今日的欢笑，都成了梦影：

往岁追欢地，寒窗梦不成。
笑谈惊半夜，风雨暗长檠。
鸡唱山椒晓，钟鸣霜外声。
只今那复见，仿佛似三生。

苏轼谪黄州时，曾为东坡雪堂寓客的巢谷（原名縠，后改谷），自从黄州一别，就回故乡眉山去了。二苏重入政坛，官高爵显，巢谷从不问讯。十年后，大苏流窜海南，小苏贬谪龙川，年逾七旬的巢谷，却发奋要从眉山徒步万里，分访苏氏兄弟。别人以为他不过说说疯话而已，哪知巢谷是认真的。元符二年正月，他竟徒步来到梅州。

苏轼接到巢谷从梅州寄来的信，长叹道："此非今世之人所能，是古人才有的行谊！"

执手相见，不禁对泣。巢谷年纪那么老了，瘦瘠多病，但他还执意要过海去见苏轼。苏辙劝他道：

"你的意思是好，然而从此地到儋州，有数千里路，还要渡海，不是老年人可以做的事。"

"我自知还不会马上就死，公不必留我。"谷答。

苏辙劝阻再三，不听；看他囊中，所剩已无多钱。苏辙也正在闹穷，勉强凑了一点给他，他就动身了。

巢谷坐船行至新会，所带的行装却被一个"蛮隶"窃逃了。后来听到这个家伙已在新州被捕，巢谷赶去，想要追回失物。舟车劳顿,心里又急,不幸就在新州旅次病死。当地无一亲友,由官方草草收殓。①

直至元符三年(1100)八月,苏轼自廉移永,才知道巢谷途中病亡的事故。朋友之义,死生之痛,不禁大恸。知道他有一个儿子——巢蒙在眉州,立即写信托杨济甫给他路费,叫他到新州来迎丧归葬,预备等他到了永州,再资助他扶榇回乡。

巢蒙未到前,旅殡需人照管,苏轼又致函提举广东常平的孙謩(叔静)云:

……闻某谪海南,徒步万里,来相劳问,至新州病亡。官为藁殡,录其遗物于官库。元修有子蒙在里中,某已使人呼蒙来迎丧,颇助其路费,仍约过永而南,当更资之,但未到耳。旅殡无人照管,或毁坏暴露,愿公悯其不幸,因巡检至其所,特为一言于彼守令,得稍修治其殡,常戒主者保护之,以须其子之至,则恩及存亡耳。死罪,死罪。

苏轼居昌化,虽甚孤寂,幸在生性随和,经过相当时间后,和土著中几个读书的老者交上了朋友,如黎子云兄弟、符林、吴翁等均是。他们也常聚饮,诗言:"华夷两樽合,醉笑一欢同。"客逢佳节,也还有人来邀他出门去散散步,如元符二年的正月十五之夜,月色澄明,有几个老书生就来邀他一起出去步月,一直玩到三更天才回来。本集有"上元夜游"一则记事,比诸黄州所作《承天寺夜游》那篇小品,毫无逊色。记曰:

己卯上元,余在儋州,有老书生数人来过曰:"良月嘉夜,先生能一出乎?"予欣然从之。步西城,入僧舍,历小巷,民

---

① 〔宋〕苏辙:《栾城集·巢谷传》。

夷杂揉，屠沽纷然。归舍，已三鼓矣。舍中掩关熟睡，已再鼾矣。放杖而笑，孰为得失？问先生何笑，盖自笑也。然亦笑韩退之钓鱼无得，更欲远去，不知走海者未必得大鱼也。

昌化不比黄州、惠州，黄州还有江边可玩，惠州还有丰湖可去。在昌化，他只能逗逗路边玩耍的儿童；独自站在溪边三叉路口，看看路上的行人；已经半个月没有醉饱过，想到明天，人家要祭灶了，也许会有人送点祭余的剩菜来……作《纵笔》三首：

寂寂东坡一病翁，白须萧散满霜风。

小儿误喜朱颜在，一笑那知是酒红。

父老争看乌角巾，应缘曾现宰官身。

溪边古路三叉口，独立斜阳数过人。

北船不到米如珠，醉饱萧条半月无。

明日东家当祭灶，只鸡斗酒定膰吾。

后来，他又收了一两个学生，一是本地琼山人姜唐佐，每日都来问学，连续有半年光景，时复陪伴老人夜谈，喝建茶，啖菜饭。老人致书说："夜话，甚慰孤寂。"然而为时未久，唐佐又要回琼州去了，前来辞行，苏轼写《柳宗元饮酒》《读书》二诗赠与，跋云："……子归，吾无以自遣，独此二事，日相与往还耳。"

江阴士人葛延之，热心求师问道，从江阴担簦万里，绝海求见，苏轼留他在昌化住了一个月。延之请教作文的方法，苏轼说：

儋州虽数百家之聚，而州人之所须，取之市而足。然不可徒得也，必有一物以摄之，然后为己用。所谓一物者，钱是也。作文亦然，天下之事，散在经、子、史中，不可徒使，必得一物以摄之，然后为己用。所谓一物者，意是也。

不得钱，不可以取物；不得意，不可以用事，此作文之要也。①

延之拜领其教，有豁然贯通之得，亲制龟冠以献，苏轼接受了，还作一小诗相赠。元符二年（1099）间，次子苏迨寄来家书说，京师盛传苏轼已在海外得道，乘一小舟入海，一去不返。元符三年的清明前后，有个从广州来的人传说：广州太守何述也说苏轼已在昌化失踪，只余一领道服在，盖已"上宾"。这类谣言，从前在黄州时，也曾发生过，现在同样的谣言又起，苏轼记曰：

……吾平生遭口语无数，盖生时与韩退之相似。吾命官在斗牛间，而退之身宫亦在焉。故其诗曰："我生之辰，月宿南斗。"且曰："无善名以闻，无恶声以扬。"今谤吾者，或云死，或云仙。退之之言，良非虚语尔。

六　采药与造墨

唐朝的陆宣公贽，遭人谗忌，被贬忠州别驾，至即杜门谢客，亦不著书，盖因出来与人交往，语言文字，都足招谤。而忠州瘴疠甚重，所以他就关起门来，抄集验方五十卷，以遣时日。②

苏轼被贬琼州别驾，也师法陆宣公，手书药方不倦。不过其中还有一个原因是海南根本没有医药。眼看当地无知的土著，杀牛治病而枉送性命，心生悲悯。所以不但收录验方，更自往田间

---

① 〔宋〕洪迈：《容斋四笔》。
② 〔宋〕费衮：《梁溪漫志》。

寻觅药草；寻觅不得者，远求海北的朋友替他舶寄药物。如散见于书简集中的道士何德顺寄柴胡等药，谢程天倎父子寄药，函罗秘校求苍术橘皮，甚至远函毗陵求寄药物等。如言：

　　……彼中有粗药治病者，为致少许。此间如苍术橘皮之类，皆不可得，为相度致数品。不罪，不罪。

　　……彼土出药否？有易致者，不拘名物，为寄少许。间或有粗药以授病者，入口如神，盖未尝识耳。

苏轼殷殷为此，而所求者又"不拘名物"，其不为自用，而以医药援救未尝识药之人，已甚明白。

苏轼不但收录药方，且行游郊野，随时留意野草闲花之可以入药者，采撷尝试，又一一作记，几已成为他的嗜好之一。如这次从藤州到儋州来的途中，一路上野花夹道，见有如芍药而小的一种野花，鲜红可爱，扑簌丛生，土人叫它"倒黏子花"。

待他到了儋州，这花都已结子，色紫含乳，味殊甘美。中有细核，嚼起来瑟瑟有声，其味苦涩。

儿童吃了这种果实，使大便秘结，所以当地人夏秋间患泻痢者，食此花之叶可愈。

苏轼时病肠滑泻泄，百药不瘥，取倒黏子嫩叶，酒蒸辗末为丸，日吞百余粒，二腑平复，知为奇药，名之曰"海漆"①。

杜甫诗有《除䕠草》篇。䕠草长有毛芒，触之如被蜂虿，然能治风痛。世传天麻煎方，用天麻、乌头、地榆、玄参各五两，一般认为是春日服用最好。但照苏轼研考，以为此方本因四时不同而加减用量：春天肝旺多风，天麻加倍；夏日伏阴，增加乌头；

---

① 本集：《海漆录》。

秋常泻痢，故倍地榆；冬伏阳，重用玄参。乌头春捣万数，就不再有毒，"依此常服，不独去病，乃保真延年，与仲景八味丸并驱矣"。

医博张君传他一个服绢方。此方本来用以御寒，但亦可充服食。遇最冷时，服此可当稻草席。苏轼说，世人但言着衣吃饭，今乃"吃衣着饭"，真是"神仙上药"。

《王焘集·外台秘要》有《代茶饮子》一首，格韵高绝。苏轼依法治服，认为确有利膈和中之效。

苏轼性好服食长生之道。《三国志·华佗传》有"漆叶青黏散"这一个方子，法用漆叶屑一升、青黏屑十四两调制。华佗的弟子樊阿依方服用，寿达百余岁。漆叶到处都有，青黏是什么药草，苏轼问来问去，无人知道。有一天，他在昌化军中，借到了嘉祐补注本的《本草》来读，始知青黏就是萎蕤，大为高兴，立即写信驰告老弟，要与他一同依方服食。

论苍术曰：黄州山中，产苍术甚多，到地头去买，每斤数钱而已。然而，这是长生药，人多因其价贱，不复贵重，甚至用来熏蚊子，实在可惜。

熟地黄、玄参、当归、羌活各等分，可以合成一剂。《列仙传》说：有个叫山图的人，入山采药，折伤了脚，仙人教他服用此方，不但愈伤，久服竟能渡世。苏轼曾以此说请问名医康师孟，康大为惊异，因为这四味药，医家固常使用，但是没有专用这四物的，遂名之曰四神丹。洛阳公卿士庶服食者甚多，百疾皆愈。性中和，可常服，药效为补虚、益血、治风气。

苍耳，即《诗经》中的卷耳，是种很贱的药草，不论寒暑燥湿，随地滋生；无论合制生熟丸散，无适不可，久食，使人骨髓充实，肌肤如玉，是一种最易得到的长生药，也可用来治疗风痹、瘫痪和疮痒。苏轼作记，篇末曰："海南无药，惟此药生舍下，迁客之幸也。"

苏轼好论医药，始于研究服食养生。中国的医药，本亦借炼丹而昌明，如葛洪就写过《金匮药方》《肘后要急方》两本医药书。故周必大《东坡乌头帖跋》云："仇他（东坡）慕葛稚川（洪）、陶隐居（弘景）、孙思邈之为人，欲以救人得道，故常留意名方。"可谓知言。但是道家服食之方，甚多无稽的玄说，现在读来，每每可发一笑，如记井华水，即是一例：

> 时雨降，多置器广庭中，所得甘滑不可名，以泼茶煮药，皆美而有益。正尔食之不辍，可以长生。其次，井泉甘冷者，皆良药也。

> 乾以九二化坤之六二为坎，故天一为水。吾闻之道士，人能服井华，其效与石硫磺、钟乳等，非其人亦能发背脑为疽，盖尝观之。

> 又分、至日（春分、秋分，夏至、冬至），取井水，储之有方。后七日，辄生物如云母状，道士谓水中金，可养炼为丹。此至浅近，独不能为况，所谓玄者乎！

在此蛮荒孤立的生活中，父子二人赖以排忧遣闷者，只有抄书、写作一途，所以纸墨笔砚十分重要。海南当然没有上等文具，何况苏轼自奉甚俭，百不讲究，但偏好饮食和佳纸旧墨。海南一年多来，所用纸墨全赖岭南的朋友接济，但亦有时而竭。没有纸笔，父子二人莫非竟在那斗室中终日枯坐不成？苏轼为此非常烦恼，作《书付过》云：

> 砚细而不退墨，纸滑而字易燥，皆尤物也。吾平生无所

嗜好，独好佳笔墨。既得罪谪海南，凡养生具十无八九，佳纸墨行且尽，至用此等，将何以娱？为之慨然。付子过。

元符二年（1099）四月间，有墨工金华潘衡到儋州来谒，苏轼大喜。海南独多松树，"松多故煤富，煤富故有择也"。就地取材，以之造墨，岂不甚佳？于是两人忙着搭棚起灶，砍松烧火。

初时收得烟煤虽然很多，但是成墨却不甚精。苏轼教他改造墨灶，用"远突宽灶法"，即烟囱的位置放远，灶肚扩大，虽然烟煤的收获，几乎减半，但是煤质却非常精良了。

为防墨工盗用名义，苏轼择其精者，上镌"海南松煤""东坡法墨"印文，以防假冒。苏轼造墨成功，非常兴奋，《书潘衡墨》曰："此墨出灰池中，未五日而色已如此。日久胶定，当不减李廷珪、张遇也。"[①]

有人说：苏轼海南墨，每笏用金花胭脂数饼，所以墨色艳发，胜用丹砂。其实，这个时期，苏轼贫无一物，哪里来那么许多金花胭脂，总是好事人故神其说而已。

这样做了半年，到是年岁暮时，十二月廿二日之夜，墨灶忽然失火，几乎要延烧到住屋了，急忙灌救，未酿大祸，捡点成品，得佳墨大小五百丸，入漆者几百丸，苏轼是非常满足的了。他说："足以了一世之用，还可以送送人，但不知道要送给谁。"

从此停止造墨，将潘衡荐与南华寺的长老，为造寺墨。剩下松明一车，留以照夜，集有《夜烧松明火》诗。[②]

宣和间，潘衡在江西一带卖墨，说他曾为东坡造墨海上，得

[①] 本集：《书潘衡墨》。
[②] 本集：《记海南墨》。

其秘传，因此生意大盛。后到杭州时，声闻益噪，墨价数倍于前，而士庶争购。①

七　别海南

元符二年，岁又将尽，苏轼无聊益甚，夜间做了一个梦。梦中登惠州之合江楼，月色如水，韩魏公（琦）跨鹤来，对他说："奉命管领天上重要曹事，故来相报，你不久就可以回中原去了。"②

醒来想想，意气用事的皇帝春秋正盛，坚持"独元祐臣僚不赦"的权臣依然在位，实在不能相信会有这种奇迹发生，然而心里又不愿不信。

某日清晨，他对苏过道："我曾告诉过你，我决不为海外人。近日胸中感觉有一种将还中州的气象。"说毕，洗砚，索纸笔，焚香端坐，续言道："我写平生所作八赋卜之，果如吾言，当不脱漏一字。"

写毕，自读一过，大喜道："吾归无疑矣！"③

果然，一跨出新年，大局发生剧变，奇迹出现了。

元符三年（1100）庚辰正月初九，哲宗皇帝崩逝，年只二十五岁。上年九月，刘妃生子茂，遂得正位中宫，被立为后。但这皇子生后两三月间即告夭觞。越年，帝崩。

---

① 〔宋〕叶梦得：《避暑录话》。
② 本集：《梦登合江楼记》。
③ 〔宋〕朱弁：《曲洧旧闻》。

皇太后向氏对宰臣哭道："国家不幸，大行皇帝无嗣，事须先定。"

"论礼与法，当立母弟简王似。"章惇抗声道。

"老身无子，诸王都是神宗的庶子，莫难如此分别。"

"论长，则申王佖当立。"章惇再说。

"申王眼睛有毛病，依次应立端王佶。"太后说。

"端王轻佻，不可以君天下。"

章惇言犹未毕，曾布叱道："章惇未曾与臣商议。如皇太后圣谕，甚为得当。"

蔡卞、许将跟着说："合依圣旨。"

太后又曰："先帝尝言端王有福寿，且仁孝。"

章惇默不作声。于是论定，即召端王入宫，即位于柩前。群臣请向太后权同处分军国事，太后以帝已年长辞，帝拜泣坚请，太后才答应。端王，哲宗之弟，神宗第十一子，是即徽宗。

二月底、三月初，海南始得皇帝崩逝的消息，苏轼遵制成服，因是罪官，不敢作挽词。

吴复古在广州，听到朝廷叙复元祐臣僚，苏氏兄弟有内迁的消息，又听到司马温公赠太尉，曾布将为右相等等马路新闻，他非常兴奋，即刻再度过海，来报这个喜讯。

宦海升沉，人间富贵，在一个饱经忧患的人看来，毫无真实的意义。只是那些为了巩固权位、无所不为的人，今将安往？苏轼不禁产生一股怜悯之情，作《次韵子由赠吴子野先生二绝句》之一，即云：

> 江令苍苔围故宅，谢家语燕集华堂。
> 先生笑说江南事，只有青山绕建康。

苏轼的希望非常卑微，只望能回到惠州白鹤峰去住，于愿已足。他作《和陶始经曲阿》诗："北郊有大赉，南冠解囚拘。眷言罗浮下，白鹤返故庐。"

秦观自横州谪徙雷州，至本年三四月间始到，开始和老师通问。这时候，他先得到苏轼内迁廉州的消息，立即专差送信来报告。苏轼答书略云：

前所闻，果的否？若信然，得文字后，亦须得半月乃行。自此径乘蜑船至徐闻出路，不知犹及一见否？……
文潜、无咎（张耒、晁补之）得消耗否？鲁直云宣义监鄂酒。廉州若得安居，取小子（苏过）一房来，终焉可也。生如暂寓，亦何所择。果行，冲冒慎重。

徽宗即位，大赦天下。封章惇为申国公，以韩忠彦为尚书右仆射兼中书侍郎，李清臣为门下侍郎，黄履尚书右丞，蒋之奇同知枢密院事。一面则诏求直言，登进邹浩、陈瓘、任伯雨、龚夬、张廷坚、陈祐为台谏官。其次是决定叙复元祐臣僚：范纯仁、刘奉世、吕希纯、吴安诗、韩川等，并任分司；吕希哲希绩兄弟、吕陶等并给宫观；苏轼徙廉州，苏辙徙岳州，刘安世徙衡州；王古、杨畏、晁补之、张耒等并与知州；黄庭坚、贾易等并与监当官的差遣。秦观奉命放还，准备径还衡州，所以苏轼给他信中有"果行，冲冒慎重"的叮咛，不幸他后来竟以跋涉长途，中暑死于道路。

章惇虽仍在位，但已丧失了权势，如他的内应刘后，虽仍被尊为元符皇后，但已毫无作用，而内侍郝随、刘友端等皆被逐出宫外。

徽宗初即位，确也锐意图治，虚心纳谏，延用忠鲠之士，史家认为颇有一点庆历之治的气象，想不到后来却坏在曾布、蔡京手上。

元符三年（1100）四月丁巳（二十一日）诏范纯仁等复官观，苏轼等徙内郡。五月，告下儋州，苏轼以琼州别驾、廉州安置，不得签书公事。轼进上谢表，有惊魂复苏、喜出望外之意。如言：

> 使命远临，初闻丧胆。诏词温厚，亟返惊魂。拜望阙庭，喜溢颜面。否极泰遇，虽物理之常然；昔弃今收，岂罪余之敢望。……

苏辙告授濠州团练副使、岳州居住，即自汝阳峡上溯韶州，度岭，由章贡出九江而赴武昌。苏轼赴廉，兄弟二人，不得越境相会。本来可能是一个最后见面的机会，格于法令，终未能得。

消息传布，邻里来集，向他道贺。经营海舶的许珏首愿载他们从石排渡海。苏轼预算二十五六日间方可登船，沿海岸行一日至石排，渡海亦须一日，但要候风色顺利，才能过渡。苏轼致函秦观，约在徐闻相见，同时托徐闻县令吴君为雇夫役二十人在递角场相候，搬取行李。

苏轼将向姜唐佐借的《烟萝子》《吴志》《会要》等书，作书附还，郑嘉会船运所借诸书，因为他已去官，所以只好海运寄与苏迈，要他访查郑某现在的下落，妥慎归纳。

谪居海南三年，饮咸食腥，陵暴飓雾，苏轼认为如今幸得生还，皆叨山川之神的保佑，所以作《峻灵王庙碑》，西向而辞。

范祖禹殁于化州贬所，其子请求归葬，朝廷未许。苏轼对于这个平生知己流落异乡的殡宫，念念不忘，一再函唁他的儿子，一再痛悼。此次赴廉，又不敢违法越境往吊，最为遗憾。与其子冲（元长）书言：

海外粗闻近事,南来诸人,恐有北辕之渐。而吾友翰林公,独隔幽显,言之痛裂忘生。矧昆仲纯笃之性,感恸摧割,如何可言。奈何,奈何!……惟昆仲深自爱,得归,亦勿亟遽,俟秋稍凉而行为佳。

其深欲一见左右,赴合浦,不惜数舍之迂,但再三思虑,不敢耳。……热甚,万万节哀自重。谨启。

六月,将离昌化,向符、黎诸家辞行。见到黎民表时,为他写了一首别诗:

我本海南民,寄生西蜀州。
忽然跨海去,譬如事远游。
平生生死梦,三者无劣优。
知君不再见,欲去且少留。

轼居与黎家甚近,所以黎民表曾说:"东坡几乎没有一天不来我家,向我讨取园栽的蔬菜。"此来辞行,民表置酒款待,苏轼于诗后缀以跋语曰:

"新酿甚佳,求一具理。临行写此,以折菜钱。"①

许珏船出航未归,苏轼不及等待,决定仍由琼山出海。当离昌化时,当地土著朋友,皆有馈遗,一概谢辞不受。十数父老携带酒馔,沿途送别,执手涕泣言道:

---

① 〔宋〕释惠洪:《冷斋夜话》。又张邦基《墨庄漫录》,以此诗为留别黎子云秀才者,不知孰是。但邦基亲见此帖,记言:"宣和中,余在京相蓝(?),见南州一士人携此帖来,粗厚楮纸,行书,涂抹一二字,类颜鲁公祭侄文,甚奇伟也。具理,南荒人瓶罂。"

"此回与内翰相别后,不知甚时再得相见。"①

苏轼与过及吴复古同行,先抵澄迈。所畜一条土狗名曰"乌嘴"者,非常勇猛,途经长桥,它泅水过河,路人惊喜聚观。过赵梦得家,宿澄迈驿,题通潮阁诗二首。稍后,有人见该地望海亭柱间,有擘窠大字一联:"贪看白鹭横秋浦,不觉青林没晚潮。"即是诗中之语。

赴琼山,学生姜唐佐来见,约与同餐,又再亲访其家。《冷斋夜话》的作者释惠洪后来往游海南,特访姜唐佐,唐佐不在,只见到他的老母。她笑迎这位远来的和尚,请他吃槟榔。惠洪问:"老夫人也曾见过苏公吗?"老夫人说:"认识。这位老先生真好吟诗,尝策杖而来,自己坐到西边那张木凳上,问道:'秀才哪里去了?'我说:'到村里去,还未回来。'座边恰有一张包灯心纸,老先生就用手撕开,写满了字,交给我说:'秀才回来,给他看。'这张纸,现在还在。"惠洪要来看,醉墨欹斜,写的是"张睢阳生犹骂贼,嚼齿空龈;颜平原死不忘君,握拳透爪"②。

六月二十日登舟,是夜渡海。

苏轼将三年间,这一番海上来去的感慨,写成一诗:

参横斗转欲三更,苦雨终风也解晴。

云散月明谁点缀,天容海色本澄清。

空余鲁叟乘桴意,粗识轩辕奏乐声。

---

① 《遁斋闲览》云:"东坡自海南还,过润州。州牧,故人也,出郊迓之,因问海南风土人情何如?东坡曰'风土极善,人情不恶,某初离昌化时,有十数父老皆携酒馔直至舟次相送'云云。"但轼与欧阳晦夫书,却其馈饩,有曰:"仁人之馈,固当捧领。但以离海南,儋人争致赠遗,受之则若饕餮然,所以一路皆不受。"是乃苏轼一生清节之表见于细事者。
② 〔宋〕释惠洪:《冷斋夜话》。

九死南荒吾不恨，兹游奇绝冠平生。

此诗寄意，平和深远，意为不论怎样的狂风暴雨，总有还晴的时候，云散了，月亮也就重现光明，天和海，本身就是清澄不含渣滓的。虽然在南荒濒临死境，但不如此，也就失此海外奇游的机会。

二十一日登递角场，作《伏波庙祀事碑铭》。徐闻县令代雇的夫役已在岸边等候，苏轼很顺利地到了徐闻，与秦观和观的好友海康令欧阳元老相会。

范冲在雷州等了很久，不及相见，赶回化州去办理扶榇还籍的大事，留书重申为其父撰传之请；但是，范冲实在糊涂，不曾留下任何资料，使苏轼无从着笔，只好托少游与他联络，议其详录。不料这样一个转折，就此失掉了机会。

苏轼在海南，要将所借的书归还郑嘉会，但已不知他的行踪，见到雷守张君俞，始知郑被中央派员刁难，已经罢官，现在到广西去了。

在雷州逗留了四五天，师弟二人谈了个痛快。秦观心里并不稳定，深怕前途还有变化，将行，取出一篇写好的《自挽词》来，请老师看。苏轼认为秦观今已齐死生，了物我，戏作此语，所以并不为怪，手抚其背道："我常忧少游未尽此理，今复何言！我也自己写就一篇志墓文，将付从者，不使过子知晓。"就那样相与啸咏而别，根本不知此会是永诀。[①]

但是，苏门四学士中，也只秦观能见上一面。黄庭坚徙戎州时，已起复为监鄂州税，不赴，往游苏轼的故乡眉山去了；张耒

[①] 本集：《书秦少游挽词后》。又何薳《春渚纪闻》。

先已起复为黄州判官,时方移知衮州;晁补之本在监信州酒税,现已召还,迁官吏部郎中兼国史院编修:这几个人都散在四方,不能与老师再见一面。

从雷州海康去廉州(合浦)陆行七百余里,连日大雨,桥梁崩坏,大水一望无际。苏轼投宿于兴廉村净行院,作《雨夜宿净行院》诗:"芒鞋不踏利名场,一叶轻舟寄渺茫。林下对床听夜雨,静无灯火照凄凉。"翌日,自净行院下乘小舟至官寨,听说自此以西,都在涨水,看不见桥,也找不到船。他听别人劝说,改坐蜑船沿海前行,即是白石。舟小浪大,颠簸不堪,这一晚是六月月杪,阴暗无月,小舟碇泊在大海中,天水相连,星河满天,苏轼夜不成睡,起坐回顾,不禁叹息道:

"我何以屡遭险难,幸已平安渡海,到得徐闻,现在却又要厄穷于此!"

苏过在旁边鼾睡,叫他也不醒。苏轼把所撰《易》《书》《论语》稿,带在身边,此书世无他本,手抚原稿,叹道:

"天若不要使此书从此丧亡,吾辈必济!"[1]

果然,七月初四那天,平安到了廉州合浦。廉守张仲修招待在官廨暂住。诗人梅尧臣(圣俞)的门生,现任石康县令的欧阳辟叩门求见。欧阳辟,字晦夫,桂林人。

晦夫检出梅师所赠诗卷来给苏轼看,求他题跋。中有"我家无梧桐,安可久留凤。凤栖在桂林,乌哺不得共"等语,触动苏轼早年的回忆。这位宛陵先生,是老苏的朋友,他为苏洵作《老翁泉》诗,中亦有曰:"岁月不知老,家有雏凤凰。百鸟戢羽翼,

---

[1] 〔宋〕傅藻:《东坡纪年录·记渡合浦》。

不敢呈文章。"同样以凤凰来比拟轼、辙兄弟的杰出。

现在，梅圣俞死已四十年，欧阳晦夫也已六十六了，比苏轼还大一岁，须鬓皆已皓白，而处境之穷，两人也大略相似。苏轼不禁与他执手大笑道：

"圣俞之所谓凤凰者，大概都是你我这样的人。天下人都说圣俞以诗而穷，我们两人则比圣俞还要穷，可不大笑吗？"[①]

汴京城中，陆续发布新政，充盈着一片祥和之气。

陈瓘（莹中）首先上书论国是。徽宗命取《编类臣僚章疏》那一百数十帙的陷人之具进官，一把火全部焚烧掉。元符二年（1099）以前民欠的官债，完全蠲免。

四月，皇长子生，大赦天下。五月，韩忠彦建言："元祐臣僚，生者即蒙恩赦，死者亦宜甄复。"于是，诏复文彦博、王珪、司马光、吕公著、吕大防、刘挚、韩维、梁焘、赵瞻、王岩叟、范祖禹、钱勰、顾临、孔文仲、孙觉、朱光庭等三十三人，凡生前官爵致仕，或遗表恩泽，一律追还其旧。

在这次大赦中，苏氏兄弟均蒙恩泽。苏辙先已内迁岳州，由江西九行抵武昌时，途中奉到诰授太中大夫、提举凤翔府上清太平官，外州军任便居住的诏命。既蒙"任便居住"，他就折回许昌，回家去了。

苏轼于七月初四到廉州合浦，八月二十四日奉到诏告，迁舒州团练副使、量移永州。永州在湖南长沙附近，苏辙如在岳州，本尚邻近，而现在他已回到许昌去了，兄弟两人的距离就又扯远了。

[①] 本集：《书梅圣俞赠欧阳辟诗》。

先前，苏轼已令次子迨到岭南来相聚，计算程期，他也将到惠州。苏轼就又通知迈，率领全家人到梧州相会，然后同赴永州。

答郑靖老（嘉会）书中，述其计划行程甚详：

……别来百罹，不可胜言，置之不足道也。……某留此过中秋，或至月末乃行。至北流，作竹筏下水，历容、藤至梧。与迈约，令搬家至梧相会。中子迨亦至惠矣，却雇舟溯贺江而上，水陆数节，方至永。

至八月二十九日，苏轼偕儿子过离开廉州。

第十四章　北归

一　秦观之丧

　　徽宗即位之初，向太后权同听政，起用韩琦的儿子韩忠彦为门下侍郎，不久，即拜尚书右仆射兼中书侍郎。以龚夬为殿中侍御史，陈瓘、邹浩、任伯雨、张廷坚等忠鲠之士为谏官，大多为忠彦所引进。其时，徽宗也能虚心纳谏，收录忠旧，使朝局面目丕然大变，史言：一时有复返清明之望。

　　龚夬、任伯雨首先揭发蔡卞、章惇的罪恶，大略以为"昔日丁谓当国，号为恣睢，然不过陷一寇准而已。及惇，则故老、元辅、侍从、台省之臣，凡天下之所谓贤者，一日之间，布满岭海，自有宋以来，未之闻也。当是时，惇之威势，震于海内，此陛下所亲见。盖其立造不根之语，文致悖逆之罪，是以人人危惧，莫能自保。俾忠臣义士，朽骨衔冤于地下，子孙禁锢于炎荒。海内之人，愤闷而不敢言，皆以归怨先帝。其罪如此，尚何俟而不正典刑者"。

台谏陈师锡、陈次升、陈瓘、张廷坚并言："章惇轻率不思，蔡卞寡言而富心机。凡惇所为，皆是卞所发动。所以蔡卞之罪，浮于章惇。"于是，出蔡卞以秘书少监，分司池州。

九月，章惇罢相。十月，陈瓘再论惇于绍圣中置"看详元祐诉理局"，凡于先朝言语不顺者，加以钉足、剥皮、斩颈、拔舌之刑，惨刻如此，罪重责轻。惇遂被贬为武昌节度使，居潭州。

陈瓘，字莹中，进士甲科出身，初因蔡卞之荐为太学博士，迁校书郎。徽宗即位，除右正言。瓘一任言官，即论蔡卞倡言继述、轻欺先帝，章惇怀异不忠等罪，丝毫不予假借。有人对他说："蔡卞为君举主。"他说："彼则举尔所知，此则为仁由己。"这种公而忘私的刚强性格，表现在后来攻击蔡京时，终于被逐出外。

苏轼与陈瓘亦是旧识，南迁之初，途中相遇，曾为他写过一段"为陈莹中跋欧阳永叔帖"的题字。

任伯雨于数月之间，八上章疏，论章惇之奸，指责他久窃朝柄，"迷国罔上，毒流缙绅"，乘先帝大故，图逞异志。并且说："章惇这种奸邪，不但国人皆曰可杀；即使蛮貊之邦，也莫不以为可杀；甚至辽主也认为南朝错用此人，何为罚只止于行遣？"

台谏陈瓘、陈次升从而和之，卒贬章惇为雷州司户参军，"菑人者，人恒菑之"，他也不免流窜南荒了。

伯雨为谏官，半年之间，上章疏一百零八件，时人号为"懋草"。大臣畏其多言，将他调为权给事中，关照他稍安缄默，但是伯雨不听，抗论愈力。到曾布为相，有意调和元祐、绍圣两朝不同的人事。伯雨认为自古未有君子小人杂然并进可以政治者，竭力反对。后来又将参劾曾布,消息外泄,被调为度支员外郎。

伯雨,字德翁,眉山人,任遵圣(孜)的儿子。苏任两家是两代的通家之好,苏轼昔年见他时,还是被父亲抱负着的孩子。诗谓"见之龆龀中,已有食牛量"者,即是此人。苏轼南迁途中,在泗州遇任伯雨要求搭他的船同行一程,直到金陵始别,两人在一舟中共作息者达一月之久。

世界有时候很狭小。章惇挟恃权势,打击苏轼,不留余地;不料苏轼南行途中,无意间碰上的陈瓘、任伯雨这两个泛泛的朋友,恰是后来揪翻这个"一朝巨奸"的猛将。

苏轼于八月二十九日离开廉州合浦,至九月初六到广西郁林(即今桂林)①。初七日忽得秦观急病死于藤州的噩耗,但还不甚的确。行至白州,看到容县县令的侄子陆斋郎,才比较详细。

少游本在雷州,自蒙放还,不顾酷热天气,冒暑攒程,行至广西容县,逗留了好多天,饮酒赋诗,一如平日。容守还拨了两个士兵帮他搬运行李,同去衡州。时正铄石流金的酷热时候,冒暑奔波,终于在路上中了暑,病困藤州旅次,至八月十二日,死于江亭上。藤守徐畴料理他的后事,一面派人急报他的亲戚范冲兄弟。范在梧州,闻讯匆匆赶至。这是回来的两名士兵报告陆守的话,范冲兄弟到后如何,就不知道了。

其时,苏轼与欧阳晦夫书说:"闻少游噩耗,两日为之食不下咽。然来卒说得灭裂,未足全信。"

初十,苏轼赶到容南,打听到范冲兄弟早已经过此地,两人都患着瘴痢,亟亟前行。苏轼一面派人追上去,函约他们到苍梧

---

① 编者注:据《中国地名沿革对照表》,应为今广西玉林。

来一见，自己又不分昼夜地赶往藤州。

不料到得藤州，范冲兄弟已经载了秦观的灵柩于半个月前走了。范祖禹次子范温是秦观的女婿，所以为他载丧还乡。

藤守徐畴，是苏轼通判杭州时的仁知县令，握手道故。由徐守口中详知秦观在藤，伤暑困卧数日，大家都不以为是重症。八月十二日在华光亭（一作光化亭），还与宾客谈他梦中所得的词句，要侍者取水来饮。送到时，他两眼盯着那碗水，看了一看，含笑而逝。

苏轼恸哭道："少游不幸死道路，世岂复有斯人乎！"

秦观于元祐初，因苏轼推荐，就试贤良方正科，得除太学博士，入馆阁编修国史。苏轼在朝被人疑忌，因此，凡是与轼亲厚的人，悉遭攻讦。秦观当然不免，从此仕途颠踬，屡遭排斥。绍圣初，被贬监处州酒税，部使者仰承上级风旨，不肯放过他，但又抓不着什么短处，终以谒告写佛书为罪，谪徙郴州（湖南桂阳县）。

少游是个多情种子，落拓的宦途，飘泊的生涯，哀伤的恋情，不断折磨着他，使他变为一个伤心厌世的词人；到被谪官郴州时，心情更苦，词境就更凄怆，如《踏莎行·郴州旅舍》：

雾失楼台，月迷津渡，桃源望断无寻处。可堪孤馆闭春寒，杜鹃声里斜阳暮。

驿寄梅花，鱼传尺素，砌成此恨无重数。郴江幸自绕郴山，为谁流下潇湘去。

苏轼深为此词感动，尤爱后阕末尾两句，将它写在扇子上，缀以悼辞："少游已矣！虽万人何赎？高山流水之悲，千载而下，令人腹痛。"[1]

少游卒年五十二岁。有朱氏《强村丛书》本《淮海长短句》三卷,毛氏《宋六十家词》有选集《淮海词》一卷。

九月十七日,苏轼到了梧州,则两范已去,而迈、迨二子也还来不及赶到。本来计划从贺江前往永州,适逢秋旱,江水涸竭,没有船,只好改从广州度大庾岭北还。《与范元长(冲)书》云:

> 永州人来,辱书。比谓至梧州追及,又将相从溯贺江。已而水干无舟,遂作番禺之行。与公隔绝,不得一拜先公(祖禹)及少游之灵,为大恨也。同贬先逝者十人,圣政日新,惟逝者不可及。如先公及少游,真为异代之宝也。徒有仆辈何用,言之痛陨何及?⋯⋯

二十四日过康州,游三洲岩。将至广州,苏过作诗寄大哥、二哥,有曰:"忆昔与伯别,秦淮汇秋潦。相望一叶舟,目断飞鸿杳。仲兄阳羡来,万里逾烟嶠。未温白鹤席,已饯罗浮晓。江边空忍泪,我亦肝肠绕。崎岖七年中,云海同浩渺。⋯⋯"

苏迈率诸孙已在惠州住了四年。迨在宜兴,因为自己多病,学医颇有心得,这回奔来惠州,又扑了一个空。苏轼实在疲倦极了,今后只望一家团聚,任何地方都好,只要不再离散。他说:从此不必如柳宗元那样,教氓獠读诗书;也不必像他那样,登山涉水地作《永州八记》,诗曰:

> ⋯⋯亦莫事登陟,溪山有何好。安居与我游,闭户净洒扫。

---

[1] 〔清〕张宗橚:《词林纪事》。

二 广州·英州

九月之杪,苏轼行抵广州。

岭南三监司——转运使兼代广州经略使程怀立、提刑使王进叔、提举广东常平孙蒉都出来款待。

广州三司中,只有孙蒉与苏轼是旧好。孙字叔静,杭州人,十五岁即入太学读书,老苏先生很赏识他;而他的两个儿子,一娶晁补之女,一娶黄庭坚女。叔静是个淡于名利的君子,党事发生的时候,家人都怕会遭连累,但他毫不在意。年轻时,与蔡京相熟,认为此人德薄志大,假使得意,将贻天下之忧。这次,蔡京还朝时,与蒉相遇于途,对他说:"我若被用,愿来助我。"叔静说:"公能以正论辅人主,节俭以先百吏,而绝口不言兵,就不必蒉来帮忙了。"蔡京默然。孙叔静是怎样一个人,由此可见。

苏轼奔波道途,又为秦观之丧感伤,疲劳积郁,一到广州,就病倒了。程怀立送药来,服后发汗,不可以吹风,只好睡在旅邸休息。与孙蒉秉烛夜饮,和诗曰:"秉烛真如梦,倾杯不敢余。天涯老兄弟,怀抱几时摅。"

幸而迈、迨二人带了孙子和女眷们都到了广州来会,一家人东分西散,几已七年,至今方得团聚。苏迨说起参寥、守钦被迫还俗,编管衮州,及钱世雄、廖正一被废黜事,苏轼慨然道:"小人只能坏他的衣服,至于其不可坏者,遭逢困厄愈大,当愈有胜境。"

因此,作书慰钱世雄(济明),并悼念守钦法师曰:

得来书,乃知廖明略复官、参寥落发,张嘉父春秋博士,皆一时庆幸。独吾济明尚未,何也?想必在旦夕。因见参寥复服，恨定慧（寺）钦老早化。然彼视世梦幻，安以复服为？儿子迨道其化于寿州时甚奇特，想必闻其详，乃知小人能害其衣服耳，至于其不可坏者，乃当缘厄而愈胜。旧有诗八首，已写付卓契顺。临发，乃取而燔之，盖亦知其必厄于此等也。今录呈济明，可为写于旧居，亦挂剑徐君之墓也。……契顺又不知安在矣？吾济明刻舟求剑，皆可笑也。

又书慰廖明略（正一）曰：

远去左右，俯仰十年，相与更此百罹，非复人事，置之，勿污笔墨可也。所幸平安，复见天日。彼数子者，何辜独先朝露，吾侪皆可庆，宁复戚戚于既往哉？公议皎然，荣辱竟安在？吾余梦幻去来，何啻蚊虻之过目前也。

犳公才学过人远甚。虽欲忘世，而世不我忘。晚节功名，直恐不免耳。

老朽欲屏归田里，犹或得见。蜂虿之微，寻已变灭，终不足道。区区爱仰，念有以广公之意者，初欲启事上答，冗迫不能就，惟深亮之！

病好了，孙蓉送烧羊来。复书曰："烧羊珍惠，下逮童孺。"看着孙儿们大啖羊肉，津津有味，老人心里真有说不尽的高兴。

程怀立是地主，出面邀请苏轼宴会于广州城西北之净慧寺，三监司皆到。

净慧寺是广州一大名胜。寺中有九级浮屠，八棱飞檐，高二十七丈。萧梁大同三年（537）敕建，本名宝庄严寺，后改净慧禅寺，俗称花塔寺。端拱元年（988）开始重建，寺中供奉六祖慧能铜像；殿前有六棵大榕树，饭后，苏轼憩于六榕之荫，徇寺僧之请，为题"六榕"二字，后有"眉山轼题并书"一款，制成匾榜，悬诸寺门，从此大家都称之为"六榕寺"，净慧这个原名，反而完全湮没，几乎无人知道了。

广州是南海的一大都会，又是当时海舶胡贾通商丛集的码头，不但富饶，而且奢靡。三司衙门，常有宴会，席间，各出所藏书画文物来共同观赏，研讨鉴别，苏轼更是逃不了徇人要求题诗写跋，现在集中尚存《跋王进叔所藏画五首》《韦偃牧马图》诗、《王太尉峡中诗刻跋》《唐咸通湖州刺史牒跋》《石延年诗笔跋》《书进叔所藏琴》等篇，皆是应酬文字。

在许多次的宴会中，苏轼最欢喜的是孙蕡招待他在邸宅中的那一回。一日之中，享受了心爱的四物，书赠曰："今日于叔静处饮官法酒，烹团茶，烧衙香，用诸葛笔，皆北归喜事。"享用之余，方从海外蛮荒归来的人，不免会想起在那边饮无酒、食无肉、写字无纸笔的日子，不胜感慨，所以《书孙叔静诸葛笔》云：

久在海外，旧所赍笔皆腐败。至用鸡毛笔，拒手狞劣，如魏元忠所谓骑穷相驴，脚摇镫者。今日忽于孙叔静处用诸葛笔，惊叹此笔乃尔蕴藉耶！

苏轼在广州得一新识，推官谢举廉，字民师，新淦人，虽在政府任官，因其博学，工词章，远近从之问学者尝数百人，他也乐于教人，在家置席讲学。苏轼来了，他带了所撰书及旧作，不经他人介绍，遮道来谒。

读过他的作品，苏轼大为称赏，对他说道：

"你的文章，如上等紫磨黄金，须还你十七贯五百！"[①]

就留他下来，谈论终日不倦。

---

① 〔宋〕曾敏行：《独醒杂志》。

离开广州至清远峡,有《答谢举廉》一函,畅论文章。略曰:

　　……为文大略如行云流水,初无定质,但常行于所当行,常止于不可不止,文理自然,姿态横生。孔子曰:"言之不文,行之不远。"又曰:"辞达而已矣。"夫言止于达意,疑若不文,是大不然。求物之妙,如系风捕影,能使是物了然于心者,盖千万人而不一遇也。而况能使了然于口与手者乎?是之谓辞达。辞至于能达,则文不可胜用矣。

书中大骂扬雄的《太玄经》和《法言》,说他故意用艰深的文词掩饰他的浅薄,正是"雕虫篆刻之末技"!此言实是苏轼文论的画龙点睛之语。

在广州时,得郑嘉会自粤西来书,他也是遭逢挫折、无意仕途的人,所以来问苏轼将来的归止,有意相从,同隐于溪山之间。苏轼的愿望,最好是回四川老家,否则,他行遍天下,最感亲切的地方是杭州。如言:

　　……本意专欲归蜀,不知能遂此计否?蜀若不归,即以杭州为佳。朱邑有言:"子孙奉祀我,不如桐乡之民。"不肖亦云然。

苏轼在广州逗留了一个多月,十一月上旬继续雇舟前行。孙蕡带了儿子坐一小船追来,又与之同舟共进,在大风巨浪中送至城西四十余里的金利山,于崇福寺饯别后才回去。苏轼深感这老兄弟拳拳的爱意,作书称谢不置。

舟抵清远峡,几个新旧交识如吴复古、广州天庆观的何道士、罗浮宝积寺的县颖和尚、惠州的海会禅师等人,都从广州一路追来,祖饯于清远峡的广庆寺。

万万料想不到,吴复古忽然害起病来。他是个终年在外奔走,以道路为家的人，又行绝粒不睡的修功，身体本就非常虚弱，一病遂此不起，问以后事，但笑不言。

苏轼本来预定的行程是从广州径度大庾岭，至吉安登陆，赴湖南长沙转往永州。（见本集《与李端叔书》）月之十五，将发浈阳峡，孙薲、谢举廉各派专差送来最近的报导："已见圣旨，苏轼复朝奉郎，提举成都玉局观，在外州军，任便居住。"

苏轼最高兴的，就是不必远赴湖南，他对道路跋涉，实在怕了，一身疲倦，亟需休息。于是再改行计，《复孙叔静书》云：

> 亟辱专使教墨，玉局之除，已有训词，似不妄也。得免湖外之行，余生厚幸。至英，当求人至永请告敕，遂度岭过赣，归阳羡（宜兴）或归颖昌（许昌），老兄弟相守过此生矣。

英州（广东英德）城小，江水贯于市内，旧时架木作桥，用不了几年就坏了，郡守何智甫发起造座石桥，一劳永逸。桥成之日，恰巧苏轼到此，何守亲自来求碑文。苏轼为作四言诗一篇，所谓"天壤之间，水居其多。人之往来，如鹅在河"者是也。

苏轼作好诗，而且用大字写了，但并不送去，等何守来再请时，便说：

"轼未到过此桥，难以想象落笔。"

何即请他同往一观。轼说：

"使君是地主，应先升车。"

何谢不敢，于是并轿而行。到了桥上，苏轼说：

"正堪作诗，今晚交件。"

至夜，派人送去。苏轼之所以有此一番张罗，盖因所写诗中有"我来与公，同载而出。欢呼填道，抱其马足"这几句话，所以一定要与何守同走一趟,印证此语不虚。这种一语不苟的精神,竟是史家风范,不是平常诗人所能有的。①

在英州没住几日,韶州通判李公寅、曲江令陈公密都已派遣专使来迎。新任广州太守朱服(行中)来到英州,看苏轼旅中缺少夫役,就分遣一部分自用的仆役,又派节级梁立、林总率领这些人,送苏轼上路。

于是,苏轼就非常安稳地离别了英州。

三 韶州

元符三年(1100)十二月初七,途经蒙里,惠州河源县令冯祖仁来迎,时方在籍守制,可以陪他同行赴韶。韶州太守狄咸、通判李公寅、曲江县令陈公密延入行馆,设宴款接。

腊八节那天夜里,苏轼梦见老朋友苏坚,手上捧了一具"乳香婴儿"来给他看。醒来一想,从前赴惠州时,曾在九江与伯固邂逅,先亦有梦,这次梦见的乳香婴儿,是"南华赐物",莫非与伯固又将于南华相会吗?

次日,果得苏坚来书,说在南华寺等他,已经好几天了。心灵真有感应,所以形之于梦,苏轼为之感叹不已,先寄一诗:

----

① 〔宋〕洪迈:《容斋三笔·何公桥诗》。又何薳《春渚纪闻》云:"先生翰墨之妙,既经崇宁、大观焚毁之余,人间所藏,盖一二数也。至宣和间,内府复加搜访,一纸定值万钱,而梁师成以三百千取吾族人《英州石桥铭》,谭稹以五万钱辍沈元弼'月林堂'榜名三字。至于幽人释子所藏寸纸,皆为利诱,尽归诸贵近,及大卷轴输积天上。丙午年金人犯阙,输运而往,疑南州无一字之余也。"记中梁、谭二人,都是宋官的大太监。

> 扁舟震泽定何时，满眼庐山觉又非。
> 春草池塘惠连梦，上林鸿雁子卿归。
> 水香知是曹溪口，眼净同看古佛衣。
> 不向南华结香火，此生何处是真依。

抵韶州后，即与李公寅、冯祖仁同往曹溪，在南华寺里与苏坚、南华的住持明辩法师共会于谈妙斋中。

与苏坚邂逅于九江，算来已经七年，这七年的折磨，使苏轼今日与当时的心情有了显著的不同。这次寄诗苏坚，用《维摩经》中"远尘离垢，得法眼净"的"法眼"观察人间，则凡世一切尘垢都沾染不上，人不必为这电光泡影之身而烦恼。

在南华寺里，作《追和沈辽〈赠南华〉诗》，亦是此意。如言：

> 善哉彼上人（指明辩），了知明镜台。
> 欢然不我厌，肯致远公杯。
> 莞尔无心云，胡为出岫来。
> 一堂安寂灭，卒岁扃苍苔。

人生本来充满痛苦，但能我本无心，则所有人世的痛苦，皆如身上浮尘，毵毵自落。此意得自六祖："菩提本无树，明镜亦非台。本来无一物，何处惹尘埃。"

韶州这三位地方当局，惟李公寅是苏轼旧识。

公寅，字亮工，是画家李公麟的胞弟。李家三个兄弟（伯时、元中和亮工），人称"龙眠三李"。公麟以画名，亮工则以文词见重于人。

苏轼做开封府推官的时候，李父为赤县令，甚好道术和炼丹，常与苏轼谈论内外丹事，甚至把绝对秘不示人的宝贝——自己炼成的丹药也拿给苏轼来看。这已是三十年前的旧事,如今李父固然早已下世,而眼前这个少子也有白发了,所以《次韵韶倅李通直二首》中,有"曾陪令尹苍髯古,又见郎君白发新"[①]的话。

公寅盛称他的家乡——龙舒(安徽舒城)风土之美,苏轼一度被他说动,所以与人书中,有这么一段话:"住计龙舒为多。……闻(龙舒)有一官庄可买,已托人问之。若遂,则一生足食杜门矣。"

曲江县令陈公密邀宴于其自宅,出侍儿素娘歌《紫玉箫曲》侑酒,老人醉眼看花,为赋《鹧鸪天》词:

笑捻红牙弹翠翘,扬州十里最妖娆。夜来绮席亲曾见,撮得精神滴滴娇。

娇后眼,舞时腰,刘郎几度欲魂销。明朝酒醒知何处,肠断云间紫玉箫。

据旧注:苏轼写此词时,写毕前阕最后一个"娇"字,误笔在"娇"字下点了两点,应该抹去。但他略一考虑,便将错就错,下接后阕首句为"娇后眼",天衣无缝。这份捷才,苏轼至老不衰。

苏轼虽然经过这么长时期身心双重的摧残,他的健康情况,除出在惠州曾为痔疾所苦外,一直保养得很好。在海南采服倒黏子花(海漆),久患的肠疾,似已痊愈很久了。

在广州,致书李之仪说:"某年六十五矣,体力毛发正与年相称,或得复与公相见,亦未可知也。……端叔亦老矣,迨言:'须发已皓然,然颜极丹且渥。'仆亦正如此。"可见一切都还正常。

---

① 本集:《次韵韶倅李通直诗》自注。

但是，这次行旅，却大大损害了他的健康。自六月渡海，至今岁暮，已经整整半年，皆在船唇马背上度过，身经暑热的蒸郁，途程中不免辛苦，加以一路来酒食酬酢不绝，吃了太多油腻食物，消化不良。积此几个因素，所以从韶州到南雄这段路上，他就害起泻痢病来。到底已是六五老翁，自言"到韶累日，疲于人事"。何况这河鱼之疾，又是很伤元气的毛病，体力骤感不支。时已急景凋年，不便行旅，只得留在南雄度岁，顺便调养。

明年，朝廷以元祐、绍圣均有偏失，欲以大公至正，消释朋党，折两用中，所以改元为"建中靖国"。建中靖国之元年正月初四，苏轼一家即又匆匆离开南雄，改从陆行，度大庾岭北归。

将至岭下，肩舆的竹杠折断了，苏轼向附近龙光寺的和尚讨两支竹竿做轿杠。当时，州郡正在延请南华的首座珪法师来做此山长老，但尚未到。寺僧送来两竿巨竹，并且邀请苏轼来寺共饭。①

苏轼就写了一个偈子留与珪师，要做将来《珪酿语录》中的第一问：

斫得龙光竹两竿，持归岭北万人看。

竹中一滴曹溪水，涨起西江十八滩。

苏轼深知这西江十八滩之险，来时曾为改名"惶恐滩"者即是此处。此是旅程中最险之处，苏轼仍须经由此江转往皖浙，心怀忐忑，所以希望于竹中带去那一滴曹溪水，能在西江十八滩上，化起一片大水，让他们安然渡过。

到大庾岭上一家村店中小憩，有一老翁出来问从仆道：

---

① 〔宋〕曾敏行:《独醒杂志》。

"官是谁？"

"苏尚书。"

"是苏子瞻吗？"

"是的。"

老翁上前向苏轼打个揖道："我听说有人千方百计地陷害您，而今北归了，真是天佑善人。"

苏轼笑而谢之，题诗店壁曰：

> 鹤骨霜髯心已灰，青松合抱手亲栽。
> 问翁大庾岭头住，曾见南迁几个回。①

这首诗的下联，看是苏轼自幸之辞，实不尽然。岭南七年，他以无比的勇气与忍耐，堂堂闯过生死之关。苏轼今能肯定自己斗赢了这场人生的逆境。

华南地热，时方早春，而岭上梅花却都已结子了。苏轼作《赠岭上梅》诗，豪气依然不减当年：

> 梅花开尽百花开，过尽行人君不来。
> 不趁青梅尝煮酒，要看细雨熟黄梅。

初五日，上了岭巅，重游山崖缺口处的龙泉寺。七年前南迁之初，过岭时题诗此寺钟上，如今手自重摩，无限感慨。

如今时局大变，自韩忠彦、曾布二相得政后，元祐旧人，很多重被征召，即使不用于中枢，也能出为州郡的首长；只有苏氏兄弟，声望崇隆，但到目前为止，却仍仅领宫祠的闲禄；所以士大夫们以为二苏不会长此闲废，再度出山只是时间问题而已。如苏轼在英州会晤郑侠，郑赠诗便以霖雨苍生的传说来期望苏轼，

---

① 〔宋〕曾敏行：《独醒杂志》。

吓得他连忙辩白:"孤云倦鸟空来往,自要闲飞不作霖。"

如黄庭坚本在黔州,后移戎州,徽宗立,起复为监鄂州税。他蒙赦当时有诗十首,其一即曰:"阳城论事盖当世,陆贽草诏倾诸公。翰林若要真学士,唤取儋州秃鬓翁。"[1]也认为变革后的新政府,不该闲过这样一个人物。这几乎是士林公论。

朝廷中也不是没有人作此建议。如张廷坚(才叔)为谏官,也曾疏请召用苏轼、苏辙。不料徽宗的观念里,中了元祐时代流行诬词的毒,认为苏轼是元祐党争中一派的领导,怀疑廷坚此请,系受了朋党中人的利用,所以诘责道:"你是受了什么人的指使,作此建议?"因此,累贬通判陈州。

其实,苏轼自己在大庾岭上,《次龙泉钟上前韵诗》说:"……下岭独徐行,艰险未敢忘。遥知叔孙子,已致鲁诸生。"汉朝叔孙通奉命制朝仪,尽征鲁国诸生三十余人,其中只有两人不肯应召。苏轼这一生中,又受够了政治迫害,今已老矣,宁愿做个被叔孙通骂为不知时变的鄙儒,只望能够从此平平安安,独自走他轻松的下坡路,再也不敢重作冯妇了。

又有《过岭二首》,实是苏轼的人生这部大书中,南迁一章的结论。自言平生从不曾为安危祸福作过退步的计算。祸到临头,他自己一个人挺,不怨天,不尤人。

韩愈谪放潮州,但是潮州人为他立庙崇祀至今,所以祸患并不一定非福。现在有个成都玉局观提举的名义,希望能有一天乘兴,出剑关去,作一次玉局之游,他也就非常满足了。

岭南岭北,往返七年,实在是非常不堪的行役。但是苏轼今

---

[1] 〔宋〕赵令畤:《侯鲭录》。

日回想，迁谪海外不过是一场噩梦；如梦一样去了，像喝醉了酒，朦朦胧胧地又回来了，濯足兴波，征衣雾湿，即使惊起一群山鸡，也不过使半岩花雨，纷纷自落而已。诗曰：

> 暂着南冠不到头，却随北雁与归休。
> 平生不作兔三窟，今古何殊貉一丘。
> 当日无人送临贺，至今有庙祀潮州。
> 剑关西望七千里，乘兴真为玉局游。

> 七年来往我何堪，又试曹溪一勺甘。
> 梦里似曾迁海外，醉中不觉到江南。
> 波生濯足鸣空涧，雾绕征衣滴翠岚。
> 谁遣山鸡忽惊起，半岩花雨落毵毵。

四　虔州

建中靖国元年（1101）元宵节前两三天，苏轼一家人都到了虔州。

果然赣江水涸，不能通航。苏轼只得寄家于虔县的水南，等待江涨。

虔守霍汉英（子侔）、监郡许朝奉（名不详）邀宴于郁孤台。和诗中有"扬雄未有宅，王粲且登楼。老景无多日，归心梦几州"这几句话，正是苏轼此时最大的心事。

他拖带着三房子媳孙儿，飘泊道途，已经七八个月了。幸而不必远征湖南，但还不知去何处做归止。是风土美好的安徽舒州，还是"缘在东南"的常州或杭州，还是到河南许昌去与老弟同居，一直都还不能决定。

筹思再三，还是常州最便，因为有点田产在那地方，可以就田而活。又听自虔守霍汉英说，常州东门外有一裴家的宅子要卖，便写信托钱世雄派人去探问产价。书言：

> 已到虔州，二月十日间方离此。此行决往常州居住，不知郡中有屋可僦可典买者否？如无可居，即欲往舒州、真州皆可。如闻常州东门外有裴氏宅出卖（虔守霍子侔大夫言），告公令一干事人问。倘若果可居，为问其值几何？度力所及，即径往议之。俟至金陵，当别遣人咨禀也。

苏轼寓居水南，长日无事，每天都携带一个药囊到郡城或山寮野市去，遇有病人，他就赠药，并开药方，教他如何调治。走过寺庙道观，也必进去玩玩。好事者和僧道之流，预先探听他行游之所，就在该地设案，案上堆置佳纸和笔墨，每张纸尾写上姓名，自己则拱立以待。苏轼进来了，看到那个案子，笑笑，不问一句话，就抓起笔来随意挥洒，将写好的纸，随手付与求者。看看剩下的纸，如还有很多，一时写不完，就笑语大家道：

"天色晚了，纸还写不尽，哪个要写斋名或佛偈的，请即告我。"

到他归去时，人人都已有了满足的收获，欢跃而散。①

苏轼很喜欢沐浴，海南苦无浴器，至以鸡和马自比，现在则可痛快淋漓地浴于寺观了（宋代浴室为寺院专业）。他常去赣城东南的慈云寺洗澡。慈云长老明鉴，长得非常魁梧，很像世传画像

---

① 〔宋〕何薳：《春渚纪闻》。

中的慈恩菩萨,但丛林中人都推崇他是一个很有道行的和尚。苏轼作《戏赠虔州慈云寺鉴老》诗,则是泗州浴诗外的又一章:

　　居士无尘堪洗沐,道人有句借宣扬。
　　窗间但见蝇钻纸,门外惟闻佛放光。
　　遍界难藏真薄相,一丝不挂且逢场。
　　却须重说圆通偈,千眼熏笼是法王。

　　苏轼新从南华来,头脑里充满了机智的禅门言语。在虔州写诗,就很自然地借用禅语来表达他自己的心意,如《虔州景德寺荣师湛然堂》《次韵阳行先》《乞数珠赠南禅湜老》等先后四首均是。后世的诗论家认为苏轼这些禅语诗不是纯诗,为苏集中一大疵病,固然不错;但如前举那首"戏作",自称道人,明言借句,苏轼也并不以禅门中人自居,却很欣赏禅门超脱的了悟。静观窗前来去飞动的苍蝇,冲着透明的窗纸,磕头碰脑,只想钻到明亮的窗外去,不知中间却还隔着一重障碍。冷眼观照尘世里多少徒然的人生,岂不就是钻纸的飞蝇?苏轼不得不致其无限的悯怜。

　　研究阴阳五行生克之理的术数,盛行于唐宋。唐朝的李虚中是星命学的始祖。至宋朝,陈希夷创紫微斗数,徐居易创子平术,邵康节创河洛理数(即铁板神数)。这些人胸罗星斗,明彻内外,所谓吉凶趋避,实意则在劝人"盈者知所足,进者知所止",使人行所当行,止所当止,不失"易"的本旨,不能纯以迷信目之。

　　虔州有个术士谢晋臣,算命很有名,苏轼也去访他。苏轼一向以为自己的生辰八字与韩愈相似,韩是身宫落在斗牛间,苏是命宫宿直于此。吉凶晦吝,到底有何分别,要托他从头到尾逐年细算一番。赠以一诗:

　　属国新从海外归,君平且莫下帘帷。

前生恐是卢行者，后学过呼韩退之。
死后人传戒定慧，生时宿直斗牛箕。
凭君为算行年看，便数生时到死时。

苏轼生于宋景祐三年（1036）十二月十九日卯时，干支是丙子、辛丑、癸亥、乙卯，照命理推论："时落卯时，命宫磨蝎，主所至多被谤诬。"王宗稷《东坡先生年谱》说："丙子（年）癸亥（月），水向东流，故才汗漫而澄清；子卯相刑，晚年多难。"

辑《苏诗编注集成》，而深谙命理的王文诰说："日主癸，乘北垣；年月丙辛，真化。秉天地正气，不纳浊流，此性刚多忤也。至于文章经济，皆摅泄于乙卯之时。"

依五行论命，生克化合，有一定的界说，不能随便解释的，则人之秉性、品格、才能与祸福，莫非竟是生来即已命定？真是不可思议。

苏轼北归，有人问他迁谪中艰苦如何？苏轼说，这是骨相招来的灾难。少年初到京师时，有个看相的人说："一双学士眼，半个配军头。他日文章虽当名世，但有迁徙不测之祸。"苏轼眼形秀挺，炯炯有光，即使在画像中也还看得出来；"配军头"者，犯人被断"配"而隶军籍。审诸东坡一生的命运，术者所言不虚。[①]

上了年纪的人，都好怀旧，关念故人的后辈，但于这些年轻一代人的身上，则又不免产生生死存亡的悲戚。

老苏生前，曾游虔州，所以苏轼到此，就很留心探访他父亲交往的遗迹。久知此地有个钟斐（子翼），博学笃行，为江南之秀，对老苏甚是敬重，现在当已下世。但却访得他的三个儿子，

---

① 〔宋〕佚名：《瑞桂堂暇录》。

见面时"相持而泣",为作《钟子翼哀词》。

与画家宋子房(汉杰)重遇于赣州。谈起四十年前,苏轼初仕凤翔,而他的父亲宋选正做凤翔太守,对他非常照顾,苏轼感念于心,则曰:

……话及畴昔,良复慨然,三十余年矣,如隔晨耳。而前人凋丧略尽,仆亦仅能生还。人世一大梦,俯仰百变,无足怪者。……(《与宋汉杰书》)

故人孙立节(介夫)之子,远道来谒,为作《刚说》。世人都说"刚者易折",苏轼说:"折不折,是天命。作此说者,只是患得患失之徒。"生气依然凛凛如昔。

在南华寺,苏坚因为他的儿子生病,所以先走。现在来信说,苏庠(养直)的病已经好了,并且把他的新作寄给苏轼看。苏轼见过养直,印象很深,读了他这篇"属玉双飞水满塘,菰蒲深处浴鸳鸯。白蘋满棹归来晚,秋着芦花一岸霜。……"的诗,大喜道:"若将此篇置于《太白集》中,谁复疑其不是?不知是乃吾宗养直所作之《清江曲》。"苏轼固好奖掖后进,时复不免过誉;但于苏庠,竟是慧眼特识,养直后来果为南宋的一大名士——隐逸诗人后湖居士。

当苏轼到虔未久,即建中靖国元年之正月十四日,先已手书还政的向太后,忽崩于慈政殿。她是宋代三贤后之一,惜乎得年只有五十六岁。向太后之崩逝,使左相韩忠彦突然失却支持,右相曾布乘此开始跋扈起来,不像以前那样恭顺了。这是一个非常重要的关键,随后就发生曾布专政,绍述之说重炽的变局。

在章惇绝对报复的政策下,被流窜南荒诸人中,处分最重的,一是苏轼,一是刘安世(器之)。

刘安世三贬而至英州，章惇、蔡京又起同文馆狱，再徙梅州，几已遍历宋代甲令所载每一远恶州郡，而且两次阴谋刺杀，都未成功。至刘贵妃被立为后，章惇、蔡卞又提出宫内向外间寻觅乳媪那重旧案，诏令孙蕡将刘安世收囚在槛车里，命他亲自押赴京师。行未数驿，哲宗崩，徽宗即位，赦至而还。

这两个命不该绝的同难者，放还也在最后。所以，此时遂能相遇到虔州。

苏、刘二人，政治上不是同道，私人关系上也算不得是朋友。元祐初曾在中书省共事，但是两人处事态度不同，苏轼很不喜欢他，骂他"把上"（乡下佬）。

然而，时过境迁，现在他们同是北归的异乡人，虔州邂逅，便成了很好的旅伴。

同时，原任虔守的霍汉英，奉调赴太和听命，江公著（晦叔）来代。公著与苏轼在杭州同官时，以好茶出名，器之酒量甚豪，但自南迁，为避瘴毒，就全家戒酒。因此，轼作《次韵江晦叔兼呈器之》诗，一联是"归来又见颠茶陆，多病仍逢止酒陶"。

寒食节，与器之同游南塔寺寂照堂。器之甚好谈禅，但不喜欢游山。山中新笋出土，苏轼想上山吃笋，怕他不肯同去，骗说邀他同参玉版和尚。器之听说有禅可参，欣然从行。到了光孝寺的廉泉，先坐下来烧笋共食。

器之觉得笋味鲜美，便问："此何名？"苏轼答曰："名玉版。此老僧善说法，要令人得禅悦之味。"

器之这才恍然大悟，被苏轼骗了。苏轼大为高兴。全用禅语作诗曰：

丛林真百丈，法嗣有横枝。

> 不怕石头路，来参玉版师。
> 聊凭柏树子，与问篸龙儿。
> 瓦砾犹能说，此君那不知。①

三月中旬，始闻章惇被贬雷州司户参军的消息，苏轼为之惊叹累日。他怕被人误会，自然不能直接往慰他的家属，虽然惇子章援还是他的门生。想到黄寔的母亲是章惇的胞姊，所以立刻写寄《与黄师是书》：

> 子厚得雷，闻之惊叹弥日。海康地虽远，无瘴疠，舍弟居之一年，甚安稳。望以此开譬太夫人也。

章惇到了雷州，第一件事，立刻要找个住处，但却遭到报应，当地百姓说：

"从前苏（轼）公到这儿来，租住民屋，章丞相几乎破了我们的家。现在概不租售。"②

苏轼于正月元宵节前到虔州，寄寓水南，等候赣江涨水通航。本地雇不到船，又只好访人到外县市去找。二月抵边，与苏坚书说："某留虔州已四十日，虽得舟，犹在赣外，劳费百端。又到此长少卧病，幸而皆愈。仆卒死者六人，可骇。"他的"河鱼之疾"，没再说起，大约经过休息、治疗，已经好了。

继续等了快一个月，外雇的船才到。苏轼一家人便于三月二十四、二十五日间，与刘器之同发虔州，他们在此羁留已七十余日。

苏轼将离虔州，有《次韵江晦叔二首》之作，其一云：

> 钟鼓江南岸，归来梦自惊。

---

① 〔宋〕胡仔：《苕溪渔隐丛话》。又释惠洪《冷斋夜话》。
② 〔明〕陈邦赡：《宋史纪事本末》。

浮云世事改，孤月此心明。

雨已倾盆落，诗仍翻水成。

二江争送客，木杪看桥横。

苏轼历劫归来，最大的庆幸，是他平生一片刚直的孤忠，而今大白于世，一切诬蔑和猜忌的浮云已经吹散，则天上一轮孤月，也当为人所共见了。

称此诗"语意高妙"者很多，究竟只能看到有限的"文学的东坡"。王应麟经术湛深，是个学者，所以能跳出辞章之外，看得苏轼自明心志的大处，将"历史的苏轼"，举与司马光并论。《困学纪闻》曰：

"更无柳絮随风起，惟有葵花向日倾——见司马公之心。

浮云世事改，孤月此心明——见东坡公之心。"

又云：

"坡公晚年，所造深矣。"

开船当天夜间，江水大涨，赣石三百里之险，一夕尽没。第二天，就到了庐陵。谢举廉来见，苏轼高兴地对他道："舟行江涨，遂不知有赣石，此吾龙光诗谶也。"

盖指"竹中一滴曹溪水，涨起西江十八滩"[①]句。

此行与刘器之并船前进，甚不寂寞。苏轼佩服器之历劫不磨、临危不乱的精神力量，称之"铁人"；器之则对人道："浮华豪习尽去，非昔日子瞻矣。"[②]

---

① 〔宋〕曾敏行:《独醒杂志》。
② 〔宋〕邵博:《闻见后录》。

五　归程何处是

建中靖国元年（1101）四月，苏轼过豫章（江西南昌），停舟吴城山下，祷于顺济王庙。南昌太守叶祖洽问曰：

"世传端明已归道山，今尚尔游戏人间耶！"

苏轼答曰："途中见章子厚（惇），我就回头了。"[①]

孔平仲传来苏辙家书，邀他全家到许昌去同居，彼此有个照顾。但是苏轼总觉得老弟的境况已经非常困乏，自己这偌大家口，不便再去增加他的负担，所以踌躇不决。安徽舒州，不尽理想，他已决定放弃，今后只在常州、许昌两地中，择一定居。

九江天庆观道士胡洞微来南昌相迎，又再度邂逅刘安世，于是三人结伴同上庐山。重游栖贤寺、三峡桥，再至开先寺漱玉亭。苏轼前次来游，时在元丰七年（1084）四月，至今建中靖国元年的四月，相距已经整整十七年了，作《与胡道师帖》，感叹不已：

> 再过庐阜，俯仰十九年。陵谷草木，皆失故态。栖贤、开先之胜，殆亡其半。幻景虚妄，理固当尔。独山中道友，契好如昔。道在世外，良非虚语。

> 道师又不远数百里负笈相从。秉烛相对，恍如梦寐。秋声宿云，了然在吾目中。

游罢下山，往访世交刘羲仲（壮舆）于是是堂。

刘氏是有宋一代的史学世家。祖父刘涣，字凝之，苏轼为撰《屯田哀辞》者。刚介不能谐俗，很早退休，结庐隐居山下者，达三十年。父刘恕，字道原，博通群史，著作等身。叔父刘格，字

[①]〔宋〕彭乘：《墨客挥犀》。

道纯。苏轼上次从黄州来游,是他陪同上山的,现在似乎都已不在了。

羲仲谨守家学,其父道原也是参与司马光同编《资治通鉴》的人。苏轼见到他,就想起十八年前在金陵时,王荆公建议他来重修《三国志》,他即推荐刘恕(道原)来做,现在便对刘恕的儿子羲仲重提旧事道:

"《三国志注》中,好事甚多,你父亲(道原)欲修之而不果,君不可辞。"羲仲说:"端明曷不为之?"苏轼说:"某虽工于语言,修史却不是当行家。……某老矣,今以付壮舆。"①

然而刘家三世清贫,无人供养薪水,必然无法独力完成这一巨大的工作。

舟中苦热,苏轼夜间贪了凉,晨起头痛畏风,只好在舟中为羲仲写他祖父刘涣的墓表,读羲仲自编的文集。

随胡道士同至九江,看他十八年前托胡代养的慈湖菖蒲,然后就再前行。十六日过湖口,念念不忘湖口李正臣家的壶中九华石,特地往访,则已被别人捷足先得以去,非常怅惜,作诗有"尤物已随清梦断,真形犹在画图中"。

舟发皖江,途经舒州,苏轼因已不再考虑居此,所以也未停留。但闻热衷官禄,不惜变节投靠章惇的林希,已经死于舒州任上。苏轼觉得这样做人,真是何苦,后来与老弟函中,顺便提及此事道:

---

① 据徐度《却扫篇》。刘恕子羲仲,字壮舆,尝摘欧阳《五代史》之讹误为纠缪,以示东坡。东坡曰:"往岁欧阳公著此书初成,王荆公谓余曰:'欧阳公修《五代史》而不修《三国志》,非也。子盍为之乎?'余固辞不敢当。夫为史者,网罗数十百年之事,以成一书,其间岂能无小得失耶?余所以不敢当荆公之托,正畏如公之徒,缀拾其后耳。"

……林子中病伤寒,十余日便卒。所得几何?遗臭无穷。哀哉!哀哉!①

到达当涂,诗友郭祥正来迎。苏轼在惠州时,祥正看到一幅轼作《雪雀图》,寄诗来说:"平生才力信瑰奇,今在穷荒岂易归。正似雪林枝上画,羽翰虽好不能飞。"后来听到苏轼北归的喜讯,又用前韵寄诗曰:"秋霜春雨不同时,万里今从海外归。已出网罗毛羽在,却寻云迹帖天飞。"苏轼答诗两首,但说海北天南,一样是"归",而今只自后悔从前不肯"卑飞",否则便无种种烦恼。二诗今录其一:

早知臭腐即神奇,海北天南总是归。
九万里风安税驾?云鹏今悔不卑飞。

五月初一日到金陵。苏轼南迁之初,曾来崇因禅院礼拜长老宗袭所造观世音像,当时曾许心愿:"吾北归,当复过此,必为作颂。"

所以,这次还至金陵,独在崇因院礼拜还愿,作《观音颂》。

得钱世雄来书,说已代他借到常州顾塘桥孙氏的房屋,复书称谢曰:"示谕孙君宅子,甚感其厚意,且为多谢上元令侄,行见之矣。裴家宅子果何如?"照这信上看,苏轼还在问起裴家宅,可见仍想在常买屋,作久居之计。②

---

① 林希初因章惇许以执政,所以欣然投靠,甘心降级为中书舍人,撰拟制诰,丑诋正人,不留余地。曾布为枢密院,章惇使林希为副,命他做伺察的工作。林希怨惇不令他做同省的执政,渐为曾布所诱,终于背叛了章惇,遭到邢恕的攻击,出知扬州,徙舒州,在任上病死。
② 方岳《深雪偶谈》、费衮《梁溪漫志》均载有轼拟居家宜兴,学生邵民瞻代为购定一屋,已付值五百缗,是夜,与民瞻散步月下,闻老妇人哭其产,毁券赠其屋价事。按东坡北归至常州时,已为病困,不能更至宜兴,遑论与民瞻月下漫步,其事不确。

同时，与黄寔书，说明他之不去许昌与苏辙同住的原因如次：

> 行计屡改。近者，幼累舟中皆伏暑，自悯一年在道路矣，不堪复入汴出陆。又闻子由亦窘用，不忍更以三百指诿之，已决意旦夕渡江，过毗陵矣。荷忧爱至深，故及之。子由一书，正为报此事，乞早与达之。
>
> 尘埃风叶满室，随扫随有，然不可废扫，以为贤于不扫也。若知本无一物，又何加焉。有诗录呈："帘卷窗穿户不扃，隙尘风叶任纵横。幽人睡足谁呼觉？欹枕床前有月明。"一笑，一笑！某再拜。①

苏轼所录此诗，彻底透露他北归之日的心境。

人生孤露，尘埃风叶之扰，谁都不能避免。居其室时，固然不能不扫，但如一枕黑甜，目无尘叶，岂不最为清净？充分表现一个老人的衰倦。

许昌，是京畿的邻邑，尘埃蔽天，不容安睡，苏轼原不敢去。但是，苏辙不肯，一再托王原、孔平仲、李之仪等人来劝。苏轼终于不忍违拂弟弟这番情意，硬了头皮，答应下来。

于是，预定行程自淮泗上溯汴河，至陈留登岸，陆行至许。

次子苏迨的妻儿还在宜兴，所以先命迈、迨二人去那里把他们接到仪真来会合。苏轼手头甚为拮据，宜兴尚有点田产，也须去变点现钱出来使用。

其时，作书与李之仪云："得子由书，已决归许下矣。但须至少留仪真，令儿子往宜兴刮刷变转，往还须月余，约至许下，已七月矣。"

---

① 书中所录诗，据本集乃"绍圣间，人得此诗于沿流馆中，不知何人诗也"。沿流馆待考。

亲戚程之元（德孺）时任浙西路漕司，苏轼托他派一只坐船在常州等迈，等到时乘来，并且托他买杭州程奕笔一百支，越州纸二千幅。

船须挽纤而行，挽工甚不易找，又函托任淮南路监司的黄寔，代雇四舟所需，每舟五人的挽纤夫役。

皖江途中，曾接门生廖正一专差来书，复曰：

> 远去左右，俯仰十年，相与更此百罹。所幸平安，复见天日。彼数子者何故独先朝露。吾侪皆可庆幸，宁复戚戚于既往哉。……

廖正一被吕温卿陷害，至今尚在废黜中，札尾又再殿以慰语曰："为民除秽，以至蛋尾。吴越户知之，此非特儿子能言也。"

门生李廌来书，答曰：

> 某自恨不以一身塞罪，坐累朋友。如方叔飘然一布衣，亦几不免；纯父（范祖禹）、少游（秦观）又安所获罪于天。遂断弃其命，言之何益，付之清议而已。

苏轼先已与程之元、钱世雄约于金山会晤，所以，趁这段时间，前往金山一行。

程、钱也都遵约到了，相与同登妙高台。

金山寺中，原先留有李公麟所绘苏轼画像，此时自题一诗于上：

> 心似已灰之木，身如不系之舟。
> 问汝平生功业，黄州惠州儋州。[①]

苏轼原来只等人船到齐，就搬挈全家往河南许昌，去与弟辙

[①]《金山志》。

同住，几已可以实现四十年前怀远驿"风雨对床"的旧梦了，不料汴京朝局，忽又大变，仅有一点微末的想望，顿时又被砸得粉碎。

韩忠彦为相，与曾布交恶，向太后崩，忠彦失了靠山，曾布就开始活跃起来了。

曾布为山陵使，就在陵上秘密授意御史中丞赵挺之，要他发动绍述之说，排击元祐臣僚，挺之当然大大卖力。曾布乘时引进许多帮手，安置在辅佐、侍从、台谏的地位上，羽翼将成，先除障碍，若干忠鲠之士，如言官任伯雨、江公望、陈祐等反对绍述和邪正杂进政策的人，次第皆遭罢黜。忠彦虽为首相，而实权暗自潜移，数月之后，就会变成"曾布专政"的局面。

春夏之间，正是绍述之说初兴，朝廷内外，一片纷争扰攘、动荡不宁的时候。苏轼在金山听到这个变局的消息，顿生警惕。因为曾布是个什么角色，苏轼与他相知甚久，心里非常清楚，何况又济之以赵挺之的奸诈。韩忠彦，典型的贵族子弟，做事没有魄力，也不会运用权术，绝对不是曾布这帮人的对手。在苏轼敏锐的观察力中，政局未来的走势，他洞若观火。

天下任何地方皆可去得，总不能投身到火场的邻屋去。苏轼立刻悬崖勒马，打消前往许昌的计划，托黄寔转交《与子由书》云：

　　子由弟：得黄师是遣人赍来二月二十二日书，喜知近日安胜。兄在真州，与一家亦健。行计南北，凡几变矣。遭值如此，可叹可笑！

　　兄近已决计从弟之言，同居颍昌，行有日矣。适值程德孺过金山，往会之，并一二亲故皆在坐，颇闻北方事，有决不可往颍昌近地居者。(事皆可信,人所报,大抵相忌,安排攻击者众。北行渐近,决不静耳。)

今已决计居常州,借得一孙家宅,极佳。浙人相喜,决不失所也。更留真十数日,便渡江往常。逾年行役,且此休息。

恨不得老境兄弟相聚,此天也,吾其如天乎!亦不知天果于兄弟终不相聚乎?士君子作事,但于省力处行。此行不遂相聚,非本意,为省力避害也。

候到定叠一两月,遣迈去注官,迨去搬家,过则不离左右也。

葬地,弟请一面果决。八郎妇可用,吾无不可用也。更破十缗买地,何如?留作葬事,千万莫徇俗也。

林子中病伤寒,十余日便卒。所获几何?遗臭无穷。哀哉!哀哉!

兄万一有稍起之命,便具所苦疾状,力辞之。与迨、过闭户治田,养性而已!

千万勿相念,保爱、保爱。今托师是致此书。

书中所言"大抵相忌,安排攻击者众"。传闻确非虚语,如董敦逸再为御史,复欲弹劾苏轼兄弟,幸经常安民制止,而安民自己,后被敦逸指为"主元祐党",谪监盐酒务。

关于八郎妇葬地事。八郎乃苏远,其嫡配为黄寔之女,病殁。苏辙有田地于汝州郏城县,拟在其地辟为苏家墓园,先葬远妇于此,来信征求兄长的意见。苏轼并不重视身后葬地这类俗事,一言遂决。所以,他后来也葬于郏城。

六　染疾

既至仪真，泊船于东海亭下，苏轼一家人即以舟为家。

时为五月下旬，江南气候已经非常炎热。白昼骄阳当顶，仅赖一片竹制船篷，如何遮挡得住强烈的日晒。入夜，水面上的暑气蒸发出来，熏蒸郁闷，挟带潮湿，比白天还要热得难耐，所以轼与人书中说："一家长幼，多因中暑而卧病。"

仪真白沙有一东园，广约百亩，流水横于园前，园内有荷池亭台、画舫堂屋等建置，花树密茂，水木清华，为公家营建的一大胜处。苏轼白天就经常去东园逃避舟舱中的酷热。

六月初一日，在仪真办西山书院的米芾，得到苏轼已至的消息，立刻赶到东园来求见。苏轼喜故人之至，头戴白氎小冠，风度飘飘如仙，出来延见。

轼已绝口不谈时事，只说些在罗浮曾见赤猿这类"海外奇谈"。芾作挽诗所谓"方瞳正碧貌如圭，六月相逢万里归。口不谈时经噩梦，心已怀蜀俟秋衣"者是。翌日，又与米芾同去西山，到他的西山书院游览。芾将自己珍藏的《太宗草圣帖》、晋《谢安帖》两帙，交给苏轼，求为作跋。

真州太守傅质邀同程之元设宴为苏饯行。宴罢，与之元同归，函招米芾也来参加舟中夜话。之元举赠纹银二百两，说是与之才、之邵兄弟三人所同馈，聊助资斧，苏轼不受。等他去后，作书寄弟说："程德孺言弟出银二百星相借。兄度手下，尚未须如此，已辞之矣。德孺兄弟意极佳，感他！感他！数日热甚，舟中挥汗写此。……"

时已进入六月盛暑，酷热不堪，苏轼原在仪真置有几间市屋，备以收租糊口，现在缺钱使用，要想变卖，逗留于此，即是为的这事。

舟中热不能耐，入夜蒸郁更甚，苏轼无法成眠，每夜都坐在露天里过，以为"海外久无此热，殆不能堪。柳子厚所谓意象非中国人也"（《与米元章书》中语）。

苏轼不但通宵露坐，而且为要解热，喝了太多的冷饮。像这样暑热袭于体外，冷饮侵入体内，加以夜不得眠，形神交瘁，如何能久？六月初三的午夜，他就突然猛泻起来，一直泻到天亮，疲惫不堪。喝了一碗黄蓍煮粥，才觉得稍稍好过一些。

米芾约于明日餐聚，同时送来四枚古印，请他鉴赏，苏轼躺在枕上赏玩甚久，复请稍缓餐叙的日子，待他病愈或于下场雨后举行最好。

就在这天，忽然瘴毒大作，继又猛泻不止。米芾亲来望病，苏轼还在枕上作书与他道：

> 岭海八年，亲友旷绝，亦未尝关念。但念吾元章迈往凌云之气，清雄绝世之文，超妙入神之字，何时见之，以洗我积岁瘴毒耶！
>
> 今真见之矣，余无足言者。

这时候，迈、迨二人，已去宜兴，身边仍是只有幼子过在，日夜扶持照看，寸步不离。

自此，胸膈作胀，饮食不进，通夜不能成眠，只好端坐榻上喂蚊子。《与米元章书》："某食则胀，不食则羸甚。昨夜通旦不交睫，端坐饱蚊子耳。不知今夕如何度？……"

次日，午睡方起，听说米芾冒着大热天到东园送麦门冬饮子去，心里很感动，记以一诗：

  一枕清风值万钱，无人肯买北窗眠。

  开心暖胃门冬饮，知是东坡手自煎。

这样折腾了两天，人便困乏不堪，病倒在床上了。

这条河水，污浊不流，大太阳整日熏蒸，舱中空气恶浊，毒热难当。苏轼叫船家将船撑过通济亭，泊于闸门外，希望能稍清快。米芾托写两帖题跋，一时无法下笔，而这两本帖子，米芾宝爱得性命以之。苏轼怕有失误，派人先送还与他，附书曰："某两日病不能动，口亦不欲言，但困卧耳。承示太宗草圣及谢（安）帖，皆不敢于病中草草题跋，谨且驰纳，俟少愈也。河水污浊不流，熏蒸益病。今日当迁过通济亭泊。虽不当远去左右，且就活水快风，一洗病滞。稍健，当奉谈笑也。"

又这样过了两天，病情一点也没有轻减。苏轼为书嘱弟辙曰："即死，葬我嵩山下，子为我铭（墓志）。"

苏辙接读此函，哭道："小子忍铭吾兄！"

过子侍于病榻前，读米芾所作《宝月观赋》给他听，诵声琅琅。苏轼听未及半，从榻上一跃而起，作书与元章说：

  两日来，疾有增无减。虽迁闸外，风气稍清。但虚乏不能食，口殆不能言也。

  儿子于何处得《宝月观赋》，琅然诵之。老夫卧听之，未半，跃然而起。恨二十年相从，知元章不尽，若此赋，当过古人，不论今世也。天下岂常如我愦愦耶！公不久当自有大名，不劳我辈说也。

苏轼得病至此，几已一周，身体已甚衰弱，但一听得后辈的好文字，就兴奋得要从病床上跳起来，力疾作书赞誉，许以"自有大名，不劳我辈说"。这种精神，无愧为欧阳文忠的门生，得之于欧阳的提挈，加倍还诸再一代的后学。

至六月十一日，病苦略减，勉强可以扶杖而行，心情也就较为开朗。米芾受地方政府推荐，即将计偕晋京，特来辞行。告别时，苏轼坚欲从床上起来，亲自送别于闸屋之下。

十二日从仪真出发，渡江过镇江，润州太守王承议来迎，谢未登岸。至京口，外甥柳闳来，念及堂妹小二娘与堂妹婿柳仲远的先后丧亡，不禁大恸。

小二娘是苏涣的幼女，与轼、辙是同祖的嫡堂兄妹，嫁润州柳瑾（子玉）之子仲远。子玉是苏轼为杭州签判时的忘年交，情谊甚厚。

小二娘病逝于绍圣二年四月，其时仲远在做定州签判，小二娘亦随夫在任。苏轼在惠州，接到仲远寄来的讣报，已是百日之后，苏轼为文遥祭，情辞十分凄切。如言："宫傅（苏序）之孙，十有六人，契阔死生，四人仅存。"四人者，轼、辙兄弟，留在故乡的苏子安和嫁在外省的小二娘，四个亲骨肉，现在则又丧失其一，亲枝凋零，不胜哀悼，如祭文言："万里海涯，百日讣闻。拊棺何在，梦泪濡茵。"

柳家世居润州，苏轼北还至此，仲远也已故世，夫妇之墓在此。苏轼坚欲支撑起来，亲自带了外甥柳闳及迈、迨二子，同到墓地吊奠，祭文有曰："我归自南，宿草再易。哭堕其目，泉壤咫尺。"——这是最使老人痛苦的家族近亲凋落的悲哀，何况他自己又在病中。

归隐京口的前相苏颂（子容），已是八二高龄，适于是时逝世。

嘉祐年间，老苏在京师，与苏颂交好，两人认了本家，即所谓"宗盟"是也。苏轼在朝，熙宁初，从苏颂于文德殿下，他是三舍人之冠；元祐时期，奉职迩英阁前，颂又为五学士之首，都是同列中的前辈，颇受照拂。所以一听到苏颂的讣报，感念曩昔，伤悼万分。一面命过代自己前往吊唁，一面当作族中长辈之丧一样，召僧在寺追荐，还要自作功德疏，以表诚敬，但已写不终篇。

翌日，子容丞相的外孙李儌带了他的孙子前来谢吊，当时他们看到苏轼侧卧床上，面朝里床，呜噎涕泣，不能起身。①

徽宗朝，改元"建中靖国"，不论曾布之类如何活动恢复绍述，但是韩忠彦尚在，表面上总还是"两用"的局面。所以苏轼还至江南，非常引人注目，而大江南北的老百姓，又都以当年期待司马光的舆情，希望朝廷能够用他为相。

这种舆情，化为传言，外间就盛行苏轼即将入相的传闻。真州太守傅质最先问起此事，苏轼诚惶诚恐地答道：

再辱手教，伏审酷热起居清胜。见谕，某何敢当，徐思之，当不尔，然非足下相期之远，某安得闻此言，感愧深矣。

体中微不佳，奉答草草。

这还在初起病时。其后，病日益重，而谣言的散布亦日益远。

章惇已经贬往雷州，他的儿子章援因要安顿家眷，不能随行，现在方从浙东来到京口。他也听到了苏轼即将入相的传闻，并且知道这位万里南归的座师，也在京口，只是内心愧恧，不敢求见。

章惇两个儿子——章援、章持，都是元祐初苏轼知贡举时所录取的门生。照当时礼俗，门生之于座师，衔一日之恩，便该终

---

① 〔宋〕邵博：《闻见后录》。

生敬礼不衰。无奈苏、章两家，政治立场发生歧异，而章援在京，为帮他父亲起复，日夕奔走于时相刘挚之门，与挚子刘斯立交往密切，故于师门，似乎早已断绝往来，至于今日。

章援深信苏轼在天下人热切想望之下，朝廷顺应舆情，定会拜相。他明白父亲过去种种作为，非常恐惧万一苏轼入相后，回手报复，如何得了。自己对这座师，敬礼久废，现在又将以何面貌，前往谒见？再三筹思，还是不敢造次，写呈了一封七八百字的长函，具录如次：

某惶恐再拜端明尚书台座：

某伏闻旌旆还自南越，扬舲江海，蹑屐岭峤，执事者良苦，数岁以来，艰险备至，殆昔人之所未尝，非天将降大任者，岂易堪此？窃维达人大观，俯仰陈迹，无复可言。不审即日尊体动止何似？

伏念某离远门墙，于今九年，一日三月，何可数计？传闻车马之音，当欢欣鼓舞，迓劳行色，以致其积年慕恋，引领举足，崎岖瞻望之诚。今乃不然，近缘老亲重被罪遣，忧深虑切，忘寝与食。始闻后命，方在浙东，即欲便道省觐，又顾幼稚须携挈，致之所居，今暂抵此，治任裹粮，旦暮远行，交亲往来，一切皆废。此则自侪于众人，宜其所以未获进见者。某于门下，岂敢用此为解？舍馆定，然后求见长者，是为有罪，况于不克见者乎！逡巡犹豫，事为老亲，固当审思耳。

迩来闻诸道路之言，士大夫日夜望尚书进陪国论，今也使某得见，岂得泊然无意哉！尚书固圣时之蓍龟，窃将就执事者，穆卜而听命焉。

南海之滨，下潦上雾，毒气熏蒸。执事者亲所经历，于今回想，必当可畏。况以益高之年，齿发尤衰，涉乎此境，岂不惴惴？但念老亲性疏豁，不护短，内省过咎，仰戴于上恩，庶有以自宽，节饮食，亲药物，粗可侥幸岁月。不然者，借使小有忞憨之情，悴于胸次，忧思郁结，易以伤气，加以瘴疠，则朝夕几殆，何可忍言？况复为淹久计哉！每虑及此，肝胆摧落。是以不胜犬马之情，子私其父，日夜觊幸。圣上慈仁，哀矜耆老，沛然发不世之恩诏，稍弛罪罟，尚得东归田里，保养垂年。此微贱之祷，悲伤涕泣，斯须颠沛，不能忘也。

倘问焉而执事者以为未然，使某也将何以为怀？诚不若勿卜而徒自然，庶几之为愈也。倘以为可凯也，固愚情所欲闻。然而旬数之间，尚书奉尺一，还朝廷，登廊庙，地亲责重，所忖度者幸而既中，又不若今日之不克见，可以远迹避嫌，杜谗慝之机，思患而预防之为善也。若乃思世故多端，纷纭缪轕，虽弥日信宿，未可尽剖，勃鞯，所谓君其知之矣，宁须多言！·

独恨九年之间，学不益博，文不益进，以此负门下。然古人有闻之而不言，能之而不为，存之而不论者，窃尝留意焉，未若面得之也。请俟它日，仰叩绪余论，不胜拳拳之情，敢言之执事者，伏惟财幸。

暑溽异甚，伏望保护寝兴，万万珍重。不宣。

某惶恐再拜。①

苏轼读完这封长信，一面回头对苏过赞道："这文字，司马子

---

① 〔宋〕赵彦卫：《云麓漫钞》。

长之流也!"心里则非常同情章家父子的遭遇,一点也不想章惇百计陷害的恶毒,也不在意章援对于师门的忽视,仍然认他们一个是多年的老友,一个是得意的门生,立即叫人铺纸磨墨,扶病起床,亲笔写复信道:

某顿首致平学士:

某自仪真得暑毒,困卧如昏醉中。到京口,自太守以下皆不能见,茫然不知致平在此,辱书乃渐醒悟。伏读来教,感叹不已。

某与丞相定交四十余年,虽中间出处稍异,交情固无增损也。闻其高年寄迹海隅,此怀可知。但已往者更说何益,惟论其未然者而已。主上至仁至信,草木豚鱼所知也。建中靖国之意,可恃以安。

海康风土不甚恶,寒热皆适中,舶到时四方物多有,若昆仲先于闽客广舟中准备家常要用药百千千,自治之余,亦可及邻里乡党。又丞相知养内外丹久矣,所以未成者,正坐大用故也。今兹闲放,正宜成此,然可自内养丹,切不可服外物也。某在海外,曾作《续养生论》一首,甚愿写寄,病困未能,到毗陵定叠检获,当录呈也。所云穆卜,反复究绎,必是误听。纷纷见及已多矣,得安此行为幸。又见今病状,死生未可必,自半月来,日食米不半合,见食即先饱,今且归毗陵,聊自欺"此我里",庶几且少休,不即死。

书至此困惫,放笔太息而已!

某顿首再拜致平学士阁下。六月十四日。

这封书信的亲笔真迹,至章惇的孙子章洽教授手上,还世袭珍藏着,时以出示宾客,又说此书纸背,苏还写一白术方,当然也是衷心介绍章惇服用的。其实这就非常好笑，章惇掌握政权时，非欲置苏轼于死地不可；而苏轼北还，见章惇谪雷，却劝他养丹储药以养生。同是圆颅方趾的人，用心之不同有如此。

七　逝世

六月十五日，苏轼坐船循运河航赴常州。这几日，体气已稍恢复，苏颂的外孙李僴从河岸看到他，头戴小冠，身披一件半臂（背心），坐在船舱里。运河两岸挤满了当地老百姓，希望一瞻这位大名士的风采，苏轼顾谓坐客道："莫看杀轼否！"[1]

船到奔牛埭，钱世雄等在那里迎接。苏轼独自卧在榻上，慢慢坐起身来，对世雄道：

"万里生还，不料要以后事托你了。只是我与子由，自从贬往海南，就不得再见一面。倘若从此永诀，此痛难堪，其余都无所谓。"

停了好一阵子，舒过一口气来后，续道：

"我前在海外，写得《易》《书》《论语》三部书稿，今天想要全部托付给你，希望不要拿给别人看。三十年后，会有知者。"

语毕，取出一只箧子，要打开来，却找不到钥匙。钱世雄说："某现今才得机会随侍先生，不会马上就要谈到这个。"[2]

船到常州，苏轼等就直接迁入顾塘桥的孙宅住了。

苏轼遂于这个月内，上表请老（退休），朝廷准以本官致仕。

---

[1]〔宋〕邵博：《闻见后录》。
[2] 何薳《春渚纪闻》引钱济明《跋施纯叟藏苏公帖》。

此时，参寥已经回到西湖智果院，派专人前来问安。苏轼作答书中提到请求致仕的原因，如言：

> 某病甚，几不相见，两日乃微有生意。

> 书中旨意，一一领，但不能多书历答也。

> 见知识中病甚垂死，因致仕而得活者，俗情不免效之，其他不恤也。

钱世雄每天都来，来则陪他在病榻边聊天，听他慨然追论往事，谈谈以往的人物，或则检出岭外几年间的诗文稿来给他看。苏轼说得高兴，时发一笑，世雄觉得他笑时"眉宇间秀爽之气，照映坐人"[①]。

七月盛暑，当地久旱不雨，苏轼命家人检出一幅黄筌画的龙，挂在中堂，他每夜亲自上香祷雨。这是他做州郡官时的习惯，现虽致仕家居，且在病中，亦不改关心大众生活的诚心。苏家旧藏的一些画件，多年未加整理，也趁此夏日，叫人拿出来，在阳光里晾曝，自己也还能出来略略检点。

亲友们任何馈赠，苏轼一概不收，只有钱世雄送的"和饮子"与"蒸作"（饮料与点心），都欣然接受了，但作谢片说："切望止此而已。"

世雄如有一天未来，则派人去催请。来了，就以谈笑为乐。七月十二那天，精神更好一点，有起床来写写字的兴趣，就为世雄写了一幅惠州所作的《江月五首》。第二天，又为在惠州时寄世雄的《小字桂酒颂》写了题跋。

自从初五日起，至十三日这一周间，苏轼病况日见轻减，精

[①] 何薳《春渚纪闻》引钱济明《跋施纯叟藏苏公帖》。

神恢复不少；但至十四日病情忽然转剧，夜发高烧；十五日热毒大作，停服一切药物，只以参苓汤代茶。《与钱济明书》云：

> 某一夜发热，不可言。齿间出血如蚯蚓者无数，迨晓乃止，困惫之甚。
>
> 细察疾状，专是热毒，根源不浅，当专用清凉药，已令用人参、茯苓、麦门冬三味煮浓汁，渴即少啜之，余药皆罢也。
>
> 庄生闻在宥天下，未闻治天下也。三物可谓在宥矣。如此而不愈，则天也，非吾过矣。

国人论医疗，有"不药为中医"之说。苏轼所用方法，就是停止服食"治"病的药物，只饮参苓汤——人参主安精神，定魂魄，开心益智；茯苓安神；麦门冬疏导心腹结气，暖胃——意在培养元气，以身体自己的抵抗力来"却"病。

病象显示，苏轼患的是痢疾，用这个"不药为中医"的办法来对付细菌性的传染病——阿米巴痢疾，将归失败，几乎是必然的命运。何况这一年来，全在长途跋涉中生活，历尽严寒酷暑、雨露风霜的摧残，体力本已十分亏损，真州再度中暑，就一发不可收拾了。

齿间出血之日，忽又气逆上冲，日夜只好倚坐床头，不能平卧。陆元光将自用的一块懒版送来供苏轼卧用。懒版即古之"交床"，纵横三尺，垫在背后，苏轼觉得舒服多了。

后来他就是靠在这块懒版上过世的。①

钱世雄眼看这病几已无药可治，濒临绝望的情急中，弄来一服"神药"劝他服用。苏轼说："神药理贯幽明，未可轻议。"但却

---

① 〔宋〕费衮:《梁溪漫志》。

不吃。

陈辅之来候病,儿子们不敢通报。苏轼听到了,叫他们赶快追上去请他回来,相与道故。

苏轼自知不起,十八日把三个儿子都叫到病榻边来,对他们说道:"吾生无恶,死必不坠(地狱)。"又曰:"至时,慎毋哭泣,让我坦然化去。"这和苏格拉底临命前所说"我要安静地离开人世,请忍耐、镇静",完全是同样的口吻。

至二十一日,自觉稍有生气,命迨、过二子来扶他起床,试行数步。

二十三日,睡醒过来,看到径山寺长老维琳的名刺,知他冒暑远来探病,惊叹久之,备书邀他晚上来对榻卧谈:

> 某卧病五十日,日以增剧,已颓然待尽矣。两日始微有生意,亦未可必也。

> 适睡觉,忽见刺字,惊叹久之。暑毒如此,岂耆年者出山旅次时耶!不审比来眠食何似?某扶行不过数步,亦不能久坐,老师能相对卧谈少顷否?晚凉更一访。怠甚。

二十五日疾革,又手书与维琳道别:

> 某岭海万里不死,而归宿田里,遂有不起之忧,岂非命也!夫然,死生亦细故尔,无足道者。惟为佛为法为众生自重。

苏轼作此书时,虽已自知不起,但他心里非常平静,觉得一个人,怎么样个死法都无所谓,重要者是活着的时候,究竟是怎么个活法,此即庄子所说的"善吾生,所以善吾死也"。苏轼一生,仰不愧于天,俯不怍于地,且已竭尽一切,善事其生,所以今日,他能坦然写道:"死生亦细故尔!"

维琳是苏轼帅杭州时,聘来主持径山寺的长老,至今已历十年。苏轼再贬海南的消息传到东南时,很多浙僧每日为他祈祷佛祖保佑,无恙早愈,维琳是其中之一。

二十六日,维琳来对苏轼说偈曰:

> 扁舟驾兰陵,目换旧风物。
> 君家有天人,雌雄维摩诘。
> 我口答文殊,千里来问疾。
> 若以偈相答,露柱皆笑出。[①]

苏轼神志清明,口答一偈:

> 与君皆丙子,各已三万日[②]。
> 一日一千偈,电往那能诘?
> 大患缘有身,无身则无疾。
> 平生笑罗什,神咒真浪出。

维琳不懂"神咒"的典故,苏轼说话似已不甚利落,故索笔书曰:"昔鸠摩罗什病急,出西域神咒三番,令弟子诵以免难,不及事而终,后二日属纩。"这三十一字,是苏轼一生中的绝笔。[③]

二十七日,病况更加恶化,上体热燥,下身寒冷,时有气息不支的现象。[④]

二十八日,临危,听觉先失,然而神明丝毫不乱。维琳在他耳边大声道:

"端明勿忘西方。"

[①]〔宋〕赵彦卫:《云麓漫钞》。
[②] 东坡生于景祐三年丙子,至是年辛巳卒,以日数计之,仅得二万三千四百余日。云三万日者,举成数也。
[③]〔宋〕傅藻:《东坡纪年录》。属纩:人濒死时置绵于口鼻之上以为候。
[④]〔宋〕苏辙:《栾城集·祭兄文》。

"西方不是没有，但个里着力不得。"苏轼回答。钱世雄在旁，也凑近耳畔大声道：

"至此更须着力。"

苏轼答曰："着力即差。"①

世雄还要再问："端明平生学佛，此日如何？"

轼曰："此语亦不受。"②

迈趋前问后事，不答。

苏轼遂此湛然而逝。时为建中靖国元年（1101）七月二十八日。

三子——迈、迨、过；六孙——大房的箪（楚老）、符（仲虎），二房的箕、筌、筹（其中一个乳名叫普儿，一个叫淮德），三房当时还只有一子，曰籥，都在寝前送终，承衾痛哭，遵礼盛敛。

明年，改元崇宁，闰六月二十日葬于汝州郏城县钓台乡上瑞里嵩阳之峨眉山，即今河南省之郏县。

苏家祖茔，原在眉县老泉山。关山阻隔，路途遥远，势已不能归葬。苏辙买田临汝，子孙安居许昌，几已不作他迁之想。所以生前兄弟计议已定，在郏城县自有地上辟设一个流寓在外的苏氏族墓，墓地有山，名曰峨眉，亦是巧合。所以苏辙迎柩文说："地虽郏鄏，山曰峨嵋，天实命之，岂人也哉！"

苏轼继室同安郡君王氏的灵柩，自始即厝于京师道院，至今已历九年。此时，迈等先赴郏城营墓，然后回到常州奉丧；苏辙

---

① 〔宋〕周煇:《清波杂志》。
② 〔宋〕释德洪:《石门题跋》。

先期已将亡嫂的灵柩,自京师迁至墓地附近的精舍等待,然后夫妇合葬于此,也是遵照苏轼生前的遗意办理的。

苏辙遵遗命撰墓志铭。

苏轼最后的仕历是端明殿学士兼翰林侍读学士、守礼部尚书;谪后,复朝奉郎、提举成都玉局观。墓志说:"公自元祐以来,未尝以岁课乞迁,故官止于此。"勋上轻车都尉,封武功县开国伯,食邑九百户。

著作有《易传》九卷、《书传》十三卷、《论语说》五卷,《东坡集》四十卷、《后集》二十卷,《奏议》十五卷、《内制》十卷、《外制》三卷,《和陶诗》四卷。

八 浩气不亡

苏轼生命中,天赋一腔迈往之气,一副热烈心肠,再经后天儒学者的严格训练,两者统合起来,成就为一个抱负非凡、才气纵横的知识分子。他那胸襟浩荡而正气凛然的人格,随时随地发出灼灼的光芒,照耀在人们的眼前。

人世从无一个完美无缺的社会,所以需要正直而勇敢的批评,带动人类文明不断进步。

作为一个有自由思想的知识分子,必有勇气为天下先,担起这份艰危的职责。他们必须特立独行,不为世俗所蔽,不与现实妥协,勇于挞伐社会中现存的成见、迷信和一切腐旧的功利思想;更须奋不顾身,向已经建立起来的权威挑战。

所以,如无这种使命感,而且乐与世俗同化,追求物质或感官享受，心有畏惧的人，不能算是真正的知识分子。

真正的知识分子，必具强烈的正义感和是非心，不向任何权势低头，只对自己的思想见解负责。要说的话，就痛痛快快说出来；要哭要笑，就大声哭笑。他们是观念的行动人物，所以从来不屑瞻顾，更不稍自掩饰锋芒。

然而，总是披着虚伪外衣的现实社会，怎能容忍如此认真的异端存在？尤其是最现实的政治社会，更不能听任一个异端的言论散布四方，动摇权势的架构。

苏轼一生，几与祸患相终始，其故即在于此。

北宋是中国历史上的一个文化大帝国，苏轼生在这个知识广被推重、文化达到巅峰的时代，故能以生长于西南偏鄙之地的一个草野青年，一入京朝，立即崭露头角；但是宋代的文化虽然灿烂，而士大夫所操持的现实政治却并不理想，使一个原想出山"求为世用"的"凤凰"，成了被人人厌恶的"乌鸦"。

苏轼从政以来，与实际政治的当权人物，几乎没有一个不曾发生过冲突。王安石、吕惠卿当权时，他是反对新法的尖兵；司马光做相，本是互相尊重的同道，但只为了差免役问题发生争论，几乎要遭排斥。不过王荆公和司马温公，都还是各有政治原则的伟大人物。及至刘挚为相时代，大家只为权势利禄自谋，他之发动台谏，围剿苏轼，只是怕他夺位而已。苏轼对此只有一片"破琴之梦"中的悲悯而已。

苏轼的伟大，在于他有与权力社会对立的勇气与决心，一则得之于知识力量的支持，二则出于"虽千万人，吾往矣！"那份天赋的豪气。这两种气质合起来，造成他"薄富贵，藐生死"的大丈夫气概。这气概，虽然使他拥有至高无上的精神财产，然而，自古以来，幸福和伟大，常不两得，自由与安全，亦无法两全，苏轼之必须成为悲剧人物，几乎是必然的命运，但他也和苏格拉底一样："果是天意如此，我很乐意接受。"

苏轼在政治上的表现，是以"气"使"志"；而文学上的成就，也得力于善用其气，千年来的文学批评家，几乎公认此是苏轼的特质。苏轼自论作文，有曰："某平生无快意事，惟作文章，意之所到，则笔力曲折，无不尽意。自谓世间乐事，无逾此者。"明白说是胸中自有一股蓬勃之气，能够役使笔力，尽情发泄，由此得到快意。又曰："作文大略如行云流水，初无定质，但常行于所当行，常止于不可不止，文理自然，姿态横生。"云之行，水之流，皆是气势之动，动止皆由于气。

苏轼逝后将七十年，宋孝宗赵眘好其文而追慕其人，赠太师，敕曰："苏轼养其气以刚大。"御制《苏文忠公集》序并赞，解释"气"和"节"的关联，则曰：

> 成一代之文章，必能立天下之大节。立天下之大节，非其气之足以高天下者，未之能焉。……盖存之于身谓之气，见之于事谓之节。节也，气也，合而言之，道也。

《宋史·苏轼传》承其意，"论"曰：

> ……器识之闳伟，议论之卓荦，文章之雄隽，政事之精明，四者皆能以特立之志为之主，而以迈往之气辅之。故意之所向，言足以达其有猷，行足以遂其有为。至于祸患之来，节义足以固其有守，皆志与气所为也。

又王称《东都事略》总论曰：

> 受之于天，超出乎万物之表，而充塞乎天地之间者，气也。施之于事业，足以消沮金石；形之于文章，足以羽翼元

化。惟轼为不可及矣。故置之朝廷之上而不为之喜,斥之岭海之外而不为之愠,迈往之气,折而不屈,此人中龙也。

凡此之论,皆言气之为用,而苏轼自论气之本体,认是形象之外,非力而致,超乎生死的一种永恒的力量。他说:

> 是气也,不依形而立,不恃力而行,不待生而存,不随死而亡。故在天为星辰,在地为河岳;幽则为鬼神,而明则复为人。此理之常,无足怪者。(《韩文公庙碑》)

苏轼因为自信"生有自来,逝有所为"。所以面临天人生死之际,能说:"生无恶,死不坠。"又深信躯体虽亡,但"不待生而存"的这腔浩然之气永远不死,所以他在给维琳长老的信上说:"死生亦细故尔。"气不恃力而行,所以维琳劝他临终莫忘西方,钱世雄劝他"至此更须着力",他便回答道:"着力即差。"

苏轼生平虽好佛学,但不过用以疏解一时的心理痛苦而已,临命却不苟求"外力"。钱世雄问他:"端明平生学佛,此日如何?"苏轼斩钉截铁地回答他道:"此语亦不受。"

维琳和钱世雄都不足以知苏轼。其实,他于病危中答维琳偈中,已笑鸠摩罗什妄想以西域神咒的法力来挽救生命之举为"浪出",焉肯自于弥留之际,妄起"往生西方"之念,抛却儒学家的本分——刚大之气,至死不衰。

苏轼一生与谤毁、诬陷和迫害相纠结,在被侮辱与被压迫的苦难中,自寻种种纾解的方法,像搜寻治病的药方一样勤勉。庄子的齐物哲学给他的影响很大;佛学,特别是禅门的了悟,自喻为得常啖食的猪肉,对他也很受用;不论如何困苦,他都热爱生命,所以对于服食求神仙的玄说,也常寄以幻想;最后发现自己总是一个生于大地上的凡人,所以于歌咏爱情、友谊、佳肴、美酒，欣赏书画艺术之余，更以最大的热忱，尚友陶潜，要以回归自然，做他最后的归宿。

"人间何处不巉岩"，人生本就充满痛苦。苏轼文字中，充满种种超脱的譬喻，都是他纾解心理压迫的良药，因此使他成为烦恼时代里勇气和乐观的代表，使不幸的人学习他的豁达，度过心灵的黑暗时期；使幸福的人，对在苦难中奋斗的人，生出同情与敬佩。

苏轼是一个力求精神自由，富有性情的人，所以喜欢和朋友作毫无遮拦的谐谑，恣意说笑，但却绝对容忍不了庸俗，特别厌憎虚伪的做作。他是一个求痛快的人，假使不能怒骂，他就用"嘲讽"来发泄这种情绪。充满机智的嘲讽使旁人称快，却也使受者刻骨仇恨。然而，一千年来，同情他的多数人，从那些讽喻中，领略他的热情，欣赏他的正直。

每个时代，每一个人，都能从他这面大镜子里，发现自己怀有与他同样的感情，同样的理解，同样的诗情画意，只是我们说不出那些天生的好言语来。所以，他的若干诗句，文章中许多词组，流传在千年众口中，成了妇孺皆知、人人引用的俗谚或成语。

苏轼说话，喜欢用譬喻，甚至一篇文章开头，接连用七八个譬喻来帮助说明一个事实，使物我之间，物物之间，发生无穷的联系，产生无穷的想象。苏轼的文字，自言"如万斛泉源，不择地，皆可出"。所以能随物赋形，从心所欲，说一件事，理直气壮，描写一个物，维妙维肖，用最简单最少的字眼，表达人间万象。

苏轼笔下，元气淋漓，不但波澜壮阔，而且瞬息万变，令人目不暇接，时而把人带到永恒的边缘，蓦地又回到平凡的人世。

所以千年来的读者,惊呼:"东坡,其仙乎!"

古来诗人,被称为仙者,只有李白和苏轼二人。自贺知章称太白为"谪仙"后,"诗仙"几乎成了他的专衔,妇孺皆知。第二个被称仙的诗人,只有苏轼,曰"坡仙",因他曾梦仇池,又曰"仇仙"。

现代学人叶嘉莹分析这两大诗仙的不同,以为李白是"仙而人者",以其恣纵不羁的天才,生此庸懦鄙俗的人间,不为世容,原是命定的悲剧;东坡则是"人而仙者",所以他和我们一样有做人的烦恼和痛苦,不过他有几分飘忽的仙气,得从超越凡俗的旷观中,获得解脱。[1]

所以我们总觉得李白天马行空,如在天上;而东坡永远和我们一起生活在这大地上,同其悲欢,同其好恶,像个亲密的朋友。

九 子孙

轼有三子,迈、迨、过。

长子苏迈,字伯达,为嫡配通义君王氏所出。七岁丧母,二十岁父亲陷御史台狱,随往京师,奔走照顾。翌年,即侍父远谪黄州,同度患难者五年。至轼迁汝州,他才得出仕为德兴县尉,老父送他到湖口,同游石钟山而别。

元祐初,叔父苏辙为谏官,揭发吕惠卿兄弟奸状,惠卿幼弟温卿时知饶州,将欲罗织苏迈以为报复,辙先奏乞罢官,才得

---

[1] 叶嘉莹:《迦陵谈诗》。

免祸。

后以雄州防御推官任河间令。苏轼出帅定州,宣抚河北,又因亲嫌而罢。

不久,苏轼被罪远谪岭外,迈从至金陵,奉父命挈带阖家大小移住宜兴。

苏迈怀念在惠州的老父,设法去注官粤南,得授仁化令,好不容易带了一家人到得惠州,不料时相章惇说惠州和韶州(仁化为韶州辖邑)是邻郡,应该回避,他就不能到任。未久,苏轼又被命过海,迈只得住在惠州白鹤峰上,为父随时购办酒米药物等项,托船航运海南,接济老父生活所需。

叔父苏辙谪雷州,途经惠州,也将家眷留在他那里,住在一起,有无相共。轼诗所谓"大儿牧众稚,四岁守孤峤"者,他就这样在惠州住了四年。

后来,随父从岭南万里回到常州,不幸老父一病不起。这时候,苏迈已是四十三岁的中年人了。

苏轼逝世后,诸子迁往许昌,与叔父苏辙比邻而居。

大观元年,苏迈起知嘉禾县,又四年罢归。

长子才华,虽然不及两弟,但也能诗,曾与老父联句破闷。《东坡志林》有一则云:

> 儿子迈幼尝作《林擒(苹果)》诗云:"熟颗无风时自脱,半腮迎日斗先红。"于等辈中,亦号有思致者。余已老,无他技,但亦时出新句也。尝作《酸枣》诗云:"叶随流水归何处,牛载寒鸦过别村。"此句亦可喜也。

而赵德麟则说,苏轼看到迈作"叶随""牛载"这一联诗句时,笑道:"此村长官诗。"后来果以州县官以终。其实苏轼生前生后,皆在祸患之中,追害凶锋,并及子弟,虽如苏过所感叹的:"吾长兄年五十有三,不能俯仰于人,犹为州县吏。"(《斜川集》)但能善保其躬,已经很不容易了。

轼故后十八年,宋徽宗之宣和元年(1119),迈亦逝世,得年六十一岁,官止驾部员外郎。

次子苏迨,字仲豫,小字竺僧,为继室同安君王氏所出。生来身体非常羸弱,到四岁还不会走路,好似患着小儿麻痹那样的痼疾,百药罔效。当时苏轼在杭州做签书判官,与住持天竺的辩才法师交好,就将他皈依在这位法师名下,得他祈祷之力,才能开始走路。然而其他病痛,长年不断,后得道士李若之对坐播气,感觉腹中如得阳光暖照,四体皆温,自此以后才慢慢健康一点。

苏迨志尚奇逸,好为《楚辞》。元丰八年跟着父亲到登州去,途经淮口,作《遇风》诗,才华初露,使父亲大为惊喜、赞誉。这时候,他还只有十六岁。

元祐初,父亲为他求婚于欧阳修的孙女——欧阳棐之女。他因身体不好,一直就跟在父母身边。苏轼南迁,迨涕泣求与从行,父亲顾虑他体弱多病,不宜远赴南荒瘴恶之地,百计慰留,赠以手书六赋,劝他跟大哥回宜兴去住。

苏迨久病,自习医药。至元符三年,苏轼获赦将归,迨复往迎岭外,兄弟三人重聚,侍父遍游南粤诸名胜。

父亲故世后,苏迨敦守旧学,闭门读书者又十年。

苏轼常常自叹不善治生,不为己谋。苏轼生前,三房兄弟仅赖宜兴田产年收谷米七百斛为生。父死后,他们移家许昌,生事萧然,苏辙将他在浚都一座别业卖掉,得钱九千数百缗,全部给了他们，嘱勿轻用。①

苏轼逝后不到一年，崇宁元年（1102）五月党祸复起，被列名为奸党者的子孙，不许官京师。苏轼是"待制以上官"这一类中的"首恶"，他的儿子就连做地方小吏的机会也没有了。因为这个缘故，迈至四十九岁，才得重作县令；苏迨到四十二岁才远赴武昌，做个管库官。情况非常明白，他们之所以垂老复出，并非乐于做官，只是救贫而已。《斜川集·送仲豫兄赴官武昌叙》说：

> 某生最后，不及见先君少时行事也。比成人，能区别，则先君历清华、典方面，既贵矣。然窃观其退居于家，藐然陋巷布衣、粝食寒士有所不能堪，而先君安焉。故能糠粃富贵，而不少贬于流俗。所谓季文子相三君，家无衣帛之妾，厩无食粟之马，殆类是矣。子孙虽不能仿佛其万一，然清介廉苦之风，抑有类焉。故吾长兄年五十有三，不能俯仰于人，犹为州县吏；仲兄少不乐仕进，亲戚强之，今四十有二，始为管库官，又飘然远游江湖千里之外，此其中必有遗世故而轻外物者矣。……

过，字叔党，与迨同母所生。三兄弟中，论性情才气，文章翰墨，以这少子得诸其父者为最多。苏轼观过所画《枯木竹石图》，以为"老可（文同）能为竹写真，小坡今与石传神"。从此他就以"小坡"出了名。

十九岁，以诗赋考中两浙路的举人，没能通过礼部试。元祐七年，苏轼做兵部尚书，叔党以荫为右承务郎。

不久，遭逢家难，侍父转辗于岭外惠州、海南各地，老父饭

————————
① 〔宋〕苏籀：《栾城遗言》。

食服用，一应生活所需，都由他一个人承担下来，没有事情没做过。晁说之说："翁板则儿筑之，翁樵则儿薪之，翁赋诗著书，则儿更端起拜之，为能须臾乐乎先生者也。"（晁撰《叔党墓志铭》）

苏轼旅踪所至，每有诗作，过必和唱，使这穷居潦倒的父亲，喜不胜言，要起渊明于地下，问他："你有这样的快乐吗？"[①] 他们在海南，不大有肉吃，每天食芋饮水，关门度日。叔党变化煮芋的方法，做了"玉糁羹"给父亲换换口味，苏轼以为天下酥酡则不可知，人间决无此美。

初至海上，作《志隐》一篇，苏轼看了，拂髯欣慰道："吾可以安于岛夷矣！"但命作《孔子弟子别传》，则父亲所期望于这个儿子的，依然是儒家的"济世利物"的使命。

苏过侍父南行之初，年才二十三岁，父子二人，相依为命，共度艰危万状的暗淡生活。他在海南寄诸兄弟诗说："我似当时常校尉，掘鼠餐毡从属国。"次韵谢民师说："饥人但觉粃糠美，忧患始知田舍乐。"等到老父蒙赦，随父北归，他已三十岁了，自谓："丁年而往，二毛而归。"忍辱负惭，只余一把辛酸之泪了。

不料回到常州，更遭父丧。翌年，党祸又起，身为"元祐党人"首恶之子，续被"编管"，只得潜身许昌，在湖阴觅得一块水竹数亩之地，名曰"小斜川"，自号斜川居士，读书作画自遣。

苏过出仕，初监太原府税，后又做过颍昌府郾城县令。宣和中，党禁初弛，始得入京师，寓居景德寺僧房，在那儿发生了一段故事：

[①] 本集《和陶游斜川诗》："过子诗似翁，我唱而辄酬。未知陶彭泽，颇有此乐不？"

一日，苏过忽见快行家带一小轿同到寺来，传旨宣召，催促立刻登轿。虽然不明白是什么事，但也不敢不去。

进入轿中，眼前有物遮挡，上则无顶，另有一柄小凉伞罩着。两个轿夫抬着轿子，行走如飞。大约走了十多里路，到一长廊下停了轿，有内侍一人，自上而下，领他升一小殿中，帝已先坐座上，身披黄色褙子，头戴青玉冠，一大群宫女环侍左右，不知其数。他也不敢仰视，心里则知道这里已是"崇高莫大之居"。

时当六月盛暑，殿中积冰如山，喷香如烟雾，缭绕不散，冷得直叫人发抖。俯仰之间，举眼所见，都是不可名状的非凡景象。

苏过起居（行礼）毕，帝谕曰：

"听说卿家是苏轼之子，善画窠石，现有一面素壁，烦你一扫，没有别的事。"

过再拜承命。就这殿壁，略一相度，濡毫落笔。不久，画成了。皇帝起身纵目而观，叹赏再三，命宫人捧赐醽酒一钟，另有甚为丰渥的赏赉，苏过拜谢下殿。

仍然走那条长廊，登上小轿出来，也不知道走过哪些地方。回来后，还是如梦如痴，不甚明白。[1]

如所传说的故事确为事实，则禁宫中怎么会知道苏轼有子能够绘画，而且知道此人现在京师，住在景德寺里。这中间必有一个说客，多半是徽宗嬖幸的司笔太监梁师成。

梁师成，黠慧能文，初时管领睿思殿文字外库，善于逢迎帝意，后来就掌管宫中重要的文书，迁至河东节度使。政和间，官至太尉，权倾一时。

---

[1]〔宋〕王明清:《挥麈三录》。

师成自惭形秽,为要标榜身份,冒称他是苏轼的"出子"(外面情妇所生的儿子)。这是当时通行的骗术,童贯亦是。如徐梦莘《三朝北盟汇编》说,童贯欲自为韩魏公(琦)出子,屡向吏部侍郎韩粹彦示意,粹彦毅然拒绝道:"先公平昔无兹事。"后来王珪的第三子王仲嶷贪图富贵,自往揽承。童贯大喜,改称王禹玉的出子。《三朝北盟汇编》又说:"师成与轼诸子叙拜为兄弟行。"其实迈、迨皆在外地,所以他所能结交的只有时一至京的苏过。他向徽宗介绍苏过画壁,亦不过要证实他并未伪冒身份而已。

当时,天下禁读苏文,禁止收藏苏轼遗墨,其尺牍在人间者,也都被毁。据说梁师成曾向徽宗申诉:"先臣何罪,禁诵其文章,灭其尺牍。"于是,禁令开放,苏轼的遗文手迹,才稍得复出。梁师成权高位重,炙手可热,他要下交苏过,苏过逃不过这重网罗,不能显绝师成,许是事实。然而,洛学弟子们作《朱子语录》,却诬言师成自谓东坡遗腹子,待叔党如亲兄弟;又说"过以父事之",指苏过做了梁师成的干儿子,简直是胡言乱语。

环境侮虐,面对乖谬,居常使人激变出佯狂玩世的态度,用谑浪大笑来代替内心的哭泣。晁说之撰《叔党墓志铭》说:

> ……或时一至京师,自得于醉醒而徜徉一世之外。所遇者与谈,靡不倾尽造次。大笑谑浪间,节概存焉。唯有知之者知之也。

这就是为苏过辩诬而言。事实上,苏过并未依靠梁师成做上大官。后来循资为真定通判,赴任时,途经河北镇阳道中,遇上一伙强盗,胁使相从。苏过说:

"你们知道世有苏内翰吗?我即其子,岂肯跟随你们这班人求活草间。"

他在贼巢中通宵痛饮。第二天去看他,则已经死了。时在宣和五年(1123)十二月,得年才五十二岁。

苏轼三子,共有十三个孙男。在他生时,只见过六个。长房长子箪(楚老),于祖父去世时,已经二十四岁;次子符(仲虎),年亦及冠;箕、筌、筹三个孙儿中,有乳名叫普儿和淮德的两个最幼。老人在扬州初和陶《饮酒》诗中,曾说:"普儿初学语,玉骨开天庭。淮老如鹤雏,破壳已长鸣。"他在海外,还是非常怀念这两个幼孙,《和陶郭主簿》诗说:"淮德入我梦,角羁未胜簪。孺子笑问我,君何念之深?"

箪是苏过的长子。过有七子,只有长子箪见过祖父,其余六子:籍、节、筊、筜、笛、箭,则皆于祖父身后才诞生的。

诸孙中唯长房所出的次孙苏符官最显达,建炎年间,由宣教郎补国子监,出知蜀州;绍兴中为秘书少监,擢太常少卿,历中书舍人、拜给事中。秦桧主和议,符与尹焞及台谏数人力言不可接受。后派赴金国为贺正旦使,察知兀术将分兵入寇,急忙归报朝廷,遂拜礼部尚书兼侍读,绍兴二十六年七月卒。

过子籍与符同朝,绍兴中官荆湖南路提点刑狱。余无可考。

宋孝宗敬爱苏轼,为其集撰作叙赞,崇赠太师,特赠其曾孙苏峤为台谏官。玄孙植、朴等尝与陆放翁交游,屡见于其题跋。

名臣之后,以不假借门第,干进利禄为难,苏轼诸子能够坚守清介廉苦的家风,虽"小官恬然而往,进不希当世之用,退不谋三径之资"。士于出处之间,不为物累,才是难得。

至如苏符,立朝持论,反对权相秦桧的和议,出使间预察金国的阴谋,其忠爱国族的精神,就是表显了苏家传统的志节。

十　身后

苏轼自海外北归，还至仪真，听说故乡蟆颐山他家祖坟边的老翁泉，曾经一度枯竭，心里觉得很奇怪，写信去问数十年来代他照顾坟庄的杨济甫的儿子子微，书曰：

> 某与舍弟，流落天涯，坟墓免于樵牧者，尊公之赐也。承示谕，感愧不可言。闻井水尝竭而复溢，信否？现今如何？因见，细喻。

又有一个传说："蜀有老彭山，东坡生则童，东坡死复青。"[1]传说这一年老彭山果然又长起草木来了。

这种传说的意思，是以老翁那股泉水，象征苏轼生命的源头。而老彭山杰秀之气，本来独钟苏轼一身，所以草木不生；现在泉水复溢、彭山复青，都是苏轼生命垂尽的兆头。

蜀中出了苏轼这样的一个人物，蜀人对他当然非常关切。苏轼刚向朝廷请准"致仕"，乡人父老，便纷纷表示希望他能还乡。没想到这时候，他的病势已很沉重，不久，逝世的噩耗，就接着来了。

苏轼逝世的消息，很快传遍了全国，浙西、淮南、京东、河北等，都是他曾经留下"甘棠遗爱"的地方，老百姓们哀悼这个肯替他们说话、能替他们做事的好官，奔走相告，嗟叹出涕。秦陇楚粤之间，只要是苏轼生前曾经到过的地方，大家觉得和他有那么一份渊源、一份情缘存在，同声痛惜。

文教界所受的冲击，当然更大。士人们邀约同道，私祭于家。

---

[1]〔宋〕张端义：《贵耳集》。

如京师太学里的教授和学生,不顾政治干碍,数百人集合在慧林佛舍,举行饭僧之会。

京师内外的故交,纷纷祭悼。当时的士大夫以及苏轼的朋友和门生,撰述的纪念文字一定多得不可胜计。但因后来党祸复作,都不存稿,所以流传甚少,只有李廌在苏轼会葬的斋筵上,作致语曰:"……道大莫容,才高为累。惟才能之盖世,致忌嫉之深仇。久蹭蹬于禁林,遂飘零于瘴海。……皇天后土,知一生忠义之心;名山大川,还千古英灵之气。……"为天下所传诵。此因苏轼逝世时,李方叔还是一介布衣,顾忌较少,所以敢于直抒这番"士林公论"[①]。

做官的人,便不那样自由了。张耒当时,在知颖州任上,闻讣,举哀成服,自己掏出俸钱来在荐福禅寺做了一场佛事,本来只是尽其门生的本分,致其师弟之哀而已,不料这也遭到台谏的议论,被贬房州别驾、黄州安置。[②]

世以"苏黄"并称,但是黄庭坚本人,并不敢这样想。苏轼过世后,庭坚在宅内供奉他的画像,每日晨起,整肃衣冠,在遗像前上香恭揖。有人问道:"大家都以为你们二人,声名相上下耳,你以为如何?"庭坚惊惶起立道:"庭坚望能为东坡门下弟子,岂敢失尊卑之序!"[③]

余如李昭玘、廖正一等人,皆因是苏门中人,终生废黜以卒。思想先驱者,生前要遭受现实社会的迫害,古今中外,几乎没有例外,而门下弟子也必须忍受池鱼之殃,则是政治的酷虐。

---

① 〔宋〕张端义:《贵耳集》。又见吕本中《紫微诗话》。
② 〔宋〕王称:《东都事略》。
③ 〔宋〕邵博:《闻见后录》。

苏轼还没有下葬,党祸就发作了。

韩忠彦是个忠厚、懦弱的贵族子弟,实在不懂政治权术,大权旁落而不自觉,直到曾布布置完备,专政的局面已成,他才想起来与他抗衡,愤懑中更自放弃原则,认为:"尔主绍述,我觅一最善绍述者胜之。"一错再错,他把虎狼引进来了。

蔡京为开封府尹时,与宫廷内侍都有交情,后在杭州,又与宫廷供奉童贯勾搭上了,代他呈献珍奇古玩,天天在皇帝面前替他说好话。出入宫禁的道士徐知常又常在元符皇后刘氏前盛道蔡京的才干。由此,宫妾宦官,众口一词地称誉蔡京,生长深宫的皇帝,大都欢喜听信妾宦的话,所以蔡京尚未入京之前,徽宗就有意起用他作宰相了。

邓绾的儿子洵武在徽宗御前密陈道:"陛下是神宗之子,今相忠彦是韩琦之子。韩琦反对新法,现在忠彦就变更神宗之法。为人臣者尚能子承父志,我皇上反而不能绍述先帝,何其悖逆。"故崇宁元年五月,韩忠彦便罢相了,并以蔡京、赵挺之为尚书左右丞。同时,再经谏官彭汝霖发动,党祸复起。

曾布和蔡京,原有嫌怨。忠彦既去,蔡京便正面攻击曾布以爵禄私其亲戚。布愤辩失仪,亦罢。七月,蔡京就顺利地登上了相位。

崇宁元年(1102)九月,党祸终于在蔡京手上发生了。朝廷诏籍元祐奸党九十八人。宰执以文彦博为首恶,待制以上官以苏轼为首恶,苏辙名列宰臣之内,而苏门四学士黄、秦、张、晁都列名在"余官"条下。罚状谓之奸党,请皇帝御书,刻成石碑,树立在端礼门前。

二年二月,蔡京做了尚书左仆射兼门下侍郎,已是大权在握的首相了。四月，诏毁东坡文集、传说、奏议、墨迹、书版、碑铭和崖志，同时并毁范祖禹的《唐鉴》，苏洵、苏辙、程颐、黄庭坚、秦观诸人的文集。

然而，书物是愈禁止愈流行的。读书人秘密传诵，称苏轼为"毗陵先生"而不敢名。朱弁《风月堂诗话》一则，可证其事：

> 崇宁、大观间，（东坡）海外诗盛行，后生不复有言欧（阳修）公者。是时，朝廷虽尝禁止，赏钱增至八十万，往往以多相夸。士大夫不能诵坡诗者，便自觉气索，而人或谓之不韵。

政府的禁令，可以说是很严格的了，不但毁版绝印，甚至不准持有和携带。但是东坡文字，秘密中流传愈广，对它的崇拜也更热烈。费衮《梁溪漫志》有一则故事云：

> 宣和间，申禁东坡文字甚严，有士人窃携坡集出城，为阍者所获，执送有司，见集后有一诗云："文星落处天地泣，此老已亡吾道穷。才力漫超生仲达，功名犹忌死姚崇。人间便觉无清气，海内何曾识古风。平日万篇谁爱惜，六丁收拾上瑶宫。"京尹义其人，阴纵之。

崇宁三年（1104）六月，蔡京重籍奸党，将元符末年徽宗初政时期的臣僚和上书人加了进去，又将他所厌恶的及元祐大臣的子弟都一网打尽，所以人数增加到三百零九人之多。宰执群中改以司马光为首恶，待制以上官中，首恶仍是苏轼。御书勒碑，置文德殿门东壁。蔡京又自写一份，诏颁天下州军令刻石置于监司长吏厅堂，俾众共见，说是"永为万世臣子之戒"。其间，发生两则类似的故事，一见于《宋史》：

> 有长安石工安民，当镌字，辞曰："民愚人，固不知立碑

之意。但如司马相公者，海内称其正直，今谓之奸邪，民不忍刻也。"府君怒，欲加之罪。民泣曰："被役不敢辞，乞免镌安民二字于石末，恐得罪后世。"闻者愧之。

无独有偶，还有个九江碑工李仲宁。王明清《挥麈三录》云：

> 九江碑工李仲宁，黄（廷坚）太史题其居曰琢玉坊。崇宁初，诏郡国刊元祐党籍姓名，太守呼仲宁，使劙之。仲宁曰："小人家旧贫窭，因开苏内翰词翰，遂至饱暖。今日以奸人为名，诚不忍下手。"守义之，曰："贤哉，士大夫之所不及也！"馈以酒肉而从其请。

政治权力，看似挟有雷霆万钧之势，神圣不可侵犯，其实，古往今来，邪恶的政权常在真正的民意之前，战栗颓败。蔡京可以挟天子以令天下郡县，遍立党籍碑，被以奸邪恶名，妄图传之"万世"，不料即使当时，人们的评价便已适得其反，魏了翁《鹤山题跋》云：

> 崇宁定元祐为奸党，元符上书人为邪等，以附元祐之末。且奸邪之名，人所甚恶；而子孙矜以为荣，作史者又以奸魁邪上为最荣。然则，谓随夷涸，谓跖蹻廉，千数百年间用事之臣，盖一辙也。

除出人们内心里一致的公意之外，还有天变。

崇宁五年（1106）正月，彗星出现于西方，尾长竟天，太白昼见。某夜，暴风雷雨大作，无巧不巧，单单将党籍碑打碎了。当风雷毁碑时，蔡京厉声道："碑可毁，名不可灭！"但是，徽宗皇帝怕了，立即诏除朝堂外处的党禁石刻，下诏自咎，求直言，罢方田、岁贡、科敛、市易、香盐矾茶诸事。

二月，遂罢蔡京，畏天怒也。但所重用为右相的却是赵挺之。

政和改元，崇信道教的徽宗皇帝于宝箓宫内设醮祈禳，道士焚章伏地，历时甚久，才起来。皇上问是何故，答曰："适才到了玉皇大帝殿上，恰逢奎星奏事，等他完事后，才得上达。"皇上问："奎星何神？"答曰："就是本朝的苏轼。"徽宗大惊，随即下诏追赠龙图阁待制，时在苏轼逝世后十年。

这是道士以神道设教的故技，谏诤皇帝的神话，徽宗也欢喜受骗。能够管束皇帝的，毕竟只有"天"。

靖康元年（1126）金兵围京师，移文开封府指名索取《东坡文集》、司马光《资治通鉴》诸书。大概因为金人都那么敬爱苏轼的著作，所以这一年又诏复翰林侍读学士的官衔。

宋高宗朝的建炎二年（1128），诏复苏轼为端明殿学士，尽还该得的恩数。绍兴元年（1131）特赠朝奉大夫，资政殿学士。绍兴九年（1139）诏赐汝州郏城县坟寺名为旌贤广惠寺。

宋孝宗说得上是苏轼的"异代知己"，他爱好苏轼的诗文，以一个日理万机的皇帝，却能挪出时间来精读苏轼卷帙不少的全部著作，已经难得；又甚敬重他的高风亮节，欣赏他的才华与迈往之气。乾道六年（1170）以知眉州的何耆仲之请，赐谥文忠。复又感念苏轼生平"经纶不究于生前"的寂寞，决然要"议论常公于身后"，再崇赠太师；九年（1173）复诏有司重刊《东坡全集》，御笔亲撰序赞，弁于集前，书赐轼之曾孙苏峤。这时候，距苏轼之逝，已经七十多年了。

理宗端平二年（1235）正月，诏议胡瑗等十人从祀孔子庙庭，苏轼位列张载、二程之上。这是"春秋俎豆"的大事，对于终身服膺儒学的苏轼来说，是个非常重要的认定，并不等闲。

后　记

一

　　为苏东坡写传记，绝对不愁资料贫乏。东坡那支天生健笔，似乎随时都在不停地挥洒，学问既渊博，兴趣又那么广泛，所以著述之丰，虽经长时期"元祐党禁"的摧毁，传世之作，还真不少。如以文集而言，明成化吉安知府程宗刊《东坡全集》，源出苏门定本，其内容包括《东坡集》四十卷、《后集》二十卷、《奏议集》十五卷、《内制集》一卷、《外制集附乐语》三卷、《应诏集》十卷、《续集》十二卷，合为七集，总计有一百零一卷之多，而集外的书简、题跋、杂文短记之类，还不在内。

　　东坡自己的文字，当然是其传记之第一手好材料。不过，做文章的目的，总是以写给别人看的为多，大抵是对身外的事物，发表其一定范围内的主张或意见。其间不免受环境的拘牵，地位的限制，不能完全是作者的本来面目，与纯粹发挥个人性情、抒写内心情感的诗歌，就塑造人物形象的资料价值而言，其质地精纯的程度，文不如诗，显然可见。

东坡一生，历尽坎坷，常被命运摆布，在极不自由的境地里，独行于荆天棘地之中，胸臆间积郁着一腔难平之气，如生芒角，非吐不快，他就在这痛苦而又孤独的人生路上，习于写诗。综自青年时代，自蜀入汴开始，直至客死常州为止，四十余年，不断写下的诗篇，传今者二千四百余首。不论是当哭的长歌，还是欢愉的短唱，全是从他性情深处倾泻出来的真情实感，生命中自然流露的天真，在塑造人物形象这一工作上，此是血肉材料的无上宝库。我写东坡新传，取材于他的诗作者，十之七八，意即在此。

因为要运用苏诗做苏传的材料，便不能像平常讽诵一样，兴到吟哦，十分享受。此时，须从一字一句之间，推敲诗中蕴含的真意。我在着手之后，始觉此事，大不容易。

中国诗歌的传统，与西洋不同，抒情与叙事并重。东坡和杜甫一样，皆非纯粹的抒情诗人，而以写实为主。许多作品后面，常有特定的事实背景，或包涵独特的生活经验在内。若不明了他当时所处的环境和地位，不体察他所遭遇的经验事实，就无法真正懂他的诗意。

而东坡一生的遭遇，却又甚不平凡。达则金马玉堂为帝王的师傅，开府州郡为封疆的大吏；穷则为大庚岭外的南荒逐客，桄榔林中食芋饮水的流人。他见识过贵族门第里的骄奢淫乐，也体验过闾巷小民们的贫困和无助。很少有人的生活经验，像他一样复杂，以一身而贯彻天堂和地狱两个绝对的境界，所以要熟知他的经验，就成为非常不易的功夫。

不能熟知他的经历，就不能充分了解苏诗；不能充分了解苏诗，就无法触摸到东坡内心感情的脉搏。高文典论，常是披在外面的锦绣袍褂而已，不足尽以为据。

说到读苏诗之类，前人言者甚多，而以南宋人陆放翁，知之最审。

二

东坡逝世七十余年后的南宋淳熙二年（1175），陆放翁在成都安抚使衙门里做参议官。同年六月，朝廷派范成大来做四川制置使。这两位诗人聚合在一起，便常谈诗说艺，屡屡论及东坡。因为放翁是个闲官，富有时间，石湖居士就劝他研究苏诗，以遗后学。放翁逊谢不能，范不相信，放翁提出两联坡诗："五亩渐成终老计，九重新扫旧巢痕。"又："遥知叔孙子，已致鲁诸生。"问他该作何解，范答：

"东坡被窜黄州，自忖不复再被朝廷收用，所以说'新扫旧巢痕'；建中初年，朝廷召复元祐旧臣，所以说'已致鲁诸生'。想来不过如此。"

"这就是我之所以不敢从命的缘故了。"放翁慨然道，"从前朝廷以三馆养士，储备将相之才。到元丰年间实施新官制，把三馆一起撤销了。东坡旧时曾直史馆，但自谪为散官，史馆之职，削去已久。至此，连这个老窠也被废去了。所以说'九重新扫旧巢痕'。东坡用事之严如此。"

至于"遥知叔孙子，已致鲁诸生"这两句诗，原是东坡从海外北归，再度过大庾岭时，所作次韵诗的最后一联。用的典故是叔孙通为汉高祖定朝仪，征鲁国诸生三十余人到中央政府来做事，当时有两个鲁生,拒不应召,还被叔孙通笑骂为"若真鄙儒,不知时变"。

东坡写此诗时,他两兄弟的情况,正如放翁所言:

"建中初年,韩(忠彦)、曾(布)二相得政,尽量收用元祐旧臣,即使无法在朝中位置,也都任为封疆大吏;唯有东坡兄弟,只领一份宫观祠禄的干俸,不被重用。……"东坡诗只从正面说"朝廷已经征召了鲁国诸生",暗中却隐藏着"不能致者二人",自嘲与子由该为"不知时变的鄙儒"。放翁感叹道:

"如这两句诗,意深语缓,若不明了当时情况,更不容易窥测。"

放翁随后又举了一个"白首沉下吏,绿衣有公言"的例子,认为若未读故老孙勰的诗跋,便不知绿衣所指何人,她又说了什么话,就无法看懂这两句诗语。所以放翁的结论是:

"……必皆能知此,然后无憾。"

石湖居士听了,也叹息道:"如此诚难矣!"

理解苏诗,在陆放翁、范石湖那个时代,确然如此;但后来以爱读苏诗者之众,从事批注苏诗的人,传有百家以上,若能仔细读注,困难未必不解。

注苏最早的本子,当以崇宁大观年间(1102—1107)赵次公等的《苏诗五注》为先,距东坡谢世还不过几年;次则南宋绍兴初年赵夔等的《苏诗十注》、王十朋的《苏诗百家注》等,皆其著者。

注本虽多,但是并不理想,所以范成大要劝放翁再事研究,放翁当时不敢担当这一工作。后来有吴兴施元之、施宿父子以两代数十年不断的努力,综核前人诸说,重新增编补订,成施注本,以繁征博引，诠解详备，称誉士林。这个规模大具的注本，刊版于南宋嘉泰二年（1202），放翁作序。前面那段与范成大对话的回忆，就见于放翁所作《施司谏注东坡诗序》。

这时候，政治上的元祐党禁，虽已解除，但治苏学还是忌讳。施宿因为出版此书，遭人非议，而被罢官，所以传本甚为稀少。

明人好选评而薄笺注，但他们的"选评"，事实上只是借东坡这块招牌，来发扬自己的文学主张而已。晚明公安派诸君子虽极推重东坡，但在研究上，却不甚有用。

清代学者才将施注本发掘出来，各以其专门知识来加以补充。如海宁查慎行撰《补注东坡编年诗》五十卷，以详于考证地理，为其特色；冯应榴编《苏文忠诗合注》五十卷，则精于考古。两书皆颇流行。

后来商丘宋荦（牧仲）得施注宋椠本于江南藏书家，他便动员门人邵长蘅、顾嗣立、李必恒和儿子宋至等为之删订编补，又大力搜求施本未收遗诗四百余首，为《苏诗续补遗》上下两卷。邵长蘅承担此一工作时，又发现放翁所说难处之外的另一重困难。

盖因东坡于书无所不读，经传子史之外，不论佛经、道藏、小说、杂记，到手皆读，因此，他的知识范围，无边无际，加以生活经验又那么丰富，见闻宽广，皆非常人所及。东坡自己固然富有统驭文字、驱策书卷的才气，可以不限题目，牛溲马勃，皆以入诗，取材可以不择精粗雅俗，嘻笑怒骂，街谈巷议，信手拈来，皆成佳咏。如沈德潜《说诗晬语》曰："苏子瞻胸有洪炉，金银铅锡，皆归镕铸。"但是后世读者，学问识见，两不如他，而欲深切了解苏诗内容,时遇困难,依然不免。如邵长蘅作"注苏例言"十二条,其中一条便说——

> 诗家援据该博,使事奥衍。少陵之后,仅见东坡。盖其学富而才大,自经史四库,旁及山经地志、释典道藏、方言小说,以至嬉笑怒骂,里媪灶妇之常谈,一入诗中,遂成典故。故曰:注诗难,而注苏尤难。

所幸施氏父子合数十年精力所成的注本,"征引必著书名,诠诂不涉支离",详赡疏通,学者都认为是自有苏注以来的第一善本;再加邵长蘅等的删补和整理,稍后复有乾隆名士翁方纲的《苏诗补注》八卷,考订尤称精详;至清嘉庆二十四年,王文诰撰《苏文忠公诗编注集成》,更是综合苏注之大成,附载《总案》四十五卷,在考核事迹这一方面,贡献更多。大家之诗,从来以热心注杜(甫)者为多,但亦不过数家,内容芜杂肤浅,不为识者所取;而苏诗注本,前有施氏父子的辛勤建树,后有清代学人不断地整补,这份丰富的前贤业绩,在研究东坡生平这个工作上帮助很大,这是必须要先加说明的第一点。

三

东坡事迹之第二个重要来源,是宋人笔记。

两宋之人,好写杂记短文,而且凡有著录,几乎是没有不道及东坡的。历史人物中,像他这样被人津津乐道,有那么丰富的记录传下来者,实在不多。这表示东坡立身行事、言论风采,都深深印入同时代人的心坎中,大家对他具有真诚的爱慕,对他抱有无限的同情。

但也有人说：此乃由于东坡主盟当时的文坛，凡是弄弄笔杆的，直接间接都曾沾过苏门雨露，所以如此。其实也不尽然，如欧阳修，岂不是开创一代文运的宗师，道德文章，无懈可击，但其身后，虽不如他自料那么凄凉，"三十年后，世上更不道着我也"，但宋人著录中说到他的，便满不如他这门生，那么风光热闹。

东坡为人，胸怀旷达，谈笑风生，使得所有亲炙过他的风采的人，毕生难忘这位光风霁月的长者，欢喜记述他的遗闻轶事。即使没有著录，好多年后，也要向自家子弟谈论当年旧事，珍视这份记忆。而这些晚辈又根据父兄的传述，笔之于书，虽然并不一定皆是"实录"，但除东坡自己的写作外，这类同时代人的记录资料，自然值得重视。

首先要注意的，应是苏门弟子的著作。他们有最多的机会，与老师朝夕从游，亲承言笑，彼此之间的亲密关系，无人可比。而且传统上，门人弟子的记述，其价值亦常仅次于自作。此中，如黄庭坚、晁补之，就有很多题跋短文，记及师门。陈师道有《后山丛谈》，张耒有《明道杂志》，李廌有《师友谈记》，张舜民有《画墁录》等，皆其著者。不过《后山丛谈》这本书，有些记事却不真实，有人疑是后人羼入的传说，甚至怀疑它是托名的伪书，所以引用之前，仍须斟酌。

至于东坡朋友的著作，如王巩有《甲申杂记》《随手杂录》二集，孔文仲的弟弟平仲有《孔氏谈苑》，晁家兄弟中的晁说之有《晁氏客语》；曾为东坡僚友者，赵德麟有《侯鲭录》，李之仪有《姑溪集》等，他们都是曾与东坡同游共事的朋友，见闻真切，所记应皆可信。

东坡的世交后辈,将得自父兄的传述,作成著录者,亦复不少。如《春渚纪闻》的作者何薳,他是北宋名兵学家何去非的儿子,东坡非常欣赏去非的兵学,元祐间曾向朝廷奏荐其人,自是知交;作《避暑录话》《石林燕语》等书的叶梦得,是东坡进士同年叶温叟的侄孙;作《萍洲可谈》的朱彧,是东坡旧识朱行中(服)的儿子;作《冷斋夜话》的惠洪和尚,与黄山谷交好,所记以闻诸山谷者为多;刘延世的《孙公谈圃》,系孙君孚(升)的语录,君孚与东坡是元祐同朝的僚友;朱弁(少章)的《曲洧旧闻》,记事最为谨严,他是晁以道的侄婿;作《挥麈前后录》的王明清,他的母亲是曾布的孙女,故家旧闻,所记亦多可采;蔡京的儿子绦,有《铁围山丛谈》,传述东坡遗事,态度也还公正。

邵雍后人邵伯温、邵博父子作《闻见前后录》,一个主王(安石),一个主苏(轼),态度不同。伯温对荆公成见甚深,甚至冒苏洵名伪作《辨奸论》,冒张方平名伪作《苏洵墓表》,目的皆在攻讦王安石,为清人李绂所揭破,其作伪也如此,所以即使热烈誉苏,其言也不可随便相信了。

邵书中有广被流传的,说东坡自黄州过金陵见王安石,剧谈"大兵大狱"那一段故事,实在非常荒谬。就当时两人的地位情况言,一个是政治理想落空,韬晦金陵的隐者,一个是性命几被现实政治所吞噬,甫自谪所归来的罪官,绝口不谈政治,乃是情理之必然;何况王苏二人,以前政见相左,正因此时皆已退出了政治舞台,才有这次私人会晤,怎会一见面就放言高论时政起来,且被描写得戟指誓言,口沫横飞的腔调,又岂是同为历史上第一等人物的荆公与东坡的风度。然而这个故事，连正史本传里也采用进去了，《宋史》之为人诟病，绝非无故。

又如费衮的《梁溪漫志》，记述一个买屋焚券的故事，说东坡从海外北归，住在阳羡（宜兴），托邵民瞻代买一座住宅，尚未迁住进去之前，一夜，与邵月下散步，听得有一妇人在屋内恸哭，其声甚哀，问知即是所买宅子的旧主，在那里伤心，东坡心生不忍，就在这老妪面前，焚毁屋券，也不收回产价云云。

这个故事，写得甚美，惜非事实。东坡确然是个同情心浓厚，不辞"从井救人"的人；但他北归行程，舟至仪真，即已患病，止于常州，就遽尔谢世了，根本没有到得宜兴，又何来月下散步，对妪焚券之事？

凡人都有英雄崇拜的潜意识，喜欢为历史人物造作神话，表示欢喜赞叹，这不过为满足自己的情绪而已。虽是好话，亦不能尽信。另一方面，也有浇薄文人，捏造东坡违反伦常的畸恋故事，胡说东坡自少好赌，以诬枉古人，惊世骇俗，自高身价。这两种不健全的心理，都足以歪曲历史人物的真实形象。东坡一生，誉满天下，谤满天下，他自己从不在乎毁誉，毁誉亦不足以轻重东坡。不过我们从史论人，总须求真求实；而前人著录，真赝杂糅，甄别取舍之间，确也煞费心力。

披沙拣金，虽是辛苦，但在笔记资料中，确也偶有片言只事，恰如灵光一闪，有"风神尽见"之功，此在皇皇巨著中，每不易得，是中亦有佳趣。

四

唐张彦远《历代名画记》说："纪传所以叙其事，不能载其形；赋颂所以咏其美，不能备其象。图画之制，所以兼之也。"传记兼收图录，要以传主的画像为先。

东坡名满天下，生前死后，流传人间的画像，原不在少。

宋代民间风习，州郡长官稍有善政者，老百姓们就会在当地祠庙里，留像供奉，以表示他们的感激和怀念。东坡第二次在杭州时，竟然家家供像。《宋史》本传说："轼二十年间，再莅杭，有德于民，家有画像，饮食祝之。"至其身后，人们为崇敬他的忠节，欣赏他的文学，凡他住过的地方，尝游的名胜，几乎都有留像。据前人著录，单是杭州西湖一地——孤山竹阁、苏堤三贤堂、灵隐眉山祠、龙井方圆庵、葛岭智果院，都曾奉藏过苏像。

这些画像，有的且出自同时代画像名家苏州何充、南都程怀立传写的真迹。如镇江金山寺、江西双井所藏，更是画坛宗匠龙眠李公麟的大手笔，可惜经历几次改朝换代的战火，到了明朝，已荡然无存。我们现在所能见的原本画像，只有赵孟頫于其所书《赤壁赋》册子卷首，有一帧他所摹写的立像，旧藏南熏殿，为内府珍秘，幸免劫火，大家认为个是硕果仅存的东坡真像。

此像，东坡面貌略显清癯，气度却甚从容，眉宇间别有一番逼人的英气，虽非觌面传真，毕竟是画有所本的、一代高手的杰作。

王文诰根据旧摹本，用简单的木刻线条，将东坡面貌勾勒出来，作成特写，印在他所编撰的《苏诗编注集成》里，显然见出东坡两颊颧骨特别丰隆的这个特征。东坡在《传神记》里自述：人于灯影下见其颧颊，即知是他，不必定是目睛。又《表弟程德孺生日》诗中，也说："长身自昔传甥舅，寿骨遥知是弟兄。"

德孺是苏母程太夫人的内侄，诗自注曰："余与君皆寿骨贯耳，班列中多指余二人，不问而知其为中表也。"可见东坡这个得自母家遗传的生理特征十分显著，则此木刻面像，确然能传其真，十分珍贵。

此外，李公麟有一东坡坐像，《嵩阳帖》中，传此石刻。周必大《益公题跋》记黄山谷之言曰：

> 李伯时近作子瞻，按藤杖，坐盘石，极似其醉时意态。此纸妙天下，可乞伯时作一子瞻像，吾辈会聚时，开置席上，如见其人，亦一佳事。

元祐朝时，东坡与公麟同在京师，往来密熟，他有机会充分掌握东坡一动一静间的神情笑貌，所写之"真"，当然不同凡手；所可惜的，龙眠真迹，早已湮灭。所幸翁方纲据石刻摹出的这个复写本，却画得非常细腻，连右颊上几点黑痣，都清晰可数，使我们于千载之下，还得见东坡凝眉敛目的酒后情态，这也是非常难得的欣赏。

东坡是不大热心为自己留像的，如何充要求为他"写真"时，他说，唐明皇挂箭横弓的神武，孟东野耸肩苦吟的寒酸，而今"饥寒富贵两安在，空有遗像留人间"（《赠写真何充秀才诗》）。东坡认为人的形体，是终将随浮云以俱逝的"外物"，朽与不朽，不待留像而得。

诚然，人不能借"留像人间"而致不朽，但在后世的我们，诵其言，景其行，总会情不自禁地想望其风采与仪容。所以，真正不朽的人，还是需要留像的。

五

我开始写这本新传，时间还早在二十世纪七十年代的头上几年。其间人事牵扯，时作时辍者好多次。直到1979年的冬天，才算写完最后一章。自己从头检阅一遍，深感学殖荒落，老而无成，居然要写像东坡这样一个博大精深的历史人物，颇似瞎子摸象，实在有点荒谬，未免愧汗，本来不敢出手示人。

不料翌年春天，我又忽然要有海外之行，而且此去家门，还不知何时能够回来，"远适异国，昔人所悲"。当时的心情，充满了茫然空虚的感觉，检点旧居，所幸环堵萧然，只有几册破书，别无长物，倒还没有什么麻烦。只是书架下面积此一叠千余页的原稿，偏觉处置为难：携带它飘洋过海，非但不便，而且毫无意义；寄存他人的地方，时日久长，怕又难免"用覆酱瓿"的命运。

设想至此，马上记起我写东坡在常润道中，初赏江南地方骀荡春光的这一段时，适值台北盛夏，挥汗如雨，我则伏案走笔，如从坡公同游罨画溪上，浑忘酷热，直至衣巾尽湿，而不改其乐。又有一次，狂风过境，窗外风声怒啸，一灯如豆，我则绕室徘徊，一心体味东坡渡海，"子孙恸哭于江边"的那幕惨剧。此情此景，都还如在眼前。于是我想，无论如何，这部稿子，总是真诚落笔，费了好几年心力的结果，不能轻自抛弃。

行前，偶然和朋友说起此一烦恼，即承吾友刘显叔兄和陈烈夫人为我热心介绍联经公司,惠予出版,使我顿觉两腋生风,无牵无挂地离开了台北。此时回想起来,也实在有点好笑,人都有自寻烦恼的毛病,譬如当年我不做这件写书的傻事,则也没有后来那段烦恼。若无刘兄伉俪慨然相助,则我现在还要为这份稿子牵肠挂肚,多不痛快。所以,我必须于此,对帮助我的朋友郑重志谢。

杭人李一冰自记于美国新泽西州
1981 年 4 月

缥缈孤鸿影：父亲与《苏东坡新传》

父亲的《苏传》是一本忧患之书，一场冤狱使他的生命进入苏东坡的内心世界，《苏传》由是诞生。

入狱之初，父亲即嘱咐我送些书进去。"诗言志"，当然是送几本诗集。我把他桌上的《玉溪生诗》送进去。但是李商隐的诗并不适合他当时的生命情境。他要一部苏东坡诗。当时，只找到一部木刻影印的《施（元之）注苏诗》，我在书中夹了一张纸条，抄录了太史公《报任安书》中的名句："……屈原放逐，乃赋《离骚》；左丘失明，厥有《国语》；孙子膑脚，兵法修列……"他没有回应。

父亲对文字有特殊的敏感，文字可以疗伤止痛。我喜欢为他找书，送书。在那时候，书籍是生命，书籍可以使他自由。

未几，再要我送《东坡事类》。《事类》，清梁廷楠辑，共四册，艺文印书馆版。如此，他已经有五册书。狱方规定，受刑人最多只能有五本书，苏轼的研究便是从这五本书开始的。

大约一年左右，他在报上发表了《怕太太的故事》（1968），用陈季常（即方山子）"河东狮吼"的典故，说怕太太的人很多，为何独有季常背负惧内之名？为他抱不平。文章轻快幽默，似乎和他的处境不太相称。后来接着写了《苏东坡在黄州》一文，这是后来《苏传》中的第六章，即"黄州五年"的原型。

苏轼和陈慥重逢在黄州，此时，季常已经是一个从"园宅壮丽"到"环堵萧然"的隐士，而苏本人也是风烈事业归于梦幻的时候。父亲的《苏传》便是从这里开始写起。苏轼谪黄时四十四岁，父亲遭人诬陷也在四十二三岁，都是壮年折翼。而后二十年，有更多的苦难在等待他们：东坡远谪海外，而父亲终于入狱。他有一种神秘感，他们的命运如此相似。他甚至注意到苏轼的八字。

文章发表后他在狱中的生活得到了改善，感谢当时的典狱长周震欧先生的关爱，让他在图书馆工作，这样他读书可以不受限制了，有更多时间可作研究。我们还买到林语堂的 *The gay genius*（即现正风行的《苏东坡传》的英文原本）给他参考。他仔细读完此书，觉得林著不够严谨，不符史实的地方颇多。这本书没有触及苏轼内心深处，并说这本书是写给外国人看的。这个观点和后来张之淦教授的"质正"不谋而合。因为他读东坡的入手处不与人同，父亲有他自己心中的东坡。他的东坡要比这个大得多，是"成固欣然，败亦可喜"的东坡，是"瘴海炎陬，去若清凉之地"的东坡，是"九死南荒吾不悔，兹游奇绝冠平生"的东坡。

出狱之后，他带回家的是一本自编的《东坡年谱》，粗糙的纸张，用手装订的。他记住了二千多首苏诗的三分之二。他不得不替东坡作传了，在狱中四年，是和东坡共同生活的四年。他逐渐认识了苏东坡,他渐渐懂得什么是命运,他写东坡,寄托如此之深,好像自己已经栩栩然化为东坡了。

父亲没有师友,没有同事,没有学生,没有助手,甚至没有收入,所有的只是老伴无怨无悔的支持。他写《苏传》,是找到了一个比自己大千万倍的历史人物,告诉自己:这点冤屈不算什么。

1975年台北学生书局影印了王文诰的《苏诗编注集成》,因为要六百元,他三进三出书店才决心买了下来,他喜欢王文诰的创见,但是未免"胆子太大",所以去取谨慎。2003年初我在北京的书店里发现了孔凡礼的《苏轼年谱》三大卷,不觉眼睛湿润,那时候一书难求,那里面有那么多材料是父亲当年要抄、要借才能看到的。

在写苏传的过程中,父亲还写过一篇短文《宋人与茶》(1975),因此和日本淡交杂志的楠田观山建立了文字交。楠田通汉学,又是书法家。二人雁便往来,父亲赠予自己的著作,楠田先生则写了一个条幅回赠,写的是东坡的句子:"休对故人思故国,且将新泉试新茶。"大概是父亲在信中流露出故国之思吧。父亲去世后我和他通过一次信,果然是书家手笔,还是以未能亲见父亲为憾。这一段文字因缘恐怕是父亲唯一的一次与人交流他的著作,而竟然是外国人。

父母在1980年赴美依子女生活。父亲在去世前两年(1989)问过我有没有听过关于《苏传》的批评,我直说没有。

我觉得父亲很寂寞。

直到张辉诚2015年12月发表在报上的《寻找李一冰》一文,我才知道这部书受到各方的肯定,但是这已是本书出版了三十二年之后,作者已经去世了二十四年。

贬谪黄州是东坡文学高峰的开始。于是，中国有了文学的东坡。父亲也是因为冤案的折磨，困心衡虑，因同情而理解，所以留下了《苏传》。一本好的传记作者和传主之间必定会有血肉相连的关系。清刘鹗在《老残游记》序文中说天下至性至情的文章都是一种"哭泣"：《离骚》是屈大夫的哭泣，《史记》则太史公之哭泣，《红楼梦》是曹雪芹的哭泣。如是，《苏传》便是父亲的哭泣。或许这是命运的定数，天降大任的道路必须如此酷烈。

李雍
2020 年 3 月于纽约

附录　苏轼及宋大事年表

纪年	公元	年龄	苏轼纪事	宋朝大事
仁宗景祐三年丙子	1036	一岁	十二月十九日，苏轼生于眉州眉山县纱縠行私宅。	夏五月，诏戒群臣越职言事。西夏攻回纥，又绝吐蕃与中国通路。
四年丁丑	1037	二岁		夏四月，吕夷简、王曾罢，王随、陈尧佐为相。
宝元元年戊寅	1038	三岁		春正月朔，日食，诏求直言。三月，王随、陈尧佐罢，张士逊、章得象相。冬十月，戒百官朋党。西夏李（赵）元昊称帝。
二年己卯	1039	四岁	弟辙生，小名卯君。	夏六月，削元昊赐姓赐爵。冬十一月，夏入寇保安军，狄青击败之。
康定元年庚辰	1040	五岁		夏正月，元昊寇延州。命韩琦安抚陕西。夏五月，吕夷简复相。
庆历元年辛巳	1041	六岁		春二月，夏寇渭州，任福战死于好水川，关右大震。
二年壬午	1042	七岁	自七八岁知读书。	春正月，复榷盐法。富弼出使契丹。九月加岁币，与契丹和议成。夏元昊入寇镇戎军，大掠渭州。

（续表）

纪年	公元	年龄	苏轼纪事	宋朝大事
三年癸未	1043	八岁	始入小学，从道士张易简为师。塾中得见石守道《庆历圣德诗》，始有景慕时贤之意。	夏人请和。 秋八月，范仲淹参政，富弼为枢密副使。
四年甲申	1044	九岁		春三月，诏天下州县立学，行科举新法。 宋夏议和，十二月册封元昊为夏国王。
五年乙酉	1045	十岁	父洵宦游四方，母程夫人亲授经史。 由读《后汉书·范滂传》，慨然太息，轼侍侧曰："某若为滂，夫人亦许之乎？"夫人曰："汝能为滂，吾顾不能为滂母耶！"轼始奋励有当世之志。	契丹与夏媾和。 罢科举新法。 黄庭坚生。
六年丙戌	1046	十一岁		秋八月，以吴育为枢密副使，丁度参政。
七年丁亥	1047	十二岁	祖父序逝世，父自江南奔丧归。	文彦博参政。
八年戊子	1048	十三岁		文彦博为相。 赵元昊死，子谅祚立，继封为夏国王。
皇祐元年己丑	1049	十四岁		宋庠为相。 九月，广源州侬智高反，寇邕州。
二年庚寅	1050	十五岁		秋八月，京东、淮浙饥。

（续表）

纪年	公元	年龄	苏轼纪事	宋朝大事
三年辛卯	1051	十六岁		三月，宋庠免，刘沆参政。秋八月，庞籍为相。
四年壬辰	1052	十七岁	始与刘仲达为友，往来眉山。	侬智高陷广州、昭州，狄青率军讨之。
五年癸巳	1053	十八岁		春正月，狄青大败侬智高于邕州。
至和元年甲午	1054	十九岁	娶眉州青神县王方女王弗为妇。	八月，刘沆为相
二年乙未	1055	二十岁	游成都，张方平知益州，一见待以国士。	夏四月，定差役衙前法。文彦博、富弼为相。
嘉祐元年丙申	1056	二十一岁	从父偕弟，陆行入京，举进士试及第。	夏六月，黄河决口于六塔。
二年丁酉	1057	二十二岁	应礼部试，以"刑赏忠厚之至论"得主考欧阳修之赏识，擢置第二。试《春秋》对义，列第一。殿试中进士乙科。弟辙亦同榜及第。四月，丁母忧，奔丧回蜀。	欧阳修知贡举，痛抑新体文。程颢、张载、朱光庭、苏轼、苏辙同及第。宋各州设置广惠仓。
三年戊戌	1058	二十三岁	居乡守制。	夏六月，韩琦为相。
四年己亥	1059	二十四岁	是年七月服除，十二月侍父偕弟自蜀舟行，出三峡，过鄂入京，父子舟中各有吟咏，合编为《南行集》。	

（续表）

纪年	公元	年龄	苏轼纪事	宋朝大事
五年庚子	1060	二十五岁	授官河南府福昌县主簿，未赴。与弟辙同寓怀远驿，准备制科试。	夏五月，召王安石为三司度支判官。七月，欧阳修表上《新唐书》。浚二股河。
六年辛丑	1061	二十六岁	欧阳修以才识兼茂荐轼，应制科试，秘阁六论，对策，皆入三等。自宋以来，制策得入三等者，惟吴育与轼而已。授官大理评事，签书凤翔府判官，十二月赴凤翔任。	春三月，起复富弼为相，弼固辞。六月，以司马光知谏院；王安石知制诰；秋八月，曾公亮为相，欧阳修参政。
七年壬寅	1062	二十七岁	在凤翔，督运南山木筏，赴辖属各县决囚。	秋八月，立宗实为太子，赐名曙。
八年癸卯	1063	二十八岁	以覃恩转官大理寺丞。作《思治论》。	春三月，仁宗崩。四月，太子曙即位，是为英宗，曹太后权同听政，立后高氏。
英宗治平元年甲辰	1064	二十九岁	官于凤翔，磨勘转殿中丞。冬，任满还京。	夏五月，曹太后还政于帝。加韩琦尚书右仆射。
二年乙巳	1065	三十岁	判登闻鼓院。英宗自藩邸即闻轼名，欲循唐代故例召入翰林知制诰，宰相韩琦以为不可骤用，召试秘阁二论，复入三等，得直史馆。五月，王弗夫人卒于京师，殡于京郊。	夏四月，诏议崇奉生父濮王典礼，争论盈庭，司马光与欧阳修不合。

（续表）

纪年	公元	年龄	苏轼纪事	宋朝大事
三年丙午	1066	三十一岁	四月，父洵病逝京师，护丧回籍。	春正月，诏尊濮王为亲，立园庙。契丹改国号为辽。司马光始编《资治通鉴》。十二月，立皇子顼为太子。
四年丁未	1067	三十二岁	居乡守制，葬父于眉州。	春正月，英宗崩，太子即位，是为神宗。夏四月，以司马光为御史中丞。九月，召王安石为翰林学士。
神宗熙宁元年戊申	1068	三十三岁	居乡守制，七月服除。冬，续娶王闰之夫人，乃前妻王弗夫人之堂妹。	夏四月，王安石越次入对。
二年己酉	1069	三十四岁	二月还京，王安石执政，将行新法，恶轼议论异己，使监官告院。	春二月，富弼相，王安石参知政事，创制置三司条例司，议行新法，王安石与陈力之领其事。四月，遣使视察农田、水利、赋役于天下。秋七月，行均输法、青苗法。十一月，置诸路提学官。
三年庚戌	1070	三十五岁	范镇应诏荐苏充谏官，不报。	三月，韩琦请罢青苗法，琦解职。四月，贬吕公著，韩绛参政。九月，罢司马光，范镇致仕。十二月，立保甲法。王安石、韩绛为相，行募役法。

（续表）

纪年	公元	年龄	苏轼纪事	宋朝大事
四年辛亥	1071	三十六岁	安石欲变科举，兴学校，诏两制三馆议，轼上书反对其论。帝召见，勖以"凡在馆阁，皆当为朕深思治乱，无有所隐"。荆公之党，闻而不悦，命权开封府推官。上元，帝敕开封府减价买浙灯，轼疏请追还前命，从之。安石创行新法，轼上书论其不便，建议皇帝以结人心、厚风俗、存纪纲，乃为治之先。安石赞神宗以独断专任，轼因试进士，借策题讽其事，安石大怒，使御史知杂事谢景温诬告苏轼挟货营利，穷治无所得，轼遂请求外放，调通判杭州。	二月，更定科举法，以经义策论取士。四月，以司马光判西京留台，闭户编书，不问政事。六月，欧阳修以病致仕。徙富弼官。冬，立官试律令法。
五年壬子	1072	三十七岁	在杭州通判任，监是年乡试。十月，运司差往湖州，相度堤岸工程。	政府实行市易、保马、方田、均税等法。八月，欧阳修卒。十一月，章惇降梅山土族。
六年癸丑	1073	三十八岁	在杭州通判任，运司差往润州，督察盐事。除夜野宿常州城外。	宋置律学。置两浙和籴仓。秋，王韶取吐鲁蕃四城，章惇讨平南土族。

(续表)

纪年	公元	年龄	苏轼纪事	宋朝大事
七年甲寅	1074	三十九岁	在杭州通判任。朝云始入苏家,年才十二。杭州任期将满,轼以弟辙在济南,求为东州守,乃有移知密州(山东高密)之命。秋末离杭,十一月到任。	久旱,求直言,监门郑侠上《流民图》。诏权罢新法,王安石求去,罢知江宁府。韩绛相,吕惠卿参知政事。秋七月,立手实法。
八年乙卯	1075	四十岁	在密州任,有《上韩丞相论灾伤书》《论密州盐税书》。	春二月,王安石复相,推行户马法于河北。安石上《三经新义》,朝命颁行天下。冬十月,吕惠卿免职,罢手实法。
九年丙辰	1076	四十一岁	在密州任,作《超然台记》《表忠观碑》。罢密州,差知河中府,已而改知徐州。十二月,离密,除夜留潍州度岁。	复广济河漕,疏浚汴河。冬十月,王安石免,吴充、王珪为相。
十年丁巳	1077	四十二岁	自密徙徐,与弟辙相会于澶濮之间,约同赴徐,留百余日。七月十七,黄河决口于澶州,八月二十一日徐州大水,轼戮力疏治,十月水退,城赖以全,朝廷明诏奖谕。	秋七月,黄河在澶州决口,北流断绝,河道南徙。

（续表）

纪年	公元	年龄	苏轼纪事	宋朝大事
元丰元年戊午	1078	四十三岁	在徐州任。朝廷赐钱米，征民夫改筑徐州外小城，创木岸四，筑楼于城之东门，垩以黄土，名曰"黄楼"，取以厌水。	秋九月，以吕公著、薛向同知枢密院事。
二年己未	1079	四十四岁	三月，自徐移知湖州，四月二十九日到任。被控以文字讪谤君上。七月二十八日，中使皇甫遵到湖追捕，逮京城，下御史台狱。在狱一百三十余日，神宗轻其罪，责授黄州团练副使，本州安置。弟辙上书救赎，责授监筠州（江西高安）酒税。	夏五月，蔡确参知政事。冬十月，太皇太后曹氏崩。
三年庚申	1080	四十五岁	赴黄州谪所，兄弟约见于陈州，三日而别。至岐亭，邂逅故人陈慥（季常），留住五日。到黄州，初寓定惠寺，作《海棠》诗。五日，弟辙送其眷口来黄，遂迁居临皋亭，乃旧日之回车院也。始撰《论语说》及《易传》。	春正月，章惇参知政事。六月，诏中书省详定官制。

（续表）

纪年	公元	年龄	苏轼纪事	宋朝大事
四年辛酉	1081	四十六岁	正月，往岐亭，访陈慥。故人马正卿为请于郡，得旧营地，始辟东坡，为躬耕自给之计，自号"东坡居士"于此始。	三月，章惇免，张璪参知政事。九月，夏人幽其主秉常，宋诏李宪会五路大兵讨伐西夏。冬十一月，宋兵大败。
五年壬戌	1082	四十七岁	寓居临皋亭，就东坡筑雪堂。七月，游赤鼻矶，作《赤壁赋》。十月，再游，有《后赤壁赋》。十二月十九生日，置酒赤鼻矶下，进士李委献《鹤南飞》新曲，酬以一诗。	春正月，贬败军诸将。夏四月，以王珪、蔡确为相。秋八月，徐禧城永乐，九月城陷，禧死难。
六年癸亥	1083	四十八岁	居黄州。七月二十七日，侍妾朝云生幼子遯，小名幹儿。	春二月，夏人入寇兰州。富弼卒。文彦博致仕。
七年甲子	1084	四十九岁	四月得量移汝州（河南临汝）之命，轼以雪堂交托黄州诗人潘邠老，沿江东下。至江州，和李白浔阳宫诗，有天涯流落之感；游庐山，有《题西林壁》绝句。陆走高安，访弟辙。七月过金陵，谒王安石。幼子遯病亡金陵旅次。岁末到泗州（今江苏盱眙），上表乞于常州居住。	冬十二月，司马光上所编《资治通鉴》，凡十九年始成书。

（续表）

纪年	公元	年龄	苏轼纪事	宋朝大事
八年乙丑	1085	五十岁	二月，行抵南京（今河南商丘），奉准居常。复官朝奉郎。八月，除知登州。十月，名为礼部员外郎，寻迁起居舍人，辞于宰相，不许。	春正月，帝有疾。三月，诏立煦为太子。帝崩，太子即位，是为哲宗，太皇太后高氏临朝听政。五月，朝廷诏求直言。司马光为相，吕公著为尚书左丞，停罢保甲、方田、市易、保马等法。
哲宗元祐元年丙寅	1086	五十一岁	正月，以七品服入侍延和殿，改赐银绯。寻迁中书舍人。与宰相司马光争役法，得罪于司马之门。八月，除翰林学士知制诰。主馆职试。	春二月，司马光、吕公著为相，蔡确、章惇罢。范纯仁同知枢密事。罢青苗、免役诸法。四月，王安石卒，起用文彦博。五月，韩维为相。秋七月，立十科举士法。九月，司马光卒于位。
二年丁卯	1087	五十二岁	命兼侍读，兄弟同侍迩英殿讲读。	春正月，禁科举用王氏经义及字说。夏四月，复制科。朝臣分裂，洛、蜀、朔党之争始。
三年戊辰	1088	五十三岁	权知礼部贡举、主省试。在翰林院，锁宿禁中，召对便殿，宣仁太后温谕勖勉有加，君臣相对涕泣，命坐赐茶，撤御前金莲烛送归院。充北使馆伴，乃知文章播于夷狄。	夏四月，以吕公著为司空同平章事。吕大防、范纯仁为相。冬闰十二月，范镇卒。

（续表）

纪年	公元	年龄	苏轼纪事	宋朝大事
四年己巳	1089	五十四岁	轼以勇于论事，陷入党争，为言官围攻，累章乞求外放。三月除龙图阁学士，知杭州。七月三日到杭州任，筹粮防灾，创办病坊，活人无算。弟辙出使契丹，作诗送行，有"单于若问君家世，莫道中朝第一人"句。	春二月，吕公著卒。夏四月，分经义、诗赋为两科取士。五月，安置蔡确于新州。
五年庚午	1090	五十五岁	在杭州任，治六井，开西湖，建南北长堤，人称"苏公堤"。计划钱塘江水利工程。	高丽遣使者来通中国。春二月，夏人来归永乐之俘，诏以米脂等四寨之地还之，夏人益骄。秋八月，梁焘、刘安世、朱光庭皆罢，以苏辙为御史中丞。
六年辛未	1091	五十六岁	三月，召为吏部尚书，以弟辙位在执政，乞避嫌，改翰林承旨，复侍迩英殿。当局者不乐苏轼之至，使御史赵君锡等摭其扬州所作"山寺归来闻好语，野花啼鸟亦欣然"句，诬为喜闻先帝之丧，陷其大逆之罪。轼请补外以避之，除龙图阁学士，知颍州。冬，颍州久雪，民饥，力筹赈济。	春二月，刘挚为相，冬十一月罢。

（续表）

纪年	公元	年龄	苏轼纪事	宋朝大事
七年壬申	1092	五十七岁	在颍州任，与赵德麟同治西湖。二月，移知扬州。在扬州和陶渊明《饮酒》诗二十首。九月，以兵部尚书召兼侍读。哲宗亲祀南郊，轼奉派为卤簿使，寻除端明殿学士兼翰林侍读学士，守礼部尚书。	四月，册立皇后孟氏。六月，苏颂为相。韩忠彦知枢密院事。
八年癸酉	1093	五十八岁	继室王闰之夫人于八月一日病逝京师。朝局将变，轼乞补外。九月，以两学士出知定州。	秋七月，范纯仁相。九月，太皇太后高氏崩。十月，帝亲政。十二月，复章惇、吕惠卿官。贬刘安世。
绍圣元年甲戌	1094	五十九岁	轼初以本官谪英州（广东英德），寻降一官；行至南康军，再贬宁远军节度副使，惠州安置。携幼子过与侍妾朝云跋涉度岭，十月三日到惠州，寓居嘉祐寺，"杜门烧香，深念五十九年之非"。	春二月，邓绾劝帝绍述。帝以章惇为相，罢范纯仁，尽复王安石新法，元祐大臣均以变乱成法、讥毁先帝得罪。秋七月，追夺司马光等人谥；贬吕大防等人官。十二月，重修《神宗实录》成。
二年乙亥	1095	六十岁	惠州野多暴骨，建议州守詹范醵资收葬，有《葬枯骨铭》。三月，迁居合江楼。松江亭上赋梅花诗。	冬十月，赠蔡确太师。十一月，贬范纯仁。

（续表）

纪年	公元	年龄	苏轼纪事	宋朝大事
三年丙子	1096	六十一岁	得归善县城后隙地数亩，营造白鹤峰新居。七月，侍妾朝云以疫疾卒，葬于栖禅寺大圣塔前，作亭覆之，名曰"六如"。	秋九月，帝废孟后。
四年丁丑	1097	六十二岁	二月，白鹤峰新居落成，长子迈注官韶州仁化县令，挈家来会。五月，忽有再贬海南之命，责授琼州别驾，昌化军安置。遂留家于惠州，独与幼子过行。闻弟辙被谪雷州，尚在途中，遂倍道追往，得晤于藤州，同行至雷，六月十一日相别，渡海。七月十三日到儋州，僦居官屋，复遭迫逐，乃于桃榔林中结茅屋三间，以庇风雨。	春二月，追贬旧党司马光、吕公著等官。流吕大防、刘挚、范纯仁等于岭南，吕大防道卒。
元符元年戊寅	1098	六十三岁	食芋饮水，著书为乐，续成《易传》九卷，作《书传》十三卷。	春三月，兴同文馆狱，锢刘挚、梁焘子孙于岭南。以蔡京为翰林承旨，安惇为御史中丞。冬十月，宋破夏兵，获其将，夏不复振。

（续表）

纪年	公元	年龄	苏轼纪事	宋朝大事
二年己卯	1099	六十四岁	琼州进士姜唐佐来儋耳，从轼问学。尝负大瓢，行歌田亩间，途遇老妇，谓之曰："内翰昔日富贵，一场春梦。"轼笑然之，人谓之曰"春梦婆"。	春三月，辽人为夏请和于宋。冬十一月，许夏人通好。
三年庚辰	1100	六十五岁	轼以赦得量移廉州（合浦）安置，遂自昌化贬所赴廉州。秋又自廉州移舒州节度副使，永州居住。未至，复朝奉郎，提举成都玉局观，任便居住。岁末，过大庾岭，寄弟诗有"七年来往我何堪"句。	春正月，帝崩，端王嗣位，是为徽宗，向太后权同听政，大赦天下。韩忠彦相。复范纯仁等官。九月，章惇免。十月，蔡京免，曾布为相。
徽宗建中靖国元年辛巳	1101	六十六岁	过赣北行，五月至真州（江苏仪征），瘴毒大作，泻痢卧病，渡江至常州，借住顾塘桥孙宅。六月，上表告老，以本官致仕。七月二十八日卒于常州。	二月，贬章惇为雷州司户。十一月，复召蔡京为翰林承旨，复蔡卞、邢恕等官。
崇宁元年壬午	1102		闰六月，葬于汝州郏城县（河南郏县）钓台乡上瑞里。	复追贬司马光等四十四人官，诏籍元祐、元符党人。夏五月，罢韩忠彦。七月，蔡京相。九月，立党人碑于端礼门。

出版后记

稍微了解一下李一冰先生，便可知其《苏东坡新传》实为忧患之作。是书让东坡以其诗文自述生平，考证引用巨细无遗，真实全面地还原了东坡的一生。自1983年在台湾联经首次出版以来，一直深受好评。2006年和2013年，大陆九州出版社和江苏文艺出版社先后出版此书，皆已绝版。

我们的版本是在台湾联经第二版（2016年）的基础上做的编校，后又参照联经去年（2019年）新出的第三版，特别收录了张辉诚的《寻找李一冰》和李雍的《缥缈孤鸿影：父亲与〈苏东坡新传〉》，并做了进一步的修订，主要有如下几方面：

一是修订本书的知识类差错，涉及人物、地名、年代、史实、名物等方面。本书因所涉人物、事件众多，可谓千头万绪，难免有误。例如崔彦进，误作崔进彦；贾耘老，湖州人，误作潮州人；彭城，误作鼓城；神宗赵顼被立为太子在治平三年（1066），误作治平元年（1064）；等等。

二是订正一些纯文字差错，一般是形近而误者。如"征歌选色"，误为"征歌选邑"；"登车揽辔"，误为"登者揽辔"；等等。

三是规范引文和脚注。原书在诗文引用方面，多有省略之处、且与通行版本未必尽合。但因作者已逝，不知所据是何版本（从诗词引文看，似乎有不同的版本来源），为尊重作者和本书原貌，故于省略、不同之处不予增补，谨修订实质性错误。同时，规范原书脚注，更准确地标识引文出处。

四是针对某些不符合规范的或过时的表述和措辞，略作调整和润饰。但对涉及作者个人学术观点之处，则不径改，尽最大限度地保证书稿原貌。

五是调整原书配图，尽量选取与苏东坡关联紧密的作品，并以彩插形式呈现。

考虑到是书写于 1971 年到 1979 年之间，历时八年，体量巨大，写作的素材又几乎全部源于资料摘抄和整理的读书笔记，最后集腋成裘，成书也是以手稿的形式，难免会出现一些非关作者学识和水平的错误，这点我们不能苛责。

此外，当时的写作条件也十分局限，作者可利用的资料和检索查证的便利程度远不如我们今日；而我们今日之编校，却是在拥有诸多便利之上勉力作出的一点工作。编校过程越不易，我们就越能体会李一冰先生写作之艰辛，以及这本书所凝聚的巨大心血与意志。

最后，因为编者水平的局限，本书难免还有各种错误，敬请广大读者指正。

服务热线：133-6631-2326 188-1142-1266
服务信箱：reader@hinabook.com

后浪出版公司
2020 年 7 月